HARDPRESS.NET
HOME OF HARD-TO-FIND BOOKS

Caractères Et Portraits Littéraires Du Xvie Siècle: Henri Estienne. Agrippa D'aubigné. Jean Bodin. Gui Du Faur De Pibrac. Un Poète Inconnu
by Léon Jacques Feugère

Address:
HardPress
8345 NW 66TH ST #2561
MIAMI FL 33166-2626
USA
Email: info@hardpress.net

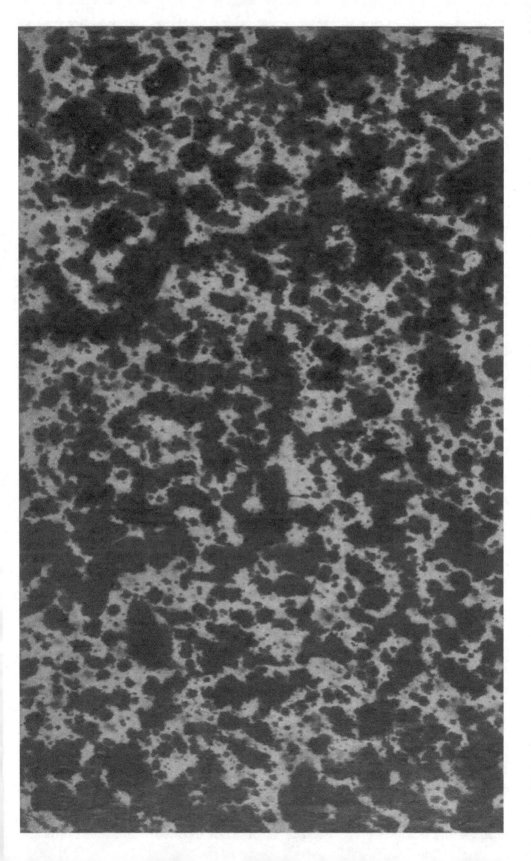

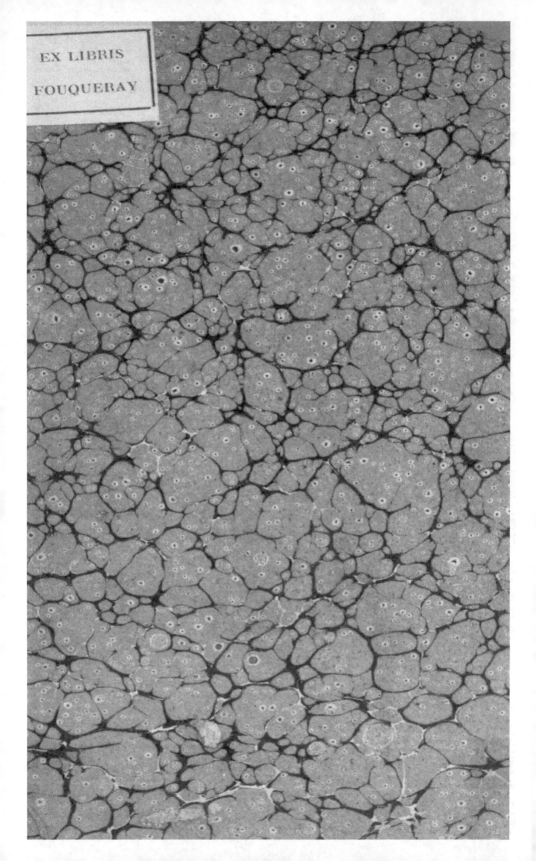

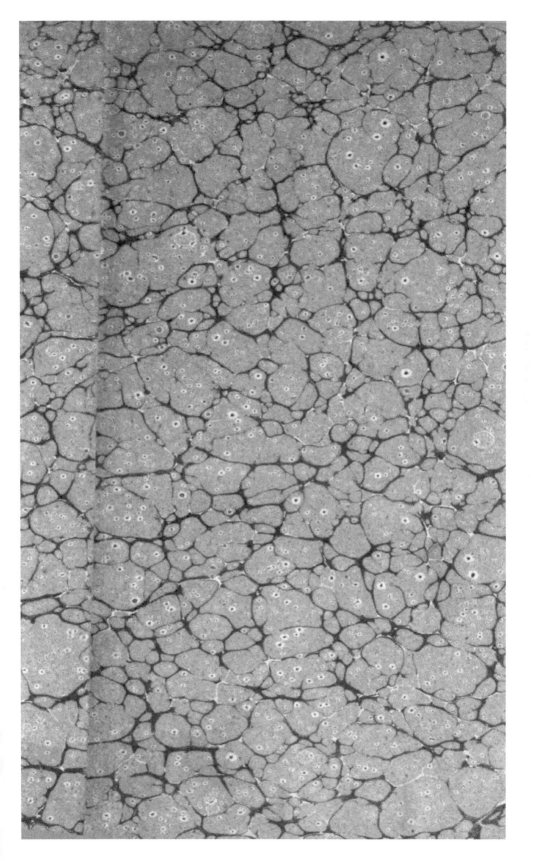

CARACTÈRES

ET

PORTRAITS LITTÉRAIRES

DU XVIᵉ SIÈCLE

II

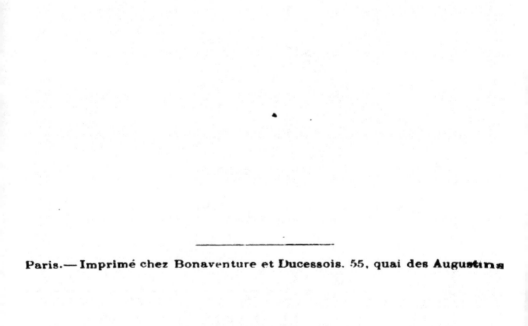

Paris.— Imprimé chez Bonaventure et Ducessois. 55, quai des Augustins

CARACTÈRES

ET

PORTRAITS LITTÉRAIRES

DU XVIe SIÈCLE

PAR M. LÉON FEUGÈRE

—

II

NOUVELLE ÉDITION

HENRI ESTIENNE
AGRIPPA D'AUBIGNÉ
JEAN BODIN
GUI DU FAUR DE PIBRAC
UN POÈTE INCONNU

PARIS

LIBRAIRIE ACADÉMIQUE

DIDIER ET Cᵉ, LIBRAIRES-ÉDITEURS

35, QUAI DES AUGUSTINS.

—

1859

CARACTÈRES

ET

PORTRAITS LITTÉRAIRES

DU SEIZIÈME SIÈCLE.

HENRI ESTIENNE

ÉTUDE SUR SA VIE ET SES OUVRAGES (1).

Il appartient à notre siècle de comprendre mieux qu'un autre tous les genres de gloire et de leur rendre hommage. Mais si les sociétés jeunes encore, les yeux facilement éblouis de tout éclat extérieur, laissent de préférence surprendre leur admiration aux grandes fortunes, aux exploits guerriers, aux destinées qui changent la face des États, une époque mûrie par l'expérience la doit réserver plus volontiers pour ce qui

(1) Ce travail a été couronné par l'Académie française en 1854.

est, sans vaine pompe et sans bruit, d'une efficacité vraiment durable : telles sont les œuvres de l'esprit qui, après avoir éclairé et enseigné les contemporains, retiennent auprès de la postérité cette influence salutaire. De là une prédilection marquée de nos jours à revenir, par un sentiment d'utilité autant que de justice, sur les vies longtemps obscures de ces ouvriers de la pensée dont le dévouement avait été trop souvent payé de peu de reconnaissance. C'est qu'il faut aux peuples comme aux hommes la maturité de l'âge, pour apprécier à leur valeur les produits de l'intelligence et pour en élever les conceptions à la dignité des actes.

Le seizième siècle, signalé en Europe, et notamment en France, par un si grand mouvement intellectuel, nous offre surtout beaucoup de ces gloires laissées dans l'ombre, mais dont le fondement solide repose sur des services rendus à la raison humaine : ce sont elles que l'histoire littéraire s'applique maintenant à renouveler. Non contente de perpétuer le souvenir de ces hommes bien rares, dont le nom rappelle des chefs-d'œuvre, elle a pensé que toutes les carrières laborieuses renfermaient des enseignements utiles; et plusieurs écrivains, dont la modeste existence n'avait pas pressenti un tel honneur, ont trouvé dans notre époque de studieux biographes.

Avant de traiter spécialement ici de Henri Estienne, il est à propos de se reporter aux origines mêmes de l'illustration que sa famille s'est acquise à différents titres durant tout le seizième siècle et une grand· partie du dix-septième. Le chef de cette race célèbre s'appelait également Henri; on le connaît sous le nom de Henri Ier. Destiné à fonder cette espèce de dynastie du travail et de l'intelligence, il vint au commencement du seizième siècle exercer à Paris l'art de la typographie, découvert depuis cinquante ans environ, et qui comptait déjà, en Italie surtout, de si honorables représentants. On a dit qu'il était issu d'une bonne noblesse de Provence et qu'il fut conduit par un goût passionné, contre lequel la fierté de ses parents lutta vainement, à embrasser ce que l'on appelait alors *la profession mécanique d'imprimeur* (1). Les preuves manquent à l'appui de cette extraction illustre, dont n'ont pas besoin les Estienne; et sur ce point, comme sur la date précise et le lieu de la naissance du premier Henri, on est réduit en réalité à de simples conjectures. Il paraît qu'il s'était formé en partageant les travaux d'un typographe allemand : c'est, en tout cas, aux années 1502 et 1503 que remontent les plus anciens livres sortis de ses presses; d'abord une traduction latine de la *Morale* d'Aristote, ensuite un abrégé de l'*Arithmétique* de Boëce. La renaissance classique n'avait pas encore commencé en France; mais les écrits d'Aristote y étaient en honneur, son nom florissait dans nos écoles, grâce à la scolastique, dont le règne n'était pas fini : on le voit assez par les titres seuls des ouvrages que ce Henri fit paraître. La plupart appar-

(1) Au reste ce préjugé ne dura pas, et le grand Adrien Turnèbe, ainsi que le nomme Passerat, ne crut pas déroger, quoique issu d'une famille noble, en se faisant imprimeur peu de temps après.

tiennent à la liturgie et à la controverse, ou roulent sur
des matières de piété. Parmi eux figurent aussi quelques parties de Xénophon, d'Hippocrate et de Galien,
publiés dans des versions latines; en outre deux premières éditions, l'une de Celse, l'autre de l'Itinéraire
faussement attribué à Antonin. On remarque les noms
de Politien, de Sabellic, d'Érasme et du fécond docteur
Clicthoue en tête des livres modernes. Il n'y en a qu'un
en langue française, celui du chanoine de Bovelles
« sur l'art et la science de Géométrie pratique. »
Nous devons à M. Rénouard une liste exacte de tous
ces volumes. Un intérêt de ce catalogue et d'autres
semblables, c'est qu'ils conservent la trace des études,
des tendances et des prédilections de nos pères : en
replaçant sous nos yeux bien des œuvres tombées dans
l'oubli, mais qui ont eu leur part de faveur publique
et leur moment de renommée, ils nous rendent une
image fidèle de l'état des mœurs et des esprits dans
notre ancienne société.

Plus de cent vingt ouvrages publiés, tel fut le produit de près de vingt années de travaux, remarquable
pour cette époque, où l'Italie possédait encore presque
entièrement le monopole des œuvres littéraires et suffisait à défrayer les besoins du monde savant. Henri
Estienne Ier, qui s'honorait du nom de *suppôt* de l'Université et qui en prenait volontiers les armes sur le
frontispice de ses livres (1), choisit pour siège de son

(1) C'était un écu chargé de trois fleurs de lis avec une main sortant
d'un nuage et tenant un livre fermé.

double établissement d'imprimerie et de librairie le quartier Saint-Jacques, centre populeux où se réunissait la jeunesse adonnée à l'étude. Sa demeure était en face de l'école de décret ou droit canon, dans le clos Bruneau et la rue de Beauvais; il adopta pour enseigne un olivier ombragé de larges rameaux, et pour devise ces mots qui peignaient son caractère laborieux : *Plus olei quam vini.* Quelquefois il les a remplacés par ceux-ci : *Fortuna opes auferre, non animum, potest,* comme si, dans une sorte de pressentiment de l'avenir malheureux réservé à ses descendants, il eût voulu les exhorter à l'opiniâtreté courageuse dont ils ont fourni l'exemple.

Quant à lui, il vécut heureux et honoré par d'illustres amitiés, celles de Budé et des du Bellay en particulier. Habile dans son art, il passe pour avoir contribué au perfectionnement des procédés matériels de la typographie; il comptait même parmi les savants et les lettrés de son temps. On place vers 1502 la date de son mariage; l'année 1521 paraît être celle de sa mort. Trois enfants mâles qu'il laissa, François, Robert et Charles, devaient tous, à des degrés différents, se distinguer dans la profession de leur père. Simon de Colines, son associé durant sa vie, devint, en épousant sa veuve, le seul possesseur de son établissement typographique. Il le dirigea avec intelligence et succès. Entre autres améliorations qui secondèrent le progrès commun, il substitua des caractères romains et italiques à ceux dont son prédécesseur avait fait usage et qui se rapprochaient des gothiques. L'aîné de ses

beaux-fils, François, et ensuite Robert, premier de ce
nom, lui prêtèrent un concours dévoué. Celui-ci, le
plus renommé de sa race après notre Henri, qui fut son
fils, ne tarda même pas à devenir le propriétaire ou
du moins le chef de cette imprimerie, à la tête de laquelle il était en 1526.

Lors de la mort de son père, Robert, âgé d'environ
dix-huit ans, avait déjà pu, sous ses yeux, se former à
l'exercice de l'art où il acquit tant de gloire. Ses premières études, activement surveillées, avaient été sérieuses et fortes : le commerce des hommes de savoir
et de mérite qui fréquentaient l'imprimerie paternelle
acheva son éducation. Dès 1523 la correction sévère
d'un Nouveau Testament latin était le fruit de son intelligente révision. Malheureusement aussi, quelques
leçons changées dans le texte avec une confiance excessive éveillaient contre lui, à partir de ce moment,
d'ombrageuses susceptibilités, qu'il ne devait pas calmer par la suite.

Quoi qu'il en soit, à peine maître d'une imprimerie
accréditée, Robert, se livrant à son goût du progrès,
ajouta aux perfectionnements qu'elle avait auparavant
reçus. Il délaissa les anciens poinçons et en fit graver
d'une forme beaucoup plus élégante. L'olivier fut conservé par lui comme enseigne et comme marque typographique. Sauval, qui écrivait plus de cent ans après,
atteste que de son temps encore cet emblème, qui n'a
pas obtenu moins de célébrité que l'ancre aldine, sub-
sistait dans la rue de Beauvais, entouré de la vénéra-
tion publique. Quant à la devise, il en choisit une

nouvelle : c'étaient ces mots de l'apôtre saint Paul : *Noli altum sapere*, auxquels ceux-ci furent joints quelquefois : *Sed time*. Henri, qui ne sut pas assez craindre, comme nous le verrons, dans l'intérêt de son repos et de sa fortune, retint les symboles adoptés par son père (1).

On peut dire que jamais homme plus que Robert n'a fait mentir cette parole de Cicéron : *Haud quidquam ingenuum potest habere officina* (2). Digne de l'époque chevaleresque de François Ier, il montra dans le commerce, le désintéressement et la générosité du plus noble seigneur. Sous ce règne illustre, dont il fut l'un des ornements, sa figure originale a trop de saillie pour ne pas être étudiée avec un soin particulier. La physionomie du père, bien mise en relief, nous permettra d'ailleurs de mieux saisir celle du fils ; et ces deux gloires, les plus grandes de la typographie française, ne sauraient être séparées. Rare fortune d'une maison qui n'a pas donné au pays moins de quinze ou seize hommes utiles, que d'en avoir produit deux de suite qui ont mérité un rang parmi les personnages célèbres du siècle où fleurirent les Érasme, les Budé, les Rabelais, les Montaigne, les de Thou !

(1) Toutefois, dans la maison des Estienne, la maxime précitée a été aussi, quoique rarement, remplacée par ces mots : *Defracti sunt rami ut ego insererer*, qui conviennent très-bien du reste à l'aspect de l'olivier pris pour emblème. On y voit en effet se détacher et tomber plusieurs branches coupées qu'il semble qu'on ait voulu rejoindre au corps de l'arbre.

(2) *De Officiis*, I, 42.

Doués de la même énergie de caractère, le père et le fils ont eu à lutter, l'un contre des inimitiés formidables et aveugles dans leur excès, l'autre contre les accidents de la fortune, la gêne et tous les embarras d'une vie aventureuse. De là, comme on l'a remarqué, une sorte d'intérêt dramatique dans le récit de cette double carrière également agitée, et surtout un degré d'importance qui élève presque ces biographies à la hauteur de l'histoire.

Robert Estienne fut en France ce que le premier Alde Manuce avait été au delà des monts : encore l'emporta-t-il de beaucoup sur lui par les qualités du littérateur et du savant. Avec Robert commença véritablement parmi nous une ère nouvelle de la typographie. A ces mécaniciens patients et industrieux qui avaient perfectionné l'invention de Gutenberg en se bornant à la partie matérielle, on vit succéder dès lors une génération d'artistes plus relevés, habiles à plus d'un titre, érudits et philologues, versés dans les langues anciennes et orientales, amis des lettres et capables d'écrire, entre lesquels on peut signaler les Gourmont, les Morel, les Vascosan, les Patisson : heureuse révolution dont le souvenir se lie étroitement à celui de la famille des Estienne.

Peu auparavant l'Italic, découvrant l'antiquité classique au fond des retraites qui l'avaient protégée, lui avait rendu par l'impression une seconde et désormais impérissable existence. Cet exemple excita dans Robert un esprit de rivalité qui anima toute sa carrière. Il voulut que la France cessât d'être, pour les chefs-d'œu-

vre classiques, de plus en plus recherchés, tributaire
d'un pays étranger. Presque tous les auteurs latins
avaient été déjà remis en lumière : il s'appliqua donc
à écarter la rouille dont les avaient entachés plusieurs
siècles d'oubli ; et, pour cette seule littérature, on ne
lui dut pas moins de quatre-vingts réimpressions importantes. En outre il en donna la clef dans un livre
d'une érudition et d'un labeur immenses, son *Trésor
de la langue latine*, bien digne de ce nom, puisque,
les écrivains de Rome fussent-ils perdus sans exception, on retrouverait tout leur idiome dans l'ouvrage
de Robert. Car il ne se borna pas à y exposer avec
scrupule le sens général des mots ; il y fixa avec précision ces nuances délicates que leur avait ajoutées le
goût sûr et délié des meilleurs esprits. Depuis on n'a
pu mieux faire qu'en prenant ce vocabulaire pour base
et pour guide des travaux du même genre.

Mais ce fut surtout pour la publication des textes
grecs et orientaux que Robert ouvrit une nouvelle et
large voie à la typographie française. Là-dessus aussi,
des voisins, placés alors à la tête de la civilisation européenne, avaient pris sur nous les devants, nous
laissant la gloire de perfectionner leurs travaux. Les
Italiens firent particulièrement usage, dès 1481, de
l'impression en caractères grecs. Quelques années plus
tard Alde Manuce, et après lui son fils et son petit-
fils, lui donnèrent de grands développements à Venise (1) : elle ne fut introduite chez nous qu'au com-

(1) Jusqu'à eux onze volumes seulement avaient été imprimés en lan-

1.

mencement du seizième siècle. Auparavant on se contentait en général de lire l'antiquité grecque dans des traductions latines, sans recourir aux originaux. François Tissard, originaire d'Amboise, fut le premier qui édita, vers 1510, chez l'imprimeur Gilles Gourmont, des livres grecs fort imparfaitement exécutés, malgré les peines qu'ils coûtèrent. Parmi ceux à qui l'on dut quelque progrès, on remarque Conrad Néobar, qui fut en 1538 nommé imprimeur du roi pour le grec, si l'on s'en rapporte toutefois à des lettres patentes dont l'authenticité n'a pas paru inattaquable (1). Quoi qu'il en soit, jusqu'au moment où Robert dirigea de ce côté son activité intelligente, le nombre des auteurs que nous avions publiés en grec était très-restreint et l'on ne se servait que de caractères défectueux. Pour la typographie orientale, et notamment l'impression des livres hébreux, le même Gourmont l'avait abordée en 1508. Néanmoins, en dépit de ses efforts, continués par Gérard de Morrhy et Chrétien Wéchel, on était singulièrement arriéré à cet égard, et il n'y avait encore eu à Paris que de rares et d'insuffisants essais, lorsque Robert, encouragé par les libéralités de François Ier, le fondateur du collége des trois langues, au nombre desquelles était l'hébreu,

gue grecque. Les Manuce, en soixante ans environ, donnèrent soixante-trois éditions *princeps :* on en dut trente-trois au seul Alde l'ancien, de 1494 à 1515, entre lesquelles les ouvrages d'Aristote, de Platon, d'Arisophane, de Démosthènes, etc.

(1) Elles ont été publiées par M. Crapelet : voy. à ce sujet le *Journal des savants,* avril 1836, p. 248.

entra dans cette carrière avec plus de courage et de succès.

Par lui bientôt tout changea de face. Muni des beaux caractères de Le Bé, fondus sur l'ordre et sans doute aux frais d'un prince qui se montra par malheur plus ardent à entreprendre que persévérant à achever, il put, de 1539 à 1546, faire paraître ses deux Bibles hébraïques. Dès la première de ces années, il avait été nommé imprimeur du roi pour l'hébreu comme pour le latin. A ce double titre il ne tarda pas à joindre celui d'imprimeur du roi pour le grec; et, comme tel, il eut à sa disposition d'autres caractères non moins magnifiques, ceux de Garamond, ainsi appelés du nom de l'artiste célèbre à qui François Ier confia le soin de les graver.

Grâce à la munificence royale, Robert employa pour la première fois, dans son édition d'Eusèbe, ces types grecs, que l'on s'accorde à reconnaître pour les plus parfaits qui aient jamais existé. Des trois alphabets qu'ils comprennent, on sait que deux furent dessinés par le calligraphe Ange Vergèce; et l'on présume que le troisième, le plus petit, le fut par Henri Estienne lui-même, alors fort jeune et dont la main rivalisait d'habileté avec celle de ce fameux copiste. Ce fut à l'aide de ces caractères, dits *les grecs du roi*, dont les poinçons et les matrices existent encore aujourd'hui à l'imprimerie impériale, que furent exécutées, de 1544 à 1550, plusieurs éditions de classiques qui l'emportèrent sur celles des Manuce en correction et en beauté.

Robert s'appliquait en même temps à reproduire

fréquemment les livres saints, dans la langue hébraïque non moins que dans les langues grecque et latine (1). Il s'était voué dès sa jeunesse à la tâche délicate d'en épurer et parfois d'en interpréter le texte. Cette occupation, l'une des plus sérieuses de sa vie, fut la principale cause des agitations qui la troublèrent. Ses éditions multipliées des Écritures, tantôt entières, tantôt partielles, toujours belles et savantes, ne cessèrent d'exciter contre lui les soupçons et les haines d'un corps redoutable, des théologiens de Sorbonne, qu'il mettait, il est vrai, trop peu de soin à ménager. D'un autre côté, dans cet âge où la passion était prompte à tout envenimer, ses ennemis le poursuivirent avec une violence déplorable, puisqu'elle eut pour effet de nous coûter la perte d'un si éminent citoyen. Il y eut dans cette querelle des torts réciproques, et le blâme peut s'adresser justement aux deux partis.

On se rappellera qu'à cette époque la traduction latine des textes sacrés n'avait pas encore été fixée par ordre du concile de Trente (2). Les nombreuses altérations que l'ignorance de plusieurs siècles avait fait subir au sens devaient donc provoquer la révision des

(1) C'était Érasme qui avait publié, en 1516, la première édition grecque du *Nouveau Testament* ; en 1518 il en avait donné une version latine. Mais ces travaux, bien qu'approuvés par le pape Léon X, n'avaient pas laissé de lui susciter beaucoup d'inimitiés et d'ennuis : voy. la *Vie d'Érasme* par de Burigny, 2 vol. in-12, Paris, 1757, t. II, p. 107.

(2) De là nous vient la version latine consacrée sous le nom de *Vulgate* : cette traduction adoptée par l'Église est, à peu de chose près, celle que saint Jérôme avait composée.

savants. Mais il fallait, pour l'accompagner et l'éclairer, beaucoup de piété aussi bien que de réserve; et la critique de Robert, nous l'avons déjà indiqué, manquait de prudence. Les sentiments de la réforme, prononcés chez lui bien longtemps avant qu'il se rangeât ouvertement de ce côté, tendaient même à se faire jour dans son travail. Ces opinions ne pouvaient passer inaperçues. Alors que le protestantisme venait d'établir deux sociétés dans la société française et de marquer d'une empreinte ineffaçable la philosophie, la politique, l'érudition, les lettres et les arts, la question de foi dominait tout; sur ce point on s'observait avec une extrême rigueur : rien n'était indifférent de ce qui paraît tel aujourd'hui à notre raison plus élevée ou plus froide.

Chargés du dépôt des anciennes croyances, les théologiens n'avaient pas eu de peine à comprendre que si les Écritures étaient livrées à la liberté des commentaires et à la critique du jugement individuel, c'en serait fait bientôt de cette foi docile, nécessaire à la direction morale de l'homme. Mais frappés de la liaison qui leur semblait exister entre la réforme littéraire et la réforme religieuse, l'esprit de recherche et d'examen que stimulait la première étant effectivement en danger d'aboutir à l'autre, ils avaient eu le tort de voir dans la science une ennemie et de la combattre, plutôt que de la vouloir régler : c'était entreprendre d'arrêter le torrent, au lieu de lui tracer un cours. Théodore de Bèze déclare, en commençant son *Histoire ecclésiastique,* qu'il n'y avait pas à leurs yeux de pire hérésie que de connaître le grec et l'hébreu (1). Robert, par malheur, ne parut pas hérétique à titre d'érudit seulement. Dès sa dix-neuvième année, on a dit qu'il s'était désigné, par l'impression d'un Noùveau Testament en latin, aux inimitiés de la Sorbonne. Ses hostilités avec ce corps ne durèrent pas moins de vingt-cinq ans, sans cesse alimentées par ses publications des textes saints. Le choix qu'il fit le plus souvent du format portatif ajoutait aux griefs de ceux qui croyaient imprudent d'encourager la circulation et la lecture des livres où les partisans de la réforme prétendaient puiser leurs principaux arguments. On devine ensuite ce que l'interprétation et les commentaires pouvaient renfermer ou insinuer. Parmi ces éditions successives, aucune ne prêta plus de force aux soupçons répandùs contre Robert que celle de 1545, où il donnait place à une version latine, la plus latine qu'il eût trouvée, se contentait-il de remarquer, mais dont l'auteur n'était autre que le zwinglien Léon de Juda. Quant aux notes qui l'accompagnaient, et dont plus d'une était empreinte de l'esprit de Calvin, il les attribuait au professeur d'hébreu François Vatable, affirmant qu'elles avaient été recueillies à son cours. Mais on l'accusa d'avoir voulu couvrir ses témérités d'une autorité respectable. Vatable lui-même, ou par peur ou par conscience, se

(1) « L'étude des langues grecque et latine, a dit aussi Henri Estienne dans son *Apologie pour Hérodote*, est dès longtemps estimée hérétique. » Ces témoignages, que la passion altère et infirme sans doute, prouvent cependant que jusqu'à un certain point la science était frappée de suspicion.

montra fort mécontent et désavoua Robert. Le fait de
l'entière franchise de celui-ci est demeuré contestable,
et ce n'a pas été en cette seule occasion. « Il est certain,
dit Richard Simon dans son *Histoire critique du Vieux
Testament,* que Robert Estienne n'a pas agi avec assez
de sincérité dans la plupart des éditions de la Bible
qu'il a données au public, et qu'il a voulu en imposer
aux théologiens de Paris... Ceux-ci toutefois, ajoute-
t-il, auraient pu le traiter avec plus de douceur et de
charité. »

Pour protéger Robert contre leur ligue formidable,
il ne fallait rien moins que la bienveillance de François Iᵉʳ, qui ne se démentit jamais à son égard. Aussi,
gratifié et honoré par ce monarque, lui payait-il un
juste tribut de reconnaissance en lui dédiant ses livres,
sur lesquels il inscrivait cet hémistiche d'Homère :
« Au bon roi, au vaillant soldat (1). » Marguerite de
Navarre, à l'exemple de son frère, couvrait de son patronage l'illustre typographe, et curieuse de connaître
les procédés de l'art qu'il cultivait, cette savante princesse, dans son ardeur d'apprendre, qui lui fit étudier
jusqu'à l'hébreu, se plaisait, dit-on, à lui rendre visite.
Encore cet appui de la cour, si dévouée à Robert,
n'arrêtait-il qu'imparfaitement les attaques de ses ennemis. Deux déclarations ou ordonnances royales
durent intervenir pour le soustraire aux poursuites de
la faculté de théologie. Cette protection soutenue annonce de la part de François un penchant d'autant

(1) *Iliad.,* III, 179.

plus décidé en sa faveur, que le goût de ce souverain pour les lettres s'était, on ne l'ignore pas, considérablement refroidi vers la seconde moitié de son règne. A leur sujet il était passé de l'enthousiasme à la défiance; et, dans un accès d'humeur contre ses anciennes favorites, dont l'indépendance l'alarmait, il prêta même l'oreille aux vœux de la Sorbonne, qui, comme lui, avait bien changé de sentiment à l'égard de la typographie (1). Malgré les efforts de Budé et de l'évêque de Paris, Jean du Bellay, pour calmer son zèle emporté, il fit provisoirement défense, en 1534, de rien imprimer dans son royaume, « sous peine de la corde (2). » Mais cette ordonnance, grâce à la patriotique opposition du parlement, dont les remontrances sauvèrent tant de fautes à l'ancienne monarchie, ne reçut pas son exécution. D'autres lettres patentes qui, substituées aux premières, en atténuèrent peu après la sévérité insensée, ne furent pas appliquées davantage. Toutefois elles étaient comme une menace constamment levée sur la tête des imprimeurs, qui pouvaient être privés à chaque instant, sinon de leur vie, au moins de leur liberté et de leur fortune.

A ce moment sans doute Robert jeta les yeux autour de son pays et conçut le projet de s'en éloigner, projet qu'il n'accomplit qu'après la mort de François Ier. Néanmoins Henri II semblait avoir hérité

---

(1) On sait que le premier atelier typographique fut ouvert dans la maison de Sorbonne.

(2) Ces lettres patentes sont du 13 janvier (l'année commençait encore à Pâques).

pour lui des sentiments de son père ; mais la haine
vouée par ce prince à la réforme ne tarda pas à multiplier les rigueurs. Un édit porté dès la fin de 1547
prohiba, « sous peine de la confiscation du corps et
des biens, » l'impression ou la vente de tout livre qui,
relatif aux saintes Écritures, n'avait pas été précédemment examiné par la faculté de théologie de Paris.
Plus d'une fois depuis on ne se borna pas à brûler
sur la place du parvis Notre-Dame, au son de la grosse
cloche de l'antique église, les ouvrages condamnés,
mais on brûla aussi leurs auteurs sur les places Mau-
bert et de l'Estrapade. Effrayé par le redoublement
des supplices, Robert se défiait en outre de la faiblesse
du souverain, quoique celui-ci lui eût accordé, avec
des lettres de grâce et de rémission qui le défendaient
contre ses accusateurs, de nouvelles lettres patentes
pour le débit de ses Bibles. En face d'une haine ob-
stinée qui ne consentait qu'à suspendre ses attaques,
.une protection devenue plus molle et plus indécise lui
parut insuffisante. Robert adopta alors définitivement
le parti d'une retraite dont quelques personnages pru-
dents lui avaient déjà donné l'exemple ; mais ce dessein
une fois arrêté, il devait mettre à l'exécuter d'extrêmes
précautions, pour conserver autant que possible, en
sauvant sa personne, la fortune honorable qu'il avait
acquise par ses pénibles travaux. Des documents récemment découverts et publiés (1) montrent en effet quelle

(1) Voy. la *Bibliothèque de l'école des chartes*, juillet 1840, t. Ier,
p. 565 et suiv.

persévérance patiente et quelle habileté il sut déployer
à cette occasion.

Ces documents ont pour nous un autre avantage.
Nous y trouvons sur l'état de sa famille des renseignements précieux. Peu auparavant il avait perdu un de
ses enfants : il lui en restait huit, tous mineurs, dont
Henri Estienne, né en 1532 (1), était l'aîné. Chacun
d'eux, à l'exception de celui-ci, dut, sans être dans le
secret de son père, partir sous divers prétextes et dans
différentes directions, afin de venir le rejoindre au lieu
qu'il avait choisi pour sa résidence. C'était Genève,
l'une des citadelles de la réformation, où elle régnait
depuis plus de vingt ans, et qui ouvrait ses portes à
tous ceux que leurs croyances exposaient dans le reste
de l'Europe aux persécutions religieuses. Cette *cité de
Calvin*, comme on avait pu la nommer, regorgeait
d'exilés, plus nombreux de jour en jour. Robert lui-
même, accompagné de Henri, avait prétexté, pour
prendre le chemin de cette ville, la nécessité de sa présence aux foires de Lyon et dans quelques autres lieux
où il avait des rapports de commerce. A la faveur de
ce prétendu voyage, il se dirigea vers cet asile, et il y
était arrivé dans les derniers mois de 1550 ou au commencement de 1551.

---

(1) M. Renouard, avec plusieurs autres, a placé en 1528 (voy. ses *Annales de l'imprimerie des Estienne*, p. 367 de la 2ᵉ édit.) la naissance
de Henri Estienne; mais M. Magnin (*Journal des savants*, 1841, p. 141),
se fondant, pour établir la date de 1532, sur un acte officiel que renferment les pièces qui viennent d'être citées, me paraît avoir raison et mériter d'être suivi.

A cette époque Robert, devenu veuf depuis quelque temps, avait contracté un second mariage qui ne lui donna pas d'enfants. Sa première femme, à laquelle il dut sa nombreuse famille, était Perrette Bade, dont le père, Josse Bade, surnommé Ascensius en raison de son pays (il était natif d'Asch, près Bruxelles), fut l'un des auteurs de la révolution typographique qui fit abandonner les lettres gothiques pour les caractères romains. Celui-ci, qui eut un fils, Conrad Bade, distingué aussi dans son art, était en outre érudit, rhéteur et poëte : un jour même Érasme le compromit par trop d'estime, en établissant un parallèle à son avantage entre lui et l'illustre Budé. Il eut du moins la bonne fortune de marier ses trois filles à trois des artistes qui ont le plus honoré l'imprimerie française, Robert Estienne, Michel Vascosan et Jean de Roigny.

Perrette, en particulier, méritait d'avoir un père que Henri Estienne a justement appelé « un homme de bon esprit et de grandes lettres pour le temps, » et de devenir la compagne de Robert. Elle réunissait à une grande distinction personnelle beaucoup d'instruction et de modestie ; elle était, à tout égard, digne de présider à cette maison savante dont les contemporains nous parlent avec admiration. Quelques vers du poëte d'Aurat nous apprennent, entre autres témoignages, que tous ceux qui l'habitaient s'y servaient presque avec une égale pureté de l'idiome de Térence et de Plaute :

> Intaminata quam latini puritas
> Sermonis et castus decor[1]

Nempe uxor, ancillæ, clientes, liberi,
    Non segnis examen domus,
Quo Plautus ore, quo Terentius, solent
    Quotidiane colloqui.

Henri Estienne, en divers passages de ses livres, où subsistent tant de souvenirs personnels, nous a transmis à ce sujet de curieux et plus amples détails. Dans une lettre latine qui sert de préface à une édition d'Aulu-Gelle, il se plaît notamment à rappeler les doctes habitudes de cette famille dont le travail était le lien; il peint cette imprimerie qui semblait reproduire l'image d'un gymnase antique : « Votre aïeule, écrit-il à son fils Paul, entendait, aussi facilement que si l'on eût parlé en français, tout ce qui se disait en latin; et votre tante Catherine, loin d'avoir besoin d'interprète pour comprendre cette langue, savait s'y énoncer de manière à être parfaitement claire pour tout le monde. Les domestiques eux-mêmes s'accoutumaient à ce langage et finissaient par en user. Mais ce qui contribuait surtout à en rendre la pratique générale, c'est que mes frères et moi, depuis que nous avions commencé à balbutier, nous n'aurions jamais osé employer un autre idiome en présence de mon père et de ses correcteurs. » Ce que Henri ajoute sur ces derniers montre combien, dans cette demeure, une langue commune était nécessaire : « A une certaine époque, mon père entretenait chez lui une espèce de décemvirat littéraire, composé d'hommes issus de toutes les nations et parlant tous les langages : c'étaient dix étrangers qui remplissaient auprès de lui les fonctions de correcteurs, quoiqu'ils eussent assez de mérite pour être auteurs eux-mêmes. » Plusieurs le furent en effet avec distinction : l'un était le philologue et historien Beatus Rhenanus, natif de Schelestadt ; on compta également parmi eux Aymar Ranconet, depuis président au parlement de Paris et connu par ses talents non moins que par ses malheurs (1). Les simples ouvriers, dans cet établissement, joignaient le plus souvent à leur zèle un rare degré d'instruction. C'est d'ailleurs ici le lieu de remarquer que la profession de correcteur, toujours honorable quand elle est unie au savoir, ne passait pas jadis pour être au-dessous des hommes de la plus haute capacité. Érasme nous apprend que dans l'imprimerie de Froben, son ami, « il revoyait les épreuves de sept presses qui marchaient à la fois. » Jean Lascaris et Marcus Musurus, dont Léon X fit un archevêque, exercèrent cet emploi, entre beaucoup d'autres personnages recommandables, dont la liste a été dressée par Maittaire (2).

Si l'on compare le nombre des habiles correcteurs qu'employait Robert à celui de ses presses, qui fut toujours très-restreint, on se fera une idée du soin consciencieux apporté dans son imprimerie à la pureté des textes. Encore tout repassait-il sous l'œil sévère du maître. La profonde attention qu'il consacrait à la révision de ses épreuves est assez célèbre : le souvenir en est parvenu jusqu'à nous dans de curieuses

(1) Voy. sur lui de Thou, *Hist.*, l. XXIII.

(2) *Annal. typograph.*, t. Ier, p. 108.

légendes. Ses contemporains racontent qu'il défendait expressément qu'on l'interrompît dans ce travail. On prétend même qu'un jour, visité par François Ier, il pria le monarque d'attendre la fin d'une correction importante (1). Il paraît en outre qu'il exposait ses feuilles dans des lieux publics et qu'il donnait des gratifications aux écoliers ou autres passants qui pouvaient y signaler quelque faute. Aussi un écrivain moderne (2) n'a-t-il pas craint de dire que « ses éditions hébraïques, grecques et latines sont et seront toujours le désespoir des imprimeurs modernes par la beauté de leurs caractères typographiques et l'exactitude incroyable de leur correction. »

On devra donc regretter vivement que les passions fougueuses de ce temps aient privé la France d'un de ses enfants les plus utiles et les plus illustres. A peine en sûreté, Robert embrassa ouvertement, avec Henri Estienne, des opinions-vers lesquelles sa foi douteuse inclinait depuis vingt-cinq ans; il brava de plus, dans un écrit où il expliquait les motifs de sa fuite (3), les ennemis aux atteintes desquels il s'était soustrait.

C'était tout à la fois une réplique aux attaques dont

---

(1) Voy. Daniel Heinsius, *Dissertatio epistolica an viro litterato ducenda sit uxor et qualis.* — « Legimus... Franciscum primum ad Robertum Stephanum subinde ventitasse, et quum ei non vacaret, quod eorum quæ tum edebantur emendationi intentus sederet, paulum exspectari jussum esse. »

(2) Senebier, *Histoire littéraire de Genève*, t. Ier, p. 346.

(3) *Ad censuras theologorum parisiensium Roberti Stephani responsio;* juin 1552. Cette *Réponse*, traduite par l'auteur, parut en français au mois de juillet de la même année.

il avait été l'objet et une apologie des publications qui
les avaient excitées. On l'avait accusé jusqu'en chaire,
disait-il, « d'être un fin homme et cauteleux qui semait
des hérésies sous l'ombre de l'utilité publique ; » il
s'attachait donc à se justifier, mais en termes malheureusement trop vifs pour prouver, par rapport aux
points incriminés, sa complète innocence. Parcourant
les inculpations dirigées contre lui sur des passages
reproduits ou expliqués avec infidélité, il renvoyait à
ses adversaires le reproche de déloyauté ou d'ignorance. Avec une verve amère et mordante, il se peignait
abandonné pendant plus de vingt ans, « comme une
pauvre brebis au milieu des loups, » en butte à tous les
genres de persécution, quelle que fût sa patience à désarmer par ses soumissions leur méchanceté ; il les
représentait s'enhardissant de son humble modération
et de plus en plus implacables, « béant de grand ap-
pétit après son sang. » Leur acharnement à le poursuivre était son excuse, si malgré les bontés royales,
dont le souvenir vivait toujours dans son cœur, il s'était
vu contraint de renoncer à son pays. Ses ennemis ne
lui avaient pas permis d'y vieillir avec sécurité et avec
honneur : pour fuir *les grandes flammes allumées*, il
avait dû mettre entre eux et lui les frontières de France.
Maintenant, de l'asile où il s'était réfugié, il se faisait à
son tour leur dénonciateur ; il prétendait démasquer
leur hypocrisie et les vices dont ils étaient infectés. On
juge assez par là du ton violent de cette réponse, dont
il faut se garder sans doute d'accepter avec crédulité
toutes les exagérations haineuses.

C'est en effet un pamphlet, non une pièce historique; mais ce libelle, outre qu'il s'y rencontre, pour qui le consulte avec réserve, bien des indications précieuses sur les partis religieux et les luttes de l'époque, sur l'état des esprits et des mœurs, a pour nous un vif intérêt, spécialement dans sa rédaction française ; il nous montre Robert sous un aspect nouveau, celui d'écrivain original, maniant avec talent notre idiome encore rude et indocile. Sans adhérer entièrement à l'avis d'un critique (1) qui, à raison de cette production, place l'auteur au nombre « des fondateurs de notre langue et de ses plus énergiques interprètes, » qui même déclare cette œuvre de polémique, ou plutôt, pour conserver son expression, ce chef-d'œuvre, « digne par le nerf de l'argumentation, la grâce et la malice des récits et des portraits, d'être regardé comme un avant-coureur des *Petites lettres,* fulminées un siècle plus tard contre cette même société de Sorbonne, » on reconnaîtra volontiers que Robert a été souvent bien inspiré par la passion qui l'anime. L'ardente conviction qui se fait jour dans ce plaidoyer personnel donne à ces sortes de mémoires scandaleux un certain accent de vérité. Le style y est incisif et pittoresque, la logique serrée; des mouvements d'éloquence, répandus même çà et là, assignent à ce factum un rang distingué parmi ceux du seizième siècle. C'est une preuve, entre plusieurs, de l'excitation que la réforme communiquait aux esprits et du progrès qu'elle imprimait à l'idiome. Quant à l'amertume et au

_____

(1) M. Magnin.

défaut de mesure que présente cette pièce, ils résultent de l'entraînement d'une colère longtemps amassée. Érasme avait su, il est vrai, vers le même temps, en répondant à la Sorbonne, qui avait censuré ses ouvrages, éviter cette intempérance de paroles et se ménager l'avantage d'une modération railleuse : mais c'est là un secret des maîtres que ne possède pas Robert. Il livre carrière à son indignation contre des ennemis qui l'avaient fait trembler tant d'années. Ce que l'on pardonnera moins que cette fougue et cet emportement, ce sont les injures qu'il adresse à des croyances que jadis il avait feint de respecter, et son ingratitude pour des personnes qui ne lui avaient rendu que des services. Dans son antipathie contre un clergé dont quelques membres l'avaient persécuté, il oublie qu'il y avait trouvé aussi de puissants soutiens : entre ceux-ci était le savant et vertueux prélat Pierre du Chastel, qui s'était presque compromis à force de le défendre. Toutefois, pour atténuer les torts de Robert, il faut songer quelle était la violence des combats de plume à cette époque, et quel vide, quelle plaie saignante le regret du pays avait laissés dans son cœur. Du port qu'il avait choisi, il ne cessa de tourner ses regards vers sa patrie bien-aimée et de détester les querelles qui lui en fermaient les portes.

Cet exil ne fut pas moins préjudiciable aux lettres antiques qu'à son bonheur : dès son arrivée à Genève, sa première publication, l'*Institution de la religion chrétienne* par Calvin, annonça quelle serait la direction ultérieure de ses travaux. Il ne songea plus guère qu'à mettre ses talents et ses efforts au service de la cause du protestantisme. Des ouvrages de polémique religieuse et les saintes Écritures, annotées dans le sens de la réforme, tels devaient être désormais presque les seuls produits de ses presses. Quant à l'établissement des Estienne, il ne disparut pas de la capitale. Robert avait laissé sous la garde de son frère Charles la typographie et la librairie de la rue Saint-Jean de Beauvais : elles continuèrent à subsister, grâce aux soins éclairés de ce dernier, qui en même temps, représentant actif des intérêts d'une si nombreuse famille, adressa une requête à Henri II en faveur de ses neveux et nièces mineurs, pour qu'ils ne fussent pas dépouillés de la fortune de leur père. Aux termes de la loi, et en exécution de l'édit de Châteaubriant, le fugitif était frappé de mort civile, et toutes ses possessions étaient dévolues au trésor : déchéance qu'il s'agissait de prévenir.

La *Réponse aux censures*, quelle que fût sa violence et quelques haines qu'elle dût soulever, n'empêcha pas le succès de cette requête, datée de 1552. Par là on voit assez que le prince avait conservé des sentiments affectueux pour la maison des Estienne. En exécution de la mainlevée qu'il accorda aux héritiers de Robert, le séquestre cessa d'exister sur ses biens, et tout ce qui lui avait appartenu fut remis au tuteur comme faisant partie de la succession maternelle. On croit devoir, par esprit d'équité, opposer ce traitement si indulgent à des récriminations trop peu ménagées contre l'intolérance des Valois et des catholiques du seizième siècle.

L'imprimerie parisienne de Robert Iᵉʳ ne tarda point

à passer aux mains de son second fils, Robert II° du nom. Celui-ci, peu après son arrivée à Genève, s'en était échappé pour revenir dans la capitale : il demeura fidèle à l'Église romaine. Le père, injustement irrité, le déshérita dans la suite, mais sans lui infliger toutefois un préjudice notable, puisqu'il avait reçu par avance, en prenant la direction de la typographie, qui lui fut cédée par Charles, sa portion de patrimoine. On sait seulement que tout le matériel oriental avait été aliéné et qu'un nommé Le Jeune en fut l'acquéreur : circonstance qui ne devait pas empêcher plus tard Henri Estienne de succéder à cette partie de la gloire paternelle par des publications dans les langues hébraïque, chaldéenne et syriaque. Il y a lieu de croire aussi que les livres, laissés en grand nombre et dont le mérite rendait le débit facile, furent vendus au profit des autres enfants.

Robert retiré à Genève, après cet abandon de sa fortune antérieure, ne demanda plus de ressources qu'à son travail, pour l'entretien assez onéreux de sa maison personnelle. Il avait toujours été large dans ses dépenses, généreux dans sa vie privée (1), prompt à secourir de sa bourse les gens de lettres, n'eussent-ils

---

(1) On le voit par ces vers de d'Aurat, qui célèbre son noble désintéressement, son dévouement au bien public et sa brillante hospitalité :

Plus publicæ rei quam domesticæ gerens
Curæ ac sollicitudinis....
. . . . Quale diversorium,
O Jupiter, quam splendidum,
Quamque est amœnum ! etc.

d'autres titres à sa bienveillance que leur malheur. Par sa capacité et son courage infatigable (lui-même nous a dit que le Seigneur l'avait accoutumé aux labeurs comme l'oiseau au vol), il réussit à relever ses affaires du choc que son émigration leur avait porté. En peu d'années son active industrie avait créé un nouvel établissement, qu'il laissa prospère, grâce au concours de son fils Henri. Celui-ci, en secondant ses efforts, en le voyant jusqu'au terme de sa vie multiplier avec autant d'intelligence que de succès ses publications presque toujours bien accueillies, conçut pour lui cette profonde et ardente admiration qui respire si souvent dans ses ouvrages.

Parmi les derniers travaux de Robert Estienne on doit remarquer sa grammaire française, demeurée digne d'être consultée au milieu des innombrables ouvrages qui ont paru sur cette matière. Écrite dans notre langue et traduite presque aussitôt en latin (1), elle témoigne de l'intelligence nette et ferme de son auteur. C'est encore l'un de nos meilleurs codes des préceptes destinés à régler notre idiome. Simple, clair et judicieux, ce petit volume fut un des nombreux services rendus par Robert à l'enseignement. L'un des premiers, en effet, il a réalisé et heureusement secondé dans de bonnes publications élémentaires, auxquelles les talents les plus distingués prenaient part, les progrès dont la renaissance a donné le signal. On sait à quel point les questions de langue

---

(1) 1558, in-8°. Ce fut Henri Estienne qui en fut le traducteur.

et de grammaire préoccupèrent cet âge qui fut si grand par l'action. Aussi la vogue des écrits composés sur ces sujets fut-elle alors extrême. Pendant qu'Érasme, avant Montaigne, déclarait la guerre au pédantisme, ennemi de la jeunesse, qui, accablant les esprits sous un luxe stérile de connaissances superflues, négligeait d'en faire jaillir l'étincelle cachée, Robert a préparé le règne de ces sages méthodes d'éducation que le siècle suivant introduisit dans nos écoles. Beaucoup d'excellents livres classiques, qui ont popularisé le savoir, sortirent de ses presses; quelques-uns même de sa plume. En outre, par les réimpressions multipliées des auteurs les plus polis de l'antiquité, et particulièrement de Térence (il n'a pas édité ce dernier moins de huit fois, de 1530 à 1550), il a favorisé plus qu'aucun autre de son temps la marche décidée de la langue et des mœurs françaises vers l'élégance et le bon goût.

Une carrière si bien remplie fut trop prompte à se terminer. Robert ne passa point sa cinquante-sixième année (1). Une constitution robuste avait semblé lui garantir une existence plus longue. Au service de sa forte intelligence il pouvait mettre, a dit son fils, une santé capable d'endurer toutes les privations et toutes

---

(1) Il mourut en 1559 :

Occidit heu! *lustris bis sex nondum* ille peractis.

Quelques-uns, s'autorisant de ce vers de Henri, dans une des épitaphes consacrées à son père, le font vivre jusqu'à près de soixante ans; mais leur calcul paraît erroné.

2.

les fatigues. Mais on a vu les épreuves et les tribulations qui l'assiégèrent. Son activité dévorante put d'ailleurs rapprocher le terme de ses jours. Jamais il ne s'était accordé de repos, jamais son ardeur juvénile n'avait baissé. Dans une épitaphe grecque où il le fait parler, Henri l'a peint en quelques traits au physique et au moral : « Petit de corps, j'avais un grand cœur; je parlais peu, mais j'agissais beaucoup. » Il parlait surtout peu de lui, ou du moins il ne le faisait qu'avec modération et réserve. Voici dans quels termes il s'exprime en tête de son *Traité de la langue latine* (1), qu'on a nommé, comme plus tard le *Trésor grec*, un vrai travail d'Hercule : *Ingenue fateor nihil hic inesse de meo, præter laborem et diligentiam.* Était-il aidé dans la composition de ses ouvrages', il se gardait de le dissimuler et de s'attribuer ce qui ne lui appartenait pas. Il s'est plu ainsi à reconnaître généreusement le concours actif que lui avait prêté un savant modeste, Thierry de Beauvais, en s'associant à ses immenses recherches.

En 1556 il avait été admis gratuitement, contre l'usage, au titre et aux priviléges de la bourgeoisie génevoise : hommage rendu tout à la fois au typographe qui avait si chaudement embrassé la cause du protestantisme et au savant qui avait si fort agrandi le champ de la philologie. Douée du génie scrutateur qui a caractérisé la réforme, Genève l'avait appliqué

(1) Comme le remarque M. A. F. Didot, c'est avec ce travail, qui en est le fond, que tous les grands dictionnaires latins de Nizolius, Tinghius, Gesner, etc., ont été successivement composés.

en effet aux écrivains de l'antiquité profane comme
aux textes des saintes Écritures : de là son goût pour
les études classiques ; ses nombreux érudits ; la vogue
de ses écoles et de son Académie dont les fondateurs
furent de Bèze et Calvin. Robert, ami de ces deux
chefs de secte, seconda principalement à merveille, au
moyen de ses publications, l'influence du dernier,
moins impétueux que Luther, et possédant, avec une
persévérance aussi opiniâtre et autant d'ambition, plus
d'art et de méthode. Mais on regrette que son dévouement très-sincère au dictateur religieux et politique de
Genève l'ait entraîné à être du parti des persécuteurs
et des bourreaux, lorsqu'il s'était plaint d'avoir été si
longtemps de celui des persécutés.

A cette époque, il est vrai de le dire, l'intolérance
était trop souvent l'arme commune de toutes les Églises
chrétiennes. Calvin, après avoir déclamé contre les
bûchers, les alluma. Confondant, comme il le reprochait à ses adversaires, ses propres convictions avec la
vérité éternelle, il fit brûler Servet, coupable de ne pas
partager tous ses sentiments. Il est triste d'ajouter que
Robert, loin de désavouer ce meurtre, poursuivit jusqu'à la mémoire de la victime. Animé d'une haine qui
survivait au supplice, il fit chercher à la foire de Francfort, pour les détruire, tous les exemplaires des livres
de ce malheureux. Lorsque, dans son fameux traité
De hæreticis gladio puniendis, de Bèze vint en aide à
l'apologie que Calvin avait faite de sa propre conduite,
Robert Estienne fut son imprimeur. Auparavant de
Bèze avait été mieux inspiré, lorsque sous le nom de

Passavant, dans son épître adressée au président Lizet, où son latin macaronique parodiait la langue barbare dont se servaient les théologiens, il avait raillé finement ceux de Sorbonne d'avoir laissé Robert s'échapper de leurs mains.

Un triste effet de cette intolérance, expliquée sinon justifiée par les passions du temps, se montre encore dans l'antipathie de Robert pour le jovial Rabelais, qu'il aurait traité volontiers à la façon de Servet ; surtout dans son testament, où sa colère éclate, avec une fougue que l'âge n'avait pu calmer, contre deux de ses enfants restés fidèles au catholicisme. On a retrouvé il y a peu d'années, dans les archives de Genève, l'original de cette pièce importante. Aux fâcheux mouvements de haine que nous venons de signaler se mêle l'expression de sa juste tendresse pour son fils aîné et préféré, Henri, en qui il s'applaudit d'avoir trouvé un soutien dévoué de sa vieillesse et un coopérateur intelligent de ses travaux. Aussi, pour récompense de *l'aide et soulagement qu'il a obtenu de lui,* lui lègue-t-il en entier son établissement typographique, dans la pensée « qu'il entretiendra l'honneur de cette imprimerie, lequel a été, grâces à Dieu, dès longtemps continué en sa maison au profit du public et bon nom de sa famille. » Il l'institue enfin son *héritier universel,* à la condition qu'il demeurera attaché à l'Église de Genève et qu'il acquittera un certain nombre de legs, laissés par lui à sa femme et à ses autres enfants.

Les dernières volontés de Robert ne paraissent avoir excité aucune plainte dans sa famille, ni porté aucune

atteinte à la bonne harmonie qui en unissait les membres : on doit donc présumer que Henri ne fut pas
dans cette occasion l'objet d'une faveur qui blessàt la
coutume ou l'équité. Ce testament témoigne seulement
d'une confiance qui l'honorait et dont il se montra
digne, en remplissant avec exactitude les obligations.
qui lui étaient imposées. Un autre devoir non moins
sacré à ses yeux était de donner des regrets publics à
la mort de son père, et de célébrer une mémoire qui
lui demeura toujours chère et vénérable. Sa piété filiale, d'accord avec sa reconnaissance, lui inspira beaucoup de pièces grecques et latines où se mêle un peu,
il est vrai, à l'épanchement d'une douleur très-sincère
la recherche du bel esprit alors en usage. Toutefois on
y pourrait citer plusieurs vers justes et naturels, tels
que les suivants :

> Donec erunt græci scriptores atque latini,
> Præco tuæ laudis maximus orbis erit.

Mais ce ne fut pas là le seul hommage rendu à Robert : d'autres contemporains, pour le louer, se joignirent à son fils. Entre ceux qui déposèrent sur sa
tombe leur tribut poétique, on remarque Théodore de
Bèze, son ancien ami, qui lui consacra un sonnet français et des distiques grecs où il rappelait ses grands
travaux et déplorait l'*ingratitude* de son pays. Déjà de
son vivant, Conrad Gesner, le Pline de l'Allemagne,
en lui dédiant le cinquième livre de ses *Pandectes*, avait
fait de lui cet éloge, « qu'il était entre les imprimeurs
et les libraires ce que le soleil est entre les étoiles. »

Scévole de Sainte-Marthe ne manqua pas de lui donner une place parmi ses Hommes illustres ; et, par un
témoignage encore plus glorieux, l'historien de Thou
ne craignit point de déclarer, avec l'enthousiasme littéraire de son temps, « que non-seulement la France,
mais tout l'univers chrétien, lui était plus redevable
que jamais peuple ne l'avait pu être au plus intrépide
capitaine, au plus glorieux conquérant. »

Sur cette noble vie un nuage a cependant été suspendu longtemps ; une imputation fâcheuse a plané sur
cette mémoire illustre : je veux parler de l'affaire rela-
tive aux types grecs qu'on l'a accusé d'avoir dérobés en
s'enfuyant à Genève. Il a été question plus haut de ces
beaux caractères gravés par ordre et aux frais de François Ier, dans un des trop courts moments où ce prince
put détourner son esprit de la préoccupation des guerres
religieuses, pour l'appliquer aux arts de la paix. Mais
sans rentrer dans la discussion de ce procès si souvent
débattu, il suffira de dire qu'un examen impartial et
éclairé des faits a permis de réfuter tout récemment,
d'une manière victorieuse, ces assertions répandues
par la haine, accueillies et propagées par l'irréflexion (1).
On peut donc l'affirmer en toute assurance : Robert,
dont une image que l'on croit fidèle nous a conservé les
traits (2), méritait pleinement l'honneur que la ville de
Paris, par un juste esprit de réparation, lui a accordé

----

(1) Voy. *les Estienne et les types grecs de François Ier*, par Aug.
Bernard, in-8°, 1856.

(2) Ce portrait, dessiné par L. Gaulthier, se voit à la Bibliothèque impériale.

de nos jours, en plaçant sa statue au nombre de celles
des citoyens utiles et éminents dont elle a décoré l'entrée de son palais municipal. Aux dépens de sa fortune
et du repos de sa vie, il s'est mêlé, avec hardiesse et
avec une constance sincère, à la lutte d'idées qui a
rempli tout le seizième siècle, lutte qui a pu être marquée par de regrettables excès, mais qui a en effet
abouti au triomphe d'un principe protecteur de la dignité et du bien-être des sociétés modernes, celui de
la liberté scientifique et religieuse. Comme éditeur, il
a paru à quelques-uns n'avoir pas été égalé : au moins
rien ne surpasse la magnificence et la correction de ses
publications grecques. Pour l'impression hébraïque,
il sembla tout d'un coup aussi l'avoir portèe à sa perfection dernière. Enfin, érudit lexicographe et grammairien si distingué, l'ardeur des querelles de dogme
le fit encore écrivain français.

L'éclat de ses travaux et de son nom a jeté une sorte
d'obscurité sur ses deux frères, dont l'un cependant
était digne de conserver plus de réputation : car pour
François, son aîné, qui fut imprimeur et surtout libraire, il borna à peu près son ambition à l'exercice
d'un honorable commerce. Quant à Charles, dont nous
avons eu occasion de parler, il a été auteur de nombreux ouvrages, dont quelques-uns ont eu une vogue
qui lui a survécu, et méritent encore aujourd'hui une
sérieuse estime. L'un des disciples de Lascaris, comme
nous l'apprend le poëte Antoine de Baïf, qui fut lui-
même élève de Charles Estienne, il avait une connaissance approfondie des langues de l'antiquité. Son *Tré-*

sor de Cicéron est une compilation très-savante. Une
autre non moins utile est sa *Maison rustique*, livre que'
l'on a transformé depuis, mais sans changer son titre,
et qui parut d'abord en latin, sous le nom de *Prædium
rusticum*, illustré dans la suite par le poëme de Va-
nière. La rédaction française, qui appartient, ainsi
que le texte, à Charles, fut en peu de temps populaire
et réimprimée à l'envi dans presque tous les idiomes
de l'Europe. Il a en outre, médecin instruit, laissé de
bonnes recherches sur différents points d'anatomie.
Pour son caractère, les imputations graves dont il a
été l'objet semblent fort injustes. On l'a accusé de s'être
montré mauvais parent envers ses neveux, tandis qu'au
contraire il a protégé leurs intérêts avec un parfait dévouement. Bienveillant surtout pour notre Henri, ce
fut pour l'instruire qu'il rédigea des traités élémentaires qui concernent plusieurs parties de la grammaire latine (1). Il lui adressa même son livre sur le
jardinage (2), avec une longue et affectueuse épître,
où il le félicitait de recevoir les leçons du célèbre Tusan
et d'en profiter : « car auprès de lui il apprendrait,
disait-il, non-seulement à parler et à écrire en maître
les langues latine et grecque, mais à se conduire en
honnête homme. » On a vu que la fuite de son frère
avait engagé Charles, pour l'avantage de la jeune
famille dont il était le tuteur, à devenir typographe :

(1) « In gratiam Henriculi sui. »

(2) De Re hortensi, 1545. — On remarquera, à ce sujet, que le goût du
jardinage se mêlait chez Henri Estienne, comme chez son père, à l'amour
de l'étude.

il exerça cette industrie avec une très-rare distinction.
Au dire de Maittaire, quelques-unes de ses éditions,
entre lesquelles on cite la première du texte grec d'Appien, égalent celles des imprimeurs les plus célèbres ;
dans le petit nombre d'années qu'il fut mêlé aux affaires,
peu furent aussi laborieux que lui. Quand l'établissement de Robert eut passé aux mains de son second fils,
il en fonda un pour son propre compte ; mais la beauté
de ses publications aboutit promptement à sa ruine.
Mis au Châtelet pour dettes en 1561, il y mourut en
1564, bien digne, par ses talents comme par ses malheurs, d'appartenir à la maison des Estienne.

Les femmes mêmes, dans cette famille, eurent un
mérite supérieur. Déjà nous avons pu le remarquer
particulièrement pour la première épouse de Robert :
nous en verrons par la suite d'autres exemples. Quant
à Charles Estienne, il eut une fille, dont quelques compositions littéraires attestent l'esprit délicat et cultivé.
Nicole, c'était son nom, unissant la beauté à l'instruction, fut recherchée en mariage et chantée par Jacques
Grevin, sans que l'union qu'avait désirée ce poëte pût
s'accomplir. Le médecin Liebaud fut son mari, homme
de beaucoup de savoir à ce qu'il paraît, mais que le
sort traita avec autant de dureté que son beau-père (1).

La fortune ne gardait pas plus de faveur au fils aîné
de Robert, à Henri, dont nous avons à raconter maintenant la vie agitée et illustre.

(1) Voy. les *Lettres* de Gui Patin, t. III, p. 444, édit. de Reveillé-
Parise.

C'est dans la demeure de la rue Saint-Jean de Beauvais, honorée par de royales visites, dans cette typographie déjà célèbre par son enseigne de l'Olivier, grâce aux travaux assidus de Henri Ier et de Robert, que notre Henri, comme nous l'avons dit plus haut, vit le jour en 1532. On a cru nécessaire de conserver cette date (1), quelque surprise que nous prépare le spectacle du développement précoce de ce rare et puissant esprit. On s'explique d'ailleurs ces phénomènes d'une culture hâtive, dans la secousse que donna au génie humain l'époque extraordinaire de la renaissance. Paris, alors célébré par Érasme (2), comme il le fut plus tard par Montaigne (3), foyer actif des lumières qui perçaient de toutes parts l'horizon, était proclamé, sans trop d'injustice, ainsi que Rome autrefois, « l'abrégé de l'univers (4). » Quoi qu'il en soit, Henri Estienne mérita un rang parmi ces enfants d'élite, nombreux au seizième siècle, dont l'intelligence, comme touchée du rayon de progrès qui avait lui dans le pays, s'ouvrait prématurément à des idées et à des notions d'un autre âge. On a souvent prétendu que, pour l'esprit, les fils tenaient volontiers de leurs mères. Henri sembla aussitôt devoir à la sienne, à Perrette

(1) Outre l'acte authentique que l'on a pu citer à son appui, Henri semble la confirmer lui-même, lorsque dans la dédicace de sa *Conformité*, il nous apprend qu'il tomba malade en 1561, sans que sa santé eût encore été troublée, jusqu'à près de trente ans. (Voy. plus haut p. 18.)

(2) Voy. le *Panégyrique* de Philippe le Beau.

(3) *Essais,* III, 9.

(4) *Compendium orbis.* L'expression est de Henri Estienne.

Bade, cette conception prompte et facile qui, dans la docte académie dont elle était entourée, lui avait permis de vivre à l'aise et au niveau commun. Sous de si heureux auspices et dans cette excitante atmosphère, si imprégnée de science sans pédantisme, il reçut cette première éducation du foyer domestique qui n'en est pas moins efficace, pour ne s'accomplir qu'à notre insu. Par l'effet des conversations nourries qui chaque jour frappaient ses oreilles, bien des connaissances lui vinrent sans lui coûter aucun effort, et le préparèrent à en acquérir davantage.

Les grandes occupations de Robert ne lui laissaient pas le temps d'être, pour les langues anciennes, le précepteur de son fils. Il le confia donc, dès sa plus tendre enfance, aux soins d'un maître qui dut le mettre en état de suivre les leçons des professeurs renommés de la capitale, que la ferveur des études classiques entourait d'un nombreux auditoire. Ce maître avait déjà chez lui d'autres écoliers beaucoup plus âgés, à qui il faisait expliquer les chefs-d'œuvre dramatiques de la Grèce. Pour stimuler leur émulation, il avait même imaginé de les transformer en acteurs; il chargeait chacun d'eux de déclamer l'un des rôles. Le jeune Henri, témoin de ces représentations, aux premiers sons d'un langage qu'il n'entendait pas encore, sentit tout à coup son âme s'éveiller à l'attrait d'une nouvelle jouissance. Séduit de cette harmonie inconnue, il demanda avec empressement d'être admis à figurer dans la pièce qu'on jouait en ce moment : c'était la *Médée* d'Euripide. Mais pour faire l'un des personnages, il fallait comprendre la signification des mots, il fallait de plus, d'après l'usage alors général d'interpréter les textes grecs en latin, n'être pas étranger à cette langue. Henri, sur cette objection, répondit résolûment qu'il la savait; et, sans avoir ouvert une grammaire, il avait en effet appris à bégayer ses pensées dans cet idiome, pour lui en quelque sorte maternel. On céda enfin à la persévérance opiniâtre de ses prières; mais on crut prudent, par une dérogation à la règle, de lui expliquer cette fois la *Médée* en français.

En peu de temps, à force d'être Médée, Jason, le coryphée, Égée et Créon tour à tour, Henri pouvait réciter par cœur la tragédie entière. Il rapporte qu'obsédé même la nuit du charme de ces vers, on l'entendit plus d'une fois les déclamer dans son sommeil (1). Avec cette volonté énergique ou plutôt cette fougue passionnée, il triompha de la difficulté des éléments, devina, plus qu'il n'apprit, les règles de la grammaire, et rassembla si vite dans sa mémoire une multitude incroyable de tours et de mots, qu'on eût dit des souvenirs troublés et confus se réveillant en foule dans son esprit. Il fut bientôt assez avancé pour avoir besoin d'autres leçons que celles de son premier professeur.

Dès l'âge de onze ans il était digne d'être l'élève des plus habiles hellénistes, sans posséder encore la langue latine, dont il n'avait que cette teinture due à son éducation domestique. Mais on sait que Quintilien était d'avis qu'on fît passer l'étude du grec avant celle du

(1) Voy. la préface des *Poetæ græci principes*, 1566, in-f°, etc.

latin (1) : sentiment que partageait Rabelais (2), très-versé dans ces deux idiomes, et qui fut aussi celui de Robert et de Henri Estienne. Les nouveaux maîtres de celui-ci furent successivement Pierre Danès, Tusan ou Toussain et Adrien Turnèbe, qui honorèrent tous les trois par leur enseignement le collége de France. Danès, que Lascaris et Budé avaient formé, et qui eut pour disciples, outre Henri II, Amyot, d'Aurat et Brisson, entre autres hommes distingués, consentit même, par un privilége unique, à lui donner des soins particuliers dans un temps où l'importance de ses fonctions ne lui laissait presque aucun loisir (3). Vainement beaucoup de grands seigneurs briguaient-ils pour leurs enfants les leçons de ce docte personnage. Il se devait tout entier, disait-il, aux charges dont il était revêtu ; il ne faisait qu'une exception pour celui dont le père lui était uni par une affection toute fraternelle.

Henri Estienne conserva toujours le souvenir de ces soins, et il a témoigné plus d'une fois l'ardeur de sa reconnaissance pour Danès. Déjà, grâce à lui, très-capable d'enseigner le grec, il s'appliqua à l'étude de la langue latine et y fit les plus rapides progrès : on a dit qu'à cet égard son oncle Charles eut une part efficace à son éducation. Entre les auteurs de Rome, le premier qu'il approfondit fut Horace, qui le charmait par sa malice et demeura l'objet de son culte particu-

(1) *Inst. orat.*, 1, 2.
(2) *Pantagruel*, II, 8 : Lettre de Gargantua à son fils.
(3) Voy. *Epist. ad Jacobum Danesium* (c'était un parent de Pierre Danès) : au commencement du Macrobe de 1585, in-8°.

lier. Fidèle toute sa vie à cette affection de sa jeunesse, il pouvait réciter un grand nombre de ses épîtres, ces codes éternels du bon goût et du bon sens. Son esprit avide d'apprendre s'attachait d'ailleurs avec une égale passion à tout ce qui lui promettait de nouvelles idées. Il se portait aussi vers les sciences mathématiques, et il s'égarait jusque dans les détours alors très-fréquentés de l'astrologie judiciaire. Lui-même, pour nous rendre sages à ses dépens, nous a raconté avec une bonhomie spirituelle comment il se laissa duper par ces chimères, dont il s'applaudissait d'être revenu. Avec un de ses camarades il prit un maître d'alchimie, qui, devant les enrichir, commença par se faire payer fort cher. Grâce à l'indulgente complicité de sa mère, Henri satisfit non sans peine l'avidité du vendeur de fumée, qu'il décorait auprès de son père des noms de maître d'arithmétique et de géométrie ; mais il ne tarda pas à s'apercevoir qu'en cherchant la pierre philosophale il n'avait trouvé que la perte de son temps et de son argent.

Guéri de ces folies, Henri, âgé de quatorze ans, participa pour la première fois aux travaux de son père : il lui servit d'auxiliaire dans plusieurs publications de 1546, notamment dans son édition princeps de Denys d'Halicarnasse, dont il collationna les manuscrits. Mais, dès l'année suivante, il commençait la longue série de ses voyages : celui qu'il entreprenait en ce moment avait un double but : c'était d'acquérir à l'étranger, dans la société des hommes, souvent plus instructive que celle des livres, un complément d'éducation pratique, et d'arracher aux retraites qui les cachaient encore quelques débris de l'antiquité.

La science n'était pas alors une conquête aussi facile qu'aujourd'hui : il fallait la poursuivre avec beaucoup de fatigue et non sans danger ; il fallait chercher de tous côtés les hommes qui en étaient dépositaires, et fouiller les bibliothèques des diverses contrées de l'Europe, qui étaient loin d'avoir rendu tous leurs trésors. D'autre part, jamais les lettres anciennes n'eurent de plus sincères et de plus fervents adorateurs qu'à cette époque. Il y avait dans l'étude comme un plaisir de surprise et de découverte au jour le jour, qui explique leurs communications assidues, quel que fût l'éloignement des cités qu'ils habitaient : une commune passion animait leurs travaux, dont ils se transmettaient réciproquement les résultats ; et que de nouvelles à échanger, lorsqu'à chaque instant les monuments de la Grèce et de Rome sortaient de leurs ténèbres ! C'étaient de précieuses leçons retrouvées dans quelque manuscrit ignoré ; des restitutions qui venaient compléter des passages défectueux ; d'heureuses rectifications de sens : toutes découvertes qui passaient de bouche en bouche longtemps avant d'être déposées dans les livres.

Le voyage de Henri Estienne dura près de trois ans. L'ardent jeune homme s'était adressé au pays qui, pour la culture intellectuelle et la richesse bibliographique, était le plus justement renommé. Les contemporains nous le représentent à cheval, courant de ville en ville et galopant presque toujours seul, en

chevalier errant des lettres. Souvent il trouvait mauvais gîte : mais, avec la souplesse de son âge, il savait
se plier aux inconvénients de la route. Quelquefois
aussi, grâce à la recommandation de son nom et aux
qualités appréciées de son esprit, les plaisirs ne lui
manquaient pas : à Gênes il s'est applaudi d'avoir
trouvé l'hospitalité la plus cordiale et une chère digne
de Paris. Il visita successivement Rome, Naples, Florence, Venise, etc., faisant la chasse, nous dit-il, des
bons manuscrits, et dépistant avec non moins d'empressement les érudits dont la conversation pouvait lui
être utile. Il noua dans ce savant pèlerinage de nombreuses relations; il se fit des patrons et des amis qu'il
conserva, tels que Caro, Castelvétro, et les cardinaux
Maffei et Sirlet, protecteurs des lettres; il collationna
beaucoup de manuscrits, s'en procura quelques-uns, et
revint avec un abondant recueil de corrections, de variantes et de fragments inédits, particulièrement pour
le grec.

Lorsqu'il reçut de lui ces précieuses acquisitions,
Robert était occupé des projets de retraite qu'il devait
réaliser un peu plus tard : néanmoins son activité
typographique ne s'était point ralentie. Il trouva surtout, dès ce moment, un concours habile dans son fils,
qui s'était perfectionné en travaillant plusieurs mois
à Venise chez les Manuce. En même temps celui-ci
commençait à mêler aux occupations de son état des
essais littéraires; il avait trop d'idées pour se borner à
imprimer les œuvres d'autrui. Aussi plaça-t-il en tête
de la belle édition in-folio du Nouveau Testament grec

de 1549, des vers qu'il a retouchés et resserrés depuis ;
il composa pareillement pour une édition d'Horace,
son poëte favori, des arguments et des notes dont on
estime le goût et le savoir.

Henri n'entrait toutefois que dans sa dix-huitième
année, qu'il passa presque entièrement hors de son
pays. En 1550 on le trouve effectivement en Angleterre, où le jeune roi Édouard VI lui fait un accueil
amical ; puis dans la Flandre et le Brabant, où quelques mois lui suffisent pour s'initier à la connaissance
non-seulement de la langue, mais de la littérature
espagnole, avec cette admirable facilité qui saisissait
tout en un instant et n'oubliait rien. Au but commer-
cial de ces courses, qui tendaient à favoriser l'écoule-
ment des livres de Robert, se joignait pour Henri un
objet plus élevé : comme auparavant en Italie, il cherchait, il recueillait, dans la société des hommes distingués par leur talent et par leur science, de vivantes
leçons ; il interrogeait les dépôts sauvés par les monas-
tères ; il visitait les bibliothèques des particuliers,
surtout celles que, par un nouveau genre d'hospitalité,
plusieurs nations commençaient à ouvrir au public :
exemple qui ne devait que tardivement être imité
parmi nous. Les bibliothèques de Fontainebleau et de
Blois venaient d'être transportées à Paris et de se confondre dans la bibliothèque royale (1544): mais l'accès
en était très-difficile à tous, aux savants comme aux
autres. Ainsi il amassait des matériaux pour ses publications futures. Quelques traités, quelques pages,
quelques vers anciens, échappés à la barbarie, c'était

là ce que sa passion convoitait, c'était à ses yeux le digne prix de toutes ses fatigues.

Il ne rejoignit son père, au commencement de 1551, que pour l'accompagner presque aussitôt dans sa retraite à Genève. Jusque-là il n'avait pas eu à Paris d'établissement qui lui appartînt en propre ; bien plus, il n'en posséda jamais dans cette ville, quoiqu'on ait souvent affirmé le contraire et qu'il y ait en effet imprimé à diverses reprises : mais ce fut à l'aide des presses d'autrui. On s'est notamment trompé en avançant, ce qu'on lit dans Niceron et dans la *Biographie universelle*, qu'il avait présenté une requête à la Sorbonne pour qu'elle l'autorisât à faire usage du privilége accordé à Robert par François Ier. Ce privilége avait, comme on l'a vu, profité à son frère, et il ne paraît pas que pour lui il ait jamais eu la pensée de le revendiquer.

Après trois ans passés ou dans l'imprimerie paternelle, dont il secondait diligemment les travaux, ou dans de nouveaux voyages, dont le résultat fut aussi fructueux que celui des précédents, Henri Estienne publia à Paris, où il séjournait momentanément, les odes d'Anacréon, qu'il avait trouvées en Italie. L'importance de cette découverte nous fait un devoir de nous y arrêter.

On ne connaissait jusqu'alors que la première pièce du poëte de Téos ou ce qu'Aulu-Gelle et l'Anthologie nous en avaient conservé. C'est à Henri Estienne que nous devons les petits chefs-d'œuvre qui nous restent de cet auteur ou qu'on lui a du moins attribués : car là-dessus, c'est-à-dire sur l'authenticité de chacune de ces gracieuses compositions, l'érudition a eu ses scrupules et fait ses réserves. Sans entrer dans des détails qui sortiraient de notre sujet, il suffira de donner comme une opinion bien établie, que ces odes, à très-peu d'exceptions près, sont plutôt anacréontiques qu'elles ne sont l'ouvrage d'Anacréon; en d'autres termes, qu'elles ne remontent pas au lyrique qui fut le contemporain du roi Cambyse et du tyran Polycrate, mais qu'elles appartiennent à ses plus heureux imitateurs, anciens eux-mêmes et proches descendants du voluptueux Ionien. Quel hasard fortuné les fit tomber sous la main de Henri Estienne et quels textes a-t-il eus à sa disposition; c'est là un point qui n'a jamais été éclairci : l'éditeur semble l'avoir couvert à dessein de cette demi-obscurité qui ajoute à l'objet qu'elle voile un attrait de plus. Il a été question de deux manuscrits qu'il aurait détruits après les avoir conférés, ou qu'il eût ensuite laissés périr, dans les accès de misanthropie qui signalèrent ses dernières années. L'un, a-t-on dit, était caché dans l'intérieur de la couverture d'un vieux livre; l'autre, à moitié moisi, gisait au fond d'un antique monastère. On a raconté aussi que les Pays-Bas avaient fourni quelques-unes des odes. De ces assertions peu justifiées sont résultés des doutes honorables pour Henri Estienne : on a prétendu en effet que la version latine publiée était un original de son invention, qu'il avait traduit en grec. Par une de ces fraudes ingénieuses dont le seizième siècle offrit plus d'un exemple, il aurait voulu, en vieillissant son œuvre à sa naissance, lui concilier plus sûrement des admirateurs. De nouveaux manuscrits, ultérieurement découverts, ont réfuté cette supposition, que le texte seul, regardé de près, permettait de démentir : par lui-même, il témoigne assez de son origine. Un moderne, fût-ce un lettré du seizième siècle, ne pouvait tout à fait imaginer ainsi. Il y a dans la plupart des pièces, et surtout dans des vers isolés, qui ne manquent à aucune d'elles, cette pureté de traits, cette précision de contours, cette naïveté, cette vigueur d'enthousiasme que la contrefaçon ne saurait atteindre : ce cachet antique est inimitable.

Quelles que fussent, au reste, les objections ou les chicanes des savants, lorsque parut en 1554 l'Anacréon de Henri Estienne (ainsi l'appelait-on de son temps), accompagné de la traduction en vers latins qui reproduisaient le mètre de l'original, et suivi de fragments d'Alcée et de Sapho, une singulière faveur accueillit cette publication. La grande raison de son succès était dans son à-propos. Plus tôt, elle eût été peu sentie ; plus tard, moins nécessaire. Mais le goût et l'esprit français étaient prêts alors à l'apprécier : elle allait à merveille au siècle érudit de la renaissance, épris des douces gaietés de la poésie. Aussi Ronsard (1) et ses rivaux saluèrent avec empressement ce vieil ami retrouvé. En charmant l'humeur enjouée de

(1) Je vais boire à Henri Estienne,
      Qui des enfers nous a rendu
      Du vieil Anacréon perdu
      La douce lyre Téïenne....

nos pères, le livre, toujours jeune, ne leur offrait pas seulement un passe-temps agréable; il devait exercer une influence réelle et décisive sur les imaginations déjà émues. En 1531 une édition de l'Anthologie, que Henri Estienne réimprima à son tour en l'enrichissant, leur avait donné un premier éveil. L'Anacréon acheva de les toucher et de les initier à la facilité et à la grâce. Clément Marot, si voisin de notre langue, et Mellin de Saint-Gelais, Villon même avant eux, avaient sans doute pressenti Anacréon ; mais après l'ancienne grossièreté, et au milieu de l'ardeur d'une génération aventureuse qui voulait tout réformer, il fut le bienvenu pour épurer la joie et ramener au naturel ceux que leur effort tendait à égarer. Dans ce sol rempli de généreuses semences il fit renaître quelques fleurs du terroir gaulois. « Reparaissant, a dit M. Sainte-Beuve, entre Jean Second et Marulle, il remettait en idée l'exquis et le simple; il eut à la fois pour effet de tempérer le pindarique et de clarifier le Rabelais. » On peut suivre à la trace ce doux rayon qui éclaire la seconde partie du seizième siècle. Il se reflète surtout dans du Bellay, dans Ronsard, dans Desportes. Mais bien d'autres encore ont été, par moments, inspirés d'Anacréon : Tahureau, Passerat, Durant, Rapin, Magny, Baïf, Thiard, Vauquelin de la Fresnaye, enfin Belleau, plus heureux toutefois lorsqu'il se contente de l'imiter que lorsqu'il veut le traduire.

Il ne faudra pas en effet chercher la reproduction du gracieux modèle dans les vers français de ce *tourneur*, que Ronsard, en jouant sur son nom, accusait d'être pour son rôle un *biberon trop sec*, mais bien plutôt dans la copie latine de Henri Estienne, qui n'a pas été surpassée : tel est l'attrait de sa traduction, admirablement fidèle à la lettre et à l'esprit du texte grec, tout en se présentant avec l'allure facile d'une conception originale. Jamais il n'a manié avec plus d'aisance cette langue qui lui était comme naturelle ; jamais la versification, asservie cependant aux lois d'un mètre rigoureux, n'a eu plus de souplesse et d'harmonie sous sa plume. Mais l'illusion que cette version a faite aux contemporains est à elle seule un éloge hyperbolique qui nous dispense de tout autre.

Henri Estienne comparait à bon droit, dans sa préface, ces charmantes compositions à cette merveille de l'antiquité, à ce navire d'ivoire, parfait dans sa petitesse, qu'enveloppaient tout entier les ailes d'une abeille. Doué de cette variété d'aptitudes et de qualités que nous offre le seizième siècle, le savant Henri Estienne avait la main assez légère pour ne pas froisser ce chef-d'œuvre si délicat ; et presque en même temps ses recherches s'appliquaient avec non moins de succès aux plus graves monuments de l'ancienne littérature. Vers la fin de 1554, nous le retrouvons à Rome découvrant une partie inédite de Diodore de Sicile, dix nouveaux livres qu'il devait bientôt mettre en lumière. Encore ces exhumations laborieuses ne suffisaient-elles pas à son activité. Ici se montre à nos yeux un trait saillant de sa physionomie, son dévouement à la France qu'il avait quittée, mais qu'il ne cessa jamais d'aimer. Ce patriotisme, qui eut plus d'une face, faillit à cette époque lui coûter la vie. Son mérite personnel le sauva. Notre ambassadeur à Venise, Odet de Selve, avait grand intérêt, pour le bien de nos affaires, à être informé de quelques secrets politiques qu'il fallait aller chercher à Naples. Il s'adressa à Henri, dont il appréciait la résolution et l'attachement au pays. C'était en avril 1555, lorsque Sienne, énergiquement défendue par Strozzi et Montluc contre les troupes de Cosme de Médicis, était forcée de céder à la famine. Henri se rendit aussitôt à Naples et y remplit habilement sa mission ; mais reconnu par un Italien, qui prétendait l'avoir vu à Venise et auprès de l'ambassadeur français, il n'échappa au danger qu'en parlant l'idiome napolitain avec une perfection qui le fit passer pour un indigène. Il excellait à se servir de chacun des dialectes aussi facilement que s'il n'eût pratiqué que l'un d'eux : circonstance rare, même parmi les philologues d'une contrée où le langage commun subit tant d'altérations. Sa prononciation ne trahissait en rien son origine étrangère.

En revenant, au milieu de la même année, avec de nouveaux trésors patiemment amassés (aucune préoccupation ne pouvait le dérober entièrement à celle de l'érudit), Henri Estienne résida à Paris pendant quelques mois. Il y rapportait un choix d'idylles de Théocrite, de Bion et de Moschus, traduites en vers latins, qu'il avait publié à Venise et qui peu après le fut une seconde fois par Robert II. D'autres impressions de Paris qui appartiennent à cette époque, et où se voit le nom de Henri, sortent en réalité des ateliers de son frère et de son oncle, avec qui il contracta peut-être une association temporaire. Son Anacréon avait paru chez Charles Estienne : il y avait aussi édité, la même année 1554, plusieurs parties des œuvres critiques de Denys d'Halicarnasse. Elles étaient précédées de deux épîtres, en forme de dédicace, l'une latine, à Victorius (1), l'autre grecque, adressée à Odet de Selve. Dès ce moment et jusqu'à la fin de sa vie, il ne manqua jamais de saisir l'à-propos de ses publications pour se rappeler à ses protecteurs ou à ses amis : un vif intérêt de ses épîtres préliminaires, c'est qu'elles jettent beaucoup de clarté, non pas seulement sur les travaux et les projets de l'auteur, mais sur les relations et le caractère de l'homme. Henri préparait vers le même instant une réimpression annotée et complète des œuvres de Cicéron. Un exemplaire de l'édition qu'en donnait alors Charles Estienne (1551-1555), couvert de savantes observations et retrouvé récemment, nous fait connaître ce dessein, qui n'a pas eu son exécution.

Après ce séjour dans sa ville natale, où il se plaisait à s'attarder, Henri était de retour à Genève vers la fin de 1555. En 1556 ou au commencement de 1557, il reçut de son père les moyens d'y fonder une imprimerie. A vrai dire, bien que dans un établissement distinct de celui de Robert, il lui succéda pour la reproduction des livres de l'antiquité : on n'a pas oublié que celui-ci les avait délaissés afin de s'occuper pres-

(1) L'italien Pierre Vettori, auteur des *Variæ lectiones*.

que exclusivement des œuvres de polémique religieuse.
Le fils inaugura tout d'abord ses presses par cinq éditions grecques, données en peu de temps et consacrées
à des auteurs dont une partie vit le jour pour la première fois : un si magnifique début répondait à la
noble idée qu'il s'était faite des traditions domestiques
que son ambition était de perpétuer. Les grands
travaux naissent des grandes pensées. Dans cet âge
où s'élaboraient les éléments de l'avenir, la passion, qui
se mêlait à tout, inspirait la force de concevoir les
unes et d'exécuter les autres. Dès l'entrée de Henri
Estienne dans la carrière typographique, il est curieux
d'étudier la source d'où sortiront de si mémorables
effets. Avec une haute opinion de la dignité d'une
profession étroitement liée au développement des
sciences et des lettres, Henri avait devant les yeux
l'illustration déjà conquise par sa famille. Ce saint
dépôt lui semblait remis entre ses mains : jaloux de le
conserver intact, il brûlait de justifier son nom en
rivalisant avec l'activité de son père et en partageant sa
gloire. C'était là pour lui comme un oracle de l'honneur et du devoir auquel il ne cessa d'obéir, et qui
lui fit en quelque sorte vaincre sa nature.

Cet homme, à qui nous sommes redevables de si
prodigieux travaux, était effectivement né, qui pourrait
le croire s'il ne nous en avait fait la confidence, avec
un penchant décidé pour une vie insouciante et oisive.
Il n'est pas rare de voir ces vocations naturelles,
troublées par une volonté ferme, aboutir à l'excès qui
leur est opposé. Henri Estienne, alors âgé de vingt-

cinq ans, avait déjà appris à se surmonter lui-même,
lorsque l'émulation généreuse dont il était animé donna
un nouvel essor à ses talents héréditaires.

Ses sentiments se révèlent surtout avec éclat dans
une publication de cette époque, le *Lexique grec-latin
de Cicéron* (1). Là sont recueillis et rappelés, dans un
ordre alphabétique, les mots, les tours, les phrases
empruntés aux Grecs par l'orateur romain, et les parties qu'il a traduites de leurs ouvrages. Mais ce qui
rend ce livre principalement remarquable, c'est la préface, sorte de manifeste où l'auteur, nous faisant pénétrer jusqu'au fond de son âme, décrit la voie qu'il
veut parcourir. Il s'y représente plein de ce culte filial
qui forma toujours un trait touchant de son caractère,
rempli d'admiration pour les travaux paternels et poursuivi par leur souvenir. Pouvait-il donc s'assoupir dans
un lâche repos, réveillé qu'il était, comme un autre
Thémistocle, par les trophées de Miltiade? Ah! bien
plutôt il devait, ainsi qu'Alexandre, éprouver une
crainte : c'était que son père, à force d'exécuter de glorieuses entreprises, ne lui en laissât plus aucune à accomplir.

Le Lexique était accompagné de corrections sur le
style de Cicéron. Dans cette suite de leçons nouvelles,
ingénieuses pour la plupart, que proposait Henri, se
montrait une critique sagement indépendante. Sans
manquer au génie du prince des orateurs, objet d'un
culte poussé jusqu'à la superstition, il croyait qu'il

(1) *Ciceronianum Lexicon Græco-latinum*, 1557, in-8º.

était permis et même convenable d'effacer les altérations que le temps lui avait fait subir ; à la différence de
ces cicéroniens peu intelligents, qui s'extasiaient jusque
devant les fautes que l'ignorance d'un imprimeur
avait pu prêter au dieu de la littérature latine. Il voulait, quant à lui, bien comprendre pour mieux admirer : le principal hommage qu'il estimât dû aux grands
écrivains était d'apporter à la restitution de leur texte
un examen attentif et rigoureux ; de plus, il ne se faisait nul scrupule de relever leurs imperfections ou les
erreurs qu'ils lui paraissaient avoir commises. Curieux
au reste, en général, de juger par lui-même, Henri
n'acceptait pas sans révision les réputations le mieux
établies ; et le célèbre commentateur Eustathe, par
exemple, n'avait à ses yeux qu'une faible autorité,
parce qu'il lui était arrivé de le convaincre d'importantes méprises.

Cette œuvre, dont nous venons de rendre compte
et dont on n'a pas cessé d'estimer l'érudition sérieuse,
lui fit, en tout cas, auprès des savants, un honneur
bien mérité ; car le loisir de la composer avait été pré-
levé sur son sommeil (1). On apprend par là quelle fut
l'origine de presque tous les livres dont Henri Estienne
a été l'auteur. C'étaient, dans ces premiers temps du
moins, comme des distractions à cet état d'imprimeur
qu'il porta ou maintint si haut. Ses travaux personnels ne ralentissaient en rien ceux de sa typographie.
Il nous a renseignés lui-même sur l'emploi de ses mo-

(1) « Ex somno libellum hunc suffurabar : » Préface du *Lexicon.*

ments, qu'il excellait à ménager. Une partie du jour était absorbée par la surveillance active que réclamait la direction de ses ateliers : il fallait presser le travail, entrer en lutte avec des esprits souvent rétifs et les contraindre à l'obéissance. L'autre partie se passait en courses et rendez-vous que nécessitaient les affaires. Pour corriger et annoter les textes qu'il publiait, pour vaquer aux soins de ses propres ouvrages, il ne lui restait guère que la nuit, dont peu d'heures seulement étaient consacrées au repos. A quelques années de là, en adressant à son ami Camerarius un exemplaire de son édition de Thucydide : « Voici, lui disait-il, le produit des sueurs qu'une application opiniâtre a fait couler de mon front, au cœur de l'hiver et au milieu des sombres nuits que troublait le souffle de l'aquilon. »

En voyant les belles publications qui sortaient en foule de l'imprimerie naissante de Henri Estienne, on s'étonnera à la fois qu'il ait pu trouver assez de temps pour de si nombreux travaux, et assez de ressources pour des dépenses si multipliées. Moins heureux que ne l'avait été son père, il n'avait pas, pour le soutenir, les libéralités d'un François Iᵉʳ. L'argent de Henri II ne l'allait point chercher à Genève. Cependant il ne manqua pas d'appuis efficaces : à défaut de la bourse des souverains, celle des banquiers lui fut ouverte. Les riches en effet se piquaient souvent alors, aussi bien que les grands, de couvrir l'intelligence de leur patronage. L'amour de la gloire les y conviait : car leur souvenir, par ce noble emploi de leur opulence, était associé à la célébrité des hommes de pensée et d'étude.

Aux exemples des Médicis remontaient les traditions de cette protection habile que les financiers s'honorèrent de conserver aux lettres jusqu'à la fin du dix-huitième siècle, et qui a péri comme toutes les autres.

Le fameux négociant d'Augsbourg, Ulric Fugger, fut, dans cette époque, le Mécène de Henri Estienne : il lui accorda des secours annuels et des gratifications extraordinaires, qui ont valu à son nom l'avantage d'arriver jusqu'à nous. Ce financier, d'un esprit et d'un cœur élevés, joignait à l'amour de la littérature et des arts une brillante fortune qui lui permettait de les encourager par ses largesses. Aussi Henri se qualifia-t-il d'imprimeur de Fugger, et quelquefois même des Fugger (1), jusqu'à la date de 1568, où les relations du patron et du client furent brusquement interrompues, au détriment du public. Mais, pendant le cours de dix ans, Fugger, d'un dévouement sans bornes à Henri Estienne, non content de mettre à sa disposition les rares curiosités de sa bibliothèque, les médailles et les manuscrits de toute espèce qu'il avait amassés à grands frais, concourut à entretenir l'activité de ses presses, en lui faisant imprimer pour son compte plusieurs ouvrages importants. Le typographe, reconnaissant des faveurs de Fugger, stimulait sa bienveillance par de justes éloges et lui dédiait, avec les *Novelles* de Justinien, quinze livres de la *Bibliothèque historique* de Diodore de Sicile, dont la plupart, comme on l'a dit, étaient encore inédits.

(1) Plusieurs autres membres de cette famille encouragèrent en effet les lettres.

Ce dernier travail parut peu avant la mort de Robert, survenue au mois de septembre, en 1559, année fatale aux souverains, qui vit périr le roi de France Henri II, Christiern III, roi de Danemark, et le pape Paul IV. On sait avec quelle vivacité Henri, plein d'attachement et d'admiration pour son père, ressentit ce malheur, où sa piété filiale lui montrait une calamité publique : « O trépas funeste, » s'écriait-il à quelque temps de là, en empruntant, pour exprimer sa douleur, les formes de l'éloquence antique, « de quels nobles efforts n'as-tu pas rompu le cours ! que d'admirables ouvrages n'as-tu pas enviés aux hommes ! quel coup tu as porté aux trois langues savantes et aux écrivains qui les ont illustrées ! » La typographie et les lettres, partout où elles étaient en honneur, lui semblaient devoir déplorer en commun cette perte irréparable.

Devenu, par ce triste accident, possesseur de l'imprimerie paternelle, Henri Estienne la réunit à celle qu'il avait fondée et rendue bientôt florissante. A ses publications latines et grecques il joignit désormais, héritier des sentiments de son père, les publications calvinistes. L'activité de ses travaux en redoubla ; mais un labeur aussi opiniâtre ne pouvait manquer d'être préjudiciable à sa santé : de là trois atteintes successives qu'elle éprouva, morales autant que physiques, dont le souvenir se lie à quelques-uns de ses ouvrages et qu'il a pris soin de nous faire connaître.

On voit dès 1561 cette organisation, naturellement délicate, ployer sous des efforts trop continus : à cette époque, une violente mélancolie s'empara de Henri ;

ses occupations familières lui semblèrent tout à coup
odieuses. Son corps et son intelligence affaissés étaient
incapables d'action. Cet abattement fut d'ailleurs assez
prompt à se dissiper. Nous savons le remède qui le
rappela à sa vie habituelle. Dans le dégoût qui l'acca-
blait, il s'amusa à tracer des majuscules, grecques qu'il
dessinait avec une singulière élégance : passe-temps
salutaire qui ne fut pas inutile à d'autres égards, puisqu'il fit un peu plus tard exécuter en bois ces caractères,
destinés à servir de modèles pour ornements typographiques. La crise n'excéda pas quinze jours ; mais celle
qui la suivit eut plus d'intensité et de durée. Des accès
redoublés de fièvre tierce et quarte compliquèrent le
mal que nous avons signalé. Henri Estienne s'est plaint
de n'avoir pas trouvé ce genre d'affection décrit dans
les traités de médecine. Il s'était détaché, comme étranger à lui-même, de tout ce qui avait été l'objet de son
intérêt : ses yeux ne pouvaient s'arrêter sur ses papiers
inachevés, sur ses impressions interrompues ; le grec,
sa passion d'enfance, lui était à charge. Au milieu de
ces livres qu'il repoussait avec une aversion maladive,
l'un cependant obtint grâce et le rendit à l'amour de
la lecture et de l'étude : ce fut, nous a-t-il dit, *le cerveau*
le plus fantasque de la troupe, Sextus Empiricus, dont
il avait commencé une version latine qui lui retomba
sous la main. Ces opinions, dont l'étrangeté et la folie
l'avaient jadis heurté, agréèrent à ce que sa situation
présente avait d'insolite et de bizarre : il y eut accord
entre la singularité des unes et de l'autre. Ce fut comme
un mets de haut goût qui stimule un estomac pares-

seux et blasé : le sceptique réveilla et charma l'esprit
mécontent, avec lequel il ne laissait pas d'avoir plus
d'un rapport. Par reconnaissance pour l'auteur qui
l'avait guéri, Henri en acheva la traduction, qui parut
en 1562, fort longtemps avant le texte grec.

Une nouvelle rechute dans cet état de marasme eut
pour effet heureux de diriger Henri Estienne, en guise
de diversion, vers ses recherches de philologie française. De là le *Traité de la Conformité du langage
françois avec le grec*, le premier en date de ceux qu'il
a composés dans notre langage, et qui est du commencement de 1565 (1).

On y trouve, à un très-haut degré, cette verve et
cette pointe d'esprit qui se font jour à travers beaucoup
d'érudition et qui forment le charme distinctif de cette
partie des travaux de notre auteur. Le but de ce livre
est d'établir que la langue des anciens Grecs a encore
plus d'affinité que celle des Latins avec la langue française : en vue de faire prévaloir cette opinion, le mécanisme de notre idiome est étudié avec un soin scrupuleux et habilement mis en œuvre. Cette thèse se
lie d'ailleurs à la cause plaidée de tout temps par le
patriotisme de Henri Estienne : le langage grec est à
ses yeux le plus parfait que les hommes aient jamais
parlé ; celui qui le touche en plus de points et qui s'en
rapproche davantage, le français, mérite donc suivant
lui, d'après une conclusion qu'il estime rigoureuse, le

(1) Qu'il nous soit permis de rappeler la réimpression annotée que
nous avons fait paraître de ce traité : in-12, Delalain, 1853.

premier rang parmi les modernes. C'est au service de
ce débat, qu'il élève à la hauteur d'une question nationale, que Henri Estienne met son profond savoir et
son observation ingénieuse. Sans doute ce procès, qui
a fort échauffé le seizième siècle, nous intéresse assez
peu depuis longtemps : mais les arguments produits
pour le défendre sont encore de nature à piquer notre
curiosité.

Remarquons d'abord que dans l'obscurité qui couvrait les origines étymologiques de notre langage,
beaucoup de philologues, dont Bonaventure des Périers
combattait judicieusement l'exagération , voulaient
« tirer tout le français du grégeois (1) : » ce qu'on
n'aurait garde à présent de soutenir. Des ouvrages, que
Henri Estienne a fait oublier, avaient peu avant lui
soutenu ce système. Au siècle suivant il eut encore
quelques défenseurs, moins exclusifs toutefois, tels que
La Mothe le Vayer, qui, en exhortant à l'étude du grec
ceux qui aspiraient à l'éloquence, signalait aussi de
nombreux rapports entre cette langue et la nôtre ; et
même de nos jours un écrivain célèbre, qui appliqua
assez tard, mais avec ardeur, son puissant esprit à
l'étude du grec, le comte Joseph de Maistre, s'est fort
occupé de rapprochements analogues à ceux dont nous
entretient la *Conformité* (2).

(1) *Discours non plus mélancoliques que divers*, c. XVII.

(2) Voy. les *Soirées de Saint-Pétersbourg*, deuxième entretien : « Je
pourrais, dit cet auteur, vous montrer, dans l'un de ces volumes manuscrits que vous voyez sur ma table, plusieurs pages chargées de mes pieds
de mouche, et que j'ai intitulées *Parallélismes de la langue grecque et*

La préface de Henri Estienne annonce la sollicitude avec laquelle il veille sur les destinées de notre idiome : il n'en est pas seulement le panégyriste ; il veut empêcher que les sources n'en soient altérées : on le verra toujours attentif à en écarter ce qui pourrait les corrompre. Déjà il déplore « le désordre et l'abus qui se commettent en son usage, » et cette plainte lui sera très-familière : elle porte sur le trop grand nombre de mots d'origine étrangère qui pénétraient alors parmi nous. Il n'a guère, pour lui, d'indulgence que pour ceux qui sont empruntés au grec : ou plutôt ce sont les seuls qu'il soit empressé d'accueillir.

Le traité lui-même se compose de trois livres, dont le premier roule sur chacune des parties de l'oraison envisagées tour à tour ; le second renferme les locutions et les idiotismes communs aux deux langues ; le troisième attribue à beaucoup de nos termes des étymologies grecques. On reconnaît assez par ce seul énoncé que c'est un ouvrage de grammaire et non de haute critique : il ne faut y chercher ni de larges vues d'ensemble, ni des considérations philosophiques. Cependant il eût été curieux de ne pas se borner à établir un fait plus ou moins contestable, mais de lui assigner ses causes. On peut donc regretter qu'avec un esprit si délié et si pénétrant l'auteur se soit volontairement arrêté à l'étude superficielle des mots et qu'il n'ait pas

française. Je sais que j'ai été précédé sur ce point par un grand maître, Henri Estienne ; mais rien n'est plus amusant que de former soi-même ces sortes de recueils, à mesure qu'on lit et que les exemples se présentent. »

donné à son œuvre, en descendant au fond des choses, une portée plus sérieuse. Il eût dû, ce semble, pour relever et agrandir son sujet, se demander comment le courant grec s'était répandu chez nous ; et, en interrogeant les relations des deux peuples, examiner quelle empreinte l'influence phocéenne avait laissée sur nos mœurs et sur notre idiome ; jusqu'à quel point ensuite ces vieilles traditions avaient pu être renouvelées au treizième siècle par l'établissement des croisés français à Constantinople : mais éclairer la philologie par l'histoire n'était pas un procédé fort en usage à cette époque. Henri Estienne se contente de courir agréablement, sans la creuser, à la surface de sa matière : il en cause d'une manière aussi savante que spirituelle ; la finesse et la variété des aperçus, le piquant des détails, abondent sous sa plume nette et rapide. Les analogies et les rapprochements, plutôt fondés, il est vrai, sur des apparences extérieures que sur des faits réels bien analysés, sont choisis du moins avec sagacité et bonheur. En un mot Henri Estienne, s'il ne se présente pas au combat armé de toutes pièces, escarmouche très-adroitement pour le gain de sa cause.

Le point le plus attaquable du livre est celui qui concerne les étymologies, notre écrivain, trompé par le goût de son temps et le sien propre, accordant au grec une influence trop considérable sur la formation de notre langage. Mais à ce sujet néanmoins, on ne l'ignore pas, plus d'une clef qui est entre nos mains manquait au seizième siècle : l'étude d'idiomes qu'il n'avait pas abordés a beaucoup élargi pour nous l'horizon de la science étymologique. Il ne faut pas nous prévaloir de nos découvertes jusqu'à méconnaître les services de ceux qui se sont engagés les premiers sur ce terrain glissant de l'étymologie, s'il est vrai, comme l'a dit Bacon, que tout le génie des langues y soit renfermé. Sans s'appesantir sur ce que les recherches de Henri Estienne ont souvent d'incomplet en ce genre, et ses conjectures de subtil, on avouera donc qu'elles ont eu un heureux effet, celui de faire pénétrer plus avant dans l'intelligence des mots, d'en déterminer, d'en fixer la signification. Un autre mérite qui lui fut propre, c'est qu'il a traité le premier en français des sujets sur lesquels on n'avait jusqu'alors écrit qu'en latin, et par là favorisé les progrès de la philologie et de la critique, tout en étendant le cercle de notre littérature.

De son temps, il faut en outre le remarquer, les analogies de notre langue avec le grec étaient plus multipliées que du nôtre, et pour les trouver plus nombreuses encore, il suffirait de se reporter davantage dans le passé. Par suite des changements qui se sont produits parmi nous depuis Henri Estienne, bien des observations de détail, justes à son époque, ont cessé de l'être : c'est à quoi l'on n'a pas toujours songé, en lui reprochant d'avoir supposé entre les deux idiomes des relations qui n'existaient pas. Mais, quand même on admettrait que dans les assertions de Henri Estienne il y en eût de hasardées, que d'autres fussent plus ingénieuses que solides, on ne craindrait pas de recommander comme fort utile la lecture de ce traité. Ce

n'est pas seulement la défense d'un piquant paradoxe.
Beaucoup de vrai s'y trouve à côté de ce qui est contestable : les erreurs mêmes touchent par quelque point
à la vérité ou y conduisent; et les hypothèses s'ap-
puient sur une multitude de faits curieux à recueillir.
Enfin l'auteur s'efforce, et c'est ici son plus signalé
service, de détourner en quelque sorte vers notre langage, latin en grande partie, cette source grecque où
Racine et Fénelon puiseront de si naïves beautés, où
André Chénier ravivera la poésie qu'avait desséchée le
dix-huitième siècle.

Cette œuvre, qui témoigne d'une érudition si variée
et si féconde, fut pourtant presque improvisée par
Henri Estienne. Il s'y montre écrivant au courant de
la plume et sans prendre le loisir de revoir son travail,
ce qu'il vient de composer étant aussitôt livré à la
presse. C'est au milieu des distractions et des fatigues
de chaque jour qu'il esquissait ainsi ces vives et piquantes productions où l'on admire l'heureuse fécondité d'un esprit original, que n'a pu étouffer le poids
de tant de labeur et de science.

La direction d'idées qui a provoqué ce livre n'a pas
été, au reste, particulière à la France. Presque tous
les peuples de l'Europe civilisée s'accordaient alors à
rapporter leur naissance aux Troyens ou aux Grecs :
curieux témoignage de l'immense impression produite
sur les imaginations par les poëmes d'Homère et de
Virgile. Non contents de revendiquer ces titres de noblesse pour leur origine politique, ils les réclamaient
également pour leur filiation intellectuelle et pour leurs

langues. Peu après Henri Estienne, un Italien, Monosini, soutenait la même thèse que lui en faveur de sa langue nationale. Un autre savant, qui vivait en Hollande, Reiz, nous a laissé aussi un gros traité où il s'attache à établir la conformité du néerlandais avec le grec. Déjà auparavant, Vechner, avec plus de raison, avait composé un recueil des analogies du grec et du latin. Le célèbre philologue allemand Georgi traita dans la suite de celles du grec et de l'hébreu. Mais que ne pourrait-on prouver dans des rapprochements de cette nature? Le traducteur d'un roman chinois, Davies, suivant la remarque de M. Ampère, n'a-t-il pas constaté la singulière affinité de certaines locutions chinoises avec plusieurs idiotismes des Anglais, que ceux-ci n'ont certes pas empruntés à la Chine ?

Il faut donc se défier de ces ressemblances fortuites ou nécessaires, témérairement érigées en systèmes. Henri Estienne a fait lui-même la contre-partie de son ingénieux traité, ou plutôt il a sensiblement infirmé la valeur de ses conclusions, quand il a recueilli, pour l'intérêt d'une autre cause, dans son livre de la *Latinité faussement suspecte*, un grand nombre d'expressions latines dont la similitude frappante avec les françaises indique mieux encore une origine commune. Par là on aperçoit clairement que l'idiome romain, cet intermédiaire qu'on avait voulu écarter, est bien en réalité celui auquel nous sommes le plus redevables.

Lorsque Henri fit paraître la *Conformité*, un malheur de famille venait de l'atteindre, ainsi que nous l'apprend la préface de cet ouvrage : peu de mois auparavant il avait été *privé de la douce et heureuse compagnie* de sa femme, Marguerite Pillot ou Pilon ; marié vers la fin de 1555, il l'avait perdue en octobre 1564. On nous permettra, à cette occasion, d'entrer sur notre auteur dans quelques détails domestiques : plusieurs de ses lettres récemment retrouvées (1), et les registres de l'état civil de Genève explorés avec diligence, ont porté la lumière au milieu de faits jusqu'ici obscurs et mal connus. Nous en profiterons, persuadé, comme l'a dit Boileau, que dans ce qui concerne la personne des hommes célèbres tout a son intérêt et son importance.

Henri Estienne contracta trois mariages, dont naquirent quatorze enfants. La première compagne qui lui fut, nous l'avons dit, enlevée après neuf ans d'union, mérita tous ses regrets par l'accord des qualités de l'esprit et du cœur. On le voit dans des vers qu'il a consacrés à sa mémoire : la douleur alors ne savait pas être muette. Beaucoup de souvenirs et d'imitations de l'antiquité s'y mêlent à des traits touchants, empreints d'une vive émotion personnelle. Cette jeune femme, qui mourut avant d'avoir atteint sa vingt-cinquième année, joignait à l'activité et aux vertus de la ménagère les connaissances et les talents d'un autre sexe :

> In quamcumque domus converto lumina partem,
> Ingenii occurrunt, heu ! monimenta tui.

(1) M. Passow en a publié vingt-sept, qui, écrites en latin de la main de Henri, existaient dans la bibliothèque Sainte-Elisabeth à Breslau : voy. *Opusc. academ.*, 1830.

Ingredior musea ? tua mihi plurima passim
  Occurrunt scita Margari, scripta manu.
Occurrunt tentata etiam felicibus ausis
  Plurima græca novo Margaridis graphio.
Conclave ingredior ? manuum sunt texta tuarum,
  Æmula Mæoniæ quæ videantur acus.
Ingrediorne hortum ? quæcumque est area culta,
  Testis et illa tuæ sedulitatis ibi est....

Elle était fille de la deuxième épouse de Robert, et
celui-ci avait souhaité cette alliance pour Henri : elle
lui donna quatre enfants, qui moururent en bas âge, à
l'exception de Judith, mariée par la suite à un imprimeur, du nom de Lepreux, que sa religion fit passer
aussi de Paris à Genève. Le 19 mars 1565 Estienne
forma de nouveaux liens avec une demoiselle de famille
écossaise et parente du célèbre jurisconsulte Scrimger,
son ami : elle s'appelait Barbe, et son père était le seigneur Claude de Wille. Ce second choix ne fut pas
moins heureux que le précédent; mais Barbe succomba
en 1581, peu de temps après être devenue mère pour
la huitième fois. Entre ses enfants on remarque Paul,
qui ne parcourut pas sans distinction la carrière typographique, et Florence, destinée à être la femme d'Isaac
Casaubon. On doit croire que la constitution de Barbe
fut toujours délicate, puisque son fils Paul fut le seul
qu'elle put nourrir de son lait ; elle le regrettait vivement, en voyant la belle santé et la vigueur dont il
jouissait et qu'elle ne retrouvait pas assez chez ses
frères et sœurs. Un morceau rempli de sensibilité, où
Henri a conservé son souvenir, nous met à même d'a-

chever de la peiudre. Elle réunissait au privilége de la naissance un cœur noble et une intelligence élevée. Douce et ferme à la fois, par la persuasion qui semblait sortir de son regard, elle gaguait ce que d'autres n'eussent pu obtenir par la contrainte. D'une rare égalité d'humeur, simple et sensée, affable avec réserve, économe pour elle, généreuse pour les autres, elle paraît avoir possédé toutes les vertus qui font la bonne épouse et la bonne mère. Son visage portait comme un reflet du calme de son âme ; et sa conversatiou, où l'enjouement s'alliait au sérieux, était pleine de diguité et de charme. Dans toute sa personne enfin respirait cette grâce qui naît d'une supériorité contenue par la modestie. Aussi toute la ville, si l'on en croit Henri Estienne, s'associa-t-elle à la juste douleur que lui causa son trépas. Outre l'éloge plein d'effusion dont nous avons recueilli les principaux traits, quelques vers latins qu'il composa en son honneur méritent d'être rappelés :

Huic pudor et candor famam vicere fidemque,
   Huic quæ tres Charites gratia vicit, erat.
Huic sexum vicit prudentia, vicit et annos ;
   Huic victum est morum nobilitate genus.

On aime à trouver ces expressions d'un cœur affectueux et d'une âme délicate dans la bouche d'un homme dont les contemporains ont souvent accusé la nature caustique et farouche. Ces témoignages prouvent assez que les attachements domestiques ont exercé sur lui un grand empire. Déjà on a pu le louer comme fils.

Comme époux et comme père, ses sentiments ne seraient dignes que d'éloges, si, vers la fin de sa carrière, il n'eût pas été aigri outre mesure par les coups redoublés de l'adversité. Quand il s'adresse à son fils Paul en particulier, ses paroles annoncent la tendresse la plus vive et la plus éclairée. Chose singulière ! Henri Estienne, qui erra beaucoup hors de sa demeure, semble avoir éprouvé plus qu'un autre le besoin des liens de la famille. Après cinq ans de veuvage, on le voit se marier pour la troisième fois : sa dernière femme, dont il eut encore deux enfants, devait lui survivre.

Ces détails réfutent l'exagération des reproches que l'on n'a pas épargnés au caractère de Henri Estienne. Mais, pour avoir le droit de le défendre encore au besoin, nous ne dissimulerons aucun de ses défauts. Dès sa première jeunesse avait percé en lui un esprit mobile, inquiet, prompt à se laisser aller aux chimères. Il avait cette sensibilité maladive, impatiente de tous les froissements du dehors, qui nous prédestine aux mécomptes et au malheur. Depuis, au milieu de ses travaux, il ne sut pas échapper au joug d'une imagination ombrageuse et mécontente, toujours emportée vers le changement. De là, comme un voile jeté sur ses qualités solides, la difficulté de son commerce, cette brusquerie et cette rudesse qu'augmentait la multiplicité des occupations qui se disputaient son temps : lui-même s'est peint « forcé de faire part d'une même demi-heure au grec, au latin, au français. » En outre, son amour-propre intolérant lui suscita une foule d'ennemis. La confiance trop manifeste qu'il avait dans ses lumières le rendait peu accessible aux conseils, rétif à la critique et irritable à l'excès. Passionné lui-même dans ses haines et amer dans ses censures, il donnait volontiers carrière à sa malice et à ses railleries.

Cette humeur satirique et mordante lui inspira, l'année même qui suivit celle où il publia la *Conformité*, une composition d'un genre bien différent, quoique son titre captieux semblât encore annoncer une œuvre d'érudition : mais tel n'est pas le caractère de *l'Apologie d'Hérodote*. Sous prétexte de défendre cet ancien écrivain, l'auteur dirige en effet, dans ce traité polémique, une attaque aussi violente qu'injuste contre le catholicisme et ses ministres : ici le savant disparaît sous l'homme de parti.

Peu auparavant, en éditant une version latine d'Hérodote, Henri Estienne l'avait accompagnée d'une préface apologétique, également en latin, où il s'efforçait d'établir que cet historien avait répandu dans ses travaux bien moins de fables qu'on ne le prétendait d'ordinaire. Henri disait vrai, et les recherches ultérieures de la science, notamment celles de notre expédition d'Égypte, devaient lui donner gain de cause en réhabilitant la véracité d'Hérodote. Mais non content de cette dissertation, ayant appris, à ce qu'il raconte, qu'on voulait la faire passer en français, il avait résolu, dans la crainte de trouver un *traditore* au lieu d'un *traduttore*, d'être l'interprète de son propre ouvrage. Si telle fut son intention première, il ne tarda point, en tout cas, à la perdre de vue ; et sa plume s'abandonna au cours d'une improvisation capricieuse qui

s'accordait fort peu avec la gravité du sujet annoncé.
Voici, en apparence, quel raisonnement conduisit l'auteur. De là seule invraisemblance d'un fait, il était téméraire de conclure absolument qu'il n'eût pas existé :
Hérodote avait donc pu être vrai, tout en présentant
des récits invraisemblables. Autrement, si l'on bannis-
sait de l'histoire tout ce qu'elle renferme de prodigieux,
d'insensé et d'absurde, bien que d'incontestable en
réalité, le domaine n'en serait-il pas très-sensiblement
restreint? D'après cette idée, il suffisait, selon Henri
Estienne, de porter ses regards sur des époques récentes et des pays voisins, pour reconnaître qu'il s'y
était produit en grand nombre des événements inouïs,
incroyables, révoltants, qui n'en avaient pas moins une
authenticité parfaite : les annales de la papauté, par
exemple, en offraient selon lui beaucoup de ce genre.
Une fois sur ce terrain, où se complaisait sa haine, il
prodiguait les traits malins, les anecdotes apocryphes,
les lazzi et les invectives, enfin tout ce que les fabliaux,
les mémoires et les chroniques scandaleuses du temps
mettaient au service de sa folle témérité.

Tracer le tableau des désordres de la société, et principalement de l'Église aux quinzième et seizième siècles,
en vue de prouver que la méchanceté et la corruption
des hommes avaient toujours été croissant, tel est l'objet
réel de l'*Apologie d'Hérodote*, que Henri Estienne n'a
pas finie. Il se proposait d'y établir plus loin les analogies et les différences qui existaient entre le monde
ancien et le monde moderne : mais il n'a pas été au
delà du premier livre, fort long d'ailleurs, de ce traité

simplement *préparatoire*. Ne pas se borner et ne pas achever, c'était là le double défaut de l'époque et de l'homme. Dans cette œuvre elle-même, divisée en deux parties, la seconde est plus spécialement dirigée contre le clergé régulier et séculier. Pour le besoin de sa cause, il ne laisse pas, au reste, que de frapper sur tout le monde, comme aussi de prendre partout de quoi fortifier sa thèse : car c'est en s'appuyant souvent de passages empruntés aux prédicateurs des temps les plus rapprochés de lui qu'il s'attache à montrer que, depuis l'âge d'or, tout va de mal en pis ici-bas. Dans ce but, il parcourt toutes les conditions, tous les degrés de la vie humaine ; il y cherche des vices à signaler et à combattre ; il cite devant lui, pour les accabler tour à tour, les receveurs, les argentiers, les usuriers, les procureurs, les juges, les conseillers, les avocats, les maîtres des requêtes, les médecins, tous gens qui lui semblent dévorer tellement la substance publique, « que si l'on mettait sous le pressoir les robes de leurs femmes, le sang des pauvres en sortirait. » Mais les arguments qu'il doit à la société laïque ne sont rien, dit-il, auprès de ceux que lui fournissent les membres du clergé, sur lesquels il poursuit la vengeance que son père avait exercée jadis contre les théologiens de Paris. Un autre point qu'il tient à constater, c'est que, par un juste arrêt de la colère divine, les calamités se sont accrues en raison même de la perversité commune. De là une curieuse énumération des morts extraordinaires qui, dans le siècle présent, ont puni de grands coupables. Il conclut en invoquant le témoignage de la

postérité et en l'invitant à juger si jamais Hérodote a
raconté d'aussi étranges folies, d'aussi odieux excès,
que ceux qui remplissent son propre ouvrage.

Ces débordements d'un temps dissolu, peints dans
un langage également sans règle, ne pouvaient que
prêter, en cet âge de discordes, des armes aux partis
ennemis. On comprend donc l'avide empressement de
la malignité publique à saisir cette proie qui lui était
offerte. Dans une époque où les liens du respect venaient
d'être brisés, ces diatribes contre ce qu'on avait révéré
jusque-là, ces attaques contre la société tout entière,
à un moment où elle était si profondément troublée,
flattaient mille passions mauvaises qui contribuèrent à
la vogue singulière du livre de Henri Estienne. Sans
recourir d'ailleurs à ces tristes causes de succès, il
suffisait des contes bouffons qui l'égayent, des plaisants
emprunts faits aux prédicateurs du quinzième siècle,
aux Maillard et aux Menot, de ces historiettes dans le
genre de Boccace, pour charmer l'esprit gaillard et nar-
quois de nos pères. Expression d'un siècle où le spiri-
tualisme manquait à notre littérature et la distinction à
notre langue, l'*Apologie* était au niveau du goût commun : une nourriture plus délicate eût été moins recherchée. Dans cette production divertissante, l'amour
de la science, alors général, trouvait encore à se satisfaire ; car une érudition immense et une rare sagacité
s'y heurtent à chaque instant contre des assertions hasardées et des invraisemblances choquantes.

En déplorant le rôle agressif de Henri Estienne dans
cette circonstance et les fâcheux effets de la prévention

sur ce ferme esprit, on ne refusera donc pas, comme
Ménage (1), toute valeur littéraire à ce volumineux factum. Sans doute cette fougue passionnée, qui se joue
de la morale et des bienséances, exclut la justesse de la
composition. L'œuvre, incohérente et indigeste, offre,
dans les accidents d'une improvisation confuse, un as-
semblage de matières imparfaitement digérées, des
répétitions et des négligences inexcusables. Mais le
mérite des détails rachète souvent le désordre de l'ensemble. A côté de traits bas et vulgaires, il y en a de
relevés et d'excellents. La vivacité piquante du raisonnement et la verve comique rappellent parfois au lecteur Érasme et Rabelais. Si le style est généralement
peu châtié, si les périodes se prolongent à l'excès, em-
barrassées de ces *gros nœuds* dont parle Marot, il s'en
detache aussi des expressions fortes et pittoresques, il
y a bon nombre de phrases nettes et de tours incisifs.
Là ne manquent pas non plus les curieuses observations de langue. Le philologue, survivant dans le satirique, y a conservé les lettres de naturalisation que
recevaient alors plusieurs termes nouveaux. Au point
de vue historique, ce livre, chose plus importante,
présente en outre, sous le dévergondage des opinions
et des idées, un intérêt sérieux et durable : car ce qui
fait vivre les satires, un certain fond de vérité, subsiste
dans celle de Henri Estienne. On y apprendra beaucoup, en la consultant avec prudence, sur l'état des
esprits et sur les mœurs, au siècle de l'écrivain et dans

(1) Voy. le *Menagiana*, t. II, p. 214.

celui qui l'a précédé. Encore n'est-ce pas seulement au sujet de la France qu'elle nous renseigne : elle nous promène à travers presque toutes les contrées de l'Europe. En nous y étalant les ridicules et les vices de l'espèce humaine, elle aura du moins pour résultat de nous réconcilier avec notre temps : car il ne semble pas que nous gagnerions en tout point à rétrograder vers le passé.

Bien que Henri Estienne n'ait pas signé l'*Apologie*, il ne dissimula nullement qu'il en fût l'auteur. On conçoit qu'elle ait augmenté l'acharnement de ses nombreux adversaires; et l'on a même été jusqu'à prétendre que pour cette œuvre il fut brûlé en effigie à Paris. Afin d'échapper à la réalité du supplice, il se serait, a-t-on dit, enfui en Auvergne ; et forcé, pendant un hiver rigoureux, de s'y tenir caché dans les montagnes, il aurait souvent répété par la suite que jamais il n'avait eu si froid que lorsqu'on le brûlait à Paris. Le mot peut paraître piquant; mais ce récit romanesque n'en est pas moins controuvé. Seulement, ce qu'il y a d'avéré, c'est que le rigorisme de Genève fut offensé d'une audace qui, comme une épée à deux tranchants, blessait amis et ennemis à la fois. A travers les papistes, il lui sembla que le christianisme était frappé : aussi peu s'en fallut-il que le consistoire et le conseil ne punissent cette satire, protestante avec fureur. Au moins ils la désavouèrent : des suppressions y furent· exigées; et depuis ce temps Henri, suspecté et surveillé, passa, dans la république de Calvin, pour un auxiliaire compromettant. On verra en effet que s'il

fut l'objet de quelques persécutions, elles ne lui vinrent
que de ses coreligionnaires.

Ce livre ne fut pas, avec l'Hérodote latin, la seule
production remarquable de Henri Estienne en 1566 :
il signala encore, par une édition de l'Anthologie
grecque, le cours de cette année laborieuse. C'est de
plus à la même date que remonte le commencement
de ses impressions hébraïques, où il se proposait de
continuer la réputation de son père. Comme lui, il
n'était pas étranger à l'hébreu, dont les savants associaient alors la connaissance à celle des langues classiques ; mais il fut entravé, presque à son entrée dans
cette carrière, par le malheur des circonstances. Les
troubles qui ravageaient une grande partie de l'Europe ne pouvaient manquer d'exercer une influence
fâcheuse sur le commerce de Henri Estienne. De tout
temps il avait plutôt consulté son amour des lettres et
de la gloire que ses ressources ; il ressentit de très-
bonne heure les inconvénients de cette généreuse hardiesse. Dès 1560, l'agitation de la France, prélude de
la guerre qui y éclata peu après, lui avait causé, à raison de ses relations étroites avec ce pays, un préjudice sensible. Les écoles et les études, si florissantes
parmi nous depuis cinquante ans, virent tout à coup
périr leur prospérité, qui ne devait plus renaître qu'au
début du dix-septième siècle. Henri Estienne ne ra-
lentissait pas néanmoins l'activité de ses publications
latines et grecques ; les années qui suivirent 1566
furent à cet égard des plus fécondes. Aux travaux
de ce genre, vers cette époque, s'en mêlaient d'autres

où se montrait le zèle du sectateur de la réforme. De ce nombre est une version latine des psaumes de David qu'il donna en 1568, et dont le mètre rappelait son Anacréon. Mais dans un mouvement de repentir que l'on croira volontiers poétique, le traducteur semblait s'affliger de la charmante découverte de sa jeunesse ; comme si son imagination plus sombre eût condamné ces poésies profanes, il voulait, disait-il, en offrir un correctif et placer en quelque sorte le remède à côté du mal :

> Sic æmulabor hastam
> Quæ vulnus inferebat,
> Addebat et medelam.
> Quos sauciavit olim
> Nervis chelys profanis,
> Sanabit illa nervis
> Aptata christianis....

Les graves pensées de l'écrivain s'associaient d'ailleurs assez bien à la situation d'esprit de l'imprimeur, mécontent du présent et inquiet de l'avenir. Cette humeur chagrine, justifiée par les événements, se fait voir dans une pièce latine de 1569, en vers élégiaques. Henri Estienne y suppose que l'art typographique gémit de l'état de langueur et d'abaissement où il est tombé. Une lettre en prose, non moins curieuse que l'œuvre, lui sert de préface ; et l'auteur signale, parmi les causes de cette décadence, l'incurie et la nullité de plusieurs de ses confrères. L'indignation qu'il ressent contre eux suffira, dit-il comme Juvénal, pour le rendre

poëte : il les poursuit en effet avec une certaine verve
satirique, et c'est par la bouche de la Typographie, qui
se plaint amèrement de ceux qui font tout à la fois
outrage à leur profession et à l'antiquité. Elle réclame
de tous ses vœux le concours des hommes instruits,
capables de lui rendre son ancien lustre; elle repousse
ceux qui la déshonorent. Ce sont d'une part les *méca-
niques*, que dirige le seul amour du gain et qui recu-
lent devant l'achat de bons manuscrits ou l'entretien
d'habiles ouvriers; de l'autre les ignorants, qui, non
formés par l'habitude à la pratique de leur art, n'en
soupçonnent pas même les difficultés et prétendent
l'exercer sans préparation, comme chacun au temps
d'Horace croyait pouvoir composer des poëmes. A en
croire Estienne, beaucoup de typographes et de libraires ne comprenaient pas une ligne des épîtres dé-
dicatoires, en latin ou en grec, qui précédaient leurs
livres; bien plus, ils auraient éprouvé de l'embarras à
désigner les lettres de leur nom : discerner, dans leurs
publications, une page blanche d'une noire était tout
ce qu'ils savaient faire. Comment dès lors s'étonner
des fautes multipliées qui défiguraient les anciens
chefs-d'œuvre ?

> I nunc et veterum fœdata volumina multis
> Mirare ac multis contemerata modis !

Les correcteurs du temps, avec leurs singulières épurations des textes (l'un, de son autorité privée, substituait
au verbe *exanimare* celui d'*examinare;* l'autre, partout
où il rencontrait *procos*, le remplaçait par le mot *por-*

cos, plus connu de lui), ne sont pas plus épargnés. A la fin, et par contraste, des distiques grecs et latins célèbrent avec chaleur ceux qui par leur zèle et leurs connaissances ont contribué aux progrès et à l'honneur de la typographie.

Dans l'enthousiasme de ces éloges, comme dans l'amertume des critiques qui les précèdent, se peint le culte de Henri Estienne pour son art. Aussi tous les regards se tournaient-ils vers son imprimerie, alors sans égale pour la beauté typographique et pour la correction, la correction, a-t-il dit, qui, de même que l'âme inspire au corps de l'homme le principe du mouvement, communique la plénitude de la vie aux ouvrages, dont elle chasse l'obscurité. Une lettre de Henri Estienne, qui parut également en 1569, nous fait bien connaître quelle était, aux yeux des amis de l'étude, l'importance de son établissement, et à quel point ses travaux préoccupaient leur attente. C'était l'usage des hommes marquants de cette époque, où les idées et les nouvelles n'avaient pas à leur service le véhicule soudain de la presse périodique, d'y suppléer par des correspondances sans cesse entretenues d'un bout de l'Europe à l'autre. Elles témoignent de l'activité des rapports intellectuels parmi les membres de cette colonie, répandue en tous lieux, que nos devanciers appelaient la république des lettres. De là parfois, dans la ferveur classique qui échauffait les esprits, d'ardentes rivalités et de vives querelles ; mais, plus souvent encore, ces attachements si étroits et ces fraternités touchantes, dont le lien commun était le goût des études libérales et l'admiration des chefs-d'œuvre antiques.

C'est ce qui explique le nombre considérable des lettres qui nous restent du seizième siècle. Érasme nous apprend qu'il en recevait certains jours jusqu'à vingt, et que d'autres il en avait quarante à écrire. Henri Estienne, comme on le sait par une épître en vers qu'il adresse à Camerarius, n'était pas moins accablé de lettres, à titre d'imprimeur et d'auteur :

> . . . . Litteris mox obruor
> Italis ab oris, gallicis et anglicis,
> Germanicisque, quæ, novi quid moliar,
> Aggressus aut quid sim, quid aggredi parem,
> Futurus ordo quis laborum sit rogant;
> Et plura rebus scire de meis avent,
> Quam scire, vates ipsemet ni sim, queam.

En vue de satisfaire à ces questions qui fondaient tout ensemble sur lui de tant de côtés, il prit donc le parti de rédiger une réponse collective, où il exposait avec l'état de son imprimerie ses desseins pour l'avenir. On lui demandait ce qu'il avait fait, ce qu'il faisait, ce qu'il comptait faire. Il voudrait justifier encore davantage ces témoignages d'intérêt et mieux réaliser les espérances du monde savant : tel était son désir héréditaire de rendre d'immortels services aux lettres; mais le succès n'égalait pas entièrement son ardeur. Là-dessus il s'engageait dans des détails qui, en nous éclairant sur le mouvement des idées et la marche des esprits de son temps, renferment pour ce qui le con-

cerne en particulier des communications précieuses :
il ne dissimule ni les préjudices que lui cause une con-
currence avide et déloyale, en le privant du fruit des
priviléges qu'il avait obtenus (1), ni son appréhension
des embarras pécuniaires qui devaient l'arrêter trop
souvent. S'il redoute la gêne, ce n'est au reste qu'en
raison des entraves qu'elle peut apporter au cours de
ses publications. La fortune n'est par elle-même ni
l'objet de ses vœux ni le but de ses efforts. Bien différent de ces imprimeurs plus sensibles au profit qu'à
l'honneur de leur art, il ne cessera d'être dévoué, par
goût naturel et par obligation de naissance, au culte
de la science et de la littérature, quels que soient les
obstacles que lui suscitent les événements. Parmi les
travaux auxquels il consacre dans ce moment ses principaux soins, il mentionne ensuite l'édition complète
de Plutarque, et surtout le *Trésor de la langue grecque*,
dont traite spécialement la fin de sa lettre. Par les
développements où il entre, l'auteur nous fait comme
assister à la lente composition de cette œuvre, que déjà
l'Europe réclamait avec impatience. Il trace le plan et
la méthode qu'il a suivis, l'esprit général qui l'a dirigé;
bien plus, au moyen d'exemples particuliers qu'il
allègue, en citant différents mots dont il discute et
approfondit le sens, il montre combien il s'est écarté
des sentiers battus, et il établit la supériorité de son
dictionnaire sur les lexiques antérieurs, où il signale

---

(1) Ailleurs encore il conjure quelques confrères sans pitié de lui laisser
les produits de son travail et d'épargner la moisson d'autrui, *ut messi
alienæ parcant.*

des fautes innombrables. Toutefois, sur le point de l'achever, il s'arrête avec crainte : que de peines, que de dépenses n'y a-t-il pas accumulées ! Son père, en mourant, lui avait laissé ce devoir à remplir : il s'en est acquitté avec un zèle consciencieux ; mais il tremble d'être la victime de son entreprise.

Déjà en effet, suivant son énergique expression, elle lui avait fait *ployer les reins,* excédant ses forces et sa fortune. Sa situation s'était en outre compliquée à cette époque de nouvelles difficultés. On a dit quel appui lui prêta longtemps le chef de cette maison d'Augsbourg, enrichie par le commerce et dont Érasme avait pareillement éprouvé la munificence ; mais on sait qu'en 1568 la main qui le soutenait se retira, soit que la générosité d'Ulric Fugger se fût lassée, soit plutôt que ses proches eussent réussi à en paralyser les effets. Les relations, interrompues dès lors avec cette famille, ne se renouèrent qu'accidentellement dans la suite. On regrette même d'avoir à constater qu'entre elle et Henri il y eut de tristes démêlés, indignes de l'un et de l'autre. Ce n'est pas qu'il n'eût encore, dans différents pays, des patrons et des amis empressés ; mais, malgré des libéralités passagères, on lui prodiguait en général des encouragements et des éloges bien plus que de l'argent.

En dépit des embarras et des traverses, l'année 1572 vit toutefois paraître son édition complète de Plutarque et son *Trésor.* Ce dernier ouvrage faisant époque dans la vie de Henri Estienne et dans les annales de l'érudition, il convient de lui consacrer un examen de quelque étendue : en face de ce hardi monument, auquel on conçoit à peine qu'une existence d'homme ait pu suffire, on éprouve d'ailleurs le besoin de reprendre haleine.

Robert avait donné le *Trésor de la langue latine;* Henri publia le *Trésor de la langue grecque;* gigantesques travaux que l'on ne peut contempler aujourd'hui sans une admiration mêlée d'étonnement et presque d'effroi. Dans ces héroïques labeurs, comme dans ces immenses services rendus aux lettres anciennes, il y avait donc tradition de famille. Il y avait de plus pour Henri un engagement paternel à réaliser. Au commencement de 1554 Robert Estienne annonçait qu'il s'occupait de composer un *Trésor de la langue grecque,* semblable à son *Trésor de la langue latine;* mais, le prosélytisme religieux l'ayant détourné vers cette époque des publications littéraires, les matériaux qu'il avait rassemblés étaient passés dans les mains de son fils, bien digne de cette noble succession. Depuis la mort de Budé et celle de Turnèbe, il ne se trouvait pas, en France et dans l'Europe entière, de plus habile helléniste que lui : on pouvait tout au plus lui comparer Danès, son ancien maître, avec Florent Chrestien et Camerarius; il semblait même, dans les années qui venaient de s'écouler, avoir laissé derrière lui ces illustres rivaux. Plus qu'aucun autre il était ainsi véritablement appelé à donner aux études philologiques un instrument de progrès qu'elles ne possédaient pas encore.

Le *Lexique* grec-latin de Robert Constantin avait

paru en 1562; mais, s'il était supérieur aux travaux
de ce genre qui l'avaient précédé, on y désirait néanmoins, et à bon droit, plus d'exactitude dans les interprétations, plus d'abondance dans les exemples, plus
de précision dans la critique, surtout une nomenclature plus riche et plus complète. Le *Trésor* de Henri,
qu'on a pu perfectionner, mais qu'on n'a pas dû songer à refaire, justifia pleinement son nom : il eut son
influence incontestable dans ce mouvement d'érudition grecque, en France, qu'il faut compter parmi les
causes qui ont secondé l'avénement de notre grand
siècle littéraire. La classification adoptée par l'auteur
a seulement été critiquée : on n'ignore pas qu'il plaça
les dérivés et les composés à la suite de leurs racines;
méthode autrefois fort goûtée et qui fut encore choisie dans la première édition du *Dictionnaire de l'Académie française* (1694). De cette manière sans doute
les mots, groupés par familles, s'éclairaient naturellement les uns les autres : mais la difficulté des recherches nuisait à l'usage du *Trésor*, en le rendant moins
commode. Joignez-y les erreurs qui résultaient de
l'état d'imperfection où se trouvait la science de l'étymologie. C'est assez dire que cette partie du travail de
Henri était susceptible d'être heureusement modifiée :
de nos jours il a semblé à propos d'abandonner ce plan
systématique, préférable peut-être au seizième siècle.

Quoi qu'il en soit, l'apparition longuement attendue
du *Trésor* fut saluée avec enthousiasme par les savants.
Depuis douze années qu'il l'élaborait, Henri Estienne
n'avait guère manqué l'occasion de le leur annoncer

dans ses préfaces. Aussi plusieurs, comme il l'a dit lui-
même, s'empressèrent-ils d'en faire leur *vade mecum* :
il ne tarda pas à se répandre d'un bout de l'Europe à
l'autre et à recueillir des suffrages qui ne lui furent
jamais épargnés. Joseph Scaliger lui décerna des louanges dont on sait qu'il était fort avare. Le président de
Thou déclara cet ouvrage bien supérieur aux « trésors de beaucoup de princes. » Gui Patin, si habile
connaisseur, ne l'estimait pas moins ; et tout récemment l'un de nos juges les plus compétents de l'antiquité classique (1) a confirmé ces éloges dans les termes suivants : « Ce travail est encore admirable, après
plus de deux siècles et demi, pour l'ordre philosophique des diverses acceptions, pour l'explication nette
du sens des mots, et pour le juste choix des exemples. »
Ajoutons que, puisées aux sources mêmes, les citations
sont toujours rapportées à leurs auteurs.

On concevra donc qu'en mettant la dernière main à
cette grande entreprise, renouvelée sous nos yeux avec
un si noble dévouement pour la gloire de la typographie française, Henri Estienne ait pu se réprésenter
abattu par la fatigue, consumé par la fièvre et réduit
à s'avouer vaincu : *Omnino succumbere et manus victas
dare cogor.* Quelle force et quelle étendue d'esprit,
quelle abondance et quelle sûreté de savoir, quelle
ferme et saine critique exigeait en effet l'accomplissement d'un tel travail ! En outre, quelle persévérance
de caractère et quel courage ! Mais aussi son utilité ne

(1) M. Victor Le Clerc.

devait pas être seulement d'initier les esprits à la connaissance de la plus belle des langues. Pénétrer si avant dans cette étude, déployer avec une telle profusion les ressources qu'elle renferme, classer avec tant de rigueur, définir avec tant de précision ses termes presque innombrables, ce n'était rien moins qu'enrichir la pensée humaine elle-même, en enseignant à parcourir tous ses détours et à pénétrer tous ses secrets. La sagacité intelligente et l'érudition profonde, enfin les autres qualités éminentes que réclamait cette vaste composition, paraîtront dès lors prendre place bien près du génie.

A voir le mérite supérieur de cette publication et l'accueil dont elle fut l'objet, on croirait volontiers qu'elle était très-propre à relever et assurer la fortune de Henri : ce fut tout le contraire. Elle porta à son commerce déjà compromis un coup irréparable. Par l'effet du *Trésor*, a-t-il dit en jouant sur ce mot, il est devenu vieux de jeune qu'il était, et pauvre de riche :

> . . . . . Ex divite reddit egenum,
> Et facit ut juvenem ruga senilis aret.

Les patrons magnifiques ne manquèrent cependant pas à son œuvre : elle se produisit sous les auspices de Charles IX, de l'empereur d'Allemagne Maximilien II, d'Élisabeth d'Angleterre et de différents princes du saint-empire. Mais cet appui était plus honorable que fructueux. Ce n'était pas, en particulier, du violent et fantasque Charles IX qu'il fallait attendre, pour cette merveille de l'érudition, des largesses pécuniaires.

Quant aux acheteurs, dont ne sauraient se passer les meilleurs livres, le nombre en était naturellement restreint pour le *Trésor*, à cause de son prix élevé. Que l'on songe de plus à l'année où il vit le jour : c'était celle de la Saint-Barthélemy. Par nos fureurs civiles et religieuses, un marché considérable, la France, se trouvait presque entièrement fermé à Henri Estienne. On se rappellera enfin quel préjudice lui fit éprouver l'Allemand Jean Scapula : celui-ci, qui était à son service en qualité de correcteur, profita, à ce que l'on raconte, de la connaissance des épreuves qu'il était chargé de relire, pour préparer sur elles son *Lexique,* qui parut peu après; et cet abrégé arrêta encore le débit d'un ouvrage qu'il rendait moins nécessaire.

Henri Estienne éclata en plaintes violentes : il n'était pas homme à supporter un tort en silence. Avec la fougue de son caractère il a déclaré maintes fois son spoliateur *digne de la corde;* et, d'après sa coutume, mêlant le badinage à l'injure, il s'est en outre vengé de lui par le plaisant distique qu'il a placé sur un frontispice nouveau de son *Trésor :*

Quidam ἐπιτέμνων me capulo tenus abdidit ensem ;
Æger eram a scapulis : sanus at huc redeo.

Scapula s'est disculpé : mais de son temps, comme aujourd'hui, il a passé généralement pour serviteur déloyal et pour plagiaire. Au reste, un ouvrage tel que le *Trésor* ne pouvait manquer d'abréviateurs. Tout abrégé d'un bon livre est un sot livre, a-t-on dit assez justement. Cet axiome, vrai d'ordinaire en littérature, ne l'est pas également en librairie : on ajoutera même en philologie. Par la nature de son travail, Henri devait promptement trouver, dans son imprimerie ou ailleurs, un Scapula qui profitât de son mérite et s'enrichît de ses peines.

L'effet le plus triste de la gêne commerciale qui ne cessa dès lors d'affliger Henri Estienne fut de rendre sa vie aventureuse et errante. En présence de cette instabilité continue d'esprit et de corps, dont le spectacle va désormais nous affliger, on se demandera ce que cette intelligence si ferme et si féconde, dans une assiette calme où elle se serait reposée, eût été capable de produire. Que n'était-il pas permis d'en attendre, à la faveur d'un temps ordonné plus sagement et de forces mieux ménagées, quand on songe que Henri Estienne, au moment de la publication du *Trésor*, venait seulement d'atteindre quarante ans. Mais à partir de l'année 1573 cette paix nécessaire aux grands travaux lui manque. La marche entravée de son imprimerie (qu'il appelait parfois son *Hélicon*) est fréquemment suspendue ; son commerce languit. Il faut qu'il s'agite et se fatigue pour lui rouvrir sans cesse des issues qui tendaient à se fermer. Surchargé de livres qu'il a entassés dans ses magasins avec plus d'ardeur que de prudence, il voyage çà et là pour en chercher le placement difficile : on le rencontre notamment en Allemagne, où les foires de Francfort expliquent en effet sa présence.

Centre du grand négoce dont le principal siège est aujourd'hui Leipzig, cette ville était alors, au printemps et à l'automne, le rendez-vous des libraires et des hommes d'étude : Henri Estienne, par un opuscule de 1574 (1), l'a remerciée de l'accueil bienveillant qu'il y trouvait. Cette pièce, écrite en prose latine, le disculpe des reproches d'ingratitude envers la savante Allemagne qui lui ont été adressés. Bien loin de dénigrer cette contrée qui lui fut hospitalière, il rappelle ici en termes fort élogieux l'immense service que lui ont dû les lettres, la découverte de l'imprimerie; surtout il célèbre la cité qui dans ses marchés périodiques offrait à l'Europe, ou plutôt au monde civilisé, de si précieuses richesses. Les livres ne formaient pas d'ailleurs pour elle une branche exclusive de trafic. Bien d'autres marchandises y étaient en vente, dont l'énumération nous est donnée par Henri Estienne. C'est aux consuls et aux membres du sénat de Francfort que ce morceau est dédié, et il y félicite ces magistrats de leur active surveillance, sauvegarde assurée de l'étranger. Ce libre séjour, commode à tous, même dans les moments de la plus grande affluence, se recommandait, grâce à eux, par le prix modéré des habitations et des aliments, par la facilité des ressources dont il entourait la vie, comme par les jouissances qu'il procurait à l'esprit : suivant Henri Estienne, on le quittait avec regret; on y retournait avec plaisir.

Sa résidence la plus ordinaire, vers cette époque, fut toutefois la France, où un prince qui lui témoigne beaucoup d'affection venait de s'asseoir sur le trône :

(1) *Francofordiense emporium, sive Francofordienses nundinæ*, in-8°.

c'était Henri III, ami du savoir et des lettres, que la nature avait doué d'autant de dispositions pour l'éloquence qu'elle lui en avait peu départi pour l'art de régner. Sous ce monarque, Estienne, entraîné loin de son pays adoptif par l'inconstance de son humeur et l'embarras de ses affaires, redevint à plusieurs reprises habitant du sol natal; il vécut même auprès du souverain, dans des rapports de familiarité bienveillante qui rappelaient la situation de Robert auprès de François Ier. Par là son histoire prend pour nous un intérêt plus direct; en outre à ces relations si étroitement renouées par Henri Estienne avec sa patrie se rattachent trois de ses compositions françaises. La première, à la différence des deux autres, qui sont purement littéraires, est un pamphlet politique et religieux, plus court, plus grave et plus ferme que le factum dont il a été question auparavant. Les divisions dont la France était la proie en suggérèrent la pensée à notre auteur : c'est contre Catherine de Médicis qu'il est dirigé. Le prosélytisme de secte peignait alors le caractère de cette princesse sous les plus sombres couleurs. C'était à ses conseils que l'on avait attribué la Saint-Barthélemy. Après ces massacres, déplorés plus d'une fois par Estienne, les protestants avaient continué d'être l'objet de poursuites, occultes ou manifestes, qu'on imputait à l'influence de la reine mère. Celle-ci, revêtue de la régence à la mort du malheureux Charles IX, conservait sur l'esprit de Henri III, depuis qu'il avait en main les rênes de l'État, une action considérable. Dévoiler le mal qu'elle avait fait et celui qu'elle voulait faire, tel est le but du *Discours merveilleux de la vie, actions et déportements de Catherine de Médicis.*

Ce libelle, qui a mérité de survivre entre tant d'autres de cette époque qu'engendra la passion ou l'intérêt des partis, n'a point d'ailleurs paru, on le devine aisément, sous le nom de son rédacteur. Il n'était pas rare alors que des publications de ce genre coûtassent la vie aux écrivains et parfois même aux imprimeurs ou aux libraires : correctif important à cette liberté de la presse que l'on a dit avoir été extrême chez nous jusqu'au règne de Louis XIV. Les sectateurs de la réforme, par une circonspection nécessaire, décochaient donc presque toujours, comme les Parthes, leurs traits en se cachant. C'est ce qui est arrivé à Henri Estienne. Mais on s'est accordé de son temps à considérer ce discours satirique comme son ouvrage ; et il n'a pas, de nos jours, cessé de passer pour tel (1). S'il fallait fournir des preuves à l'appui de cette opinion, elles ne nous manqueraient pas. C'est la verdeur de langage et l'amère ironie que l'*Apologie d'Hérodote* nous a déjà fait connaître. Ce sont, avec un degré supérieur de force et d'élévation, les sentiments du sectaire qui a conservé contre la Sorbonne et ses doctrines la vivacité des antipathies paternelles. C'est la même haine de la tyrannie ; c'est enfin et surtout la chaleur patriotique

(1) Voy. le père Lelong, *Bibliothèque historique de la France*, 2ᵉ édition, t. II, p. 649.— Nous ne dissimulerons pas néanmoins que, contrairement à cette opinion que nous avons cru devoir embrasser, quelques critiques ont hésité ou se sont refusés à reconnaître Henri Estienne pour auteur de ce libelle.

qui respire dans plusieurs livres de Henri Estienne,
dans le dialogue, par exemple, où retrouvant déchiré
par les dissensions intestines ce pays qu'il avait jadis
quitté tranquille et prospère, il lui adresse ces vers
pénétrés de mélancolie :

> Salve, Gallia, quam puer videbam
> Alta pace domi et foris fruentem ;
> At domestica bella nunc foventem
> Cerno.....
> Eheu ! cerno manus tibi afferentem.....

Quatre guerres civiles avaient en effet désolé les dernières années de Charles IX, et une cinquième guerre
venait encore de signaler les débuts d'un nouveau règne
destiné à tant de désastres. De Genève, où il s'était
réfugié, Henri Estienne n'avait pu suivre d'un œil
plein d'anxiété nos luttes et nos malheurs sans que ce
spectacle émût en lui le cœur du calviniste et du citoyen ; maintenant il contemplait à loisir les déplorables
effets de nos discordes ; de là contre un gouvernement
tortueux et perfide, tour à tour faible et impitoyable,
les accents d'un patriotisme indigné. Le catholique et
courtisan Brantôme s'est chargé de réfuter le *Discours
merveilleux,* dans l'éloge qu'il a fait de Catherine de
Médicis : pour bien apprécier cette reine, on devra lire
ces deux pièces, en se tenant éloigné des exagérations
de l'une et de l'autre.

Henri Estienne représente la princesse que nous avait
envoyée la patrie de Machiavel comme l'auteur de tous
nos troubles et de tous nos maux. Il nous découvre sa

main partout mêlée aux intrigues et aux crimes qui ont rempli cette époque. A l'en croire, le but constant poursuivi par cette étrangère a été l'anéantissement de la noblesse de France, dont l'éclat faisait honte à l'obscurité de son origine. Elle y a tendu de toutes les manières, par l'empoisonnement et l'assassinat plus que par aucun autre moyen : altérée de notre meilleur sang, elle a principalement fomenté ces haines, attisé le feu de ces combats qui ont décimé, de part et d'autre, les premiers rangs de nos armées. Ainsi se déroule dans ces pages, avec l'histoire lamentable de la seconde moitié du seizième siècle, le tableau de ces morts tragiques, devenues communes, dont on voit que l'imagination des contemporains avait été vivement frappée. Après tant de funestes exemples on ne s'étonnera pas qu'une sorte de superstition se fût emparée des esprits et qu'on ne sût plus croire que les princes et les grands pouvaient mourir, comme d'autres hommes, par des causes entièrement naturelles. Rejetant les simples explications de maladies, d'accidents et de vieillesse, l'écrivain s'ingénie pour assigner des motifs sinistres au trépas de tous les personnages importants de cette période. Il en fait peser l'effrayante responsabilité sur cette femme qui a introduit, dit-il, parmi nous tous les vices de son pays. Désastres particuliers ou publics, calamités de la guerre ou de la paix, meurtres accomplis ou projets de meurtres, il rassemble tout avec un art qui donne aux accusations groupées une affreuse vraisemblance, pour en accabler la *grande coupable,* qu'il appelle notre Brunehaut italienne. C'est en effet par une comparaison de Catherine avec Brunehaut qu'il couronne cette sombre énumération de perfidies et d'attentats : encore lui semble-t-il que dans ce parallèle la balance du crime penche grandement du côté de la première ; et, rappelant le supplice infligé à la digne rivale de Frédégonde (1), il montre à la reine mère cette horrible mort comme une menace suspendue sur sa tête.

L'emportement de la passion contemporaine est ici manifeste. Catherine de Médicis, que l'on a mieux jugée de nos jours, n'avait, ni dans sa politique ni dans ses forfaits, cette profondeur raffinée que lui prête Henri Estienne : ce ne fut ni la meurtrière ni la furie qu'il suppose ; mais femme ambitieuse, faible et légère, fort au-dessous, par le caractère et l'esprit, du trône où l'avait placée la fortune, elle ne connut de principes de gouvernement que ceux de son pays : elle voulut corrompre et diviser pour régner. Entourée de difficultés et de périls, tandis que d'implacables ennemis se disputaient sa puissance pour s'en accabler mutuellement, elle fut le jouet des partis, plus encore qu'elle ne les poussa à s'exterminer.

Si le portrait est imaginaire, le tableau, du moins, est singulièrement énergique. Aucun des nombreux pamphlets dont Catherine fut l'objet n'a plus de relief, de saillie, de vivacité familière ; et parmi tous ceux du seizième siècle, admirablement fécond en ce genre

---

(1) « Traînée, dit-il, à la queue d'un cheval, elle finit sa méchante vie étant déchirée par pièces. »

dont la *Ménippée* est le chef-d'œuvre, bien peu sont dignes de lui être comparés. Dans cet excellent morceau de discussion passionnée on trouve par intervalles la vigueur et la véhémence qui caractérisent les éloquents *Mémoires*, honneur de cette époque, des d'Aubigné et des Montluc. L'accent, animé par une forte conviction, a cette fierté mâle qui rappelle le commerce habituel de nos ancêtres avec la sévère antiquité : c'est l'une des heureuses inspirations de ce noble et loyal caractère gaulois, enté sur le vieil esprit romain. Les sentiments généreux y abondent; le jugement y est sain, toutes les fois qu'il n'est pas égaré par les préventions religieuses (on regrette par exemple une injuste appréciation de la reine Blanche, mère de saint Louis); le raisonnement est solide et suivi; le style, plein de franchise et de colère, est rapide et relevé çà et là par des traits piquants, tels que les décoche volontiers la malice incisive de Henri Estienne. Ce qui, dans la manière d'écrire, le signale encore pour l'auteur de ce discours, c'est le goût des souvenirs classiques et des locutions proverbiales.

Comme témoignage historique, ce pamphlet n'est pas moins remarquable par le fond que par la forme. L'importance et le sérieux des détails annoncent que l'écrivain possède pleinement nos annales et notre droit politique. Sur les choses et sur les hommes du temps il jette beaucoup de jour; et c'est, pour en juger avec connaissance de cause, l'une des pièces les plus utiles à consulter. Il paraît qu'au sujet du *Discours merveilleux* Catherine elle-même aurait dit (elle se plaisait à lire tout ce qui se publiait sur son compte) que l'auteur avait été bien informé en plus d'un point. Elle eût ajouté en se divertissant, à ce que l'on assure, qu'elle en savait encore davantage, et qu'il eût pu trouver près d'elle, au besoin, de nouveaux renseignements. C'était railler sans doute l'exagération de l'attaque. Néanmoins on aura peine à croire que, si peu soucieuse qu'elle fût de l'opinion publique, Catherine ait tenu ce propos. Certes la grave diatribe d'Estienne n'était pas de nature à appeler le sourire sur les lèvres ou à provoquer des mots plaisants.

On a prétendu aussi que cet ouvrage avait d'abord été rédigé en latin. Mais la verve d'une invention primitive s'y fait trop sentir pour permettre d'accepter cette opinion. Ce qui est certain, c'est que, selon une pratique particulière à ce temps, cette satire eut à peine paru qu'elle passa dans le langage savant qui avait cours dans toute l'Europe. On ignore si cette traduction fut l'œuvre de Henri Estienne. Quant à la composition originale, fort estimée des plus judicieux critiques, elle eût suffi, d'après leur opinion, pour lui mériter le titre d'un de nos meilleurs écrivains (1). Ce titre, il acheva d'ailleurs de le justifier par ses *Dialogues* du français italianisé et par le livre où il s'est proposé d'établir la supériorité de notre langue sur tous les idiomes modernes : productions étroitement unies pour le but, comme elles se rapprochent en plusieurs points par les détails.

(1) Voy. notamment Bayle, *Nouvelles de la république des lettres,* mars 1684.

· La première, de 1578 (1), est, ainsi que l'a dit M. Nodier, « le curieux et l'unique monument d'une des révolutions les plus mémorables qui aient jamais été observées dans l'histoire de la parole. » A toutes les époques l'imitation non raisonnée, avec ses excès puérils, a eu ses nombreux prosélytes. Juvénal blâmait jadis les Romains de leur entraînement vers tout ce qui était grec ; Maittaire reprochait aux Anglais leur enthousiasme aveugle pour tout ce qui était français ; et n'a-t-on pas pu nous railler parfois nous-mêmes de notre anglomanie ? En ce moment, c'était l'Italie qui semblait avoir envahi la France. L'Italie, privilégiée dans la renaissance de la gloire littéraire, pour avoir devancé par ses poëtes la civilisation de l'Europe, était devenue le point de mire des autres contrées ; elle leur avait donné l'éveil et le ton pour l'activité intellectuelle. De là leur empressement à imiter ses chefs-d'œuvre, comme aussi à s'approprier quelque chose de son vocabulaire et de ses usages. L'influence de l'Italie sur l'esprit français en particulier datait de loin : tour à tour, par les alliances et les guerres, Valentine de Milan, Charles VIII, Louis XII, François Ier, nous l'avaient fait ressentir ; enfin l'union de Catherine de Médicis avec Henri II la rendit plus continue et plus immédiate. Du commerce journalier d'affaires et d'idées qui s'établit entre les deux pays résultèrent de fréquents emprunts de mots, qui ne tardèrent pas

(1) *Deux Dialogues du nouveau langage françois italianisé et autrement desguisé, principalement entre les courtisans de ce temps ;* in-8° de 623 pages.

de notre côté à devenir trop peu circonspects. Déjà
Estienne les avait déplorés dans la préface de la *Conformité* et dans l'*Apologie d'Hérodote;* déjà il s'était
indigné, que par un engouement servile de contrefaçon
étrangère, nous fissions abandon « de ce que le vieux
français avait de meilleur. » Mais ce fut alors surtout
qu'il remplit son rôle national de défenseur et d'apologiste de notre langue. Comme Pasquier, comme
Montaigne et quelques autres esprits sensés de cette
époque, il avait compris ce que ce débordement de
l'italianisme, qui pensa nous submerger, avait de pernicieux pour nos mœurs autant que pour notre idiome;
et nul ne résista avec plus de vigueur et de persévérance que lui à ce courant funeste qui nous emportait
loin de nos origines et du vrai progrès.

Au premier rang de ceux qui s'y laissaient entraîner étaient les courtisans : c'est ce qui explique l'aversion que Henri Estienne éprouve pour eux, et qu'il
leur témoigne en toute rencontre par des épithètes
malveillantes. Aux bouffonneries mêlant les plus sérieux reproches, il les accuse de corrompre à la fois
le caractère et le parler national. Ce sont eux, suivant
lui, qui, infidèles aux vieilles traditions et abdiquant
la plus belle partie de l'héritage du passé, nous dépouillent à l'envi de ce qu'il y avait chez nos ancêtres
de généreux et de viril. Non cependant qu'il refuse de
reconnaître l'heureuse influence que la portion saine
de la cour avait exercée du vivant de François Ier sur
les destinées du langage, et qu'elle devait ressaisir plus
tard ; mais il n'en condamne qu'avec plus de force

cet esprit courtisanesque, ignorant et frivole, qui dominait de son temps. Alors en effet les jeunes seigneurs, pour plaire en haut lieu et faire croire qu'ils revenaient de ces campagnes d'au delà des monts où nous avions recueilli moins de profit que d'honneur, avaient donné vogue à ce jargon incompréhensible et absurde dont les *Dialogues* nous offrent un curieux spécimen.

Henri Estienne, pour le discréditer, met face à face un homme raisonnable, demeuré fidèle à l'emploi de notre ancien idiome, et un partisan enthousiaste du néologisme emprunté à l'Italie. Philocelte, ainsi s'appelle le premier, rencontre son ami Philausone, dont le nom indique assez le travers, et lie avec lui conversation : mais son interlocuteur usant à tout moment de *strade* pour rue, *past* pour dîner, *spaceger* pour se promener, *garbe* pour gentillesse, *goffe* pour lourd, et de beaucoup de termes semblables, il s'avoue bientôt hors d'état de les entendre. Le second s'en étonne et déclare qu'à Paris les gens du bel air ne parlent plus autrement. Ajoutez que, non content de prodiguer les mots d'invention récente, il change la prononciation dans ceux des nôtres qu'il conserve, de manière à les rendre méconnaissables. Las de discuter sans pouvoir s'accorder entre eux, chacun prétend s'exprimer dans le meilleur français; ils conviennent d'aller visiter un ami commun, Philalèthe, en vue d'exposer leur différend à cet arbitre éclairé et de se soumettre à son avis. L'heure n'étant pas favorable pour se présenter chez lui, ils continuent, en attendant, leur entretien, qui, des questions de grammaire se détourne à d'autres sujets. On apprend qu'à l'exemple des formes de langage, les coutumes et les modes italiennes s'étaient répandues en foule parmi nous : très-ridicules pour la plupart, et que le monde avait accueillies avec d'autant plus d'empressement. Philocelte, qu'un voyage avait éloigné quelque temps, est désireux d'apprendre les changements survenus pendant son absence, les goûts et les nouveautés qui s'étaient produits. De là des détails piquants sur les bizarreries de cette époque, qui choquaient fort la simplicité des vieux Français, sur la fraise à triple rang, les canons plissés, les cheveux relevés depuis la racine et dressés en raquette, le rouge et le blanc que venaient d'adopter les dames, et leurs paniers grotesques. On se dirige enfin vers la maison de Philalèthe ; et, comme on ne la trouve qu'avec peine, la conversation se prolonge encore : elle roule sur les nouveaux termes de guerre comparés avec les anciens (1). Cependant l'heure s'est avancée à la faveur de ces propos fort divers, et la visite projetée est remise au lendemain.

Ainsi se termine le premier dialogue, rempli de digressions que leur intérêt fera pardonner. On l'a justement remarqué, il ne faut pas demander aux auteurs du seizième siècle une composition régulière et suivie. Ils écrivaient sans plan bien arrêté, sans distinction nette de matières : Henri Estienne plus qu'aucun autre ;

---

(1) Dans ce genre surtout nos emprunts ont été nombreux et ont duré, ces mots étant comme des trophées de nos victoires.

le caprice et l'imprévu ont toujours une grande part à
ses productions hâtées. Avec le second dialogue la discussion recommence. On reprend le chemin du logis
de Philalèthe ; mais le voyage ne laisse pas d'être assez
long; les deux amis ne s'épargnent point les détours.
Oubliant un peu leur sujet et leur route, ils causent
du goût des somptuosités que chaque jour introduisait
alors dans la société française, et de nombre d'usages
qui tendaient à en changer la face : quelques-uns ont
survécu ; beaucoup ont été très-sagement abandonnés.
Viennent ensuite, avec un désordre voisin de la confusion, l'examen de plusieurs étymologies douteuses,
un récit, d'après Froissart, de l'amour du roi Édouard
d'Angleterre pour la comtesse de Salisbury, une décla-
mation contre les buscs, qui y ont résisté, et d'autres
divagations encore moins graves. C'est après tant de
circuits que l'on arrive à la demeure du personnage
invoqué comme juge du débat. Une double question
lui est posée : des deux langues italienne et française,
quelle est celle qui mérite l'avantage ? Y a-t-il profit
pour la dernière à se pénétrer des formes de l'autre ?
La réponse est facile à deviner : en accordant la préférence à notre idiome, Philalèthe veut qu'on le main-
tienne exempt d'un alliage étranger qui aurait pour
effet de le corrompre; surtout il décline, dans de tels
procès, la compétence des gens de cour. C'est aux
hommes de lettres seuls, et principalement à ceux qui
possèdent une connaissance approfondie du latin et
du grec, qu'il appartient de les décider. Philausone
n'a aucune objection à élever contre cette sentence.

Déjà Philocelte avait réussi en partie à le désabuser des fausses opinions dont il s'était laissé prévenir. Entièrement ramené à l'amour du vrai et naïf français, il ne songe plus qu'à oublier, pour le parler purement, ses idiotismes ultramontains.

Le plan de l'œuvre esquissé, entrons dans quelques détails pour vérifier jusqu'à quel point l'auteur a justifié l'épigraphe de son livre, exprimée par ces deux vers :

> De moi auras profit sitôt que me liras ;
> Grand profit, grand plaisir quand tu me reliras.

Constatons d'abord que Henri ne pousse pas la rigueur de ses scrupules jusqu'à interdire toute communication, par voie d'emprunt, entre notre langue et les autres. Loin de lui la pensée de déclarer notre idiome à jamais fixé et de fermer absolument la porte à tout mot prêté du dehors. Au contraire il fait un accueil empressé aux termes nouveaux qui nous sont nécessaires, et n'exclut, des importations, que les inutiles ou les fâcheuses. Il ne nie même point qu'il y ait des occasions permises d'*italianiser :* seulement il veut que ce soit avec à-propos et mesure. L'engouement irréfléchi de ceux qu'il appelle des *gaste-français*, de ces hommes qui, dédaigneux de leurs propres richesses, dont ils ne savent pas user, vont sans besoin en quêter d'étrangères, voilà ce qu'il attaque. Dans cette cause nationale il s'autorise de l'exemple du roi François Iᵉʳ, qui, tout en couvrant de sa haute protection l'enseignement des langues savantes, avait si fort à cœur l'intégrité de l'idiome indigène, qu'il menaçait de son indignation tous ceux qui y porteraient atteinte. Par une critique sage et une surveillance protectrice, l'auteur succède pour ainsi dire au rôle du souverain : nous lui devons d'avoir repoussé par sa vigilance bon nombre de locutions et de tours barbares dont l'ignorance voulait alors nous doter.

Quelle qu'ait été cependant sa résistance au néologisme qui nous assiégeait, bien des mots, parmi ceux que condamnait Henri Estienne, sont arrivés jusqu'à nous, appuyés sur l'usage, plus fort que la règle. A ce moment où la langue, indécise et flottante, encourageait par sa souple facilité la hardiesse des novateurs, où elle accueillait chaque jour des hôtes venus du latin, du grec ou des langues modernes, plusieurs termes, protégés de haut, n'ont eu qu'une existence passagère, tandis que d'autres, contestés des savants, mais agréés du peuple, ont été durables : il est curieux de voir, en s'arrêtant sur quelques-uns de ces derniers, comment leur mérite ou le caprice ont présidé à leur fortune. Malgré Henri Estienne, *secrétaire d'État, négociateur, nonce, salve* (d'artillerie), *fantassin, escadron, drapeau*, etc., devaient être goûtés, une fois que l'habitude, achevant de les mûrir, aurait corrigé en eux, pour parler avec Balzac, l'amertume de la nouveauté. *Démonstration d'amitié, créature d'un seigneur*, ont subsisté aussi en dépit de son opposition : cette dernière locution surtout, par sa concision expressive, était digne de prévaloir. Parmi les mots ou tours italiens qui se sont acclimatés chez nous, on remarquera encore *martel en tête, mettre* ou *tenir quel-qu'un en cervelle, à l'improviste, disgracié* et *accort, récolte* qui a remplacé le terme gracieux de *cueillette, tailleur* pour *couturier, humoriste* et *bizarre, risque* pour *hasard, réussir* au lieu d'*avoir bonne issue*. Il est de plus toute une classe de termes empruntés au delà des monts que Henri Estienne ne fait aucune difficulté de recevoir : il s'agit de ceux qui représentent des ridicules ou des vices propres à l'Italie. Par exemple, *poltronnerie* et *forfanterie* lui semblent des acquisitions légitimes ; car ces qualités n'étant pas françaises, il a fallu en demander le nom au pays dont elles sont, dit-il, une production naturelle. Pour *intrigant, bala-din, charlatan* et *bouffon,* force a bien été aussi de cher-cher les mots là où se trouvaient les personnages aux-quels ils s'appliquent. Il en est de même à l'égard de *spadassin,* de *sicaire,* etc., vu que ces métiers, d'après lui, avaient longtemps fleuri chez les Italiens avant d'être connus de nos ancêtres. C'était « depuis que la France avait pris, en matière de tuerie, le style de ses voisins, » que des méchancetés jusqu'alors inouïes avaient créé parmi nous le besoin de ces locutions.

Aucun livre n'est plus propre que les *Dialogues,* ces détails suffisent pour l'attester, à faire apprécier la part qui revient justement à l'italien entre les éléments dont s'est grossi, du seizième au dix-septième siècle, le patrimoine de notre idiome. On excusera sans peine ce que les répulsions de Henri Estienne ont pu avoir, sur certains points, d'exagéré et de systématique ; on ne se souviendra que de la reconnaissance que lui doit notre langage, pour en avoir sauvé, dans des circonstances critiques, le génie propre et la physionomie native. Grâce à sa bonne garde, l'italianisme ne nous a pas conquis; la masse de l'armée envahissante a été arrêtée : il n'est passé dans notre camp que d'heureux aventuriers qui, en prenant le costume national, se sont fait pardonner leur naissance étrangère.

Un autre intérêt particulier à l'ouvrage de Henri Estienne consiste à montrer quelle action est susceptible d'exercer la conversation sur la langue écrite d'un peuple. Chez une nation aussi communicative que la nôtre, cette action ne pouvait manquer d'être très-réelle. Elle fut considérable surtout au règne de Henri III, ce qu'on a entrepris de constater dans un travail curieux, où quelques observations vraies se mêlent à plusieurs paradoxes. Suivant l'auteur de ce travail, M. Rœderer (1), la conversation n'a pas moins contribué que les livres à fixer notre langage : assertion qu'il confirme en s'autorisant des *Dialogues du nouveau françois italianisé,* où il voit pour notre histoire philologique et littéraire un témoignage des plus dignes d'étude. Cet écrivain s'arrête principalement sur un ordre de changements que nous avons indiqué plus haut : non content des modifications qu'il avait introduites dans la nomenclature, l'italianisme avait altéré en effet la prononciation de la manière la plus sensible. Aux articulations fortes et aux diphthongues

(1) Voy. ses *Mémoires pour servir à une histoire de la société polie en France* ; in-8°, 1835.

éclatantes, aimées de nos rudes ancêtres, il avait sub-
stitué des sons brisés, la mollesse des élisions et la brièveté des voyelles simples. Les courtisans, comme s'ils
eussent craint la fatigue d'ouvrir la bouche, rempla-
çaient le plein et beau son de l'*oi* par l'*è* ouvert : *moi,
foi, roi, loi,* étaient pour eux *mè, fè, rè, lè,* au grand
détriment des mots que la diphthongue ennoblissait
en les rendant sonores. De là cette plainte de Henri,
ennemi juré de l'affectation et de l'ignorance, que l'on
enlevait au langage français ses *robustes et virils accents* pour l'*amignarder* et l'amollir. Sa résistance heureuse a maintenu du moins plusieurs de ces intona-
tions si propres à donner de la vigueur et de la
dignité à notre idiome : quelques-unes ont cédé sans
doute, mais non pas, à vrai dire, sans avantage pour
la variété de l'harmonie. Gardien scrupuleux de l'étymologie dans les mots, Henri Estienne a combattu de
plus ces vices de prononciation qui, en effaçant la
trace de leur origine, menaçaient de corrompre leur
sens. Cette indécision de formes que l'on a souvent re-
prochée à l'italien, il la redoutait pour notre idiome,
et c'était dans ses vieux monuments, le plus près de
ses sources, qu'il allait en chercher le génie et les règles primitives. Guidé par cette lumière, il a signalé
et réformé beaucoup d'inconséquences et d'anomalies
accréditées par la mode : rôle dont on appréciera l'efficacité, si l'on se rappelle quelles conséquences fà-
cheuses entraînait le vicieux usage, en l'absence des
chefs-d'œuvre qui ont consacré notre langue.

Comme expression de la physionomie morale du

seizième siècle, les *Dialogues* ont en outre une certaine
importance, puisqu'il est arrivé souvent à Henri Estienne de laisser de côté la grammaire pour faire succéder aux discussions philologiques l'observation fine
des travers humains. Par les points de vue qu'il nous
ouvre sur la société de son temps, on peut se convaincre que l'ingénuité de nos mœurs, ainsi qu'on l'a
remarqué, n'avait pas moins que celle de notre langue à souffrir de l'imitation de l'Italie. La cour, avec
son élégance raffinée, lui avait pris sa mollesse et sa
corruption, qui, par un progrès naturel, tendaient à
devenir contagieuses pour tout le pays. Une *galanterie*
sans retenue (cette acception italienne du mot était récente parmi nous) avait remplacé le culte respectueux
des femmes ; les délicatesses de la cuisine et les somptuosités de la table ne connaissaient plus de bornes ;
les formes d'une civilité fausse et obséquieuse avaient
banni la franche bonhomie de nos ancêtres. Enfin,
pour les recherches de la toilette, les femmes et les
courtisans rivalisaient entre eux, et l'extrême mobilité
des modes, surtout dans les vêtements, était représentée par la caricature d'un homme entièrement nu, qui
tenait d'une main une pièce de drap et de l'autre des
ciseaux.

Dans cette partie de son livre, où Henri Estienne,
réagissant contre des tendances préjudiciables, se livre
à son humeur satirique pour peindre l'époque où il a
vécu, s'offrent en foule les renseignements piquants et
les traits malins : seulement la finesse n'en semblera
pas toujours attique, lorsque l'auteur par exemple com-

pare les gentilshommes aux pourceaux, « parce que les uns et les autres, dit-il, sont vêtus de soie. » C'est que le goût et la langue n'avaient pas été suffisamment aiguisés et polis; le règne de la bonne compagnie, dont l'hôtel de Rambouillet donna peu après en France le premier modèle, devait précéder la naissance de cet esprit moderne qui est l'art de savoir tout dire avec convenance et avec grâce. Il fallait traverser l'affectation des précieuses pour arriver, en rejetant la rouille du passé, au simple et au délicat. Ainsi s'expliquent l'inconvenance de quelques plaisanteries de Henri Estienne, et parfois même la grossièreté de son langage. On désirerait encore dans son ouvrage plus de cette brièveté dont il connaissait tout le prix et dont il a fait ailleurs l'éloge. Mais, à défaut de ces qualités, on y sentira une saveur indigène et comme un goût de terroir gaulois qui n'est pas sans charme. Beaucoup de sel y assaisonne et relève une érudition forte, abondante et variée.

Un juste tribut d'estime demeure donc acquis à ce monument de la lutte soutenue par Henri Estienne, pour préserver, en philologie comme dans l'ordre social, l'esprit français de tout funeste mélange, pour combattre, sous ses diverses faces, ce goût de la nouveauté qui a toujours été le faible de notre nation : aussi lui semble-t-il que dans ces questions l'*honneur et le bien du pays* sont engagés. Il ne s'agit de rien moins en effet que de sortir des voies obliques où la dynastie des Valois devait trouver la honte et la ruine, pour entrer dans celles qui aboutirent, par le règne ré-

parateur de Henri IV, au règne glorieux de Louis XIV,
et de procurer à nos grands écrivains, en sauvant
notre langue des atteintes d'un jargon bizarre, un instrument digne de leur génie. Ce patriotisme littéraire, dont tout le seizième siècle est animé, ne sera
pas étranger au mouvement des esprits, d'où sortira
bientôt l'âge le plus brillant de nos annales. Henri
Estienne aspire tout à la fois, pour la France, à la
suprématie politique et à celle des lettres : encore
quelque temps, et son double vœu sera réalisé.

Genève vit avec déplaisir ce livre où se peignait le
vif dévouement de l'auteur à son ancienne patrie. Il venait de rentrer dans cette ville après une assez longue
absence ; les préventions fâcheuses que l'*Apologie d'Hérodote* avait jadis excitées se réveillèrent contre lui.
Dans les *Dialogues* se montre, à la vérité, un tour
d'esprit trop libre ; ils offrent çà et là des récits et
des détails peu convenables : c'était le cachet ordinaire
des écrits de ce temps ; mais on n'y trouve aucune des
hardiesses coupables qui avaient été précédemment
blâmées. La sévérité de ses nouveaux concitoyens
s'expliquera donc plutôt par un mouvement de susceptibilité et d'envie. En réalité, cet ouvrage fut contre
Henri la cause ou le prétexte de rigueurs peu justifiées : l'inspection des registres du conseil d'État ne
laisse à ce sujet aucun doute. Une partie des exemplaires fut saisie ; on le cita même devant les magistrats ; on l'accusa de n'avoir point publié son manuscrit tel qu'il l'avait soumis à la censure, mais d'y
avoir fait, dans le cours de l'impression, des additions

considérables. Ses réponses, empreintes d'impatience et d'aigreur, parurent aggraver sa faute. Menacé dans sa liberté, il crut prudent de s'éloigner de nouveau, et ce fut à Paris qu'il alla encore chercher un refuge. Il y résida, par ce motif, pendant la fin de l'année 1578 et presque toute la durée de 1579. Non content de lui faire à sa cour un accueil empressé et très-propre à effacer le souvenir des contrariétés dont il avait été victime, Henri III le protégea même, par l'entremise de son ambassadeur Harlay de Sancy, auprès du gouvernement de Genève, en demandant qu'il y pût rentrer avec sécurité pour reprendre la direction de son imprimerie. Mais le conseil de la république se montra peu disposé à le recevoir en grâce. Il n'y consentit enfin qu'en lui réitérant l'avis d'être plus circonspect, et l'ordre de ne rien éditer qui n'eût été auparavant examiné et autorisé. Par un retour fait d'anciens griefs, on se plaignit que la témérité de quelques-uns de ses ouvrages lui eût dès longtemps mérité le surnom de *Pantagruel de Genève* et de *prince des athéistes*. Il dut en conséquence faire amende honorable pour le passé et protester de son repentir dans une séance du consistoire. Une conclusion assez piquante de ces détails, c'est que la république de Calvin avait moins de tolérance que la monarchie des Valois. Les Estienne, en abandonnant leur pays natal, avaient cru mettre le pied sur une terre de liberté : ils purent reconnaître leur erreur ; beaucoup de contrainte et peu de sympathie les y attendaient. Quoique l'établissement de cette famille n'eût pas été sans profit et sans gloire pour Genève, comme le faisait remarquer de Sancy, les chefs de la ville, affectant de ne pas être pour elle jaloux de cet avantage, signifièrent en plus d'une circonstance à Henri qu'il était maître de la quitter quand il le jugerait à propos.

A la vérité, bien que Henri Estienne se soit déchaîné, lui aussi, contre l'*impie* Rabelais, il n'était autre qu'un élève de ce moqueur universel ; et la réforme ne s'y trompait pas. Déjà dans Genève, qu'assombrissait la multiplicité des règlements et des pratiques austères, le rire lui-même, fût il sans malice, était assez mal venu : de cette ville, autrefois animée par le luxe et par les fêtes, une discipline étroite avait alors banni, avec les plaisirs, cette facilité d'humeur, cette indépendance et cette gaieté particulières aux pays catholiques. Henri manquait essentiellement de la roideur sévère du culte qu'il avait embrassé. Protestant sans conviction, inconséquent et frondeur, il avait trop peu dépouillé le léger et malin esprit parisien, pour vivre en repos dans cette grave république, où les écrits, comme les actions et les paroles, étaient l'objet d'une inquisition rigoureuse. Nous verrons par la suite qu'il ne fut pas le seul de sa famille qui souffrit d'un séjour eu désaccord avec son caractère.

Quoi qu'il en soit, un fruit heureux des démêlés qui forcèrent Estienne à prolonger sa demeure en France, fut le livre de la *Précellence*, où il a revendiqué hardiment pour notre jeune langue le pas sur toutes celles de l'Europe moderne. On aime à y voir comme un prix de l'hospitalité bienveillante que lui avait accor-

dée Henri III. Ce fut en effet pour satisfaire au désir
de ce prince philologue, nous l'apprenons par notre
auteur, qu'il écrivit cet ouvrage, si pénétré de l'ardeur de son patriotisme, si fidèle expression de ses
convictions littéraires. Le monarque français joignait à un sentiment très-vif de l'honneur national,
que n'avait pas éteint sa mollesse, le goût de la controverse savante : il traitait volontiers des règles de
la langue, qu'il possédait, on l'a dit, mieux que
celles du gouvernement; et il avait agité plus d'une
fois avec Estienne la question débattue dans la *Précellence.*

Étroitement unie à la *Conformité* et aux *Dialogues,*
elle est la dernière partie en quelque sorte de cette trilogie qui constitue une thèse unique et un seul plaidoyer
en faveur de notre idiome, représenté comme l'héritier
direct de la suprématie que le grec avait possédée autrefois. Henri Estienne promettait ce complément de ses
œuvres précédentes à la fin même du livre où il oppo-
sait une sage digue au torrent de l'imitation étrangère.
Lorsque Philausone, l'ami malencontreux de l'italianisme, était près de se rendre au bon sens de Cel-
tophile et à l'autorité de Philalèthe, il signalait un
excellent moyen d'achever sa conviction : « ce serait
de lui faire connaître par vives raisons que le langage
français était aussi bon et aussi beau que le langage
italien; » et Philalèthe lui répondait qu'il avait la prétention d'aller au delà de sa demande, c'est-à-dire « de
lui montrer que l'excellence de notre langage était si
grande qu'il devait, non pas seulement n'être point

postposé à l'italien, mais lui être préféré ; n'en déplût à toute l'Italie. »

Le *livre* ou plutôt, pour conserver le titre exact, *le projet du livre de la Précellence du langage françois* parut effectivement un an après les *Dialogues,* en 1579. On remarquera que Henri Estienne, ici comme ailleurs, nous a donné seulement le vestibule de l'édifice qu'il avait, dit-il, résolu de construire : cette pratique lui était familière. Beaucoup de circonstances se réunissaient pour empêcher qu'il ne mît la dernière main à ses œuvres. Prime-sautier à la façon de Montaigne, il procédait par esquisses, en annonçant l'intention de les transformer en tableaux dans un avenir qui ne lui a pas été accordé. Heureusement qu'il déployait dans ses ébauches une verve de composition et une solidité de savoir qui font peu désirer des travaux plus achevés et plus définitifs.

Cette observation s'applique particulièrement à la *Précellence.* Jusqu'alors notre langue n'avait pas manqué de panégyristes. Joachim du Bellay surtout, dans sa *Défense et illustration de la langue françoise,* avait proclamé et encouragé avec l'accent de l'enthousiasme ses premiers progrès. D'autres écrivains par la suite, entre lesquels l'académicien Charpentier (1), reprirent non sans succès cette apologie, devenue plus légitime ; mais aucun n'a mis au service de cette cause plus d'intelligence que Henri Estienne, plus de souplesse et de variété dans l'argumentation, plus de mouvement et de chaleur.

(1) *L'Excellence de la langue françoise,* 2 vol. in-12, 1683.

Si dans cette rencontre encore il s'attaque spécialement à l'italien, c'est que, cet avant-poste une fois
emporté, notre victoire est, selon lui, incontestable : en
d'autres termes, la langue de Pétrarque et de Boccace
une fois réduite à reconnaître la supériorité de la nôtre,
qui donc refuserait de nous céder la prééminence? Or
notre idiome lui semble avoir sur celui d'Italie l'avantage de la gravité (il faut entendre par ce mot la
dignité, la force, la puissance), de la gentillesse et de
l'agrément, enfin de la richesse; et c'est par des comparaisons entre les deux langages et les deux littératures qu'il s'applique à établir chacun de ces points
successifs. Pour nous faire triompher, quelle habileté
de tactique ne déploie-t-il pas? quelle industrie dans
ses rapprochements; quelle abondance dans ses souvenirs! Comme il interroge bien toutes les ressources
d'expression que nous fournissent les métiers et les
arts, le blason et les jeux, la navigation et la guerre,
la fauconnerie et la chasse! Comme il sait retrouver
dans le parler gracieux et énergique de nos pères des
beautés à reprendre; comme il relève finement les
trésors de leur bon sens amassés dans nos proverbes,
et les formes piquantes qui l'y assaisonnent et l'aiguisent. Il n'est pas jusqu'à nos dialectes où il ne voie,
complaisamment sans doute, des mines importantes à
exploiter. Quelles que soient d'ailleurs ses préventions,
ses illusions même et ses erreurs de détail, il est au
fond dans le vrai; il montre avec une perception très-
juste des caractères distinctifs de notre langue, combien
son mérite de brièveté et de netteté la rend propre à la

philosophie, à l'histoire, aux négociations, aux affaires
publiques ; et, par une divination qui ne sera pas trom-
pée, il annonce déjà ce qu'elle doit être un jour, il
salue en elle l'organe européen de la civilisation.

La réimpression récente de cet ouvrage (1), en permettant au lecteur de le juger par lui-même, nous
dispense d'en tracer une analyse plus détaillée. Qu'il
suffise d'ajouter que des digressions agréables s'y
mêlent aux démonstrations solides et fortement liées
qu'il renferme en général. La compétence de Henri
Estienne, on ne l'ignore pas en outre, donne à ce parallèle instructif beaucoup d'autorité : comme il excellait
à parler l'un et l'autre langage, nul n'était plus que
lui capable de décider ces questions. Aujourd'hui
toutefois, si quelques observations nous y semblent
minutieuses ou subtiles, au milieu de nombreux détails
qui ont conservé leur intérêt, on se souviendra qu'elles
ont eu leur importance pour le perfectionnement d'un
idiome dont le mécanisme n'avait pas encore été aussi
curieusement étudié. Il s'agissait alors de fixer la forme
définitive du français, jusque-là *ondoyant et divers*,
comme dit Montaigne, de soumettre à un examen scrupuleux les éléments dont il se composait, et de choisir
entre eux avec une circonspection sévère, enfin de lui
tracer la voie de son développement naturel. C'est ce
qu'a fait Henri Estienne : avant tout il l'a rempli d'une
généreuse confiance en lui montrant qu'il pouvait as-

---

(1) Voyez l'édition annotée que nous en avons donnée chez Delalain,
n-12, 1850.

pirer, dès ce moment même et contre l'opinion commune, à la prééminence universelle.

Jadis, il est vrai, l'Italie elle-même, par la bouche de
Brunetto Latini, semblait avoir rendu les armes « à
notre parler délectable. » Mais, on l'a vu, ce magnifique
réveil qui succéda pour elle à la nuit du moyen âge,
Dante, Pétrarque, non moins que ses grands hommes
du quinzième et du seizième siècle, lui avaient fait
concevoir plus d'assurance ou lui avaient donné, pour
mieux dire, une outrecuidance singulière. La ferme
protestation de Henri n'eut pas seulement pour effet
de ramener l'Italie à une attitude plus modeste et de
ranimer en Europe le souvenir affaibli de notre ascendant : en suggérant aux Français une idée plus haute
d'un instrument qu'ils n'avaient pas assez façonné,
parce qu'ils n'en avaient pas espéré assez, elle les
porta à le reprendre plus volontiers pour interprète de
leurs pensées, au lieu d'en confier l'expression à des
langues étrangères.

On ne sera donc pas surpris que ce travail ait répondu à l'attente du prince qui l'avait demandé. Outre
les suffrages de cet excellent juge, beaucoup ont répété
qu'il avait valu à son auteur un témoignage solide de
la générosité royale, le brevet d'un don de mille écus :
mais ce que l'on a omis de rappeler trop souvent, c'est
que la gratification figura seulement sur le papier.
L'écrivain, à qui cet argent eût été fort nécessaire, ne
nous a pas laissé ignorer sa mésaventure : ce qu'elle a
de caractéristique nous engage à la raconter. Henri III
joignait volontiers à l'estime dont il honorait les gens

7.

de lettres des preuves de sa munificence pour eux.
Desportes eut à se louer en plus d'une occasion de sa
libéralité. On cite un présent de douze mille livres fait
par le même monarque à Ronsard et à Baïf, en argent
comptant cette fois : ce qui importait fort, dans ces
jours de comptabilité irrégulière et difficile. Malheur à
qui avait affaire aux trésoriers pillards d'un roi malaisé et mal obéi. Henri Estienne l'éprouva à ses dépens, lorsque, muni de son mandat, il se présenta à
Molan, *grand larron,* selon le langage des mémoires
du temps. Celui-ci ne consentit à lui délivrer que six
cents écus en échange de son brevet; et sur ce que
l'autre repoussait, en se récriant, cette onéreuse proposition : « Vous reviendrez à l'offre, lui dit-il, et vous ne
la retrouverez pas. » Le financier eut raison. Les coffres
se vidant de plus en plus, Estienne montra en vain des
dispositions accommodantes : on ne lui offrit plus rien ;
et, après bien des instances inutiles, il retourna finalement à Genève, le parchemin en poche, mais les mains
vides. Pour la pension qui, à cette époque également,
lui avait été accordée en vue de l'encourager dans les
recherches qu'il faisait à l'étranger des manuscrits et
des livres rares (1), il est probable qu'il fut payé à peu
près de la même manière.

On constatera du reste, à l'honneur d'Estienne, que

---

(1) Cette pension de trois cents livres, dont le brevet est daté du
12 août 1579, avait, outre cet objet particulier, celui de récompenser en
général « les services que lui et ses prédécesseurs avaient ci-devant faits,
comme le roi espérait qu'il continuerait à l'avenir. » Voyez les *Registres
de la chambre syndicale de la librairie de Paris* (à l'année 1579) ;
manuscrits conservés à la bibliothèque impériale.

sa reconnaissance envers Henri III se mesura sur les intentions de ce prince à son égard plutôt que sur les effets qui les suivirent : il ne cessa de lui témoigner un dévouement fidèle ; et, tant qu'il jouit de sa familiarité, il n'abusa jamais, comme plusieurs, du caractère facile de ce monarque. Un jour cependant celui-ci le soupçonna d'avoir trahi un secret qu'il lui avait communiqué. Ce secret ne pouvait avoir été divulgué que par sa faute, prétendait le roi, puisqu'il s'en était ouvert à lui seul. Frappé de suspicion, menacé de la colère du maître, Estienne qui avait tenté sans succès de se disculper, réfléchit alors tristement sur ce proverbe ancien qu'il a rappelé dans un vers de ses poëmes :

Simque a Jove procul, simque procul a fulmine!

Il eût voulu être bien loin d'un palais indiscret et défiant. Heureusement qu'il en fut quitte pour la peur. Henri III finit par songer, en consultant sa mémoire, qu'il y avait eu un tiers dans sa confidence ; et c'était, comme il s'en convainquit, cette troisième personne qui avait parlé.

A l'exception de ce nuage, dissipé promptement, Henri Estienne demeura l'objet de la bienveillance marquée du monarque : témoignage significatif du progrès social parmi nous. Le mérite personnel, destitué de l'éclat du rang, commençait à prendre sa place dans la cour de nos rois ; l'esprit, puissance nouvelle, avait ses priviléges qui lui permettaient de traiter avec la grandeur. Une autre publication née peu après de ces rapports d'Estienne avec un prince érudit, fut le volume où sont réunies, entre beaucoup d'épîtres écrites en latin dans le genre de Cicéron, par des Italiens et des Français, celles de Pierre Bunel et de Paul Manuce, son élève. Le but de ce rapprochement était de montrer que le premier, par la beauté de son style, ne le cédait nullement au second, et de ravir à l'Italie la prééminence qu'elle s'attribuait dans la composition des lettres latines. Henri III avait conçu lui-même la pensée patriotique de ce parallèle, qui lui fut dédié.

L'imprimeur homme de lettres fit donc vers cette époque ombrage à plusieurs seigneurs par la manière dont il était accueilli. Sa vie agitée et brillante fut presque entièrement alors la vie d'un courtisan (1); et il lui est arrivé même par la suite de regretter la perte de temps que lui avait causée, sans lui rapporter en échange aucun avantage sérieux, cette existence de favori pour laquelle il n'avait que fort peu de vocation. Henri III, qui voulait le fixer auprès de lui, ne fut pas d'ailleurs le seul souverain qui l'honora de ses bonnes grâces. Maximilien II, plein d'estime pour ses travaux, l'attira plus d'une fois à Vienne pour jouir de sa conversation, et lui donna des preuves de sa haute considération. L'empereur Ferdinand Ier lui avait également témoigné beaucoup d'égards : joignez encore aux grands personnages qui distinguèrent son mérite Élisabeth d'Angleterre, Jacques VI d'Écosse, qui se piquait de poésie non moins que de théologie et de grammaire, et Christian IV, de Danemark, que, dans l'épître préliminaire de son Dion Cassius (1592), il

---

(1) *Semiaulica*, comme il l'a dit lui-même.

félicite d'avoir possédé à fond, dès sa première jeunesse, les langues latine, allemande et française. Mais aucun de ces protecteurs n'eut pour lui l'attachement et le zèle soutenu du roi de France; Estienne n'entretint avec aucun d'eux les relations étroites et familières qui l'unirent à Henri III : aussi l'affection qu'il avait vouée moins à sa fortune qu'à sa personne survécut-elle à ce prince. Quand le poignard dont celui-ci avait frappé les Guise se fut retourné contre lui, il le pleura avec amertume et lui consacra de nombreuses épitaphes, où, sous l'effort qui cherche le bel esprit, perce l'émotion d'un regret sincère. Jamais depuis il ne manqua l'occasion de rendre hommage par ses écrits à une mémoire qui lui resta chère et vénérée.

Ces sentiments de gratitude, joints à la douleur que lui inspiraient les déchirements des troubles civils, éclatent surtout dans un opuscule qu'il composa l'année qui suivit la mort de ce monarque : c'est un dialogue où Henri Estienne se met lui-même en scène, s'y donnant pour un de ces Français, alors trop rares, qui, peu soucieux de la politique et demeurés fidèles à la seule cause du pays, ne voulaient que le sauver de ses propres fureurs. Il converse avec un étranger, comme lui plein d'amour pour la France (1). A la faveur d'un cadre fort goûté du seizième siècle, et qui va bien au caractère de son esprit, l'auteur épanche les

(1) *Dialogus Philoceltæ et Coronelli*, in-8°, 1590. — Sous le dernier nom, qui est une variante de celui de *Stephanus* (στέφανος, couronne,) on reconnaît aisément Henri Estienne, qui l'a encore employé dans d'autres ouvrages.

émotions pénibles dont son âme était oppressée. Néanmoins on déplore que ses antipathies religieuses, s'y montrant à découvert, semblent éloigner les chances de la conciliation et de la paix dont ses vœux pressaient le retour. Dans ce pamphlet, qu'envenime trop souvent la passion du sectaire, il s'arme en effet contre le catholicisme des imputations haineuses accréditées parmi ses contemporains, et des forfaits de quelques insensés. Après avoir raconté fort en détail l'assassinat de Henri III par le jacobin Jacques Clément, et celui du prince d'Orange, victime du fanatique Gérard, il s'étend sur les tentatives de meurtre qui ont menacé les jours de la reine Élisabeth d'Angleterre, et s'efforce d'en faire retomber tout l'odieux sur les ennemis du protestantisme. Les moines, à ce titre, sont accablés par lui de calomnies et d'injures. On regrettera en outre que l'infortunée Marie Stuart soit présentée comme une criminelle, justement punie du dernier supplice. Mais ce qui forme la partie vraie et la plus attachante de cet ouvrage, c'est le tableau de l'état où languissait la France, troublée par les querelles de dogme et déchirée par l'ambition des grands. Estienne y décrit en traits énergiques la foi et l'hospitalité livrées au mépris, la division au sein des familles, les liens les plus sacrés rompus et la guerre partout allumée, une guerre sans terme et sans pitié. L'image attristée de la patrie se dressant constamment devant ses regards, Henri Estienne n'épargne pas les auteurs des maux qu'elle endure. Parmi eux il signale au premier rang les Guise, dont la mort violente a, selon lui, dignement expié les complots ; il se déchaîne contre la faction de la Ligue, dont il découvre les desseins secrets, et qu'il accuse d'avoir fait couler des flots de sang humain. Sincèrement dévoué à la royauté, il gémit de ce que la France, autrefois si attachée à ses souverains et si heureuse à l'abri de leur pouvoir, se soit, par l'effet de funestes instigations, précipitée dans la révolte. C'est à l'influence des *prêcheurs* qu'il attribue cet aveuglement, à ces démagogues du temps, qui alimentaient par la témérité de leurs discours le feu des dissensions publiques. Enfin il appelle de tous ses désirs au trône devenu vacant le roi de Navarre, en qui il voit notre sauveur futur. Sa récente victoire d'Ivry, qu'il célèbre, est à ses yeux une preuve de la faveur divine, que ses vertus devront justifier : car il l'avertit, par une sage conclusion, que les princes n'ont jamais eu autant que dans ces jours d'épreuves à veiller sur eux avec persévérance et scrupule.

Cependant plusieurs années avant la composition de ce dialogue Estienne avait pu, nous l'avons dit, grâce à l'intervention protectrice de Henri III, regagner son domicile de Genève, où l'état de ses affaires, compromises par une longue absence, réclamait impérieusement son retour. Réconcilié tant bien que mal avec les autorités génevoises, il avait repris la direction de son imprimerie et ses travaux interrompus. Depuis qu'en 1578, après des intervalles de langueur, son Platon, l'une de ses plus belles œuvres, était sorti de sa typographie (outre le soin apporté à la correction sévère du texte, il avait voulu, disait-il, traiter avec une ma-

gnificence toute royale le prince de la philosophie), la
marche en avait été presque absolument suspendue
par les causes que nous avons signalées. Dans le cours
de 1579 en particulier, ses presses firent uniquement
paraître les idylles de Théocrite et des autres poëtes
grecs bucoliques, accompagnées de la traduction en
vers latins qu'il avait donnée dans sa jeunesse. Ce n'était
qu'un petit volume : quelques-unes des années suivantes ne furent guère plus productives. De là beaucoup d'espérances trompées parmi les amis des lettres
antiques (1), et de pénibles déceptions, d'amères plaintes
de la part des auteurs dont Henri s'était chargé d'éditer les œuvres. Nombre d'engagements qu'il avait contractés dans les foires de Francfort, où les écrivains se
rapprochaient des imprimeurs et des libraires, étaient
demeurés sans effet : les manuscrits placés entre ses
mains attendaient en vain la lumière. Ainsi s'expliquent quelques imputations de déloyauté qui, comme
on le verra, se sont élevées contre lui.

Les beaux temps de l'imprimerie d'Estienne ne devaient plus qu'imparfaitement renaître. Un retour d'activité s'y manifeste néanmoins à la fin de 1585. Lassé
de courses infructueuses et de promesses stériles, les
exhortations qu'on lui adressait de toutes parts réveillent son ancienne ardeur : il annonce que dans son
établissement réorganisé les publications vont se suivre aussi rapides qu'autrefois. Une lettre de Mélissus,

---

(1) Aussi vers cette époque s'excusait-il « auprès de la France, de l'Allemagne et de l'Italie qui attendaient vainement des productions dignes
de lui. »

poëte de ses amis qui l'a célébré dans ses vers, le félicite de cette sage, mais peu durable résolution. Henri
avait contracté pour toujours l'habitude d'une existence aventureuse. Quoiqu'il se plaignît non sans motif
du détriment que les voyages avaient causé à sa santé,
ce genre de vie flattait trop vivement son humeur inquiète et sa passion de découvertes savantes pour qu'il
pût y renoncer désormais. La fortune vers cette époque ne lui épargnait du reste aucune espèce d'assaut.
Dans un naufrage récent sur le Rhin il avait perdu une
cargaison considérable de livres transportés en Allemagne (1); bientôt il apprenait par une lettre de son
fils Paul qu'un tremblement de terre venait de boule-
verser sa propriété de Grières. On le louera d'avoir
conservé au milieu de ces traverses un esprit ferme et
résolu. Tous les accidents qui ne le frappaient que dans
ses biens n'arrivaient pas jusqu'à son âme. « *Motus
quidem repente fui, at non permotus*, » répond-il à son
fils; et il lui reproche doucement d'avoir été lui-même
affecté outre mesure de ce malheur; il lui recommande
d'imiter sa constance, et d'opposer comme lui une résignation stoïque aux coups du sort.

Ce courage dans les revers ne devait point se démentir. Un peu après, atteint par de nouvelles pertes, il
écrivait en effet : « *Si rationes meæ turbatæ sunt, mens,*

---

(1) Henri Estienne a raconté un accident de nature semblable arrivé à
Guarini de Vérone. Celui-ci avait acquis à Constantinople, environ vingt
ans après la prise de cette ville, beaucoup de manuscrits grecs qu'il avait
chargés sur deux vaisseaux, dont l'un périt : le chagrin de cette perte fut
pour lui si vif et si cruel que ses cheveux blanchirent en une seule nuit.

beneficio Dei, imperturbata mansit. » Il eut surtout besoin de toute son énergie morale, lorsqu'en 1587 des calamités plus terribles l'assaillirent dans ses foyers. La peste qui cette année ravagea Genève s'appesantit sur sa famille et y fit plusieurs victimes presqu'à la fois. Un contemporain, François Hotman, en peignant l'aspect désolé de cette cité en proie à la famine et à la contagion, nous montre Henri Estienne confiné par le fléau dans sa maison et creusant la terre de son petit jardin pour y ensevelir sa tante, sa nièce et l'une de ses filles, mortes entre ses bras, tandis qu'il tremble encore pour la vie menacée d'une autre de ses enfants (1).

Contre ces afflictions il chercha un refuge dans le travail. L'année même où ces maux l'accablent et la suivante sont marquées par une reprise efficace de ses opérations typographiques. Mais beaucoup d'obstacles tendaient à paralyser les effets de sa volonté : elle se lasse et se ralentit après un assez court espace de temps. De nouveaux motifs éloignent Henri de son domicile, et son imprimerie retombe dans sa langueur. On le retrouve en 1590 à Bâle, publiant des poëmes latins de sa composition. Dans ce besoin d'activité intellectuelle qui ne peut rester sans aliment, si le typographe s'est effacé, c'est pour faire place à l'homme de lettres.

Les avis, épîtres ou préfaces de ses livres, datés d'une infinité de lieux divers, suffiraient seuls alors pour attester combien sa vie est vagabonde. On a peine

---

(1) *Francisci et Joannis Hotomanorum Epistolæ.* Voy. la lettre 147 à Daniel Tossan.

à le suivre courant sans cesse d'une ville à l'autre. Au milieu de ses déplacements presque journaliers, ses ateliers de Genève, foyer jadis si brillant, ne pouvaient plus jeter que des lueurs momentanées. L'une d'elles éclaire les années 1591 et 1592. De ses presses ranimées par sa présence sortent, entre autres produits importants, l'Hérodote, l'Appien, le Dion Cassius : soudaine clarté à laquelle succèdent de profondes ténèbres. Henri Estienne n'est plus à Genève en 1593; on ne l'y revoit que sur la fin de 1594. A cet instant les préoccupations littéraires ont semblé faire place dans son esprit à des préoccupations d'un autre genre. Il est tout entier à la haine des Turcs. Passionné contre eux, il veut que l'Europe s'alarme de leurs progrès; il demande qu'elle rassemble ses forces pour arrêter ce second torrent de barbares qui menace le monde civilisé.

Ces vœux, ces sentiments guerriers, remplissent deux harangues pleines d'une fougue un peu désordonnée, qu'il présenta lui-même à Rodolphe II, aux électeurs et aux princes du saint-empire réunis dans une assemblée générale à Ratisbonne (1). La première répondait, sous une forme oratoire, au livre du Génois Uberto Foglietta, qui avait tenté d'expliquer peu auparavant à quelles causes l'empire ottoman devait sa prospérité et sa grandeur. Henri, en attaquant plusieurs parties de ce travail, s'attachait à prouver que la puissance des Turcs résidait moins dans leurs propres forces

_____

(1) *Ad Augustissimum Cæsarem H. Stephani oratio adversus lucubrationem Uberti Folietæ de magnitudine et perpetua in bellis felicitate imperii turcici. Exhortatio ad expeditionem in Turcas;* 1594, in-8.

que dans les vices et les divisions de leurs adversaires. L'autre harangue était une pressante exhortation aux princes chrétiens, de former contre ces
ennemis de la civilisation et de la foi une ligue vigoureuse (1). A ces morceaux il ajouta vers le même temps
deux pièces de vers animées d'un belliqueux enthousiasme, par lesquelles, nouveau Tyrtée, il prétendait
échauffer les soldats armés pour une si belle cause et
les convier à la victoire.

Les Turcs n'avaient pas cessé d'épouvanter l'Europe : on sait qu'ils l'inquiétèrent jusqu'au moment où
le roi de Pologne Jean Sobieski leur infligea sous les
murs de Vienne une défaite qui les dépouilla à jamais
du rôle d'agresseurs. Ce discours ne manquait donc pas
tout à fait d'à-propos. A la passion politique qui l'avait
suggéré se mêlait en outre la passion des lettres anciennes. Les savants et les littérateurs, dans cette
époque, n'avaient point encore pardonné aux conqué-
rants et aux oppresseurs d'une contrée qui avait été
si fertile en chefs-d'œuvre. Parmi eux circulait un dernier reste de cet esprit qui avait produit les croisades.
Érasme avait, lui aussi, mais avec la mesure et la prudence qui lui étaient propres, demandé la guerre contre
les Turcs : avant de les combattre, il invitait d'abord

---

(1) Toujours philologue (il faut le remarquer comme un trait piquant
de caractère), Henri Estienne place à la fin de ce dernier écrit des observations curieuses sur notre langue. En constatant que nous avons pris
plusieurs termes à l'arabe, au persan, etc., il signale entre autres mots
d'emprunt celui de *toque*, qui nous vient des Turcs : « Nam *tocca* et *toc*,
dit-il, est lineum capitis tegumentum turcicum. »

les chrétiens à se réformer eux-mêmes, pour mieux mériter que Dieu protégeât leurs armes. On rappellera enfin qu'au commencement du dix-septième siècle, Mlle de Gournay, en célébrant la naissance de Louis XIII, lui montrait dans l'avenir la défaite et l'expulsion des musulmans comme un devoir et une gloire réservés à son âge mûr.

Henri Estienne s'était, en qualité de chrétien et d'helléniste, déclaré depuis longtemps leur ennemi. Déjà, dans ses *Dialogues du françois italianisé*, en 1578, il s'indignait de la puissance que possédait leur souverain, trop véritablement digne, suivant lui, du nom de *Grand Seigneur;* il reprochait aux princes chrétiens de lui prêter l'appui de leur mollesse et de leur incurie, il préludait à ce cri d'alarme qu'il jeta dans l'assemblée de Ratisbonne. Un an après il donnait encore contre ces formidables voisins le signal d'une guerre d'extermination, et ces accents chevaleresques se retrouvent là où l'on ne s'attendrait guère à les rencontrer, dans un livre de critique littéraire sur le style de Juste Lipse (1).

Joseph Scaliger, peu favorable à Henri Estienne et qui le blâme souvent à tort, est fondé cette fois dans sa critique, lorsqu'il lui reproche de perdre de vue son sujet pour s'égarer dans une digression illimitée : aussi propose-t-il plaisamment d'intituler l'œuvre hybride du philologue au cœur martial : *De latinitate lipsiana adversus Turcam.*

Ce travail, considéré dans son but principal, devait

(1) *De latinitate Lipsii Palæstra prima*, 1595, in-8°.

susciter à Henri Estienne beaucoup d'ennuis et fournir un argument à ceux qui ont accusé sa causticité et sa malveillance. Il ne faut pas pourtant oublier que le style tourmenté de Juste Lipse avait fondé en Allemagne une école de latinistes qui, par subtilité et par affectation, tendaient à dénaturer la langue. Enthousiaste de Tacite, à une époque qui ne savait pas assez admirer ce grand écrivain, Lipse n'avait pu éviter entièrement, dans son effort pour s'approprier les beautés de ce périlleux modèle, l'écueil de l'obscurité et celui de l'archaïsme ; il avait pris aussi à Sénèque quelques-uns des vices brillants signalés par Quintilien : Ses disciples copiaient, en les exagérant suivant l'usage, les défauts du maître, plus faciles à reproduire que ses qualités. Henri Estienne n'a pas été le seul à remarquer de son temps cette influence corruptrice ; mais, gardien des bonnes doctrines, il se croyait plus qu'un autre appelé à combattre tout ce qui choquait la pureté du goût classique. La concision exagérée de Juste Lipse, sa recherche de la finesse et du trait, qui semblait tendre des piéges à l'intelligence des lecteurs, sa teinte surannée à dessein, son érudition prétentieuse, ses expressions souvent fausses et pédantesques en visant à la profondeur, sont, pour Henri Estienne, l'objet de moqueries sans mesure. Auparavant il avait déclaré dans une première lettre satirique, en s'adressant aux imitateurs de Juste Lipse, qu'il ne voulait être ni son railleur ni son flatteur (1) : la vivacité de

_____

(1) Ceux-là même que Balzac a plus tard appelés dans une de ses *Dissertations* « les singes de Lipse. »

cette nouvelle attaque eut pour fâcheux résultat de le faire passer pour un envieux de cet homme illustre.

Sans recourir à cette imputation, que repousse le caractère de Henri Estienne, d'autres raisons expliquent assez son hostilité contre Juste Lipse. On sait que celui-ci, non content d'abjurer les opinions de la réforme, fit preuve, dans la défense du catholicisme, qu'il embrassa, d'un zèle empreint d'intolérance : il encourut par cette ferveur de néophyte l'inimitié de ses anciens coreligionnaires. Telle était toutefois l'estime que lui avaient acquise ses grands travaux, qu'on jugea son adversaire outrecuidant d'avoir osé contester cette haute renommée, sans rivale même en Italie, et à laquelle les défenseurs ne manquèrent point. Par là Henri se trouva engagé dans de fâcheux débats, nuisibles à son repos comme à sa gloire : attaqué à son tour, il eut le tort de répliquer à des disciples dont la fougueuse ardeur ne méritait pas de réponse. Dans un siècle où la courtoisie était peu connue des savants, l'âpreté des amours-propres communiquait à de telles luttes une violence déplorable : cette querelle littéraire, bien vite envenimée, dégénéra donc en personnalités offensantes.

Isaac Casaubon, le gendre de Henri Estienne, faisait allusion à cette polémique pleine d'aigreur, lorsqu'en parlant de son beau-père vers cette époque, il regrettait que quelques-unes de ses dernières productions eussent vu le jour. A la vérité, le caractère de Henri Estienne, attristé par l'âge autant que par les malheurs, le rendait de plus en plus fâcheux aux autres et à lui-même. C'est ce que nous apprennent les lettres de Casaubon, qui nous le montrent en proie à ses incertitudes, errant à travers toute l'Allemagne sans pouvoir se fixer nulle part, toujours aspirant au repos et toujours incapable de le supporter. Ce n'est plus à Genève qu'il faut chercher Henri ; c'est tour à tour à Orléans, à Lyon, à Strasbourg, à Cologne, à Francfort et jusqu'en Hongrie et en Silésie. Rentre-t-il enfin dans ses foyers, la vie domestique, par l'effet de la désuétude, lui semble aussitôt à charge. Les affections de la famille, auxquelles il n'était certes pas étranger, n'adoucissent plus sa brusquerie et sa rudesse. Non content d'interdire aux étrangers l'accès de sa bibliothèque, si pleine de richesses enviées, il ne permet pas même à ses proches d'y pénétrer ; inabordable également pour tous, il s'y cache comme un avare au milieu de ses trésors, vrai *bibliotaphe*, ainsi que l'on surnommait son ami Henri de Mesmes : bien différents l'un et l'autre de ce généreux Grollier, jadis ambassadeur de François Iᵉʳ à Rome, qui, après une carrière diplomatique honorable, vouant le reste de sa vie aux loisirs littéraires, avait formé une bibliothèque d'environ trois mille volumes, reliés avec magnificence, et sur la couverture desquels on lisait : « Joannis Grollerii *et amicorum.* »

Les livres de Henri Estienne, sans usage durant ses absences si prolongées, se détérioraient dans l'abandon et les ténèbres. Malheur à ceux qui lui confiaient alors leurs travaux. Renfermés avec les siens, il n'était presque plus possible d'en obtenir la restitution : ses oreilles étaient sourdes aux réclamations et aux prières. Pour rendre à Rittershuys un manuscrit vainement sollicité, il fallut pendant l'éloignement du maître forcer l'entrée de sa bibliothèque. L'affection que Casaubon portait à ce savant lui inspira cette audace, sur laquelle il demande son secret le plus absolu : car il ne saurait prévoir, lui dit-il, quelles violences, quels terribles orages une simple indiscrétion pourrait exciter. Tel était l'effroi que l'humeur ombrageuse de Henri Estienne et son despotisme impérieux inspiraient dans sa famille ! Leunclavius (1), dont il avait d'abord été l'ami et avec qui il eut par la suite de graves démêlés, lutta plusieurs années entières pour arracher à ce jaloux possesseur sa traduction estimée de Xénophon. Sur ce dernier point Henri Estienne a voulu se justifier, en alléguant qu'un incendie, résultat des désordres de la guerre, lui ayant coûté la perte de beaucoup de volumes, il avait cru longtemps que l'ouvrage de Leunclavius était au nombre de ceux que la flamme avait consumés. Il est certain en tout cas que ces mauvais procédés, qualifiés par quelques-uns d'une manière trop rigoureuse, firent planer de son temps sur sa délicatesse de fâcheux soupçons. Ses préoccupations, sa misanthropie, telle est l'explication la plus vraie et la meilleure excuse de sa conduite.

Homme de paix et d'étude, Casaubon souffrait plus qu'aucun autre de la fougue et des écarts de son beau-père, qu'il s'efforçait en vain de modérer; mais il ne

(1) Ou Loevenklaw, de Westphalie.

l'en défendait pas avec moins de chaleur contre les insinuations malveillantes et injustes de ses nombreux ennemis. Plein d'une indulgence respectueuse pour ses travers, il ne cessa de lui témoigner une déférence et des égards peu payés de retour. Ses épanchements familiers, ses doléances à ses amis, exemptes de vivacité comme d'amertume, et qui portent par cela même leur cachet de vérité, nous offrent, en témoignant de la compassion tendre que lui inspirait Henri Estienne (1), un triste tableau de la vieillesse calamiteuse qui termina une vie pleine de travaux et de gloire : elle devait se consumer, s'abréger dans les tourments de l'inquiétude et s'éteindre dans l'abandon. La faveur de plusieurs souverains, tant de nobles fatigues et d'œuvres durables devaient conduire enfin Henri Estienne à l'hôpital de Lyon, pour y trouver son dernier gîte et son lit de mort.

Genève, depuis nombre d'années, n'était plus en quelque sorte pour lui qu'un lieu de passage. Il y fit un séjour de peu de durée en 1597, et il s'en éloigna pour n'y plus revenir. Un trait distinctif du caractère d'Estienne, c'était le regret du pays natal : ses regards et ses pas se reportaient sans cesse, comme malgré lui, vers cette terre de ses ancêtres. Après l'avoir quittée en 1596, déjà poursuivi du besoin de la revoir, il se dirigea sur Montpellier, où résidait alors Casaubon.

(1) « O hominem dignum cujus te misereat! » dit-il dans l'une de ses lettres. Plus d'une fois il l'y appelle *notre bon, notre excellent vieillard.* — Cf. les *Éphémérides* de Casaubon, Oxford, 1850), à la date du 13 mars 1598.

Plus communicatif cette fois que de coutume, il offrit à son gendre, qui s'occupait d'éditer Athénée, de bonnes variantes qu'il avait découvertes à Rome sur cet auteur ; il lui proposa même pour ce travail une coopération qui ne fut pas acceptée. Continuant son voyage il se rendit ensuite à Lyon : ce fut dans cette ville qu'il tomba malade et qu'il succomba au commencement de mars 1598, l'année même où mourut Philippe II d'Espagne et où Henri IV signa l'édit de Nantes.

On vient de dire que les jours d'Estienne se terminèrent à l'hôpital. Comme si cette fin n'eût pas encore été assez déplorable, on a prétendu aussi que la folie avait troublé les derniers temps de sa vie : il n'en est rien. Seulement il se peut que le mal qui l'a tué ait auparavant éteint sa raison. S'il fut aliéné, en tout cas ce n'a été que sur son lit funèbre. Notre imagination éprise des contrastes aime à voir combler la mesure des malheurs qui frappent les têtes illustres. Mais il est bien inutile ici de charger ce que la réalité a de douloureux, et d'ajouter une calamité nouvelle à celles qui ont rempli le cours de cette glorieuse existence. Au lieu de se jeter, sur ce trépas funeste, dans des exagérations déclamatoires, comme il est arrivé à d'autres, il vaut mieux en déterminer les circonstances avec scrupule pour la vérité, et sacrifier à l'exactitude historique l'intérêt romanesque. Fidèle narrateur et au risque d'affaiblir ce que la tradition a de touchant, nous dirons donc que la mort de Henri Estienne à l'hôpital fut plutôt le résultat de son isolement que la preuve de son indigence. Surpris par la maladie dans une ville

où il n'avait fait que passer et où sans doute il n'avait
point d'amis, il dut recourir, et peut-être même recou-
rut-on pour lui aux secours de la charité publique,
comme plus immédiats et plus efficaces. Ainsi sa présence dans cet asile de la douleur et de la misère fut
purement accidentelle.

Ce qui démontre que l'état embarrassé de ses affaires
n'excluait pas certaines ressources, c'est que tous les
engagements pécuniaires qu'il avait contractés paraissent avoir été fidèlement remplis. La vente des livres
fort nombreux que renfermaient ses magasins suffit
pour acquitter les dettes qu'il avait laissées, et permit
en outre à sa veuve, comme aux enfants qui lui survécurent et qui n'étaient pas établis, de conserver quelques moyens d'existence. Paul écrivait, plusieurs années après, « que son père à sa mort était, par la grâce
de Dieu, paisible possesseur de son imprimerie. »

Si la pauvreté de Henri Estienne, ainsi qu'il résulte
de cette simple exposition des faits, n'est pas allée jusqu'au dernier terme du dénûment, elle n'en a pas moins
été incontestable : la perte de la plus grande partie de
son patrimoine fut en réalité la récompense de ses
rares talents et de ses labeurs infinis. Il est superflu de
s'en étonner et de s'en indigner : la gloire est au prix
des sacrifices. Que sont devenus la plupart des noms
de ces imprimeurs du quinzième et du seizième siècle,
qui, exploitant avec activité et intelligence une industrie nouvelle et féconde, ont, par un commerce florissant, légué de riches héritages à leurs familles ? Leur
souvenir a péri ; mais la mémoire des Estienne sub-

siste ; elle subsistera tant que l'art de la typographie
sera cultivé. Dans ce temps comme aujourd'hui, entre
la fortune et la gloire il fallait presque toujours choisir : Henri Estienne a choisi, et son lot est maintenant
le meilleur.

Pour prix de l'existence rendue à la littérature antique, les Manuce tombèrent, eux aussi, dans un état
de gêne qui en plus d'une occasion comprima leur
essor : sans les secours des papes, et spécialement de
Paul IV, ils auraient connu la misère. Les Elzevier
par la suite ne retirèrent que la pauvreté des élégants
travaux qui ont fait leur illustration. Quant à Henri
Estienne, l'extrème modicité de l'héritage qu'il laissa
est attestée par Casaubon. Celui-ci n'avait pas reçu de
dot en devenant l'époux de Florence, et pourtant il
hésitait à se déplacer pour aller recueillir sa part d'un
patrimoine si restreint. Il ne vint que déterminé par
l'envie de pénétrer à loisir dans une bibliothèque dont
la jouissance et la vue lui avaient été si rigoureuse-
ment interdites. Jadis fort riche non-seulement en
bons livres, mais en livres reliés avec luxe, elle renfermait, nous dit-il, de très-précieux débris, quoiqu'elle eût eu bien à souffrir de l'abandon des dernières années. Plusieurs travaux ébauchés ou même
finis y témoignaient en outre de l'activité d'esprit qui
n'avait jamais manqué à Henri Estienne. Toutefois
Casaubon, par une abnégation généreuse (car il n'y
avait aucun testament), remit les manuscrits à Paul,
et il amena, non sans effort, les autres intéressés à consentir au même sacrifice.

8.

Par l'usage qu'il en sut faire, ce dernier se montra digne de les posséder. Mais auparavant il s'honora par le culte pieux qu'il rendit à la mémoire de son père. Nous avons de lui une pièce de vers latins qui témoigne de son affection et de sa reconnaissance filiale. Non content de le célébrer, il donnait le signal des plaintes et des éloges à tous les poëtes du temps, à tous les amis de l'antiquité, en les conviant à partager sa douleur et à s'associer à son hommage :

> Vos, sacri vates, inspergite vestra sepulcro
> Munera, quæ possint cineres placare sepulti.
> Illum non oculis morientem Græcia siccis
> Cernere sustinuit, sensitque ex funere vulnus ;
> Vos quoque, Pierides, Latio ingemuistis amatæ.....

Un regret se mêle à ces accents du fils, c'est qu'il ne pourra pas même verser des larmes sur la tombe paternelle :

> Et lugdunæo requiescunt ossa sepulcro.

Malgré cette expression pompeuse, il paraît trop certain que les restes de Henri Estienne, confondus avec ceux des hôtes du triste séjour où il avait expiré, furent jetés dans la fosse commune (1). Celui qui avait

---

(1) Le P. Colonia, dans son *Histoire de Lyon*, en nous apprenant que Henri Estienne fut enterré dans le cimetière des religionnaires, voisin de l'hôpital, rapporte qu'il fut le premier dont un détachement du guet de la ville accompagna les funérailles. Mais ce n'était pas pour l'honorer : c'est que cette escorte fut alors jugée nécessaire pour protéger les convois

tant fait pour la gloire des lettres et pour celle de son pays n'eut pas l'honneur d'un tombeau.

La mort de Henri Estienne fut d'ailleurs l'occasion d'un retour de bienveillance ou plutôt de justice à son égard. Parmi les suffrages qui lui furent décernés, l'un des plus considérables fut celui de l'historien de Thou (1); mais on remarquera notamment le tribut d'estime que lui paya Joseph Scaliger, fort enclin à blâmer, comme on l'a dit, et qui en d'autres temps ne l'avait pas épargné : dans une lettre écrite au moment de cette perte, il déplora avec amertume le coup funeste qui frappait les études anciennes et les études grecques en particulier.

Henri Estienne achevait seulement sa soixante-sixième année, et l'on a pu déjà admirer le nombre et l'importance des travaux qui avaient rempli sa carrière. Nous sommes cependant loin d'en avoir épuisé la liste : il nous reste à la compléter en donnant ici un aperçu rapide de tous ceux de ses ouvrages que le mouvement du récit nous a forcé de délaisser sur notre route.

Pour étudier avec quelque ordre ces productions encore multipliées, nous les grouperons par genres, et nous montrerons tour à tour dans Estienne l'éditeur des textes anciens; le grammairien et le critique, maniant avec une égale facilité le latin et le français;

des protestants contre les insultes de la populace. Voyez à ce sujet le savant article de M. A. F. Didot sur Henri Estienne dans la *Nouvelle biographie générale* et son *Essai sur la typographie*, col. 812.

(1) *Hist.*, liv. CXX, à la fin.

enfin le poëte ou le versificateur qui prétend à ce nom, faisant aussi de l'une et de l'autre langue un usage non moins familier.

Sous le premier rapport les titres de Henri Estienne à l'immortalité sont demeurés incontestables. Pour lui la typographie n'a pas été une industrie, mais un art qu'il a élevé, d'après l'exemple de son père, à une singulière hauteur. Animé de la passion des lettres, il a contribué plus qu'aucun autre peut-être à renouer la chaîne rompue des âges, et à réaliser cette alliance du passé avec le présent, si vivifiante pour la pensée moderne. En s'efforçant, dans cette vue, de rendre à leur intégrité première les monuments éternels de la raison et du génie antiques, il a tendu, il a presque atteint à la perfection. Aussi la plupart l'ont-ils mis à côté d'Alde l'ancien : quelques-uns même n'ont pas craint de le placer au-dessus de cet homme illustre dont l'Italie est justement fière.

Maittaire s'est attaché à déterminer les années où avaient paru les productions typographiques de Henri Estienne : ce travail, qui avait ses difficultés, parce que celui-ci, à la différence de Robert, en avait souvent omis les dates, a été repris de nos jours et accompli avec un entier succès par M. Renouard. Il nous suffit pour tous les renseignements bibliographiques désirables de renvoyer le lecteur à leurs ouvrages. Mais, hâtons-nous de le dire, ce qui recommande surtout Henri à notre attention, ce qui dans ses livres nous frappe plus encore que la beauté de leur exécution matérielle, c'est l'amélioration des textes. Il a excellé notamment dans cette critique conjecturale qui eut pour effet de dégager les chefs-d'œuvre classiques des souillures que l'ignorance leur avait fait contracter.

On a prétendu, il est vrai, que plusieurs de ses changements avaient été audacieux ; mais, dans le moment où les débris exhumés de l'antiquité reparaissaient défigurés par le temps, une timidité trop circonspecte n'aurait pas été sans périls. Pour reconstituer les monuments ruineux du passé, pour nous les rendre sous leur aspect véritable, il fallait plus que de la patience ; il fallait la divination du génie : certains écarts, certaines hardiesses devront donc être pardonnés. Presque tous ceux qui se sont appliqués à épurer les textes ont été dans ce siècle plus ou moins en butte à l'accusation de témérité. Henri Estienne n'a pas épargné à Manuce et surtout à Lambin ces reproches dont il avait été l'objet lui-même. Il s'est montré du reste, en divers endroits, préoccupé de contredire ces imputations assez peu fondées, lorsqu'il annonce par exemple, dans la préface de son Thucydide, que pour n'être pas traité de présomptueux il s'est abstenu de modifier tout ce qui ne lui a point semblé absolument répréhensible : « *Ita me jam pridem comparavi ut malim timiditatis in rebus hujusmodi quam audaciæ culpam sustinere.* » Le savant jésuite André Schott n'a donc fait preuve à l'égard de Henri Estienne que d'une justice éclairée, en lui accordant l'éloge d'avoir revisé et corrigé les auteurs avec autant d'intelligence et de réserve que de succès : suffrage qu'un imposant témoignage moderne, celui de Wyttenbach, a pleinement confirmé. Ce n'est pas qu'en parcourant les routes peu frayées de l'érudition, en s'efforçant de défricher ce champ couvert de ronces, il n'ait dû rencontrer de nombreuses aspérités et faillir quelquefois La science, dans sa marche toujours progressive, a pu signaler chez lui des erreurs. Mais ses éditions n'en ont pas moins mérité en général d'être la base de celles qui ont paru jusqu'à notre époque ; et si, dans cette voie où il en avait surpassé tant d'autres, Henri Estienne a été surpassé à son tour, on n'oubliera pas qu'il a fourni lui-même, par l'impulsion qu'il a donnée à la critique, les moyens de le laisser en arrière.

Dix-neuf premières impressions, toutes grecques, sauf une seule latine, et beaucoup de réimpressions considérablement amendées dans ces deux langues, telle a été l'abondante récolte de Henri Estienne dans un domaine dont la fécondité primitive avait été déjà presque épuisée ; tels ont été, en le considérant seulement ici comme éditeur des anciens, les fruits de sa laborieuse carrière. Par les notes explicatives et les commentaires discrets dont il a accompagné leurs textes, il n'a pas peu contribué à dissiper les derniers nuages dont ils étaient couverts et à nous les rendre parfaitement abordables. Pour apprécier à leur juste valeur tant de secours qu'il nous a prêtés, on se rappellera que l'érudition était alors une des formes de la philosophie, et que les commentateurs de ce temps ont mérité un rang entre les hommes les plus éclairés et les plus utiles au progrès de la raison.

Les travaux jusque-là inédits dont Henri Estienne

a enrichi la littérature grecque sont, outre Anacréon
et les livres de Denys d'Halicarnasse mentionnés plus
haut, Diodore de Sicile (1), des morceaux d'Aristote
et de Théophraste, des novelles impériales et un code
de droit oriental, le lexique d'Érotien (c'est un glos-
saire spécial d'Hippocrate) et un autre dictionnaire
de médecine, six discours de Thémistius, les déclama-
tions de Polémon, d'Himérius et de quelques autres
sophistes, des fragments d'ancienne poésie philosophique, c'est-à-dire d'Empédocle, de Xénophane, de
Parménide, etc., les hymnes de Synésius, le combat
d'Homère et d'Hésiode, une partie de Zosime et d'Appien, les dissertations de Maxime de Tyr, qui avaient
été apportées par Jean Lascaris dans l'Occident, l'auteur chrétien Athénagore avec des traités d'Athanase,
d'Anastase, de Cyrille, et une épître du martyr Justin,
des extraits de Ctésias, de Memnon, etc., et le géogra-
phe Dicéarque. Par lui de plus, on vient de le dire,
de nombreux textes, précédemment publiés, reçurent
des améliorations très-importantes. On a déjà parlé de
ses éditions de Plutarque et de Platon : malgré les travaux remarquables consacrés depuis cette époque à
ces deux écrivains, elles n'ont pas cessé de jouir d'une
juste estime. Il faut citer encore celles des premiers
livres d'Appien, défigurés avant lui par une multitude
de fautes (2) ; de Xénophon, qu'il a pareillement fort

(1) L'édition de Henri Estienne renferme ce que nous connaissons de
cet auteur, si ce n'est quelques fragments découverts depuis.

(2) C'était la partie que Charles Estienne, oncle de Henri, avait éditée
auparavant ; en sorte que tout ce que le seizième siècle possédait de cet
auteur fut dû à cette laborieuse famille.

amendé ; de Pindare, l'un des objets de sa prédilection, qui lui dut beaucoup ainsi que les autres lyriques ; d'Eschyle, qu'il a fait suivre de fragments considérables ; de Sophocle, de Callimaque, d'Apollonius de Rhodes, d'Isocrate, d'Athénée, de Polybe, d'Arrien, de Dion Cassius, de Diogène Laërce, d'Hérodien, qu'il accompagna de la traduction de Politien alors fort admirée, et cependant moins fidèle qu'élégante, comme l'a remarqué Henri Estienne. Ajoutez que presque tous ces auteurs furent imprimés par lui plusieurs fois, et toujours avec des perfectionnements nouveaux : car jamais éditeur ne fut, selon le jugement de Maittaire, plus difficile pour lui-même et plus attentif à se corriger sans cesse.

Un grand service qu'il a aussi rendu à l'antiquité grecque, c'est qu'il a donné de ses monuments des versions latines très-estimables. Il a traduit en vers non-seulement Anacréon, Théocrite, Moschus et Bion, comme on l'a vu, mais les épigrammes choisies de l'Anthologie, les maximes des poëtes comiques, un hymne de Callimaque, le combat d'Homère et d'Hésiode, suivi d'autres pièces homériques ; il a traduit en prose non-seulement le pyrrhonien Sextus Empiricus, mais Pindare (1), une partie des discours que renferment les historiens grecs et les extraits qu'il a publiés des plus anciens d'entre ceux-ci, des vies de

(1) Henri Estienne s'est accusé *d'enflure* dans cette traduction : « Juvenis erat ille, a-t-il dit de lui-même, et quidem valde juvenis cum Pindarum verteret, ideo que et minus exercitatus et (ut minus exercitatis accidit) *tumidus*. »

Plutarque, des opuscules de saint Justin le martyr et de Denys le Périégète, Dicéarque, Athénagore, des tragédies d'Eschyle, de Sophocle et d'Euripide, enfin quelques harangues des grands orateurs d'Athènes.

La Croix du Maine, qui attribue à Henri Estienne différents ouvrages que nous ne connaissons pas, mentionne spécialement de lui d'assez nombreuses versions françaises, celles de plusieurs discours, entre lesquels deux d'Isocrate, quatre de Dion Chrysostome et deux de Synésius, de trois traités de Plutarque et de quelques dialogues de Lucien : en jugeant Henri Estienne sur ces morceaux que nous n'avons plus, il trouve qu'il traduit dans notre idiome avec plus d'exactitude et de scrupule qu'il ne le fait en latin. Joseph Scaliger, Bœcler et Pierre Lefebvre l'ont accusé en effet de manquer en cette dernière langue de fidélité. Mais la plupart des savants se sont accordés à le placer au premier rang des interprètes latins; Huet, qui lui a consacré un éloge auquel nous ne pourrions rien ajouter, va jusqu'à l'appeler « le traducteur par excellence. » Il est certain que son esprit vif et son goût délicat le rendaient aussi propre à bien sentir les beautés des anciens qu'à les reproduire avec bonheur.

Quand il ne joignait pas à leurs textes ses propres traductions, Henri Estienne retouchait du moins et améliorait celles qu'il lui paraissait à propos de réimprimer. On en citera pour preuve son édition de Thucydide. Bien qu'il eût été mis en latin par Laurent Valla et en français par le célèbre Seyssel, cet écrivain réclamait, pour l'intelligence autant que pour la pureté du texte, des corrections très-multipliées. Henri Estienne éclaircit dans plusieurs endroits le sens, qui était loin d'être fixé, en purgeant les versions précédentes des fautes grossières qu'elles contenaient ; et à cette occasion il déplorait l'insuffisance des interprètes que les Grecs ont trouvés parmi nous, non sans faire toutefois une exception honorable en faveur de notre Amyot. Au nombre des autres traductions que Henri Estienne a singulièrement amendées, on peut nommer encore celles de Xénophon, d'Appien et de Maxime de Tyr.

La littérature de Rome ne lui fut guère moins redevable que celle de la Grèce : car s'il ne donna en latin qu'un texte nouveau (ce fut un ouvrage de médecine), il en perfectionna une infinité d'autres. Un des principaux auteurs dont a bien mérité Henri Estienne, par les changements qu'il y apporta et les explications dont il l'enrichit, fut Pline le naturaliste, celui de tous les classiques latins qui avait eu le plus à souffrir des ravages du temps et des dégradations de la barbarie : aussi Érasme n'avait-il pu remédier que très-imparfaitement, en publiant cet écrivain (1525), aux altérations de tout genre qu'il avait subies. La vivacité de son sens critique s'appliqua avec le même succès à Horace, qui, plus fréquemment reproduit qu'aucun ancien, avait été par cela même plus en butte à la témérité des conjectures ; elle s'exerça aussi sur les Lettres de Cicéron, sur Virgile, Ovide, Tibulle, Properce, Martial, Varron, Tite-Live, Sénèque le philosophe, Pline le jeune, Pétrone, Aulu-Gelle et Macrobe, qu'il édita, la plupart à différentes reprises, avec un progrès heureux sur ses devanciers. Des comparaisons établies entre ces auteurs, et même entre les Latins et les Grecs, le conduisirent souvent à présenter des interprétations meilleures que par le passé ou à faire prévaloir des leçons plus irréprochables.

Il s'attacha surtout volontiers par une judicieuse méthode à comprendre, ou dans un seul volume ou dans le plus petit nombre de volumes possible, les écrivains que rapprochait le genre des sujets dont ils s'étaient occupés. Parmi ces collections utiles qu'il a l'un des premiers mises en usage, on remarque celles des historiens et des orateurs, des panégyristes, des géographes de l'antiquité, des poëtes grecs et des plus vieux poëtes latins. Il a rassemblé pareillement en un corps d'ouvrage, et, pour retenir sa propre expression, sous un toit commun, ceux qui dans les deux langues classiques ont traité de l'art de guérir. Déjà auparavant, en faisant paraître un dictionnaire médical que nous avons rappelé, où se trouvait l'explication de tous les mots employés par les Grecs, il avait favorisé les progrès de cette science, jusqu'alors presque exclusivement empirique : aussi n'a-t-elle pas cessé de le placer au rang des hommes qui lui ont été le plus utiles. Il ne fit pas moins pour celle du droit, par la collection grecque des lois impériales (1558), suivie, deux ans après, de la traduction latine qu'il en rédigea : en outre il avait songé à donner une édition complète du corps du droit civil ; mais arrêté par les difficultés de ce grand projet, il ne put qu'en préparer l'exécution. Par là Henri Estienne a lié son souvenir, d'une manière impérissable, aux principales branches des connaissances humaines. En même temps il a partagé avec son père, dans d'autres publications plus modestes, l'honneur d'avoir rendu des services efficaces à l'instruction de la jeunesse. Tel a été son recueil des harangues prises dans les historiens de l'antiquité, qu'il dédia en 1570 à Bellièvre, et qui, modifié par la suite ou plutôt abrégé, devait conserver sa place entre nos livres classiques. Tel fut encore l'ouvrage où, sous le nom d'*Epistolia*, il réunit des lettres, des dialogues, des discours et des poëmes de peu d'étendue, tirés d'auteurs latins et grecs (les passages empruntés à ceux-ci étaient accompagnés d'une traduction latine par Henri Estienne). Il avait en vue, disait-il, d'y offrir aux amis de l'étude un modèle de cette brièveté qui assaisonne d'un charme singulier toutes les productions de l'esprit. C'était une de ses pensées favorites, qu'il a répétée souvent et fort à propos pour son époque, s'il ne l'a pas toujours assez appliquée dans ses propres écrits.

N'eût-il donc que son titre d'éditeur auprès de la postérité, Henri Estienne mériterait d'elle à tout jamais un souvenir reconnaissant pour avoir été l'un de ceux qui nous ont remis en possession de l'antiquité perdue. Mais ici même nous ne saurions séparer l'éditeur de l'auteur : car dans ces publications que nous venons d'énumérer, de piquantes dédicaces, des préfaces riches d'idées et de verve, qui sont souvent d'importants morceaux de critique et où de gros livres ont trouvé leur germe, annoncent l'heureuse fécondité d'un esprit original, très-capable de compositions plus étendues. Qu'il suffise de mentionner, au nombre de ces morceaux rédigés en latin, celui qui est placé en tête des Lettres familières de Cicéron (1577), « sur les variétés de genre et de style qu'elles renferment ; » un discours joint au Xénophon de 1561, « sur l'art d'unir, à l'exemple de ce guerrier philosophe, le goût des exercices de Mars à ceux des Muses ; » un autre, qui précède les œuvres de Virgile (1575), « sur le choix qu'il faut faire des diverses leçons de ce poëte ; » la préface du Nouveau Testament grec (in-12, 1576), qui roule « sur le style du Nouveau Testament, » et que Niceron déclare excellente ; celle de Pline le jeune (1581), « sur l'utilité et l'agrément des lettres, » etc. Remarquons de plus que ces travaux littéraires si distingués ne sont pas moins précieux, comme on l'a déjà dit, par les détails intimes qu'ils nous communiquent sur Henri Estienne, on peut ajouter par les renseignements qu'ils contiennent sur l'histoire et les hommes illustres de cette époque. C'est ainsi qu'il avertit, au début de son Isocrate, que l'étude de cet écrivain peut être très-profitable aux rois, surtout dans les circonstances critiques qui, de son temps, agitaient leurs États. Il en prend occasion de déplorer le sort de Henri IV, qu'il appelle l'Alexandre français, et qui, né sur les marches du trône, devait vivre, dit-il, plus en soldat qu'en monarque. A la faveur des ouvrages qu'il présente aux princes, il ne leur épargne pas du reste les sages conseils ; et il ennoblit les rapports familiers qu'il eut avec eux en leur parlant toujours le langage de la vérité. Adresse-t-il, par exemple, sa deuxième édition de Thucydide au comte palatin du Rhin Frédéric : il l'invite dans une épître préliminaire, empreinte de dignité et de franchise, à relire cet historien autant de fois que Démosthène l'avait transcrit de sa main; car il y trouvera tout ce qu'il lui sied de savoir pour bien gouverner, c'est-à-dire pour justifier l'autorité suprême en faisant le bonheur des hommes. Dans ces dédicaces se montre aussi l'amour de Henri Estienne pour sa patrie. En offrant au fort de nos guerres civiles (1589) son Dicéarque au célèbre magistrat Brulart, qui devint plus tard chancelier, il exprime l'espoir que ce sera pour lui une diversion aux chagrins dont les affaires publiques remplissent son cœur, et que ses yeux fatigués de l'aspect du pays déchiré se reposeront un moment sur cette lecture.

Le mérite d'une latinité parfaite relève dans ces pièces, modèles de genre épistolaire et de discussion savante, la variété des matières : le style en est simple et clair, plein de rapidité, d'élégance et de finesse. Leur réunion formerait encore aujourd'hui un volume de choix, d'un grand prix pour les latinistes : c'est un des titres les plus réels de notre auteur et l'un de ceux qui ont le moins vieilli. Mais, indépendamment de ces préfaces, combien d'autres livres de Henri Estienne, dont nous n'avons pas eu l'occasion de parler, méritent d'autant plus de nous occuper un instant, qu'ils sont en général devenus très-rares! Distinguons entre eux, pour les examiner tour à tour, ceux qui intéressent quelque point de notre littérature et de notre idiome, ceux qui se rapportent à l'étude du grec, enfin ceux qui concernent la langue latine, demeurée au seizième siècle le principal organe de la civilisation européenne.

A la première classe appartiennent, outre les remarquables travaux qui ont passé précédemment sous nos yeux, deux ouvrages qu'il nous reste à considérer ici, celui des *Proverbes épigrammatisés*, écrit en français, et un recueil latin d'observations sur notre langue.

Ce dernier livre est comme un appendice de Henri à la Grammaire française de son père, dont il avait donné jadis une traduction latine. Il parut en 1582 sous le nom d'*Hypomneses* (1). C'est en le citant que l'abbé d'Olivet n'a pas craint d'appeler notre Estienne « le plus célèbre grammairien du seizième siècle; » grave témoignage qui indique assez le cas que l'on doit faire de cette œuvre. L'auteur, tout en voulant, comme il le déclare dans son titre, instruire ses compatriotes, avait spécialement pour but de rendre aux étrangers l'intelligence de notre idiome plus abordable et son emploi plus facile. Ce qu'il leur recommande avant tout, c'est d'être fort attentifs à contracter une prononciation pure et régulière. Pour en amener l'usage, il passe en revue toutes les lettres, il en détermine la nature et le son d'après les places qu'elles tiennent et les mots qu'elles concourent à former. Il veut également qu'on se préoccupe de l'exactitude de l'orthographe, alors trop abandonnée aux hasards du caprice individuel; car, suivant sa remarque, les lettres que

---

(1) *Hypomneses de gallica lingua,* in-8°. On pourrait traduire *Avis* ou *Observations* sur la langue française.

la voix ne fait point entendre n'en ont pas moins leur
utilité, en ce qu'elles conservent la trace de l'origine
des mots : c'est un cachet étymologique qui prévient
la confusion des sens. Après s'être arrêté avec complai-
sance sur ce côté de son sujet, Henri Estienne arrive
à parler des sources anciennes d'où est dérivé notre
idiome. Là encore ses observations un peu minutieuses,
ce que comportait et réclamait même l'époque où il
écrivait, sont toutefois loin d'être dénuées d'intérêt. Il
fait voir de combien de manières les termes se sont
modifiés en nous venant des Grecs et des Latins, et il
en déduit les différences caractéristiques qui séparent
le génie de ces trois langues. Il signale en outre et
s'attache à corriger les fautes qui résultent des habitudes vicieuses ; fidèle à son rôle de gardien du bon
langage, il ne néglige aucun détail ; sa vigilance s'é-
tend jusqu'aux altérations qu'une fausse quantité donnée aux syllabes y pourrait introduire.

La préface de ce petit livre est surtout un excellent
morceau de philologie, plein d'idées justes et même
d'aperçus nouveaux. Elle roule en grande partie sur
les variétés de l'ancien parler français, propres à chaque province, et qu'il compare aux dialectes de la
Grèce. Symbole et lien de l'unité nationale, l'unité de
notre idiome ne devait exister qu'au siècle suivant,
grâce à la juridiction de l'Académie, et plus encore
aux chefs-d'œuvre du règne de Louis XIV. Mais dès
ce moment, avec tous les écrivains qui pressentaient
et préparaient cette époque de maturité, Henri Estienne
voulait que tous nos dialectes, combinant leurs res-

sources, vinssent se rassembler, en vassaux empressés, autour du plus parfait, celui de l'Ile de France, pour le fortifier et l'enrichir, destinés à former ainsi, par leur association volontaire, l'unique langue du pays. Après en avoir étudié avec un grand soin de détails tout le mécanisme, il remarquait judicieusement que si à Paris elle atteint son plus haut degré de pureté, elle n'est nulle part déshéritée d'avantages, chacune de nos contrées possédant ses idiotismes dont les défauts mêmes ne manquent pas d'un certain attrait. Ce sont de ces imperfections piquantes, de ces signes gracieux qui plaisent dans un beau visage : « *Talia non tam vitia in oratione quam idem quod nœvos in pulchra facie esse dico.* »

Comme il faisait appel aux termes significatifs de toutes les provinces, Henri Estienne s'est toujours montré curieux d'y reproduire les proverbes en vogue. C'est là un produit de notre sol dont il est singulièrement jaloux. En cela il partage le goût de son temps. On n'ignore point en effet combien la bonhomie de nos pères prisait ces formules de sagesse, que la familiarité pittoresque de l'expression contribue à graver dans la mémoire. De là les nombreux recueils de ce genre que nous offre le seizième siècle; de là notamment le prodigieux succès des *Adages* d'Érasme, tant de fois réimprimés depuis l'an 1500 et accrus jusqu'à l'excès : aussi Henri Estienne s'était-il proposé, ce qu'il n'a pas eu le loisir de faire, d'en donner une édition judicieusement réduite. Épris de ces locutions caractérisques où le bon sens public est agréablement résumé,

9.

il s'était plu d'ailleurs à en orner ses différents ouvrages avant de leur consacrer un traité spécial vers la fin de sa carrière (1).

Si au point de vue moral les proverbes ont beaucoup d'importance en nous découvrant les instincts, les prédilections et les habitudes d'un peuple, ils n'en ont pas moins au point de vue philologique et littéraire, puisque avec la personnification intime de son esprit, ils offrent en abrégé les tours propres et la physionomie véritable de son langage. Hardiesse de figures, originalité de pensées et mots saisis au passage, tout s'y recommande à l'attention de l'érudit philosophe. Ces expressions durables, créées par l'imagination populaire pour rendre ce qui l'a vivement frappée, ces types de brièveté, de justesse et de force font une partie très-réelle de la richesse d'un idiome. Comme grammairien et comme philologue curieux, Henri Estienne devait donc naturellement se préoccuper de ces formes indigènes où notre vieille langue en particulier se distingue par tant de concision et de relief.

Dès l'année 1558 il avait annoncé dans l'une de ses préfaces que, son *Trésor* grec achevé, il donnerait au public une collection de proverbes pour déployer tout ce qu'à cet égard nous possédions de ressources. Ses conversations avec Henri III le rappelèrent à cette pensée : néanmoins, quoique pressé par lui de la réaliser, il n'entreprit de le faire qu'assez longtemps après la

(1) *Les Prémices ou le premier livre des proverbes épigrammatisés, ou des épigrammes proverbialisées* (1594). Ce petit livre est d'une rareté extrême.

mort de ce prince. Encore s'est-il arrêté presque au début de sa tâche. Il s'était proposé de partager cette matière en plusieurs livres : mais il n'en a paru qu'un seul, où les vers sont mêlés à la prose. Après *les Épigrammes* viennent en effet des *Avertissements* assez longuement développés et qui les commentent. Apophthegmes, dictons, sentences, figurent avec un peu de confusion dans ce recueil. La source où il comptait puiser avec le plus d'abondance était celle de nos vieux romans, qu'il avait plus étudiés qu'aucun homme de son siècle (1) ; et non content d'en tirer une foule de proverbes, « espèces de rabbins, nous dit-il, pour la connaissance de plusieurs choses qui appartiennent à notre langage, » il devait nous éclairer sur leur origine, leur usage et leur vraie signification. Le premier livre, rédigé à la hâte, ne contient d'ailleurs que des adages relatifs à Dieu et empruntés pour la plupart au texte de la Bible.

Un livre d'un descendant de la famille des Estienne semble indiquer que le goût des recherches sur les locutions proverbiales fut héréditaire dans cette maison : c'est l'*Art de faire les devises,* qui eut pour auteur, au milieu du siècle suivant, un Henri Estienne, écuyer, interprète du roi pour les langues grecque et latine. Dans une dédicace obséquieuse au cardinal

---

(1) Henri Estienne s'est représenté lui-même dans un de ses ouvrages comme « assis devant une grande table chargée de vieux livres français, la plupart écrits à la main ; » et l'on a retrouvé effectivement sa signature sur quelques-uns des manuscrits qui renferment en ce genre les plus anciens monuments de notre langue.

Mazarin, il félicitait « le plus grand homme de l'Italie d'avoir bien voulu se faire Français pour employer la puissance de son esprit au bien de la France. » Ensuite il nous apprenait qu'il avait longtemps servi ; mais que « l'exercice des armes n'avait pu le divertir de cette noble occupation, » cultivée par lui dès sa première jeunesse, et dont il devait le goût, ajoutait-il, aux leçons de son oncle Robert Estienne. En réalité il traitait dans son ouvrage, que recommande la curiosité du savoir plutôt que l'élégance de la forme littéraire, des emblèmes, énigmes, armes, blasons, proverbes, chiffres, rébus, enfin des rencontres et mots plaisants.

Revenons à notre Henri Estienne : il s'agit maintenant de ceux de ses travaux qui se rapportent plus spécialement à la langue et à la littérature grecques. Nous connaissons le plus piquant, c'est-à-dire le traité de la *Conformité du français avec le grec,* et le plus considérable de tous, qui est le *Trésor;* les autres, de peu d'étendue, méritent cependant une mention à cause de l'érudition sûre et ingénieuse qu'ils renferment. Outre quelques dialogues grecs (1) dans le genre des colloques latins d'Érasme, qu'il passe pour avoir composés en vue d'inspirer le goût de converser en grec à la jeunesse, qui répondit peu à cet appel, on remarquera de lui une dissertation curieuse sur l'imitation que Sophocle a faite d'Homère (1568), et sept *diatribes* ou exercices sur Iso-

---

(1) Ce n'était qu'un *spécimen :* encore M. A. F. Didot doute-t-il qu'il ait paru. Il est du moins question de ces dialogues dans une lettre de Henri Estienne à Théodore de Bèze.

crate, qu'il joignit à son édition de cet auteur en 1593. Mais deux autres productions de Henri Estienne eurent une influence plus directe et plus efficace que ces derniers opuscules sur les progrès du grec dans les écoles de son temps : ce furent les *Paralipomènes*, espèce de supplément aux grammaires qui traitaient de cette langue (1581) (1), et un double dialogue sur la manière de l'étudier aussi bien que sur les maîtres qui l'enseignaient (1587) (2).

Par ces publications, qui se rapprochent en plusieurs points de quelques-unes de celles de Budé, et particulièrement du livre ou celui-ci entreprit de tracer un plan de réforme classique (3), Henri Estienne s'associa, nous l'avons dit, à l'œuvre salutaire de son père ; il inaugura avec lui le règne des saines méthodes d'éducation qui préparèrent la supériorité du dix-septième siècle. Les *Paralipomènes* sont une exposition judicieuse de ses doctrines grammaticales, où se conservent les excellentes traditions de l'enseignement des Lascaris, des Danès et des Turnèbe : héritage que, comme il l'atteste, il légua au savant Frédéric Sylburg qu'il s'applaudit ici même d'avoir eu pour élève, et qui de son côté se félicita plus d'une fois d'avoir rencontré un tel maître. Des remarques sur les systèmes adoptés par les grammairiens ses prédécesseurs ajoutent à l'utilité de ce travail. Quant aux

(1) *Paralipomena grammaticarum græcæ linguæ institutionum*, in-8°.

(2) *Dialogus de bene instituendis græcæ linguæ studiis ; ejusdem alius Dialogus de parum fidis græcæ linguæ magistris*, in-4°.

(3) *De studio litterarum recte et commode instituendo*

deux dialogues cités, l'un indique la voie la meilleure
à suivre dans la carrière des études grecques ; l'autre
signale les écueils à éviter. Henri, moins préoccupé de
la théorie que de la pratique, veut, ainsi qu'il l'annonce
dans le premier, que, franchissant vite les éléments et
les livres qui initient à leur connaissance, on arrive
promptement à la lecture des écrivains originaux ; il
abrége le chemin sans préjudice pour la sûreté de la
marche. Beaucoup de détails d'une application usuelle,
de procédés d'un perfectionnement simple et ingénieux, remplissent ce dialogue. Le second, qui se rattache étroitement aux *Paralipomènes* et en est comme
une suite naturelle, nous avertit des guides infidèles
dont il faut se garder. Tous ceux qui, chez les anciens
et chez les modernes, ont écrit sur la grammaire
grecque (il prend de là occasion d'en discuter les points
importants), sont passés en revue par Estienne. Il en
loue quelques-uns et censure le plus grand nombre.
A ses appréciations éclairées se mêlent de sages avis
sur la manière d'user de leurs livres : la justesse du
goût ne le cède jamais chez l'auteur à la profondeur
de l'érudition.

On lui a en outre attribué un traité sur la prononciation du grec, où sont combattues quelques opinions
précédemment autorisées par Érasme (1), et qui a pour
objet la réforme de la prononciation vicieuse alors en
usage, que doit remplacer l'ancienne, la seule vérita-

_____

(1) Voy. son Dialogue sur la vraie prononciation du latin et du grec,
1528.

ble et bonne prononciation. Mais ce morceau, d'ailleurs fort savant et d'une latinité remarquable, n'a été mis qu'assez tard sous le nom de Henri Estienne (1), et rien n'atteste qu'il ait composé effectivement cet ouvrage, ni même qu'il y ait eu quelque part. Une dissertation critique qui lui appartient plus certainement roule sur la *Morale* d'Aristote : il y examine quelle différence sépare la morale du Lycée de celle de l'histoire et de la poésie (2). Suivant Henri Estienne, le philosophe, déployant la nature sublime des vertus, a montré quel degré d'élévation elles pouvaient et devaient même atteindre, tandis que les poëtes et surtout les historiens, plus étroitement resserrés par la réalité, ont dû se borner à faire voir dans quelle mesure la perfection de ces vertus était compatible avec la faiblesse humaine. C'est là une de ces questions abstraites et subtiles, qui rappellent les exercices scolastiques si en faveur dans le moyen âge et dont la vogue n'avait pas encore cessé : mais à cette argumentation métaphysique se joint une autre partie qui se rapporte mieux aux recherches habituelles de Henri Estienne; c'est l'examen de beaucoup de variantes proposées pour le texte de l'écrivain grec, la discussion des sens adoptés sur divers passages par les commentateurs et les traducteurs, enfin la substitution de nouvelles explications

(1) Voy. le recueil d'Havercamp, intitulé : *Sylloge scriptorum qui de lingua græcæ verá et recta pronuntiatione commentarios reliquerunt* (1736, in-8°), p. 377-476.

(2) *De aristotelicæ ethices ab historica et poetica ethice differentia.* 1590.

à d'anciennes qu'il croit moins fidèles. Des digressions politiques çà et là répandues dans l'œuvre, qu'elles marquent d'un cachet contemporain, annoncent en outre combien l'auteur se préoccupe du bonheur du peuple : ce sont des conseils adressés aux princes, dont les vices et les vertus sont pour lui le sujet d'une étude particulière ; car il ne tend à rien moins en ce moment, plusieurs de ses travaux l'attestent, qu'à régler et modérer par le contre-poids de la raison l'action du souverain pouvoir.

Quelques autres ouvrages de Henri Estienne intéressent à la fois les deux littératures classiques : tels sont l'opuscule où il dénote les emprunts vicieux que l'on fait au grec dans certaines locutions latines (1563) (1), la dissertation sur les anciens critiques grecs et latins, dédiée au célèbre ambassadeur Philippe de Canaye (1587) (2), et principalement les *Schediasmates,* ample collection de morceaux ébauchés, comme l'indique ce nom, ou plutôt d'observations de tout genre rassemblées à la hâte (3), dont la science philologique peut encore aujourd'hui tirer de précieux secours.

Les mélanges que nous venons de citer méritent en

---

(1) *De Abusu linguæ græcæ in quibusdam vocibus quas latina usurpat,* in-8°.

(2) *De Criticis veteribus græcis et latinis,* in-4°.

(3) *Schediasmatum variorum, id est observationum, emendationum... libri,* in-8°. Σχεδίασμα, ouvrage fait à la hâte ; αὐτοσχεδίασμα, improvisation. Dans la préface Henri Estienne explique les motifs qui lui ont fait choisir cette dénomination : c'est que sa modestie demande pardon au lecteur de lui présenter si peu de chose : « Tantum a fastu abest, ut etiam veniam ab illo precetur. »

effet l'estime qui leur a toujours été accordée : ils
témoignent au plus haut degré des vastes connaissances de Henri Estienne, de sa pénétration et de sa sûreté
d'esprit, en un mot de sa divination merveilleuse de
l'antiquité; et ce n'est là néanmoins, ainsi qu'il nous
l'apprend, que le résultat de ses heures de loisir pendant les trois premiers mois de 1578 et trois autres
mois de 1589. Ils forment six livres, distingués entre
eux par les noms de la moitié des mois de l'année, et
que l'auteur avait l'intention de porter à douze par
un complément naturel; mais cette suite a manqué,
comme il est arrivé à la plupart de ses travaux. Dans
ces improvisations, fruit de l'étude personnelle qui le
délassait de ses labeurs journaliers, il déposait les idées
que lui suggérait la lecture des écrivains classiques; il
s'y appliquait à discuter et à résoudre leurs difficultés,
à fixer les passages indécis de leurs textes et à éclaircir
ceux dont l'interprétation était demeurée obscure. En
songeant combien l'or de la littérature ancienne avait
encore besoin d'être dégagé des scories qui s'y mêlaient, on comprendra la vogue singulière que quelques-unes de ces publications modestes durent à leur
utilité même. Les *Variæ lectiones* de Juste Lipse (1), les
Adversaria d'Adrien Turnèbe, productions si célèbres
et si admirées au seizième siècle, n'étaient autre chose
que des remarques sur les écrivains de la Grèce et de
Rome, des épurations de leurs œuvres et des commentaires sur ce que leur sens offrait de contestable. Expli-

---

(1) On a vu plus haut que Victorius ou Vettori avait été aussi l'auteur
d'un ouvrage qui portait ce même titre.

cations, variantes, leçons proposées, thèses érudites, c'est aussi ce que présente la compilation analogue de Henri Estienne. On y trouve des notes sur plus de quarante volumes latins ou grecs, extraits, comparés, rectifiés au besoin. Beaucoup de ses observations ont été mises à profit dans des éditions postérieures : car, selon le témoignage que lui a rendu André Schott (1), il a su, par la justesse de sa critique, délier avec bonheur, dans cet ouvrage, les nœuds les plus compliqués. Mais tel n'en est pas pour nous tout le mérite et tout le prix. Grâce aux digressions, que Henri Estienne ne s'interdit pas, il y a donné place à une foule d'anecdotes et de petits faits qui lui prêtent souvent l'intérêt d'une chronique littéraire. Là figurent les noms de plusieurs des hommes illustres du seizième siècle ; là on recueille sur eux l'opinion d'un juge éclairé. S'agit-il par exemple de Muret et d'Érasme, alors rivaux et inquiets par ce motif de leur gloire mutuelle, en blâmant le premier de quelques vives attaques dirigées contre le second au sujet de ses *Adages,* il fait, non sans raison et d'accord avec la postérité, remarquer à quel point celui-ci l'emporte sur l'autre par l'étendue des idées, l'éclat de l'imagination et la force du génie.

Ces travaux de Henri Estienne nous servent de transition, par leur double objet, à ceux où il a spécialement traité de la langue et de la littérature latines. Le nombre et l'importance de ces derniers est considérable. Il a été question plus haut de la sympathie recon-

---

(1) *Præfatio in Lysiam,* 1615.

naissante qu'il ne cessa de ressentir à l'égard d'Horace, pour avoir, disait-il, « commencé à apprendre chez lui ce qu'il savait de latin ; » il lui avait consacré neuf exercices ou *diatribes*. On a vu aussi que quelques-unes de ses publications avaient secondé les développements de l'étude du droit. Sur cette branche de la littérature, si cultivée chez les Romains, nous avons encore de lui un livre très-érudit où, remontant aux sources mêmes du droit civil, il montre les canaux par lesquels il est arrivé jusqu'à nous (1). Son système, dont la hardiesse peut certainement trouver des contradicteurs, repose du moins sur une argumentation assez forte et même assez plausible. Suivant lui, les lois de Moïse ont donné naissance à la plupart des lois de l'Égypte ; et celles-ci ont été empruntées par les Grecs, d'où elles sont venues aux Romains, qui nous les ont ensuite léguées : en sorte qu'il faut aller chercher dans la législation primitive de Moïse, inspirée de Dieu, le principe et la filiation des codes que les nations civilisées se sont transmis tour à tour. Le parallèle prolongé des lois romaines avec les lois de Moïse forme donc la plus grande partie et le point dominant de ce livre, fort bien écrit en latin.

Une production d'un genre moins sérieux, que recommandent la finesse de l'esprit critique et un rare degré d'élégance littéraire, attesta en 1585 la variété des aptitudes et des talents de Henri Estienne. Cette

_____

(1) *Juris civilis fontes et rivi*, 1580, in-8o. — M. Dupin a récemment allégué cet ouvrage et s'en est autorisé dans celui qu'il a publié sous ce titre : *Règles de droit et de morale tirées de l'Écriture sainte.*

année même il avait édité Aulu-Gelle (1), mais Carrion, qui s'était chargé de l'annoter, n'ayant pas terminé à temps son travail, les *Nuits attiques* avaient dû paraître sans le complément d'un commentaire attendu. Ce fut pour le remplacer que Henri publia ses *Nuits parisiennes* (2), dont le sujet est l'appréciation de cet ouvrage et de son auteur. Il y fait connaître le premier avec beaucoup de détails; il défend le second, en éditeur dévoué, contre les attaques de la critique. La principale qui eût été dirigée contre la réputation d'Aulu-Gelle, était celle de l'espagnol Vivès, habile humaniste, mais fort passionné, qui prétendait le punir d'avoir censuré avec amertume le philosophe Sénèque. La satire où il se livrait à ces représailles ayant été remise par le célèbre Pasquier entre les mains d'Estienne, celui-ci avait aussitôt entrepris de la réfuter. Le titre de son œuvre, dédiée au premier président Achille de Harlay, annonce qu'elle a été composée à Paris. L'intérêt qu'elle présente fait regretter la suite qui avait été promise et qui n'a pas été donnée.

En soutenant le parti d'Aulu-Gelle contre Vivès, Henri Estienne n'entendait pas toutefois souscrire au

---

(1) Scévole de Sainte-Marthe a dit au sujet de cette édition des *Nuits attiques*

> Quis Stephanum esse neget Phœbi de semine cretum?
> Obscuris affert noctibus ille diem.

(2) *Noctes aliquot Parisinæ, Atticis A. Gellii Noctibus seu Vigiliis invigilatæ*, in-8°.

rigoureux jugement porté contre Sénèque. Il se montra au contraire zélé à le défendre un an après, en combattant tous ses détracteurs, parmi lesquels a figuré Caligula. Frappé des séduisantes qualités de ce brillant écrivain, vrai penseur moderne entre les anciens, Henri, dans une Préparation à la lecture de ses ouvrages (1), qui n'est pas autre chose qu'une apologie, a pour but d'infirmer les reproches dont le judicieux Quintilien lui-même s'est rendu l'interprète. Il fait une revue rapide des productions de Sénèque, et s'attache à relever les talents supérieurs qui le placent au premier rang des écrivains. Par d'intelligentes corrections qu'il proposa de plus, dans quelques lettres critiques (2), il devait contribuer à épurer son texte, précédemment travaillé par Muret et par Érasme, aussi bien qu'à en fixer le sens. C'était l'annonce d'une édition complète du philosophe de Cordoue : travail qu'il avait projeté, mais qu'il n'eut pas le temps d'accomplir.

Ce penchant avoué de Henri Estienne, mais qui n'allait pas néanmoins jusqu'à l'aveugler sur les imperfections de Sénèque et sur les dangers de son imitation trop exclusive, mérite d'être remarqué dans un si bon connaisseur, à l'époque principalement où une admiration fanatique pour Cicéron érigeait les œuvres de cet orateur en modèle unique du langage latin. Cet engouement datait de loin, et déjà Érasme s'en était

(1) *Ad Senecæ lectionem Proodopæia*, in-8°.
(2) *Epistolæ ad Jacob..Dalechampium...*

raillé avec une grande supériorité de raison. L'objet de son *Cicéronien,* dont l'apparition fit tant de bruit, était de réfuter la secte de ces enthousiastes, très-nombreux en Italie, qui, renfermant dans ce seul écrivain toute la richesse de l'idiome et l'idée de la perfection absolue, prescrivaient que l'on se bornât à l'étudier et à l'imiter. Par là ils substituaient le culte étroit de la forme au fécond exercice de la pensée; ils allaient jusqu'à oublier le respect que commandait la religion, en transportant dans le domaine de la foi chrétienne des expressions empruntées au paganisme. Cette superstition philologique devait choquer le goût de Henri Estienne, ennemi de tous les excès, qui voulait la liberté dans le style, et n'excluait que la licence. Dès sa jeunesse il avait décoché contre les cicéroniens, qualifiés par lui de troupeau d'esclaves, plus d'un trait satirique; mais trois ouvrages de son âge mûr eurent particulièrement pour objet de combattre et de décréditer leur travers. Cette trilogie, qui parut en trois années consécutives, se compose du traité *de Latinitate falso suspecta* (1576), du *Pseudo-Cicero* (1577) et du *Nizoliodidascalus* (1578).

Le premier de ces livres est une Requête (*Expostulatio*) en faveur d'un bon nombre de termes et de tours d'une latinité excellente, que l'intolérance des érudits avait frappés de proscription. L'auteur se plaît à rassembler sous nos yeux des locutions que leur physionomie française porterait à rejeter tout d'abord, bien que leur emploi soit, comme il le prouve, justifié

par les autorités les plus sûres (1). Mais sa prétention
ne se borne pas à établir cette simple thèse grammaticale. En condamnant, avec les vains scrupules et les
dégoûts capricieux, la recherche des fausses élégances,
il s'attaque directement à ces puristes, qui, s'embar-
rassant d'entraves inutiles, se faisaient une langue de
convention dont ils multipliaient à l'envi les difficultés et resserraient sans cesse l'étendue. A la différence de ces esprits stériles, il enseigne à se préoccuper de la pensée bien plus que de l'expression ; il
réclame pour l'écrivain une indépendance, une aisance
de mouvement qui peuvent seules permettre à son
imagination d'être féconde : car, suivant lui, la pénurie des idées est la conséquence infaillible de la
pénurie des tours et des mots. Telle est au fond l'importante question agitée dans ce débat philologique.

L'œuvre de Henri Estienne n'en affecte pas pour
cela une allure plus ambitieuse. Sa Requête pour la
latinité faussement suspecte renferme huit chapitres,
subdivisés eux-mêmes en sections ; et il y passe successivement en revue les différentes parties du discours.
Avant tout il repousse loin de lui ce soupçon, que
fils de Robert, l'auteur du Trésor latin, il veuille, au
mépris des devoirs que ce nom lui impose, ouvrir la
porte à la barbarie en favorisant l'altération du bon
langage. Il aspire au contraire à le maintenir dans
son intégrité en le protégeant contre ceux dont la dé-

(1) Cet ouvrage, par les analogies frappantes qu'il présente entre les
deux langues, pourrait aussi être appelé un traité de la conformité du
français avec le latin.

licatesse outrée le dénature et le corrompt. Par ce motif-là même, il se gardera bien de raffiner, comme eux, sur Térence, sur Lucrèce, sur César. Au lieu de réprouver les prétendus gallicismes dont ces écrivains n'ont pas fait difficulté de se servir, il se bornera à éviter les formes qui choquent le génie de leur idiome.

Des observations fines de grammaire et de langue, des recherches curieuses d'étymologies, des détails d'une variété imprévue, donnent à ce traité un intérêt que son titre ne semblerait pas promettre. C'est en outre, de tous les opuscules latins de Henri Estienne, celui où sa plume habile court avec le plus de légèreté et de grâce, où il y a le plus de véritable atticisme. Beaucoup ont écrit depuis sur cette matière et en mettant fort à contribution ce travail ; mais, le premier en date, il est aussi demeuré tel par le mérite. Le sujet a pu être creusé davantage : il n'a jamais été touché d'une main aussi délicate. On peut dire que l'auteur a joint la pratique au précepte, en donnant un modèle de ce style qui, n'appartenant pas à une école exclusive, n'emprunte ses mots à aucun ancien de préférence aux autres, mais se contente de les puiser dans le vocabulaire de la langue usuelle, et cherche surtout ceux qui conviennent le mieux à l'expression de la pensée. C'est avec autant de facilité que de finesse qu'il manie le souple et abondant idiome des Romains ; et, à voir sa diction dégagée et rapide, simple et élégante, on reconnaît qu'il a tout d'abord suivi le conseil renfermé dans ce vers, adressé par lui à la foule de ses trop timides adversaires :

Eia, metum et linguam solve : latinus eris.

Une courte dissertation placée à la suite de ce
traité, et qui le complète, roule sur la latinité de
Plaute : c'est, en d'autres termes, un exercice préparatoire à la lecture de cet auteur (1). Là, prenant sa
cause en main, Henri Estienne s'élève contre les dédains de certains érudits du seizième siècle, qui s'au-
torisaient des préventions d'Horace pour le rejeter
comme entaché de rouille et « usant du langage de la
mère d'Évandre. » A ces-répulsions peu motivées il
oppose l'admiration de beaucoup d'illustres Romains
et notamment celle de Cicéron. Il s'attache à montrer
que Térence, dont le style est réputé classique, appartient à l'école de Plaute et a parlé presque absolument
la même langue que lui. Dans ce dernier il loue, outre
la force comique et une certaine saveur indigène, la
riche variété des formes, très-propre à remédier,
d'après sa remarque, à la disette des latinistes modernes. S'il est peu circonspect dans ses plaisanteries,
elles n'ont du moins rien de plus choquant que celles
d'Aristophane, qui n'offensaient pas les oreilles si délicates des Athéniens. Deux motifs l'intéressent, quant
à lui, à la réputation de ce poëte : l'un est le souvenir
de son père, qui avait pour Plaute une prédilection
marquée; l'autre est le caractère de sa diction, où de
fréquents idiotismes offrent une affinité singulière avec

(1) *De Plauti latinitate dissertatio et ad lectionem illius progym-
nasma.*

le français. Les altérations qu'ont subies ses pièces expliquent d'ailleurs en partie les jugements sévères dont il a été l'objet. Telle a été la négligence de ses éditeurs, que souvent une ponctuation vicieuse a défiguré le sens de ses pensées, et que des paroles placées dans la bouche d'un interlocuteur ont été mal à propos attribuées à un autre. Henri Estienne, en citant des passages corrompus qu'il s'efforce de restituer, donne, pour le texte de cet écrivain, le signal d'une révision nécessaire; et il constate, avec la sûreté de son coup d'œil critique, quelques-unes des améliorations qu'il est susceptible de recevoir.

Ces deux dissertations, que Henri Estienne avait composées à sa campagne de Grière, furent suivies de son dialogue le *Pseudo-Cicéron*, où il s'étendait sur le style, sur le texte et les éditions de l'orateur romain. Selon lui, les adorateurs superstitieux de Cicéron avaient d'autant plus tort de se borner à un modèle unique, que ce modèle, comme tous les monuments de l'antiquité, ne nous était parvenu qu'endommagé par plusieurs siècles d'ignorance. Pour le prouver, il soumettait à un rapide examen les impressions successives de cet auteur, dont toutefois Robert et Charles Estienne, Lambin, Manuce et Victorius, entre autres savants, s'étaient déjà occupés. Malgré leurs estimables travaux, il lui était aisé d'établir par cette revue, à laquelle se mêlaient d'excellentes observations littéraires sur les écrits de Cicéron, qu'ils demeuraient falsifiés en nombre d'endroits, et qu'ils appelaient pour longtemps encore d'intelligentes rectifications.

Le titre du *Nizoliodidascalus* (1), où se continue la même polémique contre les cicéroniens, a d'abord besoin d'être expliqué. Nizolius, un savant de Modène, pour soulager la mémoire de ceux qui voulaient étudier les ouvrages de Cicéron, dont il était enthousiaste, avait imaginé d'en distribuer dans un vocabulaire les fragments dépecés. Cette compilation, d'un usage commode, avait acquis auprès des partisans aveugles de Cicéron tant de crédit, qu'ils ne le lisaient plus que dans Nizolius; ils se bornaient également, pour écrire, aux exemples que leur fournissait cet abréviateur. En signalant l'abus de ce livre, où l'érudition était simplifiée outre mesure, et l'erreur de ceux qui le considéraient comme le résumé de l'idiome latin, Henri Estienne poursuit sa croisade contre ces esprits absolus et exclusifs qui, entre tant d'heureux génies de Rome, n'admettaient que les chefs-d'œuvre d'un seul et prétendaient y trouver toutes les règles de la langue, toutes les sources de l'inspiration. Asservis sous un joug ridicule, il ne leur suffisait pas pour se servir d'une locution, qu'elle rendît fidèlement leur propre idée : ils n'avaient garde de l'employer sans être autorisés de Nizolius. Pour ces auteurs sans fond, épris d'un vain culte pour la phrase, le mérite d'une transcription matérielle effaçait entièrement celui de l'invention originale.

C'est à Hubert Languet, comme lui hardi penseur, que Henri Estienne a dédié ce dernier traité, où il

_____

(1) *Sive Monitor ciceronianorum Nizolianorum*, in-8°.

combat, dans cette école servile, les ennemis du progrès des lettres et de la raison humaine. Un rare bon sens, assaisonné de malice, telle est l'arme empruntée à Érasme qui, dans ses mains, porte à cette idolâtrie les derniers coups. En refusant l'empire du langage à un seul écrivain, quelque parfait qu'il puisse être, il arrive à cette sage conclusion, que l'étude de tous les auteurs classiques réunis doit concourir à former le style : cette diversité même des modèles lui semble éminemment propre à aiguiser la pensée; elle est à ses yeux, pour l'esprit, un principe fécond d'activité et de puissance. Il a hérité de son père le culte respectueux de Cicéron ; mais, en lui consacrant un libre et intelligent hommage, en s'appliquant surtout à le bien entendre, il croit lui faire plus d'honneur que les imitateurs maladroits qui compromettent son nom.

Ces doctrines littéraires, conformes à l'humeur indépendante de Henri Estienne, le conduisaient à repousser également tous les genres d'exagération. Par un rôle analogue à celui qu'il remplit pour notre idiome, toujours attentif à maintenir les bonnes traditions dans l'emploi de la langue latine, il devait par la suite, comme on sait, résister à l'imitation outrée de Sénèque et de Tacite, en conseillant à Juste Lipse d'être un peu plus cicéronien.

Remarquables par la rectitude du sens, le *Pseudo-Cicéron* et le *Nizoliodidascalus* ne se distinguent pas moins par leur élégante latinité. On y trouve cette fusion de styles que l'auteur, étranger à tout système et à toute école, recommande en l'accréditant par son

exemple. Un savant spirituel (1), frappé du mérite de
ces traités, a déclaré Henri Estienne meilleur philologue en latin et en grec qu'en français : cette opinion
indique l'estime que l'on doit faire des œuvres que
nous venons de rappeler; mais, pour être complète-
ment juste, il faut supprimer la restriction qu'elle
renferme. Pénétré d'un sentiment très-vrai du génie
de ces trois langues, Henri s'y est en outre exprimé
avec la même netteté et la même aisance.

Dans Henri Estienne, avons-nous dit, après le prosateur, le poëte sera l'objet de notre examen : déjà ce
dernier s'est montré dans des traductions renom-
mées. On signalera encore, en ce genre, une collection de pensées morales empruntées aux anciens.
Ce sont, ainsi que le titre l'annonce (2) et que sa
préface nous en avertit, des maximes sur les vertus,
qu'il a extraites des Latins et des Grecs pour les opposer en remède à la corruption de son siècle, et que,
dans ce but, il a pris soin de versifier, les unes en
grec et les autres en latin : il lui semble en effet,
comme à Montaigne, que les avis des sages « pressés
aux pieds nombreux de la poésie, » s'impriment au
fond des esprits avec plus de force et d'une manière
plus durable. Cet ouvrage, dédié par l'auteur au duc
de Brunswick et devenu malheureusement trop rare,
offre de précieux ornements pour la mémoire et, ce
qui vaut mieux, des règles pratiques pour la conduite,
des secours efficaces pour l'âme : on pourrait le dé-

(1) M. Génin, *Variations du langage français*, p. 230.
(2) *Virtutum Encomia, sive Gnomæ de virtutibus*, 1573.

finir un résumé de la morale antique. C'est l'un de
ces petits livres aimés de Henri Estienne qui, tenant
lieu de plusieurs, renferment en peu d'espace beaucoup de substance : il est divisé par sections, dont la
première présente les pensées qui roulent sur la vertu
en général ; la seconde et les suivantes, celles qui
concernent chaque vertu en particulier, telle que la
tempérance, la valeur, etc. Çà et là d'heureux rapprochements piquent et réveillent l'attention ; car Henri
Estienne se plaît à comparer, dans l'expression des
mêmes idées, les poëtes célèbres de la Grèce et de
Rome. La comédie nouvelle d'Athènes lui fournit notamment de fréquentes sentences, où l'on remarque
cette teinte grave et doucement mélancolique qui distingue Ménandre et son école.

Deux ans après, dans un manuel destiné comme le
précédent à la jeunesse (1), Henri Estienne fit passer
en vers grecs d'autres pensées choisies chez les poëtes
de l'antiquité romaine : ce fut le fruit de ses loisirs
pendant un voyage à Vienne en Autriche. Là encore
le caractère moral et littéraire est heureusement associé. L'auteur nous apprend qu'il chercha dans ce
travail une distraction aux peines qui l'assaillaient,
lorsque ses regards se reportaient vers la France ra-
vagée par les guerres civiles. Plein de pitié pour la
misère des peuples, victimes de leurs chefs, il accusait de tant de désastres les fautes des grands, et ce
vers d'Horace lui revenant sans cesse à la memoire :

Quidquid delirant reges, plectuntur Achivi,

(1) *Parodiæ morales*, 1575.

il se plut à reproduire cette idée en grec sous beaucoup de faces différentes; puis, continuant, à l'égard
des maximes qui s'offraient à son esprit, cet exercice
qu'Ausone avait jadis accrédité et dont la vogue
n'était pas éteinte, il finit par former un volume de ces
espèces de centons, qui contiennent du moins d'excellents préceptes et attestent la souplesse d'un talent fort
exercé.

Si Henri Estienne s'est efforcé en diverses rencontres de rendre des vers latins en vers grecs et des vers
grecs en vers latins, c'est que, doué d'une vive intelligence de la poésie, qu'il aima toujours, il ne croyait
possible d'en faire passer l'idée dans une autre langue
qu'en recourant aussi à l'emploi de la versification.
Les poëtes traduits en prose, il les comparait à ces
arbres que l'automne a privés de leur feuillage et
qu'on voyait, disait-il, dresser sous un ciel gris leurs
bras décharnés, lorsqu'avait disparu ce qui faisait en
quelque sorte leur vie extérieure. Cette opinion judicieuse explique les nombreuses traductions poétiques
de Henri Estienne; presque toutes remarquables par
leur élégante fidélité, quelques-unes d'un mérite supérieur : car il déploie, pour s'élever jusqu'à ses modèles, une inspiration souvent plus réelle que lorsqu'il
invente par lui-même.

Comme poëte latin original, Henri Estienne s'est
montré cependant plus d'une fois le digne contemporain des Buchanan et des Sainte-Marthe, qui ont rappelé par intervalles la perfection de l'antiquité. On
sait combien de peine et de talent fut dépensé à cette

époque en hexamètres, en distiques et en hendéca-
syllabes. Henri, dans ce genre de composition, nous
a laissé, avec des travaux sérieux, plusieurs pièces
légères, espèce de tribut payé à la joyeuse humeur du
seizième siècle. C'est en effet un trait distinctif du
caractère de nos ancêtres que ce fonds de malice et
d'enjouement, témoignage de force, qui réagissait
contre les malheurs particuliers et publics, alors si
multipliés. De là ce goût du frivole, mêlé à de si graves
occupations; de là ces jeux puérils d'esprit qui charmaient tant de doctes personnages, amis de tout ce
qui faisait sourire. Par la bizarrerie et par l'effort on
préludait à la grâce. La morosité de Henri ne le déroba
pas entièrement à l'influence de son temps : il eut
aussi ses délassements folâtres et, pour parler avec
un critique de nos jours (1), *ses heures buissonnières.*
Du reste, ces traductions d'une pétulante gaieté, assai-
sonnement de profonds travaux, ne disparurent pas
parmi nous avec les lettres de la renaissance : on en
retrouve une trace au siècle suivant, dans les sou-
pers de la rue du Vieux-Colombier et dans ceux
d'Auteuil, où Boileau, Molière, Chapelle, Racine, La
Fontaine, donnent pleine carrière à la liberté du vieil
esprit gaulois.

Un volume publié en 1574 contient, avec l'éloge des
foires de Francfort, dont nous avons eu l'occasion de
parler, plusieurs des pièces enjouées de Henri Estienne.
L'une de ces facéties, composée de ces vers hendéca-

---

(1) M. Sainte-Beuve, dont on peut lire un piquant morceau sur « l'esprit de malice au bon vieux temps. »

syllabes, est la description d'un repas où il se plaint que l'on ait servi à boire dans de trop petits verres, bons tout au plus à provoquer la soif (1) : on n'en conclura pas néanmoins qu'il eût un goût marqué pour le vin, puisqu'un peu plus loin il s'en porte le détracteur (2). Là aussi, dans un dialogue écrit en hexamètres, il plaisante sur le compte de deux chevaux, l'un excellent et l'autre fort mauvais, qu'il avait achetés, opposant, par la bouche des Muses, l'apologie du premier, dont il fait un Pégase, à la critique du second, qu'il compare au cheval de Troie (3). Par un autre caprice, en vue d'échapper aux ennuis d'une navigation, il célèbre, dans le même mètre et sur un ton légèrement ironique, l'ancienne ville de Baccharach, peu éloignée de Cologne, dont les vins estimés étaient largement fêtés par les habitants.

Le titre d'un pamphlet poétique de Henri Estienne, bien postérieur à ces pièces, annonçait une composition plus piquante : je veux parler de l'œuvre où il

(1) *Cœna Posthiana* (l'épître est adressée à un certain Posthius), *sive Kylikodipsia :*

> Tu meas insidias siti parabas,
> *Posthi,* illo scyphulo siticuloso...

(2) *Methysomisia* (sive Epigrammata in vinum).

(3) *Laudatio equi cujusdam præstantissimi, Vituperatio equi cujusdam deterrimi.*

(4) *Laudatio Baccharæ.* — Il est question de cette ville dans une des lettres de Balzac à Chapelain : « Souvenez-vous, lui dit-il, que ce fut en buvant que Teucer harangua ses compagnons, et notez aussi que c'est au rivage de Baccharach, que les latins d'Allemagne dérivent par étymologie de *Bacchi ara,* où se cueille le *nectar Rhenanum...* »

prétendait montrer, à ce qu'il paraît, combien un sénat pris parmi les femmes prêterait au sénat des hommes (sans doute dans la ville de Francfort) un concours actif et un soulagement efficace. A la vérité, nous sommes réduits aux conjectures sur ce livre, depuis longtemps introuvable (1). Il faut joindre à ces plaisanteries ou ces satires bon nombre d'épigrammes plus ou moins aiguisées. Sans doute, elles n'ont pas toutes, chez Henri Estienne, l'agrément et la finesse que ce genre réclame aujourd'hui. Il en est même qu'on ne relirait pas sans ennui, celles, par exemple, où avec la fécondité stérile du bel esprit en vogue il célèbre une chasse que venait de faire, à la Saint-Martin, l'électeur palatin Frédéric IV (2); mais sur. d'autres sujets, elles n'ont pas perdu tout leur intérêt et leur sel. Il serait facile d'y relever beaucoup de traits ingénieux, tels que cette excellente définition de ce qui fait le bon auteur :

Hic placuit cunctis quod sibi non placuit.

N'est-ce pas à Henri Estienne que Boileau a dû l'un de ses vers les plus vrais et les plus expressifs, dont on dit que Molière était particulièrement frappé :

Il plaît à tout le monde et ne saurait se plaire.

Quelques-unes des épigrammes de Henri Estienne,

---

(1) *Carmen de senatulo fœminarum,* in-4°, 1596.

(2) *De Martinalitia venatione...* xxxi *epigrammata,* 1592. — Ce sont de très-longues félicitations, adressées à ce prince chasseur, pour avoir protégé les moissons et les vignes contre les ravages des bêtes fauves.

où figure, d'après la latitude que possédait ce genre, l'éloge de contemporains illustres, sont encore curieuses au point de vue historique. Le même mérite recommande ses pièces, appelées *tombeaux*, ces hommages funèbres que provoquait la mort des hommes distingués. On pourrait citer, parmi ces morceaux de Henri Estienne, ceux où il célébra la mémoire d'Alde l'ancien et d'Adrien Turnèbe, surtout les vers latins et grecs qu'il consacra en 1582 au premier président Christophe de Thou ; mais il suffira de remarquer qu'il était toujours, dès que s'ouvraient ces sortes de lices poétiques, alors très-fréquentées, l'un des premiers à y descendre avec honneur.

Sans nous arrêter davantage à ces œuvres secondaires, arrivons au poëme le plus important de Henri Estienne : il s'agit de son *Conseiller des princes* (1), où notre auteur, abordant une plus haute région d'idées, s'occupe du grand art de gouverner les hommes, et non pas d'une question de langue ou de littérature.

Là se trouvent réunis en effet, sous une forme didactique, tous les conseils que Henri Estienne a cru devoir adresser aux souverains en diverses rencontres, comme l'y conviait le goût de son temps. Parler affaires d'État, traiter des intérêts politiques des peuples et de l'exercice du pouvoir, était, on ne l'ignore pas, chose familière aux gens de lettres du seizième

---

(1) *Principum monitrix Musa, sive de principatu bene instituendo et administrando Poema,* in-8°, 1590.

siècle : noble droit qu'ils croyaient tenir de leurs
lumières et de leur conscience ; ou plutôt candide et
touchante illusion qui les portait à se rendre intermédiaires entre le prince et les sujets, pour protéger
celui-là contre l'enivrement, ceux-ci contre les erreurs
et les excès de l'autorité suprême !

L'origine de cette grave production fut au reste
la même que celle des pièces frivoles dont il a été
question plus haut. C'était par la marche que Montaigne s'excitait à écrire : « Car ses idées dormaient
s'il les asseyait et son esprit n'allait pas si ses jambes
ne l'agitaient. » Quant à Henri Estienne, ami des
exercices violents qui flattaient son inquiétude naturelle, et passionné surtout pour l'équitation, il devenait
poëte lorsqu'il se promenait ou voyageait à cheval.
Cet usage lui était commun avec son père ; et trop
souvent, il faut l'avouer, les vers de l'un et de l'autre,
par une certaine absence de souplesse, de moelleux
et de fini, nous en font souvenir. Mais les hommes du
seizième siècle, jaloux de leur temps, n'en voulaient
laisser rien perdre : le mouvement du corps n'était
pour eux qu'un nouvel aiguillon de la pensée. Henri
Estienne nous l'a dit souvent : en lui abrégeant la
route, le plaisir de la composition le faisait échapper
au sentiment de la faim, de la soif et de la fatigue,
comme à l'appréhension des périls qu'il fallait savoir
braver à cette époque. Le nombre de ses vers a répondu
naturellement à celui de ses courses errantes ; et nous
lui devons à lui-même, sur sa manière de travailler,
des renseignements très-circonstanciés. Il s'est repré-

senté, dans un de ses ouvrages, juché sur son cheval, tenant ses tablettes et son crayon d'une main, et de l'autre la bride, qu'il abandonnait par instants pour écrire ce qu'il avait élaboré, ou, suivant son langage plus poétique, ce que lui avait dicté sa muse. Encore ne s'arrêtait-il pas à cet effet : ce qui peut d'autant plus surprendre qu'il se plaisait, écuyer consommé et intrépide, à monter des coursiers pleins d'ardeur. On devine aisément que de telles habitudes n'étaient pas sans danger : aussi savons-nous qu'elles l'exposèrent à plus d'un accident funeste. Un jour notamment qu'au sortir de Francfort, livré au démon des vers, il s'était laissé emporter à la fougue d'un magnifique cheval turc qu'il venait d'acquérir, l'impétueux animal faillit le briser contre une barrière placée en travers du chemin. Elle fut rompue du choc ; mais le cavalier, par un bonheur inouï, demeura en selle, et tout se borna pour lui à payer les dégâts. Sa verve en fut à peine ralentie, et il se félicitait beaucoup ensuite de l'excitation qu'elle avait due au galop précipité de cette vigoureuse monture.

C'est dans ce voyage, qui avait pensé commencer si mal, que fut écrite en grande partie l'œuvre qui nous occupe. De là, au moment où elle parut, ces paroles d'un contemporain (Bonaventure Vulcanius), dont les félicitations renfermaient peut-être aussi quelque critique : « Si tels sont les vers qui t'échappent lorsque tu cours à cheval, disait-il à Henri Estienne, que ne devrait-on pas attendre de toi, si, assis dans ton logis, tu te mordais les ongles devant une table de travail ? »

Plus étendue qu'aucune de ses compositions poétiques (elle n'a pas moins de deux cent vingt-quatre pages), elle porte également, plus qu'aucune autre, l'empreinte des sentiments patriotiques dont son âme était échauffée. Les lieux communs de morale qui remplissent ce livre offrent, à défaut du mérite de l'originalité des pensées, une forme nette et heureuse, très-propre à les graver dans la mémoire, quelquefois même une brièveté énergique. La suite des préceptes est agréablement interrompue par un certain nombre de digressions qui soutiennent ou raniment l'intérêt. Ce sont des anecdotes qui concernent le poëte ou les hommes de son temps, des exemples historiques, des souvenirs d'anciens auteurs qui confirment à propos et sanctionnent ses leçons. L'ensemble est plus méthodique et plus complet que les travaux de Henri Estienne n'ont coutume de l'être. Un sommaire en prose, placé en tête de chacun des chants, présente le résumé des idées que l'écrivain compte y développer. Il considère le prince, pour lui tracer à tout égard sa ligne de conduite, dans toutes les circonstances où son droit l'appelle à commander et dans tous les rapports qui l'unissent à ses sujets. Aucune des règles d'un sage gouvernement n'est passée sous silence. D'abord il s'élève aux considérations les plus générales, pour rechercher quelles maximes essentielles présideront à la conduite privée et publique du souverain; s'il sera tenu d'obéir aux lois, ou plutôt dans quelle mesure il leur sera soumis, et quelles occasions lui permettront de les modifier. Descendant ensuite aux détails minu-

tieux de l'administration, il énumère tour à tour les
obligations que crée pour lui le dépôt de l'autorité.
Comment faut-il que le roi soit entouré, quel sera le
caractère de ses amis, quelles relations aura-t-il avec
eux ainsi qu'avec tous ceux qui l'approchent, tels que
ses ministres, ses officiers et ses pages (Henri Estienne
réclame pour ceux-ci, en passant, une éducation meilleure et une discipline plus sévère), quel discernement
apportera-t-il dans le choix des magistrats et particulièrement celui des fonctionnaires qui ont le maniement des deniers de l'État : c'est là ce qu'il examine à
loisir dans autant de chants successifs. Entre les vices
du prince il aperçoit une loi funeste de filiation d'après
laquelle ils se multiplient sans cesse : ce qui l'engage
à faire une guerre implacable à tous également. S'il
montre, par exemple, en combattant l'orgueil, une
extrême vigueur, c'est que l'orgueil lui semble engen-
drer fatalement la cruauté (1). Avec les bons Français
de cette époque, demeurés fidèles à nos vieilles mœurs,
il s'indigne surtout des idées nouvelles, sur l'exercice
du pouvoir, introduites en France par l'école de Machiavel, pour qui il éprouve la plus vive antipathie.
Florence, que la nature s'était plu à embellir, avait
presque cessé d'être belle à ses yeux, pour avoir produit l'auteur du *Prince :* il le nomme l'opprobre de sa
patrie et un autre Photin ; il eût voulu que son ouvrage
pestilentiel fût brûlé par la main du bourreau. Cette
politique de fourberie et de scélératesse, dont le code

---

(1) Bossuet a dit de même : « L'orgueil se tourne aisément en cruauté. »

complet se trouve dans ce livre trop fameux, est flétrie par lui avec une généreuse colère : il attribue au crédit que ces doctrines ont obtenu près de nos rois toutes leurs fautes et tous nos malheurs. La probité, la loyauté, telles seront, d'après Henri Estienne, les premières vertus des monarques, celles dont ils doivent avant tout l'exemple à leurs sujets. Qu'ils songent d'ailleurs que l'usage tyrannique de leur puissance se retournerait contre eux : car, au-dessus du trône d'où ils dominent les autres hommes, il y a un arbitre suprême qui peut les réduire en poudre ; il le leur rappelle par ces beaux vers de Sénèque le tragique :

Quidquid a vobis minor expavescit,
Major hoc vobis dominus minatur.

Beaucoup de détails, dans ce poëme, sont en outre propres à jeter du jour sur l'état de la société et de l'administration. Parmi les abus que Henri Estienne y condamne, se retrouve la vénalité des charges, cette plaie de notre vieille monarchie, si envenimée sous les Valois : à ces charges payées on ne saurait plus, selon lui, donner l'ancien nom d'honneurs ; mais de combien d'autres excès ses yeux ne sont-ils pas affligés ! La description des calamités qui ravageaient le pays fait pour nous l'un des principaux intérêts de cet ouvrage. C'est avec une profonde émotion que l'auteur montre la France dévastée par ses propres enfants, et l'étranger couvant d'un œil avide la proie que nos fureurs semblaient près de lui livrer. Ses conseils aux princes n'ont en ce moment d'autre objet que de conjurer la perte de l'État penchant vers sa ruine. Il se flatte, dans son patriotisme naïf, d'opposer avec succès le langage de la raison aux passions et aux vices des hommes; mais, dussent ses efforts ne pas obtenir le résultat qu'il en espère, ils auront du moins pour lui, nous dit-il, un heureux effet, celui de le faire échapper à une réalité douloureuse.

Dans ce poëme, écrit en ïambes, Estienne paraît avoir pris pour modèle Sénèque le tragique. En lui empruntant la véhémence, la force et l'éclat qui le distinguent, il n'évite pas entièrement les défauts qui le déparent, la contrainte, la dureté et la sécheresse. Mais, si sa versification est souvent ici peu polie et peu châtiée, la conviction sincère qui respire dans son ouvrage communique à son style de l'élévation et de la chaleur; l'accent d'un loyal Français s'y fait partout sentir. Il s'adresse, en terminant, à Henri de Navarre, que la mort de Henri III venait de faire roi de France : pour se déclarer son sujet fidèle, il n'a pas attendu que Paris lui ouvrît ses portes, il lui recommande de veiller sur une vie si nécessaire et menacée par tant de périls. Que de crimes privés, fruits du fanatisme, se joignaient en effet aux désastres de nos discordes civiles! le sang ne coulait pas seulement sur les champs de bataille; les assassins étaient plus à craindre que l'ennemi. Contre eux principalement l'écrivain veut prémunir Henri IV, en le suppliant au nom du salut public, qui repose sur sa tête, de se garder des embûches qui l'entourent. Les mêmes avis, non plus particuliers, mais communs à tous les princes de la chrétienté, se renouvellent dans plusieurs autres pièces en vers qui accompagnént le présent poëme, espèces de corollaires où l'auteur continue son rôle de conseiller du pouvoir. C'est d'abord un morceau pareillement en ïambes, qui, dans un contraste établi entre le roi et le tyran, fait ressortir avec vigueur les vertùs nécessaires à l'un et la perversité naturelle à l'autre (1); puis un petit traité en vers hexamètres sur l'art de bien gouverner (2), où résumant sous une forme brève et sévère les préceptes qu'il a donnés aux princes, Henri Estienne redouble d'efforts pour les presser de s'y soumettre ; enfin une suite de soixante-trois distiques, séparés par le même cri d'alarme, répété après chacun d'eux (3) : sorte de refrain menaçant par lequel il les somme de méditer leurs devoirs, en même temps qu'il les engage encore une fois à ouvrir les yeux sur le fer que des mains criminelles aiguisent pour leur perte.

Ces œuvres réunies honorent surtout le caractère de Henri Estienne : pleines d'accents libres et fiers, elles attestent que la vie des cours, en l'affinant, ne l'avait nullement amolli. On y reconnaît un esprit formé dans le commerce des penseurs les plus hardis du siècle ; et, l'on ne l'oubliera pas, ces fermes et nobles paroles adressées aux souverains, ces protestations contre la tyrannie ont eu leur influence utile. Déjà nous avons eu lieu de le remarquer, à une époque critique pour nos libertés, où les menaçaient également des excès

---

(1) *Rex et Tyrannus.*
(2) *De Principatu bene instituendo et administrando.*
(3) « Cavete vobis principes! »

contraires, ces opuscules oubliés, dont la publicité était alors considérable, nourrissaient au fond des cœurs les germes de notre ancienne franchise, maintenaient les institutions qu'elle avait créées et protégeaient en quelque sorte notre avenir.

Dans son amour de la poésie, dont il avait été, lui-même il nous l'apprend, épris avec passion dès sa plus tendre enfance, Henri n'eut garde d'oublier la poésie française : il est vrai qu'il lui rendit un culte plus empressé qu'heureux. Malgré beaucoup de vers, qu'il ne composait au reste, comme on l'a vu, que loin de ses livres d'étude et sur les routes, un de nos critiques (1) a eu raison d'écrire « que Henri Estienne n'était pas poëte français. » Doué d'une imagination vive et capricieuse, il lui manquait pour mériter ce titre le culte de la forme et le goût de l'idéal : il avait l'esprit morose et préoccupé bien plus que rêveur. A l'exemple de tant d'autres érudits, qui rimaient dans notre langue et qu'encourageait l'indulgente facilité d'un public complice de ces erreurs, il n'en prit pas moins son goût de versifier pour une vocation poétique. Très-souvent il s'est plu, d'après l'usage du jour, à placer au commencement de ses livres des distiques français, des sonnets ou même des pièces de plus d'étendue. Nous avons encore de lui un fragment assez long sur la calomnie, « cette grande bête de la cour, » ainsi que l'appelait l'Hôpital (2). C'est le préambule d'un

---

(1) M. Sainte-Beuve : *Anacréon au seizième siècle*
(2) *Epistol.*, lib. III, p. 157, édit. d'Amsterdam.

poëme français qu'il avait l'intention d'offrir à Henri III, et dont il n'a été publié que ce début. Mais, on ne craindra nullement de le répéter, tous ces morceaux semblent en somme peu dignes du temps où florissaient Desportes et Bertaut, où commençaient à poindre Régnier et Malherbe.

Aussi la lecture de ces vers, qui retardent pour l'élégance et la correction sur ceux de plusieurs contemporains, nous rendra-t-elle moins sensibles à la perte d'une forte partie de ces œuvres d'Estienne. En effet, nous n'en connaissons un grand nombre que par les titres qui sont conservés dans la *Bibliothèque* de La Croix du Maine. Celui-ci est un peu confus, à la vérité, dans l'énumération qu'il fait des poésies françaises, latines et grecques de notre auteur ; toutefois il a nettement indiqué parmi les premières une « épître au roi » sur la richesse que notre idiome pouvait puiser dans son commerce avec le grec : elle accompagnait l'envoi du *Trésor* à Charles IX ; une série de poëmes « contre le babil, la flatterie, l'ingratitude, l'avarice, l'orgueil, l'ivrognerie et l'ignorance ; » et d'autres à la louange « de la pauvreté contente, des lettres et de ceux qui en ont joint l'amour à l'exercice des armes, etc. » Or ces différents travaux ne se retrouvent plus. S'ils ont vu réellement le jour, ce n'a été que dans des impressions isolées et sous forme de feuilles volantes, comme la chose n'était pas rare à cette époque. Au bout d'un certain temps il devenait presque impossible d'en rencontrer un seul exemplaire : de là le conseil prudent que donnait François Pithou, d'acheter les petits livres qui ne contenaient que deux ou trois feuilles, parce qu'ils ne tardaient pas à disparaître. On peut en outre supposer que de ces poésies, placées sous le nom d'Estienne, quelques-unes sont demeurées à l'état de projet, et que d'autres ont circulé en manuscrit sans avoir été jamais imprimées.

D'ailleurs il n'est pas douteux que Henri Estienne lui-même n'ait plus d'une fois cité, comme s'ils eussent été déjà entre les mains du public, des livres qu'il n'avait qu'ébauchés ou qui du moins n'avaient pas été édités encore : de là beaucoup d'embarras pour les bibliophiles futurs. Nous allons chercher à éclaircir ces obscurités, en signalant tour à tour les œuvres qu'il avait le dessein, mais qu'il n'a pas eu le temps d'accomplir ; celles qu'il avait terminées selon toute vraisemblance, mais qui n'ont pas paru ou ne se retrouvent pas ; celles enfin qui semblent lui avoir été attribuées mal à propos.

L'esprit mobile et infatigable de Henri Estienne mêlait sans cesse aux travaux qui l'occupaient des projets de travaux pour l'avenir : on en jugera par la longue liste de ceux qui sont annoncés dans ses différents ouvrages. Parmi les auteurs qu'il avait l'intention d'éditer il a mentionné Aristote, Aristophane, Quintus de Smyrne, Stobée, Strabon, Photius ; il voulait aussi revenir sur beaucoup de ses éditions, pour y corriger les imperfections que son œil clairvoyant avait aperçues, et creuser plus à fond dans l'intelligence des écrivains de l'antiquité. Il a promis un texte hébreu de la Bible, un appendice aux Commentaires de la

langue grecque par Budé, dont il était grand admirateur, une réimpression du *Trésor* de son père, où il
eût adopté l'ordre étymologique, des traductions de
Dion Chrysostome, de Synésius, etc.; il songeait même
à rassembler dans une publication toutes les versions
du grec faites par des latins. En outre il se proposait
de faire paraître un livre sur la manière de traduire
et un autre qui aurait pour titre : « De l'excellence du
langage français, » une dissertation sur la latinité
ancienne et une contre-partie de son traité sur la latinité faussement suspecte, en vue d'attaquer celle qui,
vraiment répréhensible, poussait la liberté jusqu'à la
licence ; il comptait encore rechercher toutes les lois
dont il était question dans les orateurs de la Grèce, en
premier lieu chez Démosthène, les réunir en un seul
corps et les comparer à celles des modernes. Mais,
ajournant ces desseins et bien d'autres, il finit par ne
pas les exécuter. Quelque part il s'est reproché d'avoir
été trop porté à remettre les choses au lendemain, ce
qu'il appelait « *suæ procrastinationis malum ;* » les
malheurs du temps, les embarras de son commerce
contribuaient également à ces retards, comme on a eu
occasion de le voir ; et, à vrai dire, il lui eût fallu plusieurs vies d'homme pour réaliser toutes les entreprises utiles dont le plan était arrêté dans sa pensée.

Entre les livres de la composition d'Estienne qu'il
cite comme achevés, mais que nous n'avons pas, figurent un poëme en vers ïambiques où, se rapprochant
du sujet qu'il avait déjà traité dans son *Conseiller des
princes*, il énumérait les qualités d'esprit et les vertus

qui leur conviennent ; un recueil de préceptes militaires, où il se servait du même mètre et qu'il avait
empruntés surtout à l'antiquité ; un éloge latin de
l'équitation, sans doute aussi en vers (d'après son goût
si vif pour l'exercice du cheval, le choix de ce sujet
ne saurait nous surprendre) ; une description de la
Hongrie, dont il a rapporté un passage : il y célébrait
les services rendus à la civilisation et au christianisme
par cette terre chevaleresque,

> Europæ stabilis, Turca indignante, columna.

Nous ne possédons pas davantage beaucoup d'œuvres
en prose, philologiques pour la plupart, dont Henri
Estienne a été l'auteur, s'il faut accepter son témoignage ou celui des critiques de son temps : le Correcteur du mauvais langage français ; un travail sur notre
ancienne langue où il marquait les principales différences qui la séparaient de notre langue moderne ; un
autre sur nos dialectes, où il s'appliquait à montrer
les richesses que nous pouvions, à l'exemple des Grecs,
puiser dans ces variétés de l'idiome national ; deux
dissertations tirées de l'histoire et des institutions de
notre pays, la première sur les guerriers de la Gaule
antique et leurs successeurs, la seconde sur la prééminence de la couronne de France ; deux autres, qui
n'avaient pas moins d'intérêt au point de vue politique, relatives aux États de l'Allemagne et aux tentatives des Turcs, qui les menaçaient. Ajoutons un nouveau traité sur l'abus des formes grecques dans le
latin, *De græcanica latinitate,* que Henri Estienne men-

tionne comme tout prêt pour l'impression, le loisir seul
lui manquant pour la faire ; deux discours traduits
d'Isocrate, et une suite aux *Nuits parisiennes* qu'il avait
jointes aux *Nuits attiques* d'Aulu-Gelle : outre celles
qu'il donnait au public, il en avait encore, disait-il,
achevé douze qui ne tarderaient pas à paraître. Enfin
Henri Estienne, non content des corrections de détail
si multipliées et si heureuses que lui devaient les auteurs grecs et latins, avait voulu généraliser ses observations et les ériger en système : dès l'année 1557
il parlait de l'ouvrage où, au grand profit de la critique, il recherchait l'origine des fautes qui déparaient
leurs textes. Mais il est trop réel que ce livre, malgré
les éloges que plusieurs écrivains récents lui ont décernés sur la foi les uns des autres, n'a pas été imprimé
ou n'est pas arrivé jusqu'à nous (1). C'est sans doute
à ces travaux dont quelques-uns pouvaient n'être pas
terminés, que Casaubon fait allusion, lorsqu'il nous
apprend qu'après la mort de Henri Estienne, admis à
visiter cette bibliothèque, dont l'accès lui avait été ri-
goureusement refusé, il y reconnut des preuves multipliées de l'activité laborieuse et du savoir profond de
son beau-père. Il signale en particulier deux manuscrits assez gros que remplissaient des morceaux inédits de sa composition et dont la trace a été perdue.

Parmi les œuvres attribuées avec moins de vraisemblance à Henri Estienne, il faut placer en premier lieu

_____

(1) Il a été fréquemmen cité sous ce titre : *Libri de origine men-
dorum.*

—

deux pièces en prose française dont il n'a été fait mention que par La Croix du Maine, un traité sur notre
orthographe et un discours « sur l'opinion de Platon
et Xénophon, touchant la capacité de l'esprit féminin; »
sujet qui sous sa plume n'eût pas laissé d'être pi
quant. Peut-être à cause de ce penchant à la malice
et à la raillerie qu'on lui connaissait, on a prétendu
qu'il avait ajouté un livre nouveau à ceux du *Pantagruel* de Rabelais ; mais on le chercherait vainement.
Il a passé pour être l'auteur d'une satire latine contre
le médecin Jacques du Bois ou Sylvius. Sous la forme
d'un dialogue, on s'y égaye sur ce docteur et sur son
avarice, au moins égale à sa science : on y raconte
qu'après sa mort, fidèle aux habitudes de toute sa vie,
il a voulu frustrer Caron du tribut qui lui revient.
Pour éviter de payer son passage, il a donc cherché un
gué où il pût franchir l'Achéron, et dans ce but il
s'est muni de bottes. Celles-ci jouent un grand rôle
dans tout l'opuscule, intitulé *Sylvius ocreatus*, ou Sylvius botté. C'est qu'à défaut du feu, dont il se privait
par une économie sordide, il avait coutume d'user de
grosses bottes fourrées qu'il ne quitta pas, dit-on, dans
sa dernière maladie. Henri Estienne s'est moqué en
effet du même personnage dans son *Apologie d'Hérodote* ; mais rien n'autorise à croire qu'il ait composé
ce morceau, assez peu digne, par la qualité des plaisanteries, d'un maître railleur tel que lui. Niceron n'a
pas été plus fondé, ce semble, à mettre sous son nom
deux productions d'un genre bien éloigné des précédentes : l'une est le récit du meurtre commis sur la

personne de Louis de Condé (celui qui périt à Jarnac) ; l'autre présente le tableau des liens de famille qui unissaient aux différents princes de la chrétienté le grand duc François de Médicis.

Après avoir étudié complétement la vie de Henri Estienne, après être entré dans tout le détail de ses œuvres, il ne nous reste plus qu'à résumer notre jugement sur l'homme et sur l'écrivain. Le caractère du premier avait été trop attaqué : sans être aveuglé par le zèle du biographe, nous avons dû le disculper en plusieurs points. Nous avons retrouvé en lui, sous des dehors rudes et farouches, les sentiments tendres et généreux dont tous les talents ne sauraient compenser l'absence. La plupart de ses défauts furent, on peut l'affirmer, ou créés ou aggravés par les embarras et les malheurs qui l'assaillirent, surtout vers la fin de sa carrière. A d'autres époques ses bonnes qualités lui concilièrent l'amitié de beaucoup d'hommes distingués. On citera parmi eux Blaise de Vigenère, dont les traductions furent placées de son temps presque au rang de celles d'Amyot ; du Perron, dont les lettres attestent l'affectueuse estime qu'il lui accordait ; Pasquier, qui l'a signalé avantageusement dans ses ouvrages ; l'historien de Thou, qui témoigne dans ses Mémoires de son empressement à rechercher ses conseils ; Hotman, l'auteur du fameux factum de *Franco-Gallia*, ce manifeste politique des huguenots du seizième siècle ; Languet, rêvant ainsi que le précédent les institutions républicaines pour notre pays, en haine des violences et des hontes de la monarchie des Valois ; Sigonius,

qui traita avec une égale compétence de l'histoire
ecclésiastique et de la profane ; Victorius, dont Henri
a célébré la mort par ses épitaphes ; l'éloquent Muret,
qu'il avait jadis rencontré en Italie, et le docte Camerarius, qu'il appelait l'ornement de l'Allemagne. De
tout temps, comme on l'a raconté plus haut, les voyages
d'Estienne lui avaient fait contracter à l'étranger d'honorables relations, cimentées par l'amour de l'étude.
C'est ainsi qu'il se lia encore étroitement avec l'ambassadeur flamand Busbecq, à qui l'érudition est redevable d'importantes découvertes, et plus tard avec le
jeune et célèbre Anglais Philippe Sidney. A ce dernier,
qui réunissait à une âme capable de grandes choses
un esprit passionné pour les lettres anciennes, il fit
présent d'un petit livre écrit de sa main, où étaient
résumés, avec une brièveté ingénieuse, les préceptes
moraux les plus propres à bien diriger la vie.

Si de tels rapports, de telles affections déposent en
faveur de Henri Estienne, on n'hésitera pas cependant
à le placer, comme homme, fort au-dessous de ses plus
illustres contemporains. Ce n'est plus l'une de ces natures simples et saines que nous offre en très-grand
nombre le seizième siècle. Ce n'est plus la bonhomie
naïve et la droiture antique de ces races d'élite, propres à notre sol, qui ont sauvé la nationalité française.
Des défauts d'un autre âge commencent à percer en lui :
l'impatience de l'état présent, une ardeur de réputation inquiète et qui s'alarme de toute rivalité, la pré-
dominance démesurée du moi, en un mot cette per-
sonnalité dévorante qui bientôt corrompra parmi nous

les plus nobles caractères, et minera dans leurs principes les institutions par lesquelles vivent les peuples. En admirant dans Henri Estienne des ressources prodigieuses d'esprit, jointes à un savoir d'une variété et d'une étendue incroyables, on ne peut s'empêcher de gémir sur l'emploi incomplet ou fâcheux des hautes facultés dont il était doué; on ne peut se défendre d'une émotion pénible, en voyant cette activité singulière se tourner contre lui pour son tourment, et une si belle intelligence, offusquée par de sombres nuages, devenir la proie de ces maux imaginaires que n'avait pas connus la sagesse de nos ancêtres. Leur vie réglée, leur ferme raison, ignoraient ces tristes affaissements de l'âme sur elle-même, plaie de notre civilisation raffinée.

Le ressort d'une forte et sincère croyance manqua par-dessus tout à Henri Estienne : il est en effet l'un des premiers qu'envahit, après la crédulité facile du moyen âge, ce scepticisme dissolvant des temps modernes, qui devait, en sapant successivement toutes les bases de la société, accumuler les ruines autour de nous. Ce fut un résultat funeste de la réforme, qui, si elle ranima chez quelques-uns les sentiments de la piété, la décrédita et l'anéantit chez beaucoup d'autres. Que d'âmes vides et désertes livrées dès lors à la merci des événements ! C'est ce qui arriva en particulier pour Henri Estienne. Non que de graves accents et des mouvements chrétiens ne se rencontrent dans ses écrits : il témoigne en général du respect pour les livres saints, principalement pour la Bible ; il s'indigne contre ceux qui, dans un langage téméraire, abusaient

du nom de Dieu ou de l'épithète.de divin, et qui substituaient au mot de Providence ceux de sort, de hasard, de nature; il montre la supériorité de la morale
évangélique sur celle du paganisme. Mais il serait aussi
trop aisé de lui emprunter, en feuilletant ses ouvrages,
la contre-partie de ces salutaires idées. Il avait perdu
et ne retrouva point l'ancre solide de ces convictions
religieuses, sans lesquelles il ne saurait y avoir rien
d'assuré dans la vie ou dans la conscience humaine.
Les tentatives de quelques-uns de ses amis pour le ramener à l'antique foi n'aboutirent qu'à des espérances
passagères, finalement déçues.

A la différence de son père, qui, zélé protestant, sut
mieux rassembler ses forces et gouverner son existence, le rare génie de Henri Estienne s'est trop énervé
et comme dissipé dans une instabilité perpétuelle : en
se concentrant, il eût porté sans doute, dans une calme
et complète jouissance de lui-même, des fruits plus
mûris et plus achevés. Ceux que nous lui devons ne
laisseront pas néanmoins de paraître très-précieux.
Malgré ses négligences, dont il s'est excusé, le piquant
écrivain, qui eut pour successeurs directs Gui Patin,
Gabriel Naudé, La Mothe-le-Vayer et Ménage, nous
offrira encore aujourd'hui une lecture agréable et
utile. Il a surtout, par la tendance de ses travaux, bien
mérité de l'esprit français. En réagissant contre l'af-
féterie qui le menaçait, il l'a maintenu dans ses voies
naturelles, il lui a conservé sa couleur indigène. A côté
de cette veine gauloise, qui commençait à s'appauvrir
parmi nous, se montrent dans ses œuvres une physio-

nomie originale et un cachet tout moderne. De plus, il appartient à la race de ces faciles inventeurs qui donnent l'éveil aux autres, et riches d'idées nouvelles, qu'ils n'ont pas la patience de féconder, les jettent çà et là, se reposant sur ceux qui les suivent du soin de les faire fructifier. Beaucoup de celles qui ont eu un cours général après lui se retrouvent ébauchées dans ses livres, et il peut revendiquer l'honneur de les avoir pressenties ou même de les avoir mises le premier en circulation.

Dégager l'écrivain français jusque-là trop enveloppé par l'érudit, le considérer à part et le classer, en déployant ses qualités pleines de saillie et d'avenir, tel était notre but : nous concluons que, comme prosateur, il n'a pas été étranger aux progrès de notre langue, dont il a reconnu, au moment où elle aspirait à se fixer, les besoins et le génie spontané; il compte entre ceux qui lui ont donné son caractère définitif. Parfois il approche de l'expression pittoresque de Montaigne; il a de la finesse et du trait. Esprit net et délié, incisif et nerveux, avec les accidents et les hasards heureux de son style improvisé, il offre quelque chose de soudain, d'acéré et de capricieux qui contribue à assouplir notre idiome. Mais il excelle notamment à manier avec aisance ce parler vif et léger d'où sortira, après deux siècles de perfectionnement, la prose facile de Voltaire. En même temps sa critique grammaticale, par la multiplicité même de ses remarques et de ses prescriptions, tend à introduire parmi nous, ce qui était alors fort nécessaire, l'observation des règles, le scrupule et l'exactitude. Ajoutons que l'accent national domine dans tous ses ouvrages. Admirateur des monuments de notre vieille littérature, il ne craint pas de proclamer, entre plusieurs de nos auteurs qu'il loue, Philippe de Commines « un second Thucydide ; » en un mot, c'est, au point de vue philologique et littéraire, une des intelligences les plus favorisées et les plus justes que notre pays ait produites dans l'active élaboration du seizième siècle.

Sur ce point d'ailleurs notre conclusion n'est pas autre que celle des meilleurs critiques de ce temps. M. Villemain, non content d'appeler Henri Estienne « le plus profond de nos philologues, » lui donne place parmi ceux « qui ont dénoué notre langue. » M. Ampère le qualifie de « l'un des prosateurs les plus spirituels du seizième siècle. » Tel était aussi le sentiment de M. Nodier : ce juge délicat, après avoir signalé dans la même époque « un des hommes les plus doctes et les plus ingénieux, un esprit naturel et fin, qui embrassa tout et réussit dans tout, qui rendit populaire la science et l'embellit des grâces du style, » croyait que, pour le faire reconnaître, « il n'avait pas besoin de nommer Henri Estienne. »

Nous nous sommes efforcé dans cette biographie de lui assurer, avec une justice qu'il n'avait pas assez généralement obtenue, le rang élevé que comportent ces éloges. Un coup d'œil jeté sur la famille de Henri Estienne au moment de sa mort, et sur les descendants qui en continuèrent la célébrité, terminera notre étude.

On a dit que des trois mariages qu'il contracta il
était né quatorze enfants, dont le plus grand nombre
mourut en bas âge : les plus connus de ceux qui lui
survécurent furent son fils Paul et sa fille Florence.
Nous avons déjà parlé du mari de cette dernière, d'Isaac
Casaubon, si digne d'être mêlé à la savante histoire
des Estienne. Lorsqu'il rechercha cette alliance, il était
professeur de grec à Genève; il le devint ensuite à
Montpellier. Son caractère autant que sa capacité lui
obtint l'estime de ses contemporains. Attaché au calvinisme comme la maison où il entra, il possédait de
plus que Henri Estienne une piété douce, jointe à une
tolérance pleine de candeur; par sa modération et sa
sagesse il sut être plus heureux que lui. C'était en 1587
qu'il avait épousé Florence, âgée de dix-neuf ans : cette
jeune femme, qui relevait par une rare distinction
d'esprit un grand fonds de bonté, le rendit père d'une
de ces familles nombreuses dont cette époque patriar-
cale fournit plus d'un exemple. Dans la suite l'un des
vingt enfants qu'elle lui donna, Méric Casaubon, hé-
rita en partie de la renommée paternelle. Quant à Isaac,
peu après la triste fin d'Estienne, il fut appelé par
Henri IV à Paris, « pour y faire refleurir les lettres
anciennes, » a dit Sainte-Marthe. Ce monarque lui confia, l'an 1603, la garde de sa bibliothèque, en dépit
d'une cabale d'envieux qui prétendaient, à raison de sa
qualité de protestant, l'exclure d'un poste pour lequel
son érudition le désignait plus qu'aucun autre; il fut
en outre gratifié d'une pension avantageuse qui répondait à son mérite. On raconte même que Sully la trou-

vait excessive, alléguant dans un jour d'humeur qu'il coûtait plus que deux bons capitaines, et partant beaucoup trop ; mais, différent en cela des trésoriers de Henri III, s'il ne payait pas volontiers, il payait néanmoins. Attiré dans la suite à Londres par le roi Jacques Ier, Casaubon y mourut en 1614, comblé des marques de sa faveur ; et ce souverain épris de la science, pour l'honorer dans la personne d'un de ses principaux représentants, fit ensevelir à Westminster le corps de ce célèbre étranger. Singulier caprice de la destinée : tandis que les dépouilles du beau-père, plus célèbre encore, avaient disparu sans nom dans le cimetière d'un hôpital, le gendre devait reposer au milieu des illustrations de l'Angleterre.

Le fils de Henri Estienne, Paul, devenu le possesseur de son imprimerie et de ses précieux manuscrits, grâce au désintéressement de Casaubon, avait vu s'ouvrir devant lui la carrière où il aspirait à marcher sur les traces de ses ancêtres. Bien que cette noble ambition n'ait pas été entièrement réalisée, ses laborieux efforts eurent cependant assez de succès pour qu'il ne soit pas indigne d'un souvenir honorable.

Il était né à Genève, à la fin de 1566 ou au commencement de 1567 : c'était le cinquième des enfants de Henri. On sait les tendres soins maternels dont il fut l'objet. Doué d'une saine constitution et d'heureuses facultés, naturellement ami du travail, il reçut de bonne heure les leçons de plusieurs maîtres habiles. Quelques-uns de ces voyages qui mettaient la jeunesse en contact avec les savants les plus accrédités de l'Europe couronnèrent son éducation. On a conservé de lui des poésies latines qui ont de l'élégance, à défaut d'une grande inspiration : sa meilleure pièce, celle qui donne de son esprit et de son cœur l'idée la plus favorable, est l'hommage qu'il paya à la mémoire de son père. Quand il le perdit, il était dans la force de l'âge, et à une instruction solide il joignait un sentiment profond des devoirs que lui imposait son nom, un désir généreux d'en maintenir la noblesse héréditaire ; mais il n'eut pas dans le caractère assez de ressort et de vigueur pour lutter toujours avec avantage contre les obstacles que lui suscita la fortune. A la suite de brillants débuts, la marche de sa typographie ne tarda pas à être entravée : il tomba, comme jadis Henri Estienne, dans la disgrâce de Genève. Par l'effet des soupçons de cette ombrageuse république, il fut en butte à une multitude de traverses dont on peut lire l'attachant récit dans M. Renouard. La cause première de cette mésintelligence est ignorée : son résultat incontestable fut de paralyser les travaux et de remplir d'amertume la vie de Paul Estienne. Tandis que le soin et la prospérité de son imprimerie eussent exigé sa présence assidue à Genève, on le voit contraint de s'en tenir éloigné. Vainement il descend aux prières pour désarmer les magistrats irrités : ceux-ci demeurent inflexibles. A plusieurs reprises il se dépeint comme victime de puissantes inimitiés et de défiances aveugles, comme injustement frappé, malgré son innocence, dans son honneur et dans sa fortune; et, par l'une de ses requêtes il se borne à demander un sauf-

conduit pour venir régler quelques affaires urgentes :
modeste faveur qui lui fut même refusée. D'autres documents ne témoignent pas moins de ses tentatives
infructueuses pour obtenir son retour. Il s'adresse en
particulier aux pasteurs, et dans un mémoire suppliant
il allègue ses intérêts et ceux de ses créanciers également compromis, car son absence lui ôte les moyens
de traiter avec eux ; il déplore « son ostracisme prolongé par l'âpreté des temps et des cœurs. » Peu après
il envoyait aux mêmes personnages des vers de sa
composition, destinés à provoquer l'oubli des griefs ;
mais ces démarches restèrent sans succès, puisque,
renouvelant plus tard ses doléances, il se plaignait encore de l'implacable volonté qui le tenait « forclos du
lieu de sa naissance et de sa patrie. »

Ainsi, durant de longues années, Paul Estienne usa
dans une lutte stérile contre les accidents d'une existence tourmentée une grande partie de ses forces. L'attachement qu'il professait pour le calvinisme semblait
pourtant de nature à le protéger auprès des ministres,
dont il n'éprouva que la rigueur. Ses lettres attestent
notamment la douleur qu'il ressentit en apprenant que
l'un de ses huit enfants avait été entraîné, suivant son
expression, « dans la religion des papistes. » Ce fut
Antoine, qui s'établit à Paris, où il abjura en effet le
protestantisme entre les mains de du Perron, et fit
preuve d'un mérite personnel fort distingué. Mais le
sort ne l'en traita pas moins durement. Il devait compléter cette longue série d'infortunes qui accablèrent
la race des Estienne. Après s'être signalé par de fort

belles impressions, qui, outre le titre de premier imprimeur et libraire ordinaire du roi, lui valurent beaucoup de dettes, hors d'état de poursuivre son commerce, et réduit au dénûment sur la fin de sa carrière, il n'eut d'autre asile que l'Hôtel-Dieu. Ce fut là qu'il mourut aveugle et plus qu'octogénaire, en 1674, comme l'affirme Almeloveen.

Avec Antoine parut s'éteindre en réalité le dernier des représentants de cette famille, qui pendant plus de cent cinquante ans avaient dirigé des presses d'où sont sortis tant de chefs-d'œuvre ; qui, pour prix de leur dévouement à la science et au pays, ne recueillirent guère que la gêne et l'adversité ; à qui du moins il faut assurer la gloire, ce dédommagement tardif du malheur.

Toutefois, quoique les biographes des Estienne aient fait généralement finir leur maison à la mort de ce vieillard, il est prudent de penser, en raison de ses branches diverses et des nombreux rejetons que chacune d'elles avait comptés, qu'elle ne disparut pas tout entière à cette époque, mais qu'elle rentra seulement dans l'obscurité de la vie commune. On ajoutera même qu'aujourd'hui encore quelques personnes croient pouvoir s'honorer d'appartenir à cette illustre descendance.

AGRIPPA D'AUBIGNÉ

I

SA VIE

Théodore Agrippa d'Aubigné vit le jour au mois de février 1551 (et non pas 1550, comme on l'a dit le plus souvent, en oubliant que l'année ne commençait alors qu'à Pâques) (1), dans le château fort de sa famille, situé près de Pons en Saintonge. Ce château s'appelait Saint-Maury et a disparu depuis longtemps. Les d'Aubigné ou d'Aubigny, car il arrive fréquemment aux contemporains d'écrire ainsi ce nom de préférence, remontaient jusqu'au douzième siècle : c'était une maison d'une excellente noblesse d'épée, originaire de l'Anjou. Le père d'Agrippa, Jean d'Aubigné, homme d'un caractère opiniâtre et fier, était dans sa province l'un des chefs du protestantisme, dont il

---

(1) Dans des travaux ultérieurs sur d'Aubigné, sa naissance a été placée en 1552; mais, après examen, cette date ne m'a point paru devoir être acceptée.

avait tout récemment embrassé les opinions ; et, au moment même où il eut un fils, venait de paraître l'édit de Châteaubriand, porté par le roi Henri II contre les partisans de la réforme. Quelques-uns ont voulu donner pour mère à celui dont nous racontons l'histoire une femme de sang royal : il est inutile de revenir sur ce conte après Bayle, qui l'a très-bien réfuté. Ce qui est certain, c'est que Jean d'Aubigné, chancelier du roi de Navarre, et qui joignait à ce titre celui de seigneur de Brie, s'était marié le 2 juin 1550 ; il avait épousé la *damoiselle* Catherine de l'Estang (1), à qui la naissance de son enfant coûta la vie : circonstance qui valut à celui-ci le prénom d'Agrippa (*œgre partus*). Il est permis de .croire que cet événement douloureux demeura profondément gravé dans l'imagination du jeune d'Aubigné : « Comme il veillait dans son lit, a-t-il dit en retraçant ses plus anciens souvenirs, et qu'il attendait son précepteur, il ouït entrer dans sa chambre et puis en la ruelle de son lit quelque personne de qui les vêtements frottaient contre les rideaux, lesquels il vit tirer aussitôt par une femme fort blanche qui, lui ayant donné un baiser froid comme glace, disparut... Ce qui fit depuis croire au rapport d'une telle vision fut une fièvre continue qui lui dura quatorze jours. »

Les enfants étaient mis alors entre les mains des

---

(1) L'acte de mariage autographe existe à la bibliothèque du Louvre. Cette pièce fait partie d'un précieux volume manuscrit qui y est conservé et qui a pour titre : « Mémoires originaux sur la maison d'Aubigné et sur celle de madame de Maintenon, in-folio, F. 325. »

maîtres beaucoup plus tôt que de nos jours : aussi, dans cette époque éprise de l'étude avec enthousiasme, le savoir était-il singulièrement précoce. On se rappelle que Montaigne savait, à six ans, le latin. Ce qu'on rapporte d'Agrippa, ou plutôt ce qu'il nous rapporte de lui, est encore plus extraordinaire : il entrait à peine dans sa quatrième année que son père, d'après les traditions de la forte éducation en usage chez nos ancêtres, le confia aux soins des précepteurs; et il ne profita pas médiocrement de leurs leçons, puisqu'à six ans il comprenait les trois langues qui faisaient la base de l'enseignement classique, le latin, le grec, l'hébreu, et qu'à sept ans et demi il traduisait le *Criton* de Platon, encouragé par une promesse paternelle, « celle de faire imprimer sa traduction avec son effigie enfantine au-devant du livre. »

Mais, dans ce siècle, ce n'était pas seulement cette discipline sévère qui trempait de bonne heure les esprits et les âmes, en les pénétrant d'une énergie virile; les fermes convictions, les passions des partis, contribuaient plus encore à mûrir l'enfance avant le temps. On en jugera par ce récit de d'Aubigné : son père, en le menant à Paris (Agrippa avait neuf ans) et en passant par Amboise un jour de foire, vit sur un bout de potence les têtes de ses compagnons de la conspiration d'Amboise (1), encore reconnaissables, et en fut

(1) L'*Histoire universelle* de d'Aubigné renferme un récit détaillé de cette conspiration, t. I, l. 2, c. 15. « Ainsi ai-je ouï mon père en rendre compte à ses amis, » dit l'historien à la fin de ce chapitre, écrit avec émotion. On voit, dans le chapitre qui suit celui-là, que Jean d'Aubigné avait trempé dans tous ces projets.

tellement ému qu'entre sept ou huit mille personnes, il s'écria : *Ils ont décapité la France, les bourreaux!* Puis le fils ayant piqué des deux près du père, pour avoir vu à son visage une émotion non accoutumée, il lui mit la main sur la tête en disant : « Mon enfant, il ne faut point que ta tête soit épargnée, après la mienne, pour venger ces chefs pleins d'honneur; si tu t'y épargnes, tu auras ma malédiction. »

Le père de d'Aubigné, sectaire ardent, comme le prouve ce passage, et qui fut activement mêlé aux guerres civiles et aux négociations de son époque, ne manquait du reste ni de générosité envers ses ennemis ni de sagesse, puisque, d'après le témoignage de son fils, il déplorait et blâmait au besoin l'effusion du sang partout ailleurs que sur les champs de bataille. Quoi qu'il en soit, des spectacles et des paroles tels que ceux que nous venons de signaler, et surtout l'expérience journalière de ces temps de discorde, étaient bien de nature à former d'autres races que celles de nos jours : qu'on ne s'étonne donc pas trop de ce que nous avons à raconter.

Agrippa avait été laissé à Paris sous la direction d'un excellent maître, appelé Béroalde ; mais ce maître, accusé d'hérésie, ne tarda pas à être forcé de fuir avec sa famille et son élève (1560). Ils furent poursuivis et arrêtés au bourg de Courances (1). Tout enfant qu'il était, d'Aubigné ne pleura point lorsqu'on le mit en prison.

---

(1) Aujourd'hui petit village de Seine-et-Oise. La plupart de ceux qui ont parlé de d'Aubigné écrivent ici fautivement *Coutances.*

Il ne pleura qu'en se voyant ôter « une petite épée argentée et une ceinture à fers d'argent. »

Nourri dans le calvinisme, le jeune Agrippa continua à faire paraître une fermeté dont la femme célèbre qui fut sa petite-fille, madame de Maintenon, ne se montrait pas indigne, elle qui écrivait à son frère : « La violence ne nous eût jamais tirés de nos erreurs (1); » il refusa sous les plus terribles menaces d'abjurer sa religion : « L'horreur de la messe, disait-il, lui ôtait celle du feu. » Il s'attendait en effet à être brûlé avec ses compagnons, et, à quelques pas du bûcher, il dansait *la gaillarde*, afin de les amuser, lorsqu'un de leurs gardes, ému de compassion, les sauva tous *pour l'amour de ce petit garçon*, aussi gai qu'il était brave. A peu de temps de là, assis sur un carreau devant la duchesse de Ferrare, Renée de France (2), qui résidait à Montargis, où les fugitifs avaient trouvé un asile, il charmait cette princesse, trois heures durant, par le récit naïf de ses aventures et de ses périls.

Ces périls ne touchaient pas à leur terme. Il fallut fuir encore; et quand l'enfant et son maître se furent enfin réfugiés à Orléans, où le père d'Agrippa exerçait un commandement militaire, ils y eurent affaire à un nouvel ennemi, à la peste, qui fit dans cette ville trente

---

(1) Lettre de 1682 : Voy. l'*Histoire de madame de Maintenon*, par M. le duc de Noailles, t. II, p. 456.

(2) Cette fille de Louis XII, veuve d'Hercule d'Est, ayant embrassé le protestantisme, avait dû quitter l'Italie, et elle était devenue, en France, la protectrice des religionnaires.

12.

mille victimes. La femme de Béroalde fut l'une des
premières. Entouré de morts (sa chambre seule en
renferma jusqu'à cinq) et atteint du fléau, dont il conserva toute sa vie une cicatrice au front, le jeune d'Aubigné guérit pourtant, grâce au bons soins d'un serviteur, qui n'eut jamais lui-même « qu'un psaume
en la bouche pour préservatif. » Ce trait peint un
côté du caractère d'Agrippa, tout ensemble indocile
à l'autorité et croyant, hardi jusqu'à la témérité en
toute chose, mais humble dans la foi chrétienne,
comme l'étaient volontiers les hommes du seizième
siècle.

A l'issue de sa maladie, Agrippa, demeuré dans la
ville d'Orléans, qui, soumise alors au prince de Condé,
n'avait pas échappé à la licence qu'entraînent les guerres, s'y laissa aller à de fâcheux écarts de conduite.
Ils lui attirèrent heureusement, grâce à la mâle discipline paternelle veillant sur ses mœurs, de rudes corrections qui y eurent bientôt mis un terme. Pour le
soustraire ensuite à l'oisiveté, cet écueil des plus fortes
natures, on l'appliqua aux exercices qui complétaient
alors l'éducation du gentilhomme ; mais presque aussitôt la mort de son père, qui succomba aux suites
d'une blessure, en 1563, vint troubler violemment sa
vie. Agrippa, qui n'avait guère que douze ans, pleura
cette perte avec amertume et fut placé sous la dépen-
dance d'un curateur peu fidèle. Ce curateur, au lieu
de donner ses soins à la liquidation de l'héritage fort
compromis du jeune homme, n'eut rien de plus pressé
que de l'éloigner en l'envoyant à Genève, sous pré-

texte qu'il ne connaissait pas assez *quelques dialectes de Pindare*. Cependant Agrippa excellait, comme il nous l'apprend, à faire les vers latins ; il lisait les rabbins et il les expliquait couramment, de même que les textes latins et grecs. Aussi, dans la ville savante où il était redevenu écolier malgré lui, encourut-il plus de châtiments qu'il ne fit de progrès, bien qu'il fût l'objet de la protection très-décidée de Théodore de Bèze, et il finit par échapper à un séjour et à des travaux qui lui étaient devenus odieux. A Lyon, où il se retira, il étudia les mathématiques et les premiers éléments de la magie, sans avoir toutefois, nous dit-il, l'intention de se servir dans la suite de cette science, alors réputée efficace autant qu'elle était en vogue. Il n'eut pas d'ailleurs le loisir de s'en occuper longtemps : ses ressources, promptement épuisées, ne tardèrent point à le mettre aux prises avec la dure nécessité, cette ennemie implacable de toutes les illusions. Un jour que, sans asile et sans ressources, il était penché sur le pont de la Saône, les idées religieuses qui lui restaient de sa première éducation l'avaient seules sauvé d'une résolution désespérée, lorsqu'une nouvelle prise d'armes des protestants offrit à sa jeune activité une carrière qui ne devait plus se fermer. Dès ce moment en effet, on le trouvera engagé dans ces guerres civiles qui couvraient la face de notre pays ; ce sera l'un des acteurs principaux de cette longue tragédie, dont le dénoûment fut pour la France le règne de Henri IV.

Agrippa était à peine de retour en Saintonge, que son curateur, qui le connaissait bien, pour contenir son ardeur belliqueuse, crut devoir le faire enfermer ; mais la précaution fut vaine. Au moyen de ses draps de lit noués à sa fenêtre, il se sauve en chemise et pieds nus, franchit deux murs et pense se noyer dans un puits ; enfin, tout meurtri et sanglant d'une course précipitée, il atteint une troupe armée ; un cavalier le prend en selle, et à peu de distance il gagne dans une escarmouche un fourniment et une arquebuse ; puis, toujours nu, il arrive à Jonsac, sûr du moins, disait-il avec une gaieté toute militaire, « de ne pas sortir de la guerre plus mal équipé qu'il n'y entrait. » On l'habille ; et comme on voulait le renvoyer au logis à cause de son âge (il n'avait pas quinze ans), il parvient à le faire oublier par la témérité de sa bravoure et par la vigueur de son bras, en se plaçant au niveau des plus vieux soldats et des officiers les plus éprouvés.

On le voit dès lors guerroyer sans cesse, armé contre les fatigues, les rigueurs des saisons et les privations de tout genre d'autant de courage que contre l'ennemi ; il se signale tour à tour au siége de Pons, au combat de Jazeneuil, à la bataille de Jarnac et à la grande escarmouche de la Roche-l'Abeille, où le jeune Henri de Navarre fit ses premières armes. Tant de hasards et de périls ne le rassasient pas encore, et il faut l'entendre nous dire avec regret « qu'il avait perdu l'occasion de la bataille de Moncontour (1) » : c'était pour

_____

(1) C'est dans cette bataille que, vainqueur, le duc d'Anjou, plus tard Henri III, s'honora par ce cri : *Sauvez les Français !* Mais ce héros d'un moment fut, comme nous l'apprend d'Aubigné, victime de la prédilection aveugle que lui accordait sa mère.

être allé dans son pays où, avec moins de gloire à gagner, il n'avait pas eu moins de risques à courir : il s'y était même vu plus exposé qu'il ne l'avait été jusque-là ; et, avec ce fonds de piété qui ne le quittait point, il avait plus d'une fois, se croyant perdu, recommandé son âme à Dieu. Dans une entreprise notamment, dirigée sur Libourne, il ne resta d'une troupe assez nombreuse qu'un soldat, trois capitaines (l'un d'eux était d'Aubigné, qui avait bien vite conquis ce grade, après avoir franchi presque aussitôt ceux de cornette et de guidon) et le chef, qui était paralytique. Ce chef ne combattait qu'à cheval; mais, son cheval ayant été tué, l'effroi lui rendit tout à coup, pour échapper à la mort, l'usage des jambes, qu'il avait perdu depuis dix ans. D'Aubigné prit sa revanche de cet échec en allant peu après avec quelques soldats s'emparer d'une ville par ruse (1), et ce ne fut pas la seule occasion où il se montra plus heureux que circonspect. Chevauchant en Saintonge ou ailleurs, il continua donc à faire avec succès cette guerre de partisan qui embrasait le midi de la France, et à piller le pauvre peuple, mais non sans remords; car dans ce siècle de violences il se distinguait du moins de ses compagnons d'armes en ce que, s'il se laissait entraîner aux excès, il ne manquait pas de s'en repentir, et se promettait toujours de ne pas retomber dans ses fautes. Une maladie grave causée par ses fatigues, vers l'âge de vingt et un ans, fit surtout éclater ces bons senti-

(1) Pons (Charente-Inférieure).

ments, que la licence des camps n'étouffa jamais entièrement dans son cœur.

Après bien des souffrances et des traverses, il avait
recouvré avec la santé quelques débris de la succession paternelle, lorsqu'il connut des affections plus
douces et un autre amour que celui des combats. Le
voisinage et quelques instants de loisir lui ayant permis de visiter Diane Salviati, dont le père, le seigneur
de Talcy, appartenait à la famille des Médicis, il en devint aussitôt épris. Mais, pendant que la nouvelle passion qui remplissait son âme le rendait poëte pour
célébrer, suivant le goût du temps, la beauté qui l'avait
captivé, il se préparait pour le pays de plus terribles
malheurs que cette guerre qui le ravageait depuis tant
d'années. C'était le moment où les fêtes du mariage
qui unit le jeune roi de Navarre à Marguerite de Valois,
la sœur de Charles IX, furent comme l'affreux signal
de la Saint-Barthélemy. Une circonstance fortuite qui,
sur ces entrefaites, avait amené d'Aubigné à Paris faillit l'envelopper au nombre des victimes : par bonheur
pour lui, il s'était vu forcé de quitter la capitale trois
jours auparavant, à la suite d'une querelle où il avait
servi de second à un ami et blessé un archer en évi-
tant de tomber entre ses mains. Loin de se cacher, il
eût sans aucun doute, emporté par son courage, couru
au-devant des bourreaux ; car à quelques jours de là
il attaqua et défit, avec quarante soldats, six cents des
massacreurs parisiens, qui étaient descendus d'Orléans
à Baugency. Puis, pour se dérober aux conséquences
périlleuses de son triomphe, il alla chercher un refuge

chez le père de sa maîtresse, qui, charmé des preuves
de loyauté qu'il lui donna (1) autant que de sa bravoure, n'hésita point à lui accorder la main de sa fille.
Néanmoins les querelles de religion, qui s'échauffaient
de plus en plus, devaient empêcher cette union de s'accomplir.

Au reste la séduction d'un premier amour ne pouvait calmer ou enchaîner pour longtemps l'humeur
batailleuse de d'Aubigné. Un jour qu'il s'était arrêté
dans une auberge et qu'il s'y rafraîchissait, un de ses
ennemis, montant un excellent cheval, fondit sur lui.
D'Aubigné, sans armes et presque sans vêtements,
n'eut que la ressource de saisir l'épée de son hôte pour
soutenir cette lutte inégale. Il blessa cependant son
adversaire, tout en recevant lui-même à la tête un
coup qui le renversa couvert de sang. Un chirurgien
fut appelé pour le panser ; et, comme à la figure de cet

(1) Voici l'une d'elles. Ce passage nous a paru trop caractéristique
pour être omis : « Contant un jour, dit d'Aubigné dans ses *Mémoires*,
au père de ma maîtresse mes misères et comment le défaut de moyens
m'empêchait d'être dans la Rochelle, le vieillard répliqua : «Vous m'avez
dit autrefois que les originaux de l'entreprise d'Amboise avaient été mis
en dépôt entre les mains de votre père, et qu'en l'une des pièces vous
aviez le seing du chancelier de l'Hôpital qui, pour le présent, est retiré
en sa maison d'Étampes ; c'est un homme qui a désavoué votre parti :
si vous voulez que je lui envoie un homme pour l'avertir que vous avez
cet acte en main, je me fais fort de vous faire donner dix mille écus, ou
par lui, ou par ceux qui s'en serviraient contre lui. » Sur ces paroles,
d'Aubigné alla quérir un sac de velours tanné, fit voir ces pièces, et, après
y avoir pensé, les mit au feu. Ce que voyant, le sieur de Talcy le tança.
La réponse fut : « Je les ai brûlées de peur qu'elles ne me brûlassent,
car j'avais pensé à la tentation. »

homme d'Aubigné crut reconnaître que la plaie était
d'une nature dangereuse, il partit aussitôt, sans permettre qu'on levât le premier appareil, pour retourner auprès de sa fiancée, ne formant qu'un vœu, celui
de mourir à ses pieds. Il fit dans ce but vingt-deux
lieues et perdit tant de sang qu'en arrivant il tomba
épuisé et demeura plusieurs heures privé de connaissance. Mais, à l'en croire, cette violente hémorrhagie,
qui eût tué tout autre, fut la cause de son salut. Peu
après cette aventure, quelques officiers de justice s'é-
tant présentés pour le saisir dans sa retraite, et, sur
ce qu'ils ne le trouvaient pas, ayant menacé le seigneur
de Talcy de revenir en plus grand nombre pour raser
sa maison, Agrippa s'élance à cheval, poursuit la
troupe, l'atteint et, mettant le pistolet sous la gorge
du chef, le contraint de jurer que désormais il n'in-
quiéterait plus ni lui ni ceux qui lui donnaient asile.
Au sortir d'une convalescence si inespérée et si prompte,
il retomba pourtant malade, et ce fut par suite du
violent chagrin que lui causa la rupture de son mariage, lorsque la famille catholique de Salviati eut
réussi à le traverser. On ne saurait en disconvenir, cet
homme de fer, au milieu de ses fougues et de ses rudesses, avait un cœur sensible et bon, très-accessible
aux émotions tendres, et dont il fut en plus d'une occasion la victime.

Il se relevait avec peine, quand une conjoncture,
qui influa gravement sur sa vie, apporta une diversion
et un soulagement à sa douleur. Le roi de Navarre
cherchait à s'entourer d'hommes non moins résolus

que lui : on lui désigna d'Aubigné comme un de ces gens déterminés « qui ne trouvaient rien de trop chaud. » Sa franchise et son air d'audace plurent à Henri ; il l'attacha à sa personne, non pas cependant d'une manière ostensible. Le premier prince du sang, retenu à la cour après une abjuration forcée, y était prisonnier en réalité. D'Aubigné, pour lui appartenir, feignit de se donner à Fervacques (1), fameux par sa haine contre les huguenots, et que Catherine de Médicis, à ce titre, avait chargé de surveiller Henri de Navarre. Ce prince, il est vrai, avait promptement réussi, par ses manières courtoises, à s'insinuer dans son affection et à l'engager dans ses intérêts. Quoi qu'il en soit, d'Aubigné ne dissimula pas si bien ses attachements et ses opinions qu'il n'éveillât assez vite des soupçons autour de lui. Il se compromit surtout par les efforts qu'il fit pour sauver la tête du comte de Montgomery, et il ne tarda pas à reconnaître que cette circonstance l'avait désigné aux ressentiments de Catherine de Médicis. Au moment où Charles IX, qui l'avait remarqué parce qu'il faisait des vers et qui lui avait donné une place dans son Académie (2), termina à Vincennes, âgé de vingt-quatre ans, une vie agitée par les remords (1574), d'Aubigné se trouvait dans le château, et, conduit par la curiosité, il avait été voir

(1) Guillaume de Hautemer, seigneur de Fervacques, qui devint maréchal de France et mourut en 1613, à l'âge de soixante-quinze ans.

(2) C'était une académie de poésie et de musique. *Cujus ad inusitatos concentus*, a dit Sainte-Marthe, *summi etiam principes sœpenumero confluebant*. Il en sera question encore plus loin.

ce prince exposé sur son lit, quand il fut rencontré et apostrophé avec menace par la reine mère. Elle lui dit entre autres choses « qu'elle avait de ses nouvelles et qu'il ressemblerait à son père. » Agrippa ne put s'empêcher de répondre qu'il ne demandait à Dieu « que de lui en faire la grâce; » ensuite il s'esquiva au plus tôt, pendant que Catherine cherchait des yeux autour d'elle un capitaine de ses gardes, pour donner l'ordre de l'arrêter. D'accord avec Henri de Navarre, Fervacques, que le jeune d'Aubigné servait en qualité de guidon, le tira de ce mauvais pas en se portant pour sa caution, et l'emmena dans la campagne qui se faisait contre les Allemands. Agrippa s'y distingua, suivant son usage, entrant le premier dans les villes assiégées, et rivalisant de courage, dans la bataille de Dormans, avec Henri de Guise, qui y gagna son surnom de *balafré*.

Sa bravoure, autant que son âge, devait naturellement le lier avec ce brillant seigneur, qui entretenait lui-même, à cette époque, une étroite amitié avec Henri de Navarre; car ils partageaient le plus souvent la même table et, d'après la coutume du temps, le même lit. A plus forte raison, dans ces jours d'une corruption élégante, faisaient-ils ensemble leurs mascarades, leurs ballets et leurs carrousels. D'Aubigné, grâce à « son savoir en choses agréables, » devint l'âme de leurs divertissements, l'ordonnateur de leurs fêtes et le poëte attitré de la cour. En cette qualité, il ne composait pas seulement des devises et des pièces d'à-propos; il fit, nous dit-il, une tragédie avec ac-

compagnement de ballet et du nom de *Circé*, que la
reine mère empêcha alors de jouer, à cause de la dépense, mais qui fut représentée depuis, aux noces du
duc de Joyeuse, en présence de Henri III (1).

Ainsi s'oubliaient, dans des passe-temps futiles, le
chef futur de la Ligue et celui qui avait pour mission
de relever la gloire du trône de France. D'Aubigné
s'oubliait comme eux, charmant les courtisans et les
dames par ses bons mots et ses reparties piquantes : en
voici un échantillon. Trois femmes sur le déclin, mais
qui n'avaient pas abdiqué le désir de plaire, l'avisant
un jour à part, qui les regardait, l'accostèrent en lui
demandant d'un ton railleur : « Que contemplez-vous,
monsieur? » Lui, sans se troubler : « Les antiquités
de la cour, » répondit-il. Leur âge réuni approchait
fort de la somme de cent quarante ans. On jugea tout
de suite qu'il ne fallait pas s'attaquer à qui répliquait
si bien. Toujours prêt à tirer l'épée, Agrippa n'avait
pas tardé d'ailleurs à se faire respecter de ces jeunes
seigneurs qui confondaient le courage avec la témérité, et parmi lesquels il était de mode de se distinguer
par des actions d'une bravoure folle. On sait quelle
était alors la fureur des duels, qui coûta au pays, en
peu d'années, plusieurs milliers de gentilshommes,
avant que, comme dit Fénelon (2), un bras puissant

(1) *Hist.*, II, II, 18; III, I, 11. — La représentation en coûta, dit-on,
plus de 300,000 écus.

(2) *Discours de réception à l'Académie.* — Remarquons, à l'honneur
de d'Aubigné, qu'après avoir payé, jeune, un large tribut à cette folie du

n'eût étouffé « cette rage altérée du plus noble sang français. » Il arrivait aussi assez fréquemment que les bourgeois de Paris avaient à souffrir de cette ardeur belliqueuse. D'Aubigné se félicite d'avoir une fois, lui quatrième, attaqué et mis en fuite trente *badauds* qui faisaient le guet avec leurs hallebardes. Il se donna un autre jour la distraction d'entrer à main armée dans un corps-de-garde, qu'il avait parié avec quelques amis de forcer, mais dont il eut beaucoup de peine à sortir sain et sauf. C'étaient là les jeux des gens de guerre dans les courts intervalles de la paix. Il serait trop long de dire les archers battus, les sergents dispersés, les rendez-vous où l'on combattait en nombre égal de part et d'autre (1). A ce sujet, d'Aubigné nous donne de précieux détails qui peignent les mœurs frivoles et cruelles de ce siècle. Citons du moins un plus honorable emploi de sa valeur : Fervacques et lui, se retirant un soir à leur logis, accompagnés d'un page, furent attaqués de gaieté de cœur par treize *matois*, armés de jaques de maille et de segrettes (2), qui les blessèrent tous deux. Cependant ils se démêlèrent bravement de leurs mains.

temps, il eut, dans l'âge mûr, le bon esprit de la condamner sévèrement. Voyez son *Histoire* et ses *Tragiques.*

(1) « Les piaffes, défis, parties de quatre contre quatre et autres, telles que galanteries, étaient alors fort en vogue. » (*Histoire.*)

(2) C'est-à-dire armés de toutes pièces. La *segrette* était une coiffe en fer. Quant à la *jaque*, en allemand *jacke*, en anglais *jack*, c'était une casaque également à l'usage des gens de guerre. Il nous est resté le diminutif *jaquette.*

S'il était à l'épreuve du fer, comme on le voit par maintes occasions où il aurait dû périr, d'Aubigné ne fut pas moins protégé, à tout autre égard, par la vigueur de son excellente constitution. Son ancien patron Fervacques s'était brouillé avec lui, et, à cette époque d'amitiés et de haines extrêmes, pour le punir de certaines remontrances que celui-ci lui avait adressées « en bon gaulois, » il avait tramé plusieurs complots contre sa vie. Enfin, le trouvant toujours sur ses gardes, il lui avait donné du poison ; mais le poison n'eut sur d'Aubigné, s'il faut en croire son récit, d'autre effet que celui d'une violente médecine. Une nuit fort agitée en fut la suite. Il ajoute encore que la peau lui pela et qu'il perdit ses cheveux.

Rentrons dans de plus sérieux détails, conformes aux temps sombres que nous parcourons. Les deux partis qui divisaient la France, les catholiques et les protestants, étaient plus que jamais inconciliables. Les trêves n'étaient pour eux que des répits, pendant lesquels ils ranimaient leurs forces et aiguisaient leurs armes. Henri de Navarre, que sa naissance et son rang plaçaient à la tête de la réforme, après s'être laissé prendre à la séduction des plaisirs qui l'entouraient, se réveillait de sa langueur ; et ses regards, dans le palais de son beau-frère, ne rencontraient guère que des ennemis. D'Aubigné prétend qu'il avait longtemps joué le personnage de Brutus à la cour de Tarquin, cachant sous les dehors d'une indolence voluptueuse l'activité de ses vues politiques et les qualités de héros qu'il déploya plus tard. Néanmoins on peut douter qu'il se préoccupât alors beaucoup de l'avenir glorieux qui lui était réservé. Plus jeune que d'Aubigné de trois ans, et entraîné par un penchant qui le domina toujours, il lui était trop aisé de tomber dans les piéges que devait, dit-on, par ordre supérieur, tendre autour de lui la beauté des dames de la reine. L'une d'elles, en tout cas, l'ayant éclairé sur les périls qu'il courait, ou fait rougir, à ce que l'on rapporte, de l'inaction où il demeurait plongé, il conçut la pensée d'un changement de vie. Quelques fidèles amis, entre lesquels était d'Aubigné, le confirmèrent dans cette résolution. Mais, pour l'accomplir, il fallait échapper aux mains qui le retenaient, chose assez difficile, puisque l'on observait toutes ses démarches. Avec une habileté patiente, ce prince, dont la franchise proverbiale recouvrait un esprit très-délié, plein de finesse et de ruse, médita et exécuta son projet de fuite. Après avoir habitué ses surveillants à le voir s'éloigner pour des parties de chasse, il se déroba, et pour ne plus reparaître, en février 1576. D'une traite il parcourut vingt lieues et atteignit un point où plusieurs des siens, auxquels il avait donné le mot, se trouvaient rassemblés ; puis il se rendit en toute hâte dans son gouvernement de Guyenne, où il abjura le catholicisme. A cette évasion commença réellement la carrière active de notre Henri IV.

D'Aubigné, homme de conseil et d'action, n'avait eu garde de demeurer à la cour dans cette rencontre, et c'est à lui que nous devons toutes les particularités de la fuite du prince, qui ne l'eût pas oublié. En peu de

temps Henri de Navarre avait apprécié toute la valeur
de son écuyer : ce fut le titre que d'Aubigné reçut de
lui. Il l'avait vu toujours prêt à soutenir doublement
sa cause, et par son épée et par son bon sens loyal,
que la difficulté des circonstances rendait fort nécessaire ; aussi usait-il largement de ses services : il n'y
eut qu'un point sur lequel il le trouva peu disposé à lui
en rendre. Ce prince, dont la conduite n'excusait que
trop les torts de Marguerite de Valois, sans cesse épris
de nouveaux objets, avait enfin rencontré une vertu
rebelle ; comme il ne pouvait en triompher, il imagina,
pour seconder ses desseins, d'y associer Agrippa,
comptant que son esprit alerte et inventif le ferait
réussir. Mais l'écuyer, quoiqu'il ne se piquât point,
ainsi qu'il l'avoue, d'une moralité très-rigide, refusa
nettement de complaire en de telles choses à son maître, qui le bouda quelques jours et ne le prisa ensuite
que davantage. Cependant, à en croire d'Aubigné,
pour ce serviteur délicat et rétif qu'il fallait ménager,
Henri eut désormais plus d'estime que de sympathie.
Peu de grands, on le sait, pardonnent aux gens qui les
approchent la plus légitime fierté ; et parfois, à leurs
yeux, ne pas faire le sacrifice de son honneur, c'est
marchander son dévouement.

Il ne manquait pas d'ailleurs de personnages zélés,
autour d'Agrippa , qui blâmaient une sévérité dont
l'effet serait, lui disait-on, d'empêcher qu'il ne devînt,
comme il eût pu y prétendre, l'intime et peut-être
l'unique confident de son maître. Pour l'amener à plus
de souplesse, on alléguait même sa religion, dans l'in-

térêt de laquelle il convenait qu'il s'assurât, par tous les moyens, de l'oreille et de l'affection du prince. Ces transactions, plus ou moins plausibles, de l'intérêt avec la conscience, ne prévalurent jamais contre ses principes bien arrêtés en tout ce qui regardait l'honneur. Une fois seulement il rendit un bon office à Henri dans une entrevue d'amour : mais ce fut en se jetant au-devant de lui, lorsqu'une attaque imprévue avait mis ses jours en danger, en le couvrant de son corps et en faisant fuir ses agresseurs.

A quelques mois de là, le roi de Navarre, ayant eu besoin, pour remplir une mission politique, d'un homme habile et hardi, jeta les yeux sur d'Aubigné, qui se montra très-empressé à le servir. Il s'agissait de sonder ou plutôt de réveiller les esprits dans la Guyenne et les provinces environnantes, d'y créer des intelligences et des points d'appui, de tout préparer enfin pour la guerre, que l'on jugeait prochaine. L'entreprise était pleine de difficultés et de hasards ; il fallut toute la dextérité d'Agrippa pour y réussir au gré du maître, et tout son bonheur habituel pour échapper aux embûches du parti contraire. Il a raconté lui-même fort en détail, dans sa grande histoire, comment il déjoua la poursuite de ceux qu'avait envoyés sur ses traces la reine mère, de tout temps son ennemie jurée. En homme qui ne ménageait pas sa vie, il eut, dans une de ses courses, son habit percé d'un coup d'arquebuse. Du reste il savait, dans l'occasion, allier la ruse au courage. Un de ses amis allait être assiégé dans une ville dont il était gouverneur,

et d'Aubigné se voyait hors d'état d'approcher pour
lui transmettre un avis des plus importants : il n'imagina rien de mieux que de se faire prendre par une
troupe de soldats qui, ne le connaissant pas, l'amena
devant la place, où il eut pénétré bien vite. Ce fut au
retour de ce voyage périlleux et très-profitable à
Henri de Navarre, que le roi, voulant récompenser
Agrippa, lui donna son portrait. L'écuyer, à court
d'argent, et qui avait compté sur autre chose, répondit
au don par ce quatrain :

> Ce prince est d'étrange nature .
> Je ne sais qui diable l'a fait.
> Ceux qui le servent en effet
> Il les récompense en peinture.

Ce ne fut pas la seule fois que ses espérances furent
déçues par le Béarnais : il s'est plaint souvent, on aura
sujet de le voir encore, de celui qu'il nommait « un
ladre vert. » C'était le temps où, nécessiteux comme
son écuyer, Henri avait ses pourpoints troués au coude
et allait chercher son souper au logis de ses amis. Il
est vrai que, devenu le conquérant de son royaume,
il ne devait pas être plus libéral, on le rappellera aussi
dans la suite, pour les compagnons de ses mauvais
jours. Mais, en rapprochant de cette parcimonie le
vœu touchant qu'il formait en faveur du peuple, on
lui pardonnera sans peine d'avoir sacrifié la satisfaction de quelques-uns au bien de tous; on se souviendra surtout qu'il avait pour payer ceux qui se
dévouaient à lui une monnaie que préféraient de beau-

coup les Crillon et les Sully : son estime et son amitié.

D'Aubigné, ce qui l'excuse à nos yeux, n'épargnait pas plus sa personne qu'il ne ménageait ses plaintes, et, s'il accusait son maître dans ses moments d'oisiveté, il était toujours prompt à oublier ses griefs quand il fallait agir. La déception du portrait ne l'empêcha pas de prendre en 1577 une part très-active aux hostilités qu'il n'avait pas peu contribué à ranimer dans le Midi. En compagnie de La Noue, surnommé Bras de fer, comme lui capitaine intrépide et remarquable écrivain, il s'y distingua par plusieurs prouesses. Au siége de la petite place de Saint-Macaire, défendue d'un côté par la Garonne, de l'autre par un rocher, d'Aubigné, montant à l'escalade, eut la tête presque cassée d'un coup de mousquet, qui le fit rouler des remparts et le précipita dans la rivière. A l'attaque infructueuse de Marmande, il reçut cinq blessures assez graves, et, couvert de morts, on le crut mort lui-même; mais ses compagnons, l'ayant dégagé, parvinrent à le remettre en selle. Quelques détails relatifs au combat très-opiniâtre qui fut livré près de cette ville, en achevant de peindre l'intrépidité d'Agrippa, montrent ce qui restait encore d'esprit chevaleresque parmi les guerriers de ce temps. Au moment d'aller à la charge, d'Aubigné ôta ses brassards, parce qu'il s'aperçut qu'il était le seul qui en eût (1); au plus fort de la mêlée, il prit son

(1) On se faisait gloire souvent alors d'aller se battre en pourpoint, et d'Aubigné lui-même remarque dans ses *Mémoires* « qu'à tous les combats d'Oléron il ne fut qu'en chemise, hormis deux fois qu'il prit un casque, pour reconnaître une approche. »

épée de la main gauche, pour porter la droite sur un bracelet de cheveux de sa dame, embrasé par une arquebusade, et pour en éteindre le feu. En revanche son adversaire, témoin de ce mouvement et trop généreux pour en profiter, lui donna tout loisir, en baissant son épée et en traçant avec la pointe une croix sur le sable. Telles étaient les vertus qui avaient survécu chez nos ancêtres et réagissaient contre les malheurs de nos guerres civiles. Tels étaient les hommes de cette rude époque, qui, pour la saillie des caractères, la loyauté et l'héroïsme, offre un si vigoureux contraste avec l'affaissement uniforme de notre siècle.

Cependant, autour d'Agrippa sorti très-maltraité de ce dernier engagement, la guerre était trop vive et trop bruyante pour que sa guérison n'en fût point hâtée. Il put bientôt, en s'y mêlant de nouveau, faire preuve de son empressement ordinaire à chercher toutes les occasions où il y avait de la gloire à acquérir. Mais ce n'était pas seulement les armes à la main qu'il servait son parti et son prince : de soldat il redevint négociateur. Envoyé secrètement dans le Languedoc, pour maintenir dans cette province l'ascendant de la réforme, il eut encore à déployer ces qualités de finesse et de prudence qu'on eût pu croire peu conciliables avec son audace emportée; il dut, notamment, surprendre d'importants secrets, et il y réussit « en contrefaisant fort proprement le Lombard qui veut parler français, » mais non toutefois sans courir d'aussi grands périls que sur les champs de bataille. Sa mission terminée, il fit au roi de Navarre un rapport sincère de ce qu'il avait vu, de ce qu'il avait appris; et, selon son habitude, plus soigneux de ménager les intérêts que les affections de son maître, il s'exprima sur les hommes et sur les choses avec une franchise absolue qui, en lui créant de redoutables ennemis, éveilla les susceptibilités du monarque. Au dire de d'Aubigné, Henri fut même si irrité de quelques-uns des renseignements qu'il lui transmit, et de sa fermeté à en garantir l'exactitude, qu'il voulut l'en faire repentir. Agrippa se contenta de répondre à ses menaces : « Quoi, sire, avez-vous pu penser à maltraiter celui que Dieu a choisi pour instrument de votre vie; avez-vous pu penser à le punir, parce que vous n'avez jamais fait de lui ni un flatteur ni un complaisant? » D'Aubigné quitta, après ces représentations mal accueillies, la ville de Nérac, où était alors établie la cour de Navarre, et il se retira dans une petite place voisine où il exerçait un commandement. On conçoit que le roi ait été d'autant plus offensé de cette retraite qu'il se sentait des torts. Piqué au vif, il ne se fit pas faute de marquer son dépit par ses paroles : comme peu après, en sa présence, un témoin des vigoureuses charges de d'Aubigné racontait que plusieurs gentilshommes avaient été arrachés par ses mains à leurs ennemis, et que, renversé lui-même à terre, il avait fait mordre encore la poussière aux assaillants qui s'acharnaient contre lui, Henri traita ces propos d'exagérés et d'imaginaires. Ce n'était point toutefois qu'il fût jaloux de son écuyer, ainsi que d'Aubigné est tenté de le croire. Le roi de Navarre, en fait de courage, n'avait rien à envier à personne; mais, avec le faible des meilleurs princes, mécontent d'un sujet trop peu souple, il souhaitait que son mécontentement fût connu des autres.

Quoi qu'il en soit, d'Aubigné n'était pas homme à souffrir en silence des dédains affectés ou sincères. Il se vengea de sa disgrâce en adressant à son maître une lettre pleine d'une noble fierté, où il se plaignait qu'il eût changé de sentiments à son égard. Ce ne fut pas tout encore : habile à prendre tous les tons, excellant dans la raillerie comme il excellait dans le sérieux, d'Aubigné imagina de donner une autre leçon au prince dont il s'était séparé avec peine et dont il désirait beaucoup être regretté. Il avait eu un compagnon d'infortune; c'était un grand épagneul, ancien favori de Henri de Navarre, et qui, après avoir longtemps joui du privilége de coucher sur ses pieds ou dans son lit, avait aussi perdu ses bonnes grâces. Il le trouva abandonné, à demi mort de maladie et de faim. Le pauvre animal, qui le reconnut, s'était traîné vers lui pour le caresser : Agrippa en fut touché, il le recueillit, lui donna ses soins; puis, après avoir fait graver sur le collier un sonnet de sa composition, il fit en sorte que le chien et le collier tombassent sous les yeux du roi. Henri lut les vers suivants :

Sire, votre Citron, qui couchait autrefois
Sur votre lit paré, couche ores (1) sur la dure :

(1) Maintenant. *D'ores* a donné naissance à notre adverbe *dorénavant* qui s'écrivait autrefois en trois mots, *d'ores en avant*, de maintenant à l'avenir.

C'est ce fidèle chien qui apprit de nature
A faire des amis et des traîtres le choix.

C'est lui qui effrayait les brigands de sa voix,
Et de dents les meurtriers (1). D'où vient donc qu'il endure
La faim, le froid, les coups, les dédains et l'injure,
Payement coutumier du service des rois?

Sa fierté, sa beauté, sa jeunesse agréable,
Le fit chérir de vous; mais il fut redoutable
A vos haineux, aux siens, par sa dextérité.

Courtisans, qui jetez vos dédaigneuses vues
Sur ce chien délaissé, mort de faim par les rues,
Attendez ce loyer de la fidélité.

D'Aubigné rapporte que « le roi changea de couleur à cette lecture. » Au reste, loin de concevoir aucun ressentiment contre l'auteur, qu'il lui parut peu difficile de deviner, Henri, à quelque distance de là, répondait aux députés du Languedoc qui témoignaient leur étonnement de ne plus voir d'Aubigné à ses côtés, « qu'il le tenait encore pour sien, et qu'il donnerait ordre à son retour. » Agrippa pourtant, se jugeant libre, songeait déjà à vendre son bien pour aller offrir ses services au duc Jean-Casimir (2), dont il était connu, lorsqu'une passion soudaine, telle que l'y exposaient sa nature prime-sautière et son âge (il n'avait alors que vingt-huit ans), rompit ses projets d'éloignement.

(1) Mot alors dissyllabe.
(2) C'était le quatrième fils du duc de Bavière Frédéric III : il amena plusieurs fois des troupes allemandes en France pour secourir les huguenots.

A peine arrivé à Saint-Gelais (1), il aperçut à l'une
de ses fenêtres Suzanne de Lezai, qui était de la maison
de Vivonne. Ce coup d'œil décida de son avenir : il fut
aussitôt éperdument amoureux de celle qui devait être
sa femme. Dès lors toute pensée de voyages à l'é-
tranger disparut de son esprit. Il prêta avec empressement l'oreille aux prières de ceux qui, n'ignorant
pas ce qu'il valait, souhaitaient le retenir, et il n'eut
rien de plus à cœur que de plaire aux parents de Suzanne, parents attachés cette fois, comme lui, au culte
réformé. Mais le sentiment qui le captivait redoublant,
loin de l'enchaîner, l'activité de son ardeur guerrière,
à la façon des anciens chevaliers, il puisa dans le désir
d'être aimé le besoin d'affronter de nouveaux périls et
d'obtenir une nouvelle gloire. Ajoutons qu'il voulait
aussi montrer à Henri de Navarre quel serviteur il avait
perdu. Il alla donc faire, dans l'intérêt de son parti,
des tentatives sur plusieurs villes voisines, principalement sur Montaigu et sur Limoges, où il sut unir à la
bravoure hasardeuse, qui ose tout risquer, cet esprit
de réflexion et de calcul qui prépare les succès ou atté-
nue les revers. Auparavant, pour réaliser un semblable
projet de surprise, il s'était approché de Nantes; mais,
trompé dans l'attente d'un secours qu'il espérait, il
était parvenu du moins à échapper aux ennemis. En
ce moment la France, que se disputaient deux religions armées, n'était plus qu'un vaste champ clos, où
chacun se jugeait en droit de guerroyer pour l'hon-

(1) Non loin de Niort (Deux-Sèvres).

neur et le profit de sa croyance ; où, des forteresses féodales, « ces nids de tyrans, » disait Bodin, sortaient sans cesse des troupes qui ravageaient le pays ; où les villes et les villages, s'ils ne se tenaient en garde contre des coups de main, avaient toujours à redouter les plus déplorables violences, que l'habitude faisait presque passer pour légitimes.

La nouvelle cependant s'était répandue que d'Aubigné avait été pris dans l'une de ses expéditions ; et, songeant aussitôt à le tirer d'embarras, le Béarnais avait mis à part, pour payer sa rançon, *des bagues de la reine sa femme.* Un autre bruit plus sinistre avait même couru peu après : d'Aubigné, disait-on, considéré comme rebelle et non comme prisonnier de guerre, avait eu la tête tranchée. Henri de Navarre, rendu à son vieil attachement, avait éclaté là-dessus en regrets. A ces témoignages sincères de deuil, d'Aubigné, qui jusque-là avait reçu quatre lettres consécutives de son maître sans vouloir revenir près de lui, sentit son dépit s'évanouir : il reprit le chemin de Nérac, et l'on devine assez quelles démonstrations de joie y excita son retour.

Par un hasard singulier, on jouissait alors d'un moment de paix. Catherine de Médicis venait de ramener Marguerite de Valois dans la petite cour de son époux, et, à l'occasion de ce voyage, une trêve avait été conclue, garantie par l'extension des articles que renfermaient déjà les édits de Poitiers et de Bergerac (1).

(1) Traité de Nérac, 1579.

Quatorze places de sûreté avaient été accordées au lieu de neuf ; mais ces concessions étaient autant de germes d'où devaient sortir de nouveaux troubles : aussi l'année 1580 ne se passa-t-elle point sans qu'on vît éclater la septième des guerres de religion, celle qu'on appela la *guerre des amoureux*, parce qu'elle dut sa naissance, selon la remarque chagrine de Duplessis-Mornay, « non à une cause généreuse, mais à des amours de femmes. » D'une part, les mignons de Henri III aspiraient à signaler leur courage pour plaire aux beautés de la cour ; de l'autre, les conseillers de Henri de Navarre, au dire de d'Aubigné, obéissaient eux-mêmes aux instigations de leurs maîtresses, qui avaient de prétendues injures à venger ; Marguerite de Valois, enfin, dont les mémoires nous offrent un gracieux tableau de ses passe-temps à Nérac, accusée auprès de son époux, par Henri III, de légèretés coupables, s'était disculpée en traitant le roi son frère de calomniateur qui voulait fomenter parmi les huguenots la défiance et la discorde. Sur ces graves motifs on courut aux armes : Henri, se jetant sur Cahors, y combattit six jours et six nuits de suite, et, quand il se fut assuré cette conquête, son habit était en lambeaux. D'Aubigné ne demeura pas au-dessous de cet exemple ; mais la fortune le trahit devant Blaye. A la vérité cet échec mit en relief toute sa bravoure, dont l'excès lui fut seul nuisible (1). Pour aller se défendre, comme

---

(1) Il s'agissait d'une surprise et elle échoua, parce qu'il se démasqua trop tôt par *un éclat de vanité*, « ayant pris un panache blanc, et s'étant écrié, en descendant dans le fossé, qu'il était roi de Blaye. »

on incriminait devant son maître, faute de mieux, l'audace trop hasardeuse qu'il avait déployée, il n'hésita pas à faire, de Montaigu où il s'était retiré, jusqu'à Nérac, quatre-vingts lieues à travers tous les périls, sans autre escorte que quatre gentilshommes qui avaient assisté à son entreprise. Ses explications franches eurent un plein succès. Après avoir fait taire la calomnie et obtenu du roi de Navarre une déclaration tout à son avantage (1), il ne tarda pas à se justifier mieux encore par les nouveaux services qu'il lui rendit. Fort embarrassé pour mettre la paix dans le parti turbulent dont il était le chef, Henri était trop souvent obligé d'employer ses forces à pacifier les villes protestantes ; et, à la faveur de ces divisions, le maréchal Armand de Biron, qui commandait l'armée catholique, avait pu s'avancer jusqu'au cœur des petits États du Béarnais. Il était venu même le braver en se postant sur les hauteurs de Nérac, et une de ces *épidémies de peur*, qui parfois s'emparent des armées, s'était répandue dans cette ville. D'Aubigné, par bonheur, y échappa, et, à la tête de quelques-uns de ses anciens amis, ramassés en toute hâte, il fit si bonne contenance, que l'indécision et la crainte passèrent du côté de l'ennemi. Le fait suivant qu'il raconte caractérise bien son siècle : les escarmouches qui eurent lieu sous les murs parurent une distraction aux dames de la cour de Nérac. La reine de Navarre, sa belle-sœur et leurs filles

---

(1) D'Aubigné avertit ses enfants « qu'ils la trouveront dans les papiers de leur père, et qu'ils devront la garder comme titre d'honneur. » (*Mémoires.*)

d'honneur allèrent se placer dans les environs, à l'abri d'un ouvrage avancé, pour s'amuser du spectacle des coups échangés par les combattants ; mais un boulet de canon qui vint rouler à leurs pieds les engagea à faire une prompte retraite. Elles en virent assez toutefois pour rendre hommage à la brillante valeur d'Agrippa.

Il serait monotone de poursuivre le récit des hauts faits qui continuèrent à le signaler, dans cette époque où la bravoure et la force individuelles avaient encore retenu un ascendant si considérable, malgré les plaintes de plusieurs contemporains sur l'introduction des armes à feu. Ici, rencontré avec quinze arquebusiers seulement par soixante chevau-légers, il prend si bien ses avantages qu'il tue une partie de ses agresseurs et met le reste en fuite. Là, arrêté à minuit, lui cinquième, dans un sentier étroit, par une attaque imprévue, il fait repentir ceux qui l'ont assailli. Dans « les gentils exercices de guerre » qui occupent et charment son temps, il devient la terreur des alentours : les cavaliers qu'il commandait avaient reçu, nous dit-il, le nom d'*Albanais*, parce qu'ils étaient toujours en course. Aussi les catholiques, fatigués d'avoir affaire à un ennemi qui ne leur laissait point de repos, vinrent-ils l'assiéger dans Montaigu, qu'il occupait. Pour s'emparer de cette ville ils essayèrent de joindre la ruse à la force ; mais, grâce au courage et à la vigilance de d'Aubigné, leurs assauts furent vains, et les intelligences qu'ils avaient pratiquées dans la place n'aboutirent qu'à la perte des traîtres. Il découvrit et punit jusqu'à dix complots tramés contre lui, et, sur trente

sorties qui se firent contre les assiégeants, il en dirigea
vingt-neuf. « L'opiniâtreté et la verdeur de la défense »
ayant fait transformer le siége en blocus, le blocus ne
réussit pas plus que le siége, et la fin d'une guerre
excitée par de si frivoles motifs en marqua seule le
terme, après qu'il se fut prolongé plusieurs mois et
qu'il eut coûté beaucoup de monde à l'armée de Henri III.
Le chef de cette armée, le comte de Lude, digne lui-
même de combattre un ennemi tel que d'Aubigné, crut
s'honorer en lui donnant une marque publique de sa
haute estime.

Le retour des négociations, toujours rompues et toujours reprises, qui assurèrent aux protestants quelques
avantages de plus, stipulés par la paix de Fleix (1581),
mit en évidence la variété des aptitudes et des talents
de notre héros. Pendant que le roi de Navarre, trop
porté à s'endormir dans les voluptés, perdait un temps
précieux aux genoux de la belle Corisande d'Andoins,
d'Aubigné soutint noblement sa cause et ses intérêts
auprès du connétable de Montmorency et des autres
représentants du roi de France. Ainsi justifiait-il l'affection et la confiance que Henri paraissait lui avoir
entièrement rendues. Car il passait à cette époque, et
non sans raison, pour jouir d'une faveur analogue à
son mérite ; on lui attribuait un crédit légitime sur son
maître, qui recourait très-volontiers à ses conseils et à
son intervention dans les conjonctures difficiles. D'Aubigné était en effet un de ces hommes rares qui, grâce
à un courage décidé, à un sens droit et ferme et au don
naturel de l'éloquence, semblent nés pour dominer

chacune des situations où ils se trouvent. Il eut bientôt
à déployer de nouveau les ressources de son esprit en
rendant un service très-signalé au parti calviniste. Un
complot dont le but était d'enlever aux réformés l'un
de leurs plus puissants remparts, la Rochelle, était parvenu jusqu'aux oreilles du roi de Navarre ; mais il
s'agissait, sans l'éventer, de déjouer ce complot avec
adresse. Henri jeta les yeux sur d'Aubigné, qui se rendit à la Rochelle, en convoqua les habitants et leur fit
comprendre que de graves soupçons avaient été conçus
sur la fidélité de quelques-uns d'entre eux. Comme on
se récriait à cette assertion et que chacun protestait de
son dévouement à la cause commune, il repartit sans
s'émouvoir « que Jésus-Christ avait bien trouvé un
traître parmi ses apôtres ; » il pria des hommes d'élite
de s'associer à ses recherches, et réussit avec leur
concours, sans qu'un éclat fâcheux fût nécessaire, à faire
avorter la conjuration. Le temps pressait ; car les grilles
qui fermaient les portes se trouvaient déjà toutes limées,
à l'exception de peu de barreaux.

Vers le même moment d'Aubigné protégea encore
contre des embûches les jours du roi de Navarre, et
dans la suite, en rappelant comment sa défiance affectueuse avait sauvé ce prince presque malgré lui, il
s'écriait avec douleur : « Ah ! que n'a-t-il toujours été
en aussi fidèles mains ! » Henri n'ignorait pas le prix
d'un tel serviteur, et il aimait à l'avoir près de lui
toutes les fois que le bien de son service n'exigeait pas
qu'il en fût séparé ; alors pour l'ordinaire il supportait
aisément la liberté de ses actions et de ses paroles. Un

jour qu'il visitait un cabinet de curiosités appartenant
à François de Candalle, son parent, et qu'il n'avait
convié à cette partie que les plus savants de sa cour,
entre lesquels étaient Duplessis-Mornay et d'Aubigné,
ce dernier profita d'un instant où la compagnie était
occupée de la vue des objets offerts à son attention,
pour écrire ce distique latin sur un marbre qui ornait
le bureau du maître de la maison :

> Non isthæc, princeps, regem tractare doceto,
> Sed docta regni pondera ferre manu.

Arrivé à son bureau le seigneur de Candalle se récria
avec admiration sur ces vers, fort en peine d'en découvrir l'auteur ; mais le roi de Navarre ne s'y méprit point :
il avait reconnu la trace de son ingénieux écuyer.
L'avis lui sembla piquant et il s'en amusa beaucoup.
Les plaisanteries du caustique d'Aubigné n'avaient
pas toutes, par malheur, la même innocence (on en
jugera par les œuvres satiriques qu'il a laissées), ou
elles ne rencontraient pas toujours des personnes aussi
disposées à les accueillir. Quelques-uns de ses bons
mots avaient blessé la reine de Navarre, qui, mécontente d'ailleurs de ne l'avoir pas trouvé assez docile
à ses désirs, ne négligeait rien pour éloigner de lui
son époux. Elle renouvela si souvent ses obsessions,
que ce prince, ami de la paix domestique, finit par
feindre de céder à ses vœux. Il congédia d'Aubigné
en public, mais en particulier il lui commanda de
rester ; après s'être tenu caché le jour, Agrippa devait

tous les soirs venir dans la chambre de son souverain, et sa disgrâce apparente ressembla fort à un redoublement de faveur. Henri ne laissa même pas de seconder d'une manière ouverte la passion de son écuyer pour Suzanne de Lezai. Comme on tardait en effet à lui accorder la main de Suzanne, que sa naissance rattachait, nous l'avons vu, aux premières maisons de France, il écrivit plusieurs fois pour le recommander avec chaleur; il vint de plus prendre part en personne, avec les principaux seigneurs de sa cour, aux fêtes que d'Aubigné donnait à sa maîtresse (c'étaient, d'après le goût du siècle, des tournois, des carrousels, des combats à la barrière, des ballets, enfin des courses de bagues et des mascarades), et il ne contribua pas peu, d'accord avec l'adresse inventive d'Agrippa, à rapprocher le moment de cette union désirée.

Le mariage eut lieu, après bien des traverses, le 6 juin 1583; mais trois semaines s'étaient à peine écoulées, que le nouvel époux, mandé à Pau par son maître, dut aller aussitôt à Paris, avec une mission fort délicate : elle avait pour but d'obtenir du roi de France réparation de quelques affronts qu'il venait encore de faire à sa sœur, et que Henri de Navarre, tout indifférent qu'il était pour Marguerite, ne pouvait s'empêcher de ressentir. Il s'agissait aussi d'exposer, à cette occasion, d'autres griefs plus importants. D'Aubigné remplit si fièrement son mandat, et il parla si haut devant Henri III, qu'il joignit à Saint-Germain, que celui-ci eut la pensée de le faire arrêter. « Jamais le roi de Navarre, avait dit son envoyé, n'asservirait son honneur, ni à lui, ni à prince vivant, tant qu'il aurait une épée au poing ; et si on ne le satisfaisait pas, il viendrait demander raison à la tête de trente mille hommes. » La réflexion et les conseils politiques de Catherine de Médicis calmèrent le faible monarque, qui, s'étant efforcé en vain d'intimider l'ambassadeur, consentit à tout ce qu'il voulut. Néanmoins, au retour de ce voyage, Agrippa trouva Henri de Navarre entièrement refroidi à son égard, grâce aux insinuations malveillantes de ceux qui l'approchaient. Plus affligé qu'étonné de ce changement, il ne confia à personne le soin de le disculper, et avec la décision habituelle de son caractère, il se rendit auprès du roi, qui ne l'attendait nullement, l'obligea de l'entendre, et plaida sa cause avec un tel succès, en rappelant sa conduite de tous les temps, qu'il eut bien vite effacé les impressions fâcheuses dont on avait rempli l'esprit de son maître. Henri lui réitéra l'assurance de son amitié, et les effets suivirent les paroles : car d'Aubigné, par un genre de traitement auquel il n'était pas accoutumé, reçut peu après une somme considérable, comme indemnité et comme récompense de ses voyages.

Ce fut en partie avec cet argent qu'il acheta la terre du Chaillou, dans le Poitou, pour se conformer à l'une des clauses de son contrat de mariage, qui lui prescrivait d'acquérir une terre dans cette province, où il possédait déjà celle de Surineau, du chef de sa femme. Les soins domestiques que cette affaire entraîna pour lui l'occupaient tout entier, lorsque, après un court repos, la reprise des hostilités entre des partis irréconciliables l'arracha de nouveau à sa femme et à ses foyers.

Le duc d'Anjou, frère de Henri III, venait de descendre au tombeau (1584), chargé de la haine et du mépris des catholiques et des protestants. Cette mort, qui rendait le roi de Navarre héritier présomptif du trône de France, avait donc une extrême importance ; elle ralluma les feux mal éteints de la discorde. L'ambition de Henri de Guise, qui se fit dès lors ouvertement le chef de la Ligue, contribua beaucoup à ce résultat ; en inquiétant les catholiques sur l'avenir de leur religion, ce prince artificieux leur remit les armes à la main. L'épée tirée, on allait en jeter le fourreau au loin et pour longtemps. Le traité de Nemours, par lequel le roi de France, acceptant le joug de la Ligue, s'engageait à défendre dans le pays l'exercice de tout autre culte que celui de la religion romaine, fit éclater *la guerre des trois Henris* (1). D'Aubigné avait alors le grade de mestre de camp, et ce fut en cette qualité qu'il prit une part efficace à l'assemblée de Guitre, près Coutras, où Henri de Navarre arrêta son plan de conduite (1585). Dans le discours énergique qu'il prononça en cette occasion, d'Aubigné s'était attaché, pour mettre un terme aux hésitations et aux demi-partis, à démontrer qu'il n'y avait pour les protestants

---

(1) D'Aubigné est le seul écrivain qui ait donné à cette guerre, la huitième des guerres civiles, le nom de *guerre des barricades.*

d'honneur et de salut que sous leurs propres drapeaux (1). « Je suis à lui, » s'écria le roi de Navarre, en reconnaissant ses propres sentiments dans la bouche de son écuyer, dont les paroles rallièrent tous les assistants au même avis.

Placé sous les ordres du prince de Condé, Agrippa commença donc à guerroyer dans la Saintonge, l'Angoumois et le Poitou. A huit jours de là fut livré le vif et brillant combat de Saint-Mandé (2), qui signala le début de la campagne, et où l'on vit, durant onze heures, des troupes de côté et d'autre en très-petit nombre, épuiser toutes les ressources de l'habileté et du courage. Un instant, dans les vicissitudes singulières de la journée, Agrippa, qui commandait, crut tout perdu et dit à ses compagnons : « Il ne faut point douter de mourir, mais il faut que ce soit de bonne grâce; » puis il chargea comme un simple soldat, la hallebarde au poing, et ramena la fortune. Peu après il assistait aux escarmouches qui eurent lieu non loin de Niort, entre le prince de Condé et le duc de Mercœur, l'un des généraux de la Ligue. Il s'y montrait doublement utile, suivant sa coutume, comme homme de conseil et comme homme d'action. Servant en cette ren-

---

(1) Alors que trois partis étaient en présence, celui de Henri de Guise, celui de Henri III et celui de Henri de Navarre, il avait été question pour ce dernier de fondre son armée dans celle du roi de France, afin de mériter la reconnaissance de la royauté en assurant son triomphe sur la Ligue.

(2) Dans la Charente-Inférieure.

contre, nous dit-il, de sergent de bataille (1), il commença à faire sentir aux gens de pied l'importance des piques, contre l'opinion du roi de Navarre, qui les avait en aversion (2). Mais cette tactique s'appliquait de préférence aux engagements généraux et aux batailles rangées, fort rares en ce moment où de petits corps, sous des chefs déterminés, couraient seuls la campagne, où presque tout se passait en actions partielles et en embuscades. Dans l'une de ces surprises d'Aubigné, avec quelques gentilshommes, s'étant rendu maître de trois compagnies de gens de pied, exigea qu'elles renonçassent dans leur capitulation à l'article d'un concile qui permettait — c'est lui qui le prétend — de ne pas garder sa parole aux hérétiques. De telles stipulations suffisent pour dénoter une époque de convictions sérieuses. Une expédition plus considérable réunit ensuite d'Aubigné au prince de Condé : ce fut le siége de la forte place du Brouage, près de Marennes, qu'on ne tarda pas à laisser, pour faire sur Angers une tentative qui avorta par l'effet des intrigues

---

(1) On désignait ainsi un officier fort important, dont la fonction spéciale était de ranger les soldats pour le combat. Le souvenir de ce nom se retrouve dans une fable de La Fontaine, vIII, 9; c'est la *Mouche du co he* :

. . . . Il semble que ce soit
Un *sergent de bataille* allant en chaque endroit
Faire avancer ses gens et hâter la victoire.

(2) Dans l'appendice qui termine les deux premiers tomes de son *Histoire*, d'Aubigné dit, en revenant sur ce point : « Quand nous osâmes faire porter des piques, on appelait nos soldats des abatteurs de noix. »

de quelques envieux, disposés à craindre qu'il n'en revînt trop d'honneur à d'Aubigné (1). Au moins, lors de la retraite que le défaut de célérité dans l'exécution rendit nécessaire, et au milieu de difficultés de tout genre, paya-t-il si résolûment de sa personne, que le bruit courut qu'il y avait trouvé la mort. Cette rumeur était parvenue jusqu'au domaine de d'Aubigné, et un fâcheux malentendu avait mis le comble aux alarmes de sa femme, lorsque le rude soldat, échappé sain et sauf, redoutant pour elle l'effet d'une joie inespérée, se fit précéder par deux billets qui lui annonçaient son retour (2).

D'Aubigné ne croyait pas d'ailleurs qu'il lui fût permis de jouir d'un repos si chèrement acheté. Les affaires de la réforme, peu habilement conduites, n'étaient pas en assez bon état pour qu'il demeurât sous son toit. Ses coreligionnaires étant « criminels de leurs faiblesses et malheurs, les ligués au contraire justifiés par leurs forces et prospérités, » un découra-

---

(1) Celui-ci avait d'abord été chargé de diriger cette entreprise. « Mais le prince de Condé, dit-il, étant un soir en sa garde-robe, où il disposait de sa conquête d'Anjou à la façon de Picrochole (on connaît ce personnage de l'invention de Rabelais), parmi ses valets de chambre et quelques autres qui n'étaient guère de meilleure étoffe, un des plus privés lui dit de la meilleure grâce qu'il put : « Monseigneur, je m'étonne comment « vous donnez à un autre qu'à vous-même la gloire de ce dessein : c'est « un coup du prince de Condé et un trop cher morceau pour d'Aubigné.» Cette parole fut agréable et rompit tout résultat de conseil. »

(2) D'Aubigné appréhendait pour elle le sort d'une personne dont il nous a parlé dans son *Histoire*, « de la femme de La Tour, prévôt de camp, qui, ayant cru être veuve, mourut de joie à la vue de son mari. »

gement général, accru par la rigueur des édits, menaçait de dissoudre le parti protestant, si les chefs ne redoublaient d'efforts pour en rallier les membres épars. Il eut bientôt, selon le langage mystique qu'il affectionne, « relevé l'enseigne d'Israël. » En d'autres termes, à tête d'un corps de onze cents hommes qu'on lui fournit les moyens d'entretenir, il reprit les hostilités dans le Poitou et se signala, comme d'habitude, par de hardis coups de main. C'en fut assez pour ranimer autour de lui l'espérance et le courage. Les calvinistes, que la mauvaise fortune avait dispersés, vinrent en foule renforcer sa troupe ; et de la province qu'il occupait, la guerre ne tarda pas à gagner les contrées environnantes. On regrette vivement, en le voyant concourir plus qu'aucun autre à ce triste résultat, qu'il n'ait pu déployer que dans de si funestes luttes ses rares qualités de soldat et de capitaine. Mais le moment était encore éloigné où de sages concessions, et par-dessus tout l'ascendant d'un grand roi devaient établir parmi nous l'union et la paix, où les Français devaient cesser d'exercer leur bravoure les uns contre les autres. Quant à d'Aubigné, après avoir tenu assez longtemps la campagne, il parvint, avec ses compagnons les plus résolus, à s'emparer de l'île d'Oléron ; il y éleva des fortifications et y rassembla des munitions de guerre et de bouche, de manière à y soutenir un siége : peu après il avait l'honneur d'y recevoir Henri de Navarre.

Les catholiques, ainsi que d'Aubigné l'avait prévu, ne le laissèrent pas jouir tranquille de sa nouvelle

possession : dans cinq descentes qu'ils firent consé-
cutivement, ils furent repoussés; mais à une sixième,
la fortune tourna contre lui, ses troupes eurent le
dessous et il fut dépouillé de sa conquête. Pour se
venger, il tenta sur Saintes une entreprise ; elle aboutit encore à un échec. Mais ce revers lui valut plus
d'honneur qu'une victoire (1586). Enfermé entre
deux troupes considérables, d'Aubigné attaqua l'une
d'elles à la tête de cinq hommes. Bien qu'arrêté et
abattu, il avait fini par échapper à ceux qui le retenaient et il s'était frayé un passage à travers leurs
rangs, lorsqu'il rencontra de nouveaux assaillants
avec le seul compagnon qui lui fût resté. « Son désespoir donna l'envie de l'épargner. » Il devint le prisonnier du chef ennemi, de Saint-Luc, qui lui as-
sura la vie « si toutefois le roi et la reine mère n'en
décidaient pas autrement, » et lui permit de se rendre
à la Rochelle sur parole, à condition qu'il serait de
retour le dimanche suivant. Ce jour-là même, au
matin, Saint-Luc qui, plein d'estime pour sa valeur,
avait conçu la pensée de le sauver, l'avertit secrètement de ne point revenir, parce qu'il avait reçu l'ordre
de le livrer à la reine mère, qui voulait sa mort. Malgré les prières dont on l'assiégeait et les obstacles qu'on
s'efforçait d'apporter à son dessein, le moderne Régu-
lus ne s'en présenta pas moins à l'heure jurée, pour
dégager sa foi. Un heureux coup de main de ses soldats
le délivra à l'instant où il allait monter sur la galère qui
le conduisait au supplice. Dans la nuit qui précéda
celle qu'il croyait être pour lui la dernière, il composa

une pièce de vers pleine de magnanimes et consolantes
pensées, où, aux sentiments de l'honneur humain,
noble expression du devoir accompli, se mêlent les
pieuses aspirations du chrétien qui s'apprête à paraître devant son Dieu.

Rendu à la liberté, d'Aubigné se hâta d'aller rejoindre à la Rochelle le roi de Navarre, qui mit à sa
disposition, avec un affectueux empressement, « son
écurie et ses moyens, attendu qu'il n'avait plus d'équi-
page ; » mais il ne laissa pas d'essuyer bientôt quelques déplaisirs. Sans doute ils avaient leur cause dans
son caractère peu accommodant; car on aura peine
à croire, malgré ses insinuations, que le prince l'ait
inquiété pour son exactitude à maintenir la discipline,
ou qu'il ait voulu le punir, par d'injustes dégoûts, de
la considération dont il jouissait dans son parti. D'Aubigné, c'est ici l'occasion de le rappeler, par un travers
propre à ceux qui s'aiment beaucoup eux-mêmes, était
non-seulement sévère, mais ombrageux pour les
autres, au point de tomber à leur égard dans des
soupçons exagérés. Quel que fût, en tous cas, le motif de ses griefs, il résolut de se retirer dans sa maison, par dépit et par vengeance. Mais son activité
d'esprit repoussait un repos absolu ; l'amour de
l'étude, se réveillant chez lui avec plus de force, sembla remplacer son amour de la vie guerrière et aventureuse. Il se plongea dans la lecture des ouvrages de
controverse religieuse, trop livré, par malheur, aux
idées de sa première éducation pour en tirer tout le
profit désirable.

Ces calmes occupations ne pouvaient au reste lui suffire, et le « congé final » qu'il avait pris, disait-il, en s'éloignant de son prince, ne fut que momentané. Le bruit d'avantages récemment obtenus par ses anciens compagnons d'armes, Saint-Gelais et La Boulaye, lui rendit toute son ardeur belliqueuse. Aussi ses oreilles furent-elles promptes à s'ouvrir aux paroles de retour que lui fit porter le roi de Navarre, près de qui nous le trouvons à Coutras (1587). Tandis que les Allemands envahissaient la France et illustraient le duc de Guise par leur défaite à Vimori et à Auneau, un rival de ce capitaine aspirait à le remplacer, par quelque grand exploit, dans l'estime et la faveur populaires. C'était Joyeuse, dont le frère, comme lui mignon de Henri III, venait de se renfermer dans un cloître. Le monarque avait donné à Joyeuse de brillantes troupes, avec mission « de combattre Henri de Bourbon en quelque lieu et à quelque prix que ce fût. » Le roi de Navarre, dont le parti se fortifiait de plus en plus dans les provinces méridionales, ne le fit pas longtemps attendre. Dans le bourg du Périgord devenu célèbre par cette rencontre, on vit une nouvelle armée de Darius se heurter contre une autre armée d'Alexandre. En face de courtisans vêtus d'or et de soie étaient rangés des guerriers bardés de fer. A l'aspect de ces rudes soldats, agenouillés pour prier autour de leur chef, un des compagnons de Joyeuse s'était étourdiment écrié : « Ils ont peur! » Mais ils se relevaient presque aussitôt pour la victoire. D'Aubigné y prit, en qualité de maréchal de camp,

une part éclatatante, après avoir rempli ses fonctions
d'écuyer en mettant son maître à cheval. Cependant,
encore affaibli des restes d'une maladie récente, il
n'avait pu soutenir le poids de son casque, ce qui
l'exposa à un grave péril; car, ayant le visage découvert, il reçut d'un gentilhomme, avec qui il s'était
mesuré plusieurs fois, un coup d'épée au menton.
Il y répondit en abattant sans vie son adversaire.
Malgré sa blessure, il n'en poursuivit pas moins les
ennemis pendant trois lieues, pour les empêcher de
se rallier. Déjà il avait eu l'honneur d'assister au conseil où le monarque arrêta le plan et prépara le succès
de la bataille (1).

On sait que ce beau fait d'armes n'eut pas pour
Henri de Navarre les résultats qu'il était permis d'en
espérer. C'était le temps où l'on eût pu dire à ce prince,
avec plus de justice qu'à Annibal : « Tu sais vaincre,
mais tu ne sais pas user de la victoire. » Au lieu d'en
recueillir les fruits en effet, il n'avait eu rien de plus
pressé que de porter ses lauriers aux pieds d'une maîtresse; et ses soldats, demeurés sans chef, s'étaient la
plupart dispersés. Le sévère d'Aubigné gémit, comme
il lui était ordinaire, des écarts de son souverain; et,
le laissant à ses plaisirs, il s'efforça, d'accord avec
le vicomte de Turenne (2) et le brave La Noue, de
maintenir le triomphe de son parti. Il eût voulu faire

---

(1) D'Aubigné rapporte même dans ses *Mémoires* « que le roi ne refusa point ses avis et s'en trouva bien. »

(2) Plus tard duc de Bouillon, prince de Sedan, maréchal de France et
père du grand Turenne.

en Bretagne, avec ces deux chefs pleins de vigueur,
une expédition dont il avait conçu depuis longtemps
la pensée ; mais contre son gré la conduite en fut donnée à Duplessis-Mornay, qui lui semblait moins homme
d'action que de cabinet, et mûrir ses desseins avec
trop de calme pour être toujours à même de saisir l'occasion. Effectivement ce projet ne réussit point, et
d'Aubigné, qui avait accompagné sans beaucoup d'espoir le sage Mornay, revint bientôt auprès de son
maître. De nouvelles tribulations l'y attendaient. Incapable de résister à ses passions, le vainqueur de Coutras songeait alors à épouser, en se séparant de Marguerite de Valois, Corisande d'Andoins, cette comtesse
de Guiche ou de Gramont déjà citée, à qui Montaigne
a dédié les sonnets de La Boëtie. Mais, rougissant de
sa folie, il voulait l'autoriser de quelques conseils, et
il allait demandant une approbation plus qu'un avis à
ceux qui l'entouraient. Les plus honnêtes éludaient la
question ou s'esquivaient pour ne point répondre. Il
n'en fut pas ainsi de d'Aubigné. Henri, l'ayant pris à
part, lui avait fait un discours étudié pour lui montrer, en alléguant de nombreux exemples historiques,
les avantages d'une alliance qui unissait les cœurs, et
toutes les raisons qu'il avait de s'abandonner à son
penchant ; il terminait en l'invitant à lui dire son sentiment en serviteur fidèle. Agrippa voulut se montrer
digne d'un tel nom, et ce fut en combattant le dessein
du prince avec toute la puissance de la sincérité et du
bon sens révolté ; il lui mit sous les yeux, sans ménagement, ce qu'un mariage de ce genre aurait, dans

l'état présent de sa fortune, d'impolitique et de funeste ;
il le supplia de se défier de ses faux amis, dont la connivence encourageait sa faiblesse en l'excusant par de
perfides exemples (car ce n'était pas le roi, ajoutait
d'Aubigné, qui les avait été chercher dans l'histoire).
En un mot, il lui déclara que, s'il devenait l'époux de
sa maîtresse, il se fermerait pour toujours le chemin
du trône de France.

Henri, subjugué malgré lui par les paroles convain-
cues et fermes de son conseiller, reconnut à cette
occasion que, selon un adage souvent répété, on ne
s'appuie bien que sur ce qui résiste. Il le remercia de
sa franchise et lui jura que de deux ans il ne donnerait aucune suite à ce projet d'alliance. Ce délai, avec
un prince tel que lui, suffisait et au delà pour que l'on
fût sûr qu'il ne s'accomplirait jamais. Après de si bons
offices, que le roi se contentait en général de payer par
des actions de grâces, on ne sera pas trop surpris que
d'Aubigné fût parfois un peu exigeant, grondeur
même, quand ses ressources, affaiblies par les besoins
du service, semblaient réclamer un genre de rémuné-
ration plus solide. Telle était la pensée qui l'occupait,
une nuit que, couché dans la garderobe de Henri de
Navarre à côté de Caumont de La Force (1), il ne pouvait trouver le sommeil : « Mon maître, disait-il à son
compagnon, est le plus ingrat mortel qu'il y ait sur la

---

(1) Celui-ci avait échappé, à douze ans et par un hasard miraculeux,
au massacre de la Saint-Barthélemy. Il devait être maréchal de France
et mourir dans sa quatre-vingt-dixième année.

face de la terre. » Caumont, tout assoupi, ne répondait point. Agrippa répétait sa plainte, si bien que La Force, se réveillant à demi, s'écria : « Que dis-tu, d'Aubigné? — Il te dit, répliqua Henri lui-même, que je suis le plus ingrat mortel qu'il y ait sur la terre (1).» Au son de cette voix inattendue, l'écuyer nous avoue qu'il demeura très-embarrassé et qu'il n'était pas sans redouter, pour le lendemain matin, une fâcheuse explication. Mais, à son grand étonnement, le monarque ne lui en ouvrit pas la bouche. Il est vrai, continue-t-il, « qu'il ne lui donna pas un quart d'écu davantage. »

Parvenu à sa trente-septième année, d'Aubigné n'avait en réalité recueilli que peu de fruits de ses travaux, qui n'avaient pas été, depuis l'âge de quinze ans, interrompus quatre jours de suite, comme il le remarque, si l'on excepte le temps que lui avaient dérobé ses maladies ou la guérison de ses blessures. Aussi à quelque temps de là profita-t-il de l'entreprise qui eut lieu sur Niort et sur Maillezais, pour demeurer gouverneur de cette dernière place (1588) ; poste très-modeste sans doute à raison de la faible importance de cette conquête (2) : mais, après beaucoup de décep-

---

(1) Cette anecdote, que l'on trouve dans ses *Mémoires*, d'Aubigné l'a racontée aussi dans son *Histoire*, avec quelques différences, comme une preuve « de l'ouïe monstrueuse de ce prince, par laquelle il apprenait des nouvelles d'autres et de soi-même parmi les bruits confus de sa chambre et même en entretenant autrui. »

(2) Cette petite ville du Bas–Poitou, « qui demeura à son preneur, » était surtout remarquable par une abbaye dont on peut voir encore aujourd'hui les ruines, et dont l'histoire a été tout récemment écrite par M. l'abbé Lacurie.

tions et des fatigues sans nombre, le repos était en ce moment l'unique objet de ses vœux, ce qui le porta à le chercher dans ce lieu de retraite, malgré les efforts du roi de Navarre, qui souhaitait le garder auprès de lui.

D'Aubigné résidait dans son gouvernement, lorsque Henri III, chassé de sa capitale et éclairé enfin par le malheur sur ses véritables intérêts, se rapprocha de Henri de Bourbon et lui confia le soin de rétablir son trône et l'honneur de la monarchie française. Tout en protestant jusqu'au bout de sa fidélité au roi (1), le duc de Guise avait péri victime de ses projets démasqués ; mais ce meurtre avait soulevé aussitôt contre Valois la conscience publique et le pays. Réuni avec Bourbon, désormais son seul appui, Henri III, des hauteurs de Saint-Cloud, promenait ses regards sur « la ville coupable où il avait juré de ne rentrer jamais que par la brèche et pour sa destruction, » lorsqu'il fut assassiné dans son camp, le 2 août 1589, par le fanatique Jacques Clément.

Ce coup de poignard fit, de Henri de Navarre, Henri IV roi de France. D'Aubigné, qui se lassait du repos bien plus vite que des guerres, après avoir recommencé sa vie d'aventures et de hasards, était revenu depuis peu vers son maître. Il vit le faible Henri III, courageux contre la mort, ennoblir ses derniers moments par une rési-

---

(1) Voici ce que le duc de Guise écrivait à Bassompierre, en mai 1588 : « Il ne nous manque forces, courage, amis ni moyens, mais encore moins l'honneur, le respect et la fidélité au roi, auquel inviolablement nous les garderons. »

gnation vraiment chrétienne ; il le vit presser Bourbon
dans ses bras, le reconnaître pour son héritier et le recommander comme tel aux principaux chefs de son armée. Mais ce qui consacra surtout, aux yeux de beaucoup
de seigneurs indécis, les droits du nouveau souverain,
ce fut la dignité et la sagesse de sa conduite. Au milieu
des circonstances pleines de difficultés où il se trouvait,
il puisa dans son noble cœur et dans sa bonne conscience ces inspirations héroïques qui décident du sort
des hommes et des empires. Il se montra tout de suite
« le roi des braves, qui ne devait être abandonné que des
poltrons. » En allant au maréchal de Biron qui l'avait
longtemps combattu : « C'est à cette heure, lui dit-il,
qu'il faut que vous mettiez la main droite à ma couronne ; venez-moi servir de père et d'ami contre les
gens qui n'aiment ni vous ni moi. » Et Biron et les
représentants des plus antiques races s'empressèrent
de répondre à la loyauté de cet appel. Un instant toutefois Henri, à la vue des périls qui l'entouraient, avait
hésité sur le parti qu'il fallait prendre. Devait-il confier sa fortune et sa vie à une armée si partagée de
sentiments et d'intérêts, ou se retirer avec ses meilleures troupes dans ses provinces outre-Loire ? Mais
d'Aubigné, consulté par lui avec La Force, l'avait ramené sans peine à l'idée de choisir, comme le plus sûr,
le parti le plus honorable. « Et qui donc vous croirait
encore roi de France, lui avait-il dit, en voyant vos
lettres datées de Limoges ? »

Après un éloignement momentané, rendu nécessaire
par quelques défections qu'il avait subies, Henri IV,

au retour de ses victoires d'Arques et d'Ivry, reparut devant la capitale. D'Aubigné l'accompagnait. Bien qu'il n'ait pas trouvé au siége de Paris, comme auparavant à ceux de Jargeau et d'Étampes, de glorieux faits d'armes à accomplir, sa présence est suffisamment établie par ce qu'il en raconte dans son *Histoire*. Les Parisiens, renfermés dans leurs murs, ne donnaient pas aux assaillants des occasions fréquentes de se signaler; « mais chaque jour, dit-il, des milliers de vieillards, de femmes et d'enfants que l'on chassait de la capitale venaient nous demander un refuge. Sollicité par quelques capitaines de repousser ce pauvre peuple à mousquetades, le roi ne put digérer cette inhumanité. » La peste vers ce temps multipliait les victimes dans le camp royal. « Il me souvient, ajoute d'Aubigné, qu'ayant retiré en une partie de mon logis quatre femmes et dix-huit petits enfants beaux et plaisants, comme enfants de Paris, au retour d'une cavalcade nous trouvâmes tout mort et quatre corps inconnus qui servaient de porte au logis. »

Au moment où la clémence du prince allait, non moins que les malheurs des rebelles, triompher de leur obstination, l'arrivée du duc de Parme, envoyé au secours de Paris, força Henri IV à lever le siége. Cette circonstance, en rendant toute leur activité aux troupes royales, permit à d'Aubigné de se distinguer de nouveau. Dès le premier soir où les armées française et espagnole se trouvèrent en présence entre Chelles et Lagny, chargé d'aller relever les vedettes qui avaient été postées pendant le jour, il fut attaqué par un corps nombreux d'ennemis qui croyaient faire, en s'emparant de lui, une prise importante, et auxquels il n'échappa qu'en payant résolûment de sa personne. Le lendemain il se trouvait à l'avant-garde à côté du maréchal de Biron et de Henri lui-même; peu après, dans un engagement difficile, il ne devait son salut qu'à l'à-propos d'un renfort inespéré; enfin, au siége de Rouen, que le duc de Parme arracha comme Paris des mains de Henri IV, on le vit remplir encore ces fonctions de sergent de bataille qui n'étaient confiées qu'aux plus habiles et aux plus valeureux capitaines.

Sur ces entrefaites cependant des motifs de mécontentement plus ou moins fondés engagèrent d'Aubigné à s'éloigner de son maître et à se retirer dans son gouvernement de Maillezais, où il ne manqua pas d'occupation; car l'un des chefs les plus accrédités de la Ligue, Brissac, essaya de s'emparer de cette ville, d'abord par intelligence, ensuite par escalade. Mais d'Aubigné déjoua, grâce à sa prévoyance, la première tentative et repoussa l'autre par la force (1591). Une circonstance récente avait attiré l'attention sur la petite place de Maillezais; c'est que le roi de la Ligue, Charles X, y avait été enfermé jusqu'à sa mort (1), Henri IV n'ayant pas cru pouvoir le mettre en lieu plus sûr, quels que fussent les fréquents accès d'humeur de son écuyer. Un des familiers du prince ayant même exprimé en sa présence la pensée qu'un mécontent tel que d'Aubigné veillerait mal sur le person-

---

(1) Elle arriva en mai 1590. C'était de Chinon qu'il avait été transféré à Maillezais.

nage dont la garde lui était confiée : « J'ai sa parole, elle me suffit, » avait répondu Henri IV. Il ne s'était pas trompé. Dans cette époque où la fidélité des plus braves fut trop souvent incertaine et vénale, l'occasion des profits honteux n'avait certes pas manqué à d'Aubigné. S'il consentait à fermer les yeux sur l'évasion de son prisonnier, la duchesse de Retz lui avait proposé notamment deux cent mille ducats comptant, ou cent cinquante mille écus avec le gouvernement de Belle-Ile. Elle n'avait obtenu que cette fière réponse, digne d'un héros antique : « Le second parti qu'on m'offre me serait plus commode, sans doute, pour manger en paix et en sûreté le pain de mon infidélité ; mais comme ma conscience me suit de très-près, elle s'embarquerait avec moi quand je passerais dans l'île. » Tout ce qu'il pouvait faire, c'était donc de renvoyer sain et sauf, puisqu'il l'avait promis, celui qui lui apportait cette indigne proposition.

Par l'effet de sa retraite volontaire, qui fut d'assez longue durée, d'Aubigné n'assista pas aux derniers événements qui méritèrent à Henri IV le nom de grand capitaine, avant qu'il pût conquérir celui de grand roi. On sait du reste à quel point les négociations furent efficaces pour assurer au vainqueur le fruit de ses triomphes. Couronnées par son abjuration du protestantisme, elles lui rouvrirent, en 1594, les portes de Paris. Plusieurs maréchaux de la Ligue, Brissac, La Châtre, Bois-Dauphin, furent confirmés dans leur rang. Villars fut continué dans la charge d'amiral, qu'il tenait du duc de Mayenne. Il n'y eut pas jusqu'à ce

prince qui n'obtînt entre autres avantages que ses
dettes fussent payées comme dettes de la couronne.
A ces actes, conseillés par la politique, se joignirent
des preuves multipliées de la clémence de Henri IV
qui achevèrent de pacifier les rebelles. Quant aux compagnons des mauvais jours, pourquoi le nier, le monarque ne les aperçut plus aisément, cachés qu'ils
étaient à sa vue par la foule de ses nouveaux courtisans, tant les ennemis de Henri de Navarre avaient été
« prompts à convertir leurs injures en louanges et
adulations du roi ! » Il est très-vrai que les amis les
plus anciens et les plus intimes du Béarnais n'eurent
presque tous pour récompense que l'honneur d'avoir
partagé sa triste fortune. Ce fut surtout le sort de
d'Aubigné, si nous le croyons sur parole, lui qui, toujours aussi dévoué que grondeur, avait plus d'une fois
dans les combats sauvé son maître en le couvrant de
son corps. L'abjuration de Henri IV, qu'Agrippa s'était
efforcé de prévenir par ses représentations, n'était pas
de nature à resserrer les liens un peu relâchés qui les
avaient unis. On ne peut dissimuler que d'Aubigné,
partageant les préventions des réformés qui affectèrent
de s'éloigner d'eux-mêmes, n'ait ressenti de cette résolution, heureux gage de la paix publique, un vif et
aveugle dépit. Quoi qu'il en soit, il reparut au siége
de la Fère. Un malheur domestique, la mort de sa
femme, venait alors de le frapper ; et telle était l'affliction qu'il avait ressentie de cette perte, que pendant trois années entières il ne passa guère, nous
dit-il, aucune nuit sans pleurer. Le jour il avait be-

soin de tout son courage pour lutter contre sa douleur (1). Une campagne étant donc pour lui la meilleure diversion à son chagrin, il retourna vers Henri IV,
près de qui il trouva l'accueil le plus affectueux. Le roi
le présenta même comme un de ses meilleurs amis
à la belle Gabrielle d'Estrées, qui lui témoigna aussi
beaucoup de faveur. Ce fut à cette occasion que le
prince lui montrant la blessure qu'il avait reçue à la
lèvre, lorsque l'attentat de Châtel semblait avoir pré-
ludé au forfait de Ravaillac (2), d'Aubigné prononça
cette phrase célèbre : « Sire, vous n'avez encore renoncé
Dieu que des lèvres : il s'est contenté de les percer ;
mais quand vous le renoncerez du cœur, il percera le
cœur (3). » Cette parole, qu'on a osé appeler quelquefois tristement prophétique, était dure et amère. Elle
était de plus souverainement injuste, puisque nul n'est
en droit d'affirmer que la conversion de Henri IV n'ait
été parfaitement sincère (4). Ajoutons à l'honneur de
la modération du monarque qu'il ne prit point cette
libre repartie en mauvaise part ; mais sa maîtresse

(1) On peut voir à ce sujet, dans les *Petites Œuvres mêlées* de d'Aubigné, une pièce intitulée : *Larmes pour Suzanne de Lezai.*

(2) 1594. Déjà Barrière, l'année précédente, avait attenté à la vie de
Henri IV, « avant quatre semaines échues de sa mutation (de religion), »
dit notre historien.

(3) L'Estoile, en rappelant ce propos, qu'il blâme avec raison, dit que
« l'affection de Henri IV pour d'Aubigné donnait à celui-ci la liberté de
tout dire. » Voyez le *Journal de Henri IV*, où l'auteur cite d'Aubigné
comme « l'un des plus beaux esprits de ce siècle. »

(4) « Il ne mentit pas à son âme, a dit M. Guizot, en sauvant la
France. »

s'étant écriée : « Oh ! les belles paroles, mais mal employées ! — Oui, madame, répliqua d'Aubigné, parce qu'elles ne serviront de rien. »

Ces hardiesses ou plutôt ces témérités montrent quelle était l'opiniâtreté de ses croyances, disons mieux, de ses passions religieuses. Bien loin d'entrer dans la voie tracée par Henri IV et de se prêter à ses vues de conciliation, il avait tout récemment agité les esprits dans un synode à Saint-Maixent, en inspirant à ses coreligionnaires la pensée de former de nouvelles demandes ; et depuis il ne se fit pas faute, toujours curieux de combattre, sinon par l'épée, au moins par la plume et la parole, de représenter dans les occasions solennelles le parti réformé, qui comptait beaucoup sur son savoir et son éloquence. Avec Duplessis-Mornay, il entreprit même, dans des conférences qui eurent lieu à Paris, de tenir tête à l'évêque d'Évreux, du Perron ; et la force de ses arguments mit de telle sorte à la gêne l'illustre prélat, que, s'il fallait en croire son adversaire, de grosses gouttes d'eau tombaient de son front sur un Chrysostome qu'il avait à la main. Ces assemblées par malheur n'aboutissaient qu'à aigrir la vivacité des dissentiments, ce dont se préoccupait peu d'Aubigné (1). Son exagération de sectaire se montra encore après la reddition de la Fère, lors d'une maladie grave qui arrêta Henri dans un vil-

(1) Telle était l'opinion de Henri IV, qui, tout en excusant d'Aubigné *sur ce qu'il y allait de bonne foi*, le trouvait parfois fort incommode, au point de penser à le mettre à la Bastille. Au moins d'Aubigné nous dit-il que *sa chambre y fut préparée.*

lage voisin de cette ville. D'Aubigné veillait à son chevet, quand le roi, à la suite d'une prière fervente adressée à Dieu, et en versant d'abondantes larmes, commanda à son écuyer de lui dire, « sur toutes les vérités qu'il avait autrefois aigres mais utiles en la bouche, » s'il croyait qu'aucune de ses actions, et son changement de religion plus qu'aucune autre, eussent été des péchés contre le Saint-Esprit. A cette question d'Aubigné répondit avec l'emportement d'un zèle calviniste, qui n'était guère propre à calmer les appréhensions du prince ; mais, fort heureusement, Henri IV se rassura et guérit.

Vers le même temps nous voyons d'Aubigné remplir auprès de Henri IV son rôle habituel de conseiller, lorsque, lassés de leur révolte, les habitants de Poitiers songèrent à se soumettre, et adressèrent leurs propositions au prince victorieux. « Le messager et l'affaire, rapporte d'Aubigné, furent remis entre mes mains. » Aussi peut il nous donner des renseignements très-exacts sur cette négociation et sur plusieurs autres qui se succédaient de jour en jour ; car, avec la fougue caractéristique de notre pays, on se précipitait dans l'obéissance, comme jadis on s'était jeté dans l'esprit de rébellion (1). Moins accommodant que Henri, d'Aubigné eût voulu user davantage des fruits d'une victoire péniblement acquise ; il gémissait un peu des belles conditions qui étaient le plus souvent faites aux

(1) D'Aubigné dit avec humeur qu'il craint « d'ennuyer le lecteur de tant de capitulations. »

15.

vaincus. Mais Henri IV ne se souvenait plus que d'une chose dans ses États reconquis, c'est qu'il était le roi et le père de tous les Français.

Pour d'Aubigné, que son fanatisme empêchait de s'associer complétement aux idées généreuses de son maître, il se consola de ne plus guerroyer en écrivant l'histoire de son siècle et les exploits où il avait eu une part si glorieuse. Seulement, d'après l'esprit de généralité qui dominait dans son temps, il ne se contenta pas de raconter les faits dont il avait été le témoin ou dont la France avait été le théâtre, il porta bien au delà sa curieuse investigation. Mais on devine assez qu'il ne dépouilla aucune de ses affections et de ses haines, ce qui devait, en lui conciliant d'ardentes sympathies, soulever contre son travail de très-vives réclamations.

D'Aubigné composa loin de la cour la plus grande partie de cet ouvrage. Depuis la fin des hostilités il ne se rapprochait plus de son maître qu'à de rares intervalles, et cela, disait-il, parce que le retour de la paix avait amené en France « ces saisons où le repos de Capoue ne demande que la présence des flatteurs. » On attribuera plus justement à ses brusqueries, à ses incartades, ce qu'il appelle lui-même « les fréquentes éclipses de la bonne grâce du roi. » Ces inégalités de son humeur empêchèrent seules, il est permis de le penser, son élévation aux plus hautes dignités militaires ou civiles, qui semblaient dues à ses longs services. Lui-même a peint d'un trait, par ce vers cornélien, son audace effrénée et son inflexible caractère ;

Je vois ce que je veux et non ce que je puis.

Aussi faut-il encore, parmi les causes de la froideur du souverain, en signaler une qui eut un motif très-honorable pour d'Aubigné. Depuis longtemps il était lié avec le duc de la Trémouille, et il n'avait pas cru devoir interrompre ces relations à l'époque où ce seigneur s'était posé en face de Henri IV, comme chef du parti calviniste ; il s'était surtout gardé de l'abandonner lorsqu'il l'avait vu investi dans Thouars et à deux doigts de sa perte, il avait été s'enfermer dans cette ville pour y mourir avec lui ou le sauver. Henri IV reprochant ensuite à son écuyer cet attachement pour un homme qu'il avait haï, d'Aubigné lui fit cette réponse admirable, ce nous semble, de noblesse et de naïveté : « Sire, j'ai été nourri aux pieds de Votre Majesté, attaquée de tant d'ennemis et d'accidents, qu'elle a eu besoin de serviteurs dont l'affection redoublât à mesure que vous étiez accablé par une puissance supérieure ; supportez de moi cet apprentissage de vertu que j'ai fait auprès de vous. »

A l'époque où nous sommes parvenu, d'Aubigné avait dépassé sa cinquantième année ; mais la vigueur de son corps et l'énergie de son esprit, en lui présageant une verte et robuste vieillesse, le rendaient encore très-propre à la vie active. Que Henri IV ait donc songé à l'envoyer en Allemagne, ainsi qu'il le dit, comme ambassadeur revêtu de pouvoirs exceptionnels, on n'en saurait être surpris. Cette intention ne s'étant pas réalisée, le roi le manda du moins à Paris, et lui donna une preuve de son ancienne confiance en l'entretenant des plans de guerre qu'il avait conçus pour l'abaissement de la maison d'Autriche. D'Aubigné, qui était vice-amiral des côtes du Poitou et de Sain-tonge, saisit cette occasion de s'offrir pour faire une descente sur les côtes d'Espagne, et de soumettre au roi, avec sa fécondité ordinaire d'expédients, quelques autres projets d'attaque. La prudence du monarque ajourna toutefois l'exécution de ces desseins ; et son conseiller avait tout récemment regagné sa demeure, quand la nouvelle du crime de Ravaillac vint le consterner dans ses foyers. Il gémit alors sur un éloignement qui ne lui avait pas permis de protéger la vie de Henri ; et plusieurs passages de son *Histoire* ou de ses *Mémoires* attestent quelles furent la sincérité et l'amertume de ses regrets. Suspendus quelque temps, ses travaux historiques redevinrent plus que jamais son occupation chérie. Il se plut par eux à nourrir constamment au fond de son cœur le souvenir de son malheureux maître, à qui il ne devait pas survivre moins de vingt ans, et qu'il a lui-même proclamé, en dépit des accès de son humeur satirique, « un roi sans pareil (1). »　.

Ennemi de toute influence étrangère, et de l'influence italienne en particulier, d'Aubigné avait vu avec déplaisir la régence confiée à Marie de Médicis. Il ne tint pas à lui que cet acte du parlement de Paris ne fût infirmé ; car il s'efforça de prouver dans les assemblées des protestants en Poitou, que le droit de statuer

___

(1) Voyez le bel éloge qu'il en fait dans l'*Appendice* qui termine son *Histoire*. Cf. la *Préface* du tome III où il déclare qu'après avoir défendu son roi vivant contre les coups de ses ennemis, il veut le défendre mort « contre les assassins de son honneur. »

sur une telle affaire n'appartenait qu'aux états généraux. D'Aubigné n'en fut pas moins chargé peu après
d'aller présenter à la cour les hommages de ses compatriotes, et sa réputation le fit choisir pour porter la
parole au nom de tous les députés des provinces, en
complimentant la régente. On aura peu de peine à
croire qu'il s'acquitta de ce soin au gré de tous ses
collègues ; seulement un des ministres présents, Vil-
leroi, lui ayant reproché de n'avoir pas fléchi le genou
devant la princesse : « Un gentilhomme, lui dit l'orateur, ne doit au souverain que la révérence et non la
génuflexion. »

Malgré cette libre réponse, la reine mère, qui savait tout le prix des conseils de d'Aubigné, témoigna
le désir de les recevoir ; mais les entrevues où se heur-
taient des principes si opposés ne pouvaient avoir de
grands résultats ni beaucoup de suite : elle cessa
promptement de les rechercher. En regrettant l'obstination hautaine du caractère et des croyances de d'Aubigné, on ne peut d'ailleurs que rendre hommage à
sa sincérité, à sa probité inflexibles. La cour de Marie
de Médicis, qui marchandait volontiers les consciences,
fit, sans aucun succès, plus d'une tentative pour triompher de sa vertu. Il en était fier à bon droit, et malheur à qui se permettait quelque doute blessant sur
son honneur. Un jour qu'un des intermédiaires de la
régente avait multiplié près de lui les démarches pour
l'amener à complaire à cette princesse, l'un des personnages qui connaissaient par expérience le but de
ces visites lui demanda avec malice : « Qu'est donc

allé faire La Varenne (1) en votre logis, où il a été
douze fois depuis hier matin. — Ce qu'il a fait au
vôtre dès la première, répliqua d'Aubigné, et ce qu'il
n'a pu faire au mien à la douzième. »

De telles reparties suffisent bien pour expliquer les
fréquentes querelles et les nombreux ennemis qu'eut
d'Aubigné dans tous les temps. Sans ménagement
comme sans prudence, il ne sut jamais se refuser un
bon mot ni taire un bon argument. La politique astucieuse et les intrigues du conseil où dominait Con-
cini ne pouvaient manquer de fournir à sa franchise
incisive plus d'une occasion d'éclater : quelques mé-
contentements que ses propos excitèrent firent suspendre le payement de ses pensions, et le vieux serviteur de Henri IV, réduit au dénûment dans sa petite
place de Maillezais, dut s'ingénier pour vivre et pour
assurer la subsistance de sa garnison. Il se vit donc
réduit à faire çà et là des excursions qui, mal inter-
prétées avec quelques autres de ses démarches, lui
attirèrent des menaces de la cour. Il se fortifia alors
dans sa bourgade : Richelieu n'avait pas encore appris
aux seigneurs, grands et petits indifféremment, le devoir de l'obéissance. Bientôt de nouvelles levées de
boucliers dans le parti des réformés le trouvèrent prêt,

---

(1) Il avait été homme de confiance de Henri IV et avait eu le titre de
son *porte-manteau*, lui rendant beaucoup de bons offices, mais non pas
d'un ordre relevé. Comme il avait commencé par être cuisinier de Catherine de Navarre, celle-ci disait, par allusion à ce premier état et aux
services que l'on avait ensuite tirés de lui, « qu'il avait plus gagné à porter les poulets de son frère qu'à piquer les siens. »

malgré son grand âge, à seconder leurs mouvements;
mais, depuis la concession de l'édit de Nantes, ce
n'étaient plus guère que des étincelles d'où pouvait
naître difficilement un grave incendie. Le traité de
Loudun (1616) (1) mit un terme à ces émotions, où
d'Aubigné, qui avait eu au siége de Tonnay-Charente
la moitié du corps grillée par accident, ne gagna que
la réputation de factieux. Il se retira ensuite dans son
gouvernement, mécontent, d'après sa coutume, et se
plaignant de ses coreligionnaires plus que de tous les
autres. Son humeur brusque et violente ne devait pas
s'adoucir par le progrès de l'âge. Un effet plus heureux des années fut d'augmenter sans cesse chez lui
cet esprit de prévision, ce jugement plein de sagacité
qui lui avait fait donner, dans cette époque amie du
merveilleux, le nom de d'*Aubigné le Prophète*. Comme
il excellait à deviner l'issue des événements, et qu'il
se plaisait à l'annoncer souvent par avance, on avait
multiplié les conjectures bizarres pour expliquer par
des moyens surnaturels ce don supérieur de divination, ce coup d'œil juste et sûr, fruit de la réflexion et
de l'expérience, qui semblait pénétrer dans l'avenir (2).

(1) Dans sa colère, d'Aubigné l'appelle énergiquement « une foire publique d'une générale lâcheté et d'une particulière infidélité. »

(2) On disait qu'il avait chez lui un sorcier d'où il tirait ses lumières ;
et il parle en effet dans ses *Mémoires* d'un muet que l'on eût considéré
de nos jours comme un *médium* des plus remarquables : mais il s'ab-
stenait de le consulter. On a prétendu aussi qu'il possédait un secret au
moyen duquel il parlait à un ami éloigné de cent pas, sans que d'autres
l'entendissent. Voyez Spon, *Histoire de Genève*, in-12, 1730, tome II,
page 534.

Au reste il n'était pas au terme des épreuves dont son habileté clairvoyante l'avait fait en partie sortir à son avantage : les tribulations et les peines n'épargnèrent pas plus sa vieillesse que les autres temps de sa vie. Suspect à Marie de Médicis, et inquiété dans la possession de ses deux gouvernements (depuis peu il avait ajouté à celui de Maillezais la petite île du Doignon, qu'il fit également fortifier) (1), il dut consentir à remettre entre les mains du gendre de Sully, le duc de Rohan, chef des religionnaires, ces deux postes qui commandaient le cours de la rivière de Sèvre et défendaient les abords de la Rochelle, ce dernier rempart de la réforme, dont le ministre de Louis XIII méditait dès lors la conquête (2). Après avoir repoussé les offres beaucoup plus considérables de la cour, qui, pour l'exécution de ses projets, avait grand intérêt à s'assurer de ces places de guerre, il se borna à stipuler, pour cette double cession (3), cent mille livres, dont la moitié lui fut payée comptant, et il se retira à Saint-Jean d'Angely, où il poursuivit, avec plus d'ardeur encore que par le passé, la composition de son *Histoire*. Mais dès que l'ouvrage eut paru, il souleva de

(1) On voit encore aujourd'hui dans cette île de la Sèvre quelques traces des constructions qui furent élevées par d'Aubigné.

(2) Elle eut lieu deux ans avant la mort de d'Aubigné, 1628.

(3) On peut voir à ce sujet une belle lettre de d'Aubigné, datée du 29 avril 1619, et adressée à M. de Pontchartrain, « secrétaire des commandements de Sa Majesté, » que vient de publier le *Bulletin de la Société de l'histoire du protestantisme français*, numéro de janvier et février 1853.

telles clameurs par sa violence, qu'il fut déféré au parlement. Un arrêt de ce corps, daté du 4 janvier 1620,
condamna l'*Histoire* de d'Aubigné à être brûlée à Paris,
par la main du bourreau, dans la cour du collége royal,
comme « contenant plusieurs choses contre l'État et
l'honneur des rois, des reines et autres seigneurs du
royaume. »

Déjà précédemment, du vivant de Henri IV, il avait
été question d'interdire à d'Aubigné de continuer son
livre. Des ennemis de ce franc parleur avaient, dit-on,
sollicité le monarque de lui intimer cette défense. Mais
l'intervention officieuse du cardinal du Perron, grand
ami des lettres, rendit le roi plus favorable à l'écrivain. Tel fut même l'heureux changement des dispositions du prince qu'il encouragea l'auteur à poursuivre avec activité son travail, et qu'il lui promit un
don considérable d'argent pour hâter tout à la fois et
faciliter l'accomplissement de son œuvre. Ce n'était
pas seulement à titre de récompense : c'était pour lui
permettre de visiter les lieux qui avaient été le théâtre
de la guerre, de parcourir les villes et d'en lever des
plans destinés à éclairer les descriptions ou plutôt à en
tenir la place.

En témoignant que le parti hostile à d'Aubigné avait
prévalu, la condamnation du parlement lui donnait
fort à réfléchir. Il n'était pas trop rare à cette époque,
nous avons eu occasion de le rappeler, qu'après les
livres on brûlât aussi les auteurs. Frappé de cette idée,
dont plus d'un exemple récent autorisait la vraisemblance, d'Aubigné songea à soustraire sa personne aux

mains de ses ennemis. Une circonstance nouvelle, en redoublant ses craintes, pressa ses projets de retraite. Les mécontents de toute couleur, groupés autour de la reine mère Marie de Médicis, qui, devenue captive, avait associé ses intérêts à ceux du duc de Rohan, venaient de prendre les armes contre son fils ; mais ce parti, qui, comme on l'a dit, « comptait cent mille bras et manquait de tête, » n'avait pas tardé à se dissoudre. Louis XIII s'était à peine montré, que tout, à son aspect, avait plié sous l'obéissance (1620). D'Aubigné qui, dans la prévision du résultat, avait refusé de tirer sa *petite épée*, n'en fut pas moins placé au nombre des révoltés, dont les plus marquants étaient ses amis. Désigné à beaucoup de haines, il comprit qu'on le ferait payer volontiers pour les coupables, et il se mit en route au plus vite pour Genève, après avoir caché dans les selles de ses chevaux une somme importante qu'il avait amassée. Quoique, suivant son attente, l'ordre eût été donné partout de l'arrêter, il réussit, par sa connaissance consommée des chemins, à se dérober aux recherches et à gagner l'asile désiré.

Auparavant d'Aubigné s'était assuré des dispositions de Genève à son égard : elles ne pouvaient que lui être favorables. Ce fut au mois de septembre 1620 qu'il atteignit cette ville, où l'attendait un accueil plus flatteur qu'un réfugié n'était en droit d'y prétendre. Mais la capitale du calvinisme crut devoir traiter avec une distinction marquée l'un des principaux représentants et des plus obstinés défenseurs de sa cause. Elle

lui offrit un repas magnifique, dans lequel figuraient
« des massepains portant les armoiries de d'Aubigné, »
et le premier syndic l'alla prendre à son logis pour le
mener au prêche, où il occupa la place d'honneur.
Par un autre genre d'hommage encore plus légitime,
on s'empressa de recourir sur plusieurs points à sa
vieille expérience ; la république le créa président de
son conseil de guerre et lui commit le soin de veiller à
ses fortifications.

D'Aubigné s'acquitta de ces charges avec d'autant
plus de zèle, qu'à ses sentiments d'une juste reconnaissance il joignait une très-ancienne estime pour ce
petit peuple, qui, selon lui, donnait alors à la chrétienté ses plus valeureux soldats. Les intérêts religieux
et politiques des protestants de France continuèrent
en outre à le préoccuper dans cette retraite, et il demeura l'âme des intrigues ou des affaires de la réforme.
Par ce motif surtout il fit plusieurs voyages, et entre
autres villes il visita Berne qui le reçut avec *force ca-
nonnades, festins et honneurs*, dont il ne pouvait approu-
ver l'excès. Là aussi sa capacité militaire fut très-utile
aux habitants, en ajoutant à leurs moyens de défense ;
et ce ne fut qu'avec difficulté et en alléguant son grand
âge, qu'il évita d'être nommé leur général. Venise
voulut pareillement l'engager à son service, en le mettant à la tête des Français qu'elle avait à sa solde :
telle était sa réputation et la confiance que l'on plaçait
à bon droit dans ses talents !

A ces témoignages de considération, qui allégeaient
pour d'Aubigné le poids de l'exil, se mêlèrent de cui-

sants déplaisirs. Les principaux lui furent suscités par
l'aîné de ses enfants, Constant d'Aubigné, dont il s'est
plaint avec une extrême vivacité. Ce fils, qui fut le
père de Mme de Maintenon, abjura le protestantisme ;
et, non content de trahir les secrets de son parti, il
devint entre les mains des ennemis de d'Aubigné, si
on en croit celui-ci, un instrument pour le tourmenter.
Nous nous bornerons à renvoyer là-dessus à ses *Mémoires* (1) : il ne nous appartient pas de nous prononcer dans cette affaire de famille (2). Quoi qu'il en soit,
pour se consoler sans doute, d'Aubigné, qui avait
atteint sa soixante-dixième année, mais qui n'éprouvait aucune des incommodités de ce grand âge, se
remaria à une veuve d'une bonne maison d'Italie,
qu'il a traitée d'*héroïne*, en rendant hommage à la fermeté de son caractère. Il venait alors d'apprendre que,
traité à Paris en rebelle et en ennemi de l'Église, il avait
été frappé, comme contumace, d'un arrêt de mort
(1623) : c'était le quatrième de ceux de ce genre qui
avaient été rendus contre lui, et dont il tirait, disait-il,

(1) La fin en est remplie par ces détails.

(2) Les autres enfants légitimes d'Agrippa d'Aubigné furent deux filles,
Marie d'Aubigné, qui épousa un M. de Caumont d'Adé, et Louise Artémise
d'Aubigné, qui fut mariée au marquis de Villette (cette dernière recueillit par la suite madame de Maintenon dans sa première jeunesse). Elles
avaient été élevées avec autant de soin que de sagesse. C'est ce qu'on
peut voir par une œuvre de d'Aubigné demeurée inédite, ses *Instructions à ses filles*, dont M. Sayous a donné de curieux extraits dans la
deuxième édition de ses *Études littéraires sur les écrivains de la
réformation*. Agrippa laissa en outre un fils naturel, Nathan d'Aubigné.

« honneur et plaisir (1). » Dans ce moment encore il forma un nouvel établissement aux environs de Genève, en acquérant la terre du Crest au prix de onze mille écus ; ce qui prouve après tout que sa fortune, du moins à la fin de sa vie, n'était pas aussi mauvaise qu'il s'en est plaint souvent. Il fit même faire d'importantes constructions dans cette terre, et lorsqu'il les surveillait, un échafaud du cinquième étage s'étant tout à coup dérobé sous ses pieds, il ne fut sauvé que par son bonheur habituel, ou plutôt par son énergie : car ayant saisi de ses mains blessées une pierre en saillie, il s'y cramponna de manière à pouvoir attendre les secours qu'on s'empressa de lui porter.

Après avoir couru tant de hasards, reçu tant de blessures, essuyé tant d'accidents et vu la mort sous tant de faces, d'Aubigné devait terminer ses jours de la manière la plus naturelle et dans la demeure qu'il avait choisie. Ce fut en 1630, à quatre-vingts ans, que s'acheva sa carrière aventureuse. Jusque-là il avait conservé, presque dans leur intégrité, les forces de son corps et de son esprit ; mais jusqu'à cet instant aussi les agitations ne lui avaient pas manqué, grâce

---

(1) De là ces quatre vers d'un contemporain, adressés à d'Aubigné, sur la rencontre de sa condamnation et de son mariage :

> Paris te dresse un vain tombeau ;
> Genève, un certain hyménée :
> A Paris tu meurs en tableau ;
> Ici vis au sein de Renée.

Cette Renée Burlamach était veuve de César Balbani ; elle mourut en 1641.

surtout aux fougues de son humeur, « à laquelle il donnait plus de liberté que les affaires du temps ne le permettaient. » Sa femme écrivait peu de jours avant sa mort (1) : « Il a eu dernièrement une bourrasque à cause du livre de *Fœneste*, augmenté de nouveau, qui n'a pas été bien pris en ce lieu-ci, où les personnes pensent trois fois une chose avant de la mettre en effet une (2). » La rigidité réfléchie de Genève ne goûtait pas ces pamphlets où, sans mesure et sans règle, la raillerie n'épargnait rien. L'émotion causée par sa hardiesse se calmait à peine, quand il éprouva le 21 avril une indisposition qui ne tarda pas à prendre un caractère grave ; cette maladie l'enleva le 9 mai, jour de l'Ascension, malgré les soins affectueux dont il ne cessa d'être l'objet et qui adoucirent pour lui les derniers moments. Il les vit même approcher avec joie, et disait à ceux qui, par un désir inutile de prolonger sa vie, le pressaient de prendre de la nourriture : « Laissez-moi aller en paix, je veux aller manger du pain céleste. » Plein de ces idées consolantes, et avec ce goût de la poésie qui ne l'avait jamais quitté, il composa, deux heures avant sa fin, ces quatre vers :

La voici l'heureuse journée

---

(1) Lettre à M. de Villette, avril 1630. (Voyez les Pièces justificatives des *Mémoires pour servir à l'histoire de madame de Maintenon*, par la Beaumelle, t. VI, p. 23.)

(2) Les *Registres du conseil de Genève*, ann. 1630, p. 60, attestent, d'après la remarque de M. Sayous, que le livre avait été supprimé, l'imprimeur mis en prison et l'auteur admonesté sévèrement.

Que Dieu a faite à plein désir :
Par nous soit gloire à lui donnée
Et prenons en elle plaisir (1).

Ce fut dans les bras des personnes aimées qui l'entouraient et au milieu de ces aspirations pieuses qu'il
rendit l'âme. Le lendemain son corps, suivi d'une
grande affluence de gens de bien et d'amis des lettres (2), fut transporté au cloître de la cathédrale de
Saint-Pierre pour y être enseveli. On y voit encore
son tombeau, sur lequel se lit une épitaphe latine qu'il
avait rédigée lui-même. Bizarre pour la forme, ainsi
que la vie qu'elle rappelle, elle ne laisse pas au fond
d'être édifiante et louable. Comme elle est d'ailleurs
fort obscure, nous nous bornerons à en donner la traduction : « Au nom du Dieu très-bon et très-grand.
Je souhaite, mes enfants, que vous goûtiez la douceur
du repos que dans une vie agitée, et malgré les orages
qui m'ont assailli, je vous ai acquis par des moyens
honnètes et avec la faveur du ciel ; mais c'est à la condition que vous servirez Dieu et que vous suivrez la
trace de votre père. Sinon je forme des vœux contraires. Telle est la volonté de votre père, par lequel
et non duquel vous avez reçu l'être et le bien-être.

(1) Les hommes du seizième siècle se plaisaient à témoigner ainsi leur
calme parfait d'esprit à l'approche du moment suprême. D'Aubigné a
lui-même traduit des vers latins que Jules César Scaliger dicta à son fils
« le soir où il mourut. »

(2) La lettre de convocation, adressée par le recteur de l'Académie de
Genève pour les funérailles de d'Aubigné, se trouve dans le manuscrit de
la bibliothèque du Louvre que nous avons signalé au commencement de
cette étude ; cette pièce est écrite en latin.

Ainsi l'a-t-il écrit, pour votre honneur si vous êtes ses
dignes héritiers, et pour votre honte si vous dégéné-
rez de lui. »

En faisant connaître les nombreux ouvrages de d'Aubigné, nous nous efforcerons d'achever de peindre
cette physionomie singulière qui reproduit à plusieurs
égards celle du temps où il a vécu. C'est là ce qui nous
fera pardonner de nous être longuement arrêté à cette
existence si remplie et si étroitement liée à presque
tous les événements comme à presque tous les hommes
qui occupent une place dans le seizième siècle. Une
telle carrière, a-t-on dit justement, est le tableau de
toute une époque. En outre d'Aubigné est une des
plus expressives figures de la féodalité avec sa turbulence, ses fougues et ses excès, mais aussi avec sa bravoure, sa loyauté et ses mâles vertus. De leurs châteaux, dont les fossés se comblent et les tourelles
s'abaissent, les fils de nos puissants vassaux vont sortir à l'envi pour former le brillant cortége de Richelieu et de Louis XIV : mais ne pourra-t-on pas regretter, avec Saint-Simon, qu'ils soient venus un peu trop
s'effacer dans l'ombre que projettera autour d'elle la
gloire du grand ministre ou du grand roi? D'Aubigné
nous offre un dernier type de ces rudes gentilshommes,
violents et indociles, autant qu'immuables dans leur
devoir et dans leur foi chevaleresque : race énergique
et fière, éteinte aujourd'hui, bien étrangère sans doute à
notre mollesse raffinée et à notre nivellement social, mais
qui mérite du moins un souvenir, puisqu'elle retrace
un côté héroïque de notre France et de notre histoire.

ÉTUDE SUR SES ŒUVRES

II

L'HISTORIEN ET LE BIOGRAPHE. — LE POÈTE ET LE PAMPHLÉ-
TAIRE. — SES OUVRAGES INÉDITS. — CONCLUSION.

Nous avons montré dans d'Aubigné l'homme d'action, montrons maintenant l'homme de pensée et l'écrivain : aussi bien, si le style, comme l'a dit Buffon, est l'homme même, on ne saurait attendre d'un tel personnage qu'un style d'un accent prononcé et d'une originalité saisissante.

Naturellement poëte (on le verra plus loin), il avait reçu aussi de la nature le don de l'éloquence : tout jeune, il le signala dans une circonstance très-grave pour lui. Afin de le dépouiller de l'héritage de son père, on avait voulu, profitant de son absence, le faire passer pour mort. Vainement il s'était présenté; on avait refusé de le reconnaître. Un de ses fermiers, qui ne s'y méprenait point, mais qui lui devait trois an-

nées d'arrérages, avait cru notamment se tirer d'affaire
en le traitant en face d'imposteur. Ce fut alors qu'il
obtint un de ces succès qui appartiennent à la véritable
éloquence. Se trouvant réduit à la plus dure extrémité,
dénué d'argent, privé de toute sorte de secours et avec
une grosse fièvre, il se fit transporter à Orléans, où il
arriva demi-mort. Dans ce pitoyable état, néanmoins,
il eut le courage de comparaître devant les juges, qui
lui permirent de plaider lui-même sa cause; ce qu'il
fit en termes si pathétiques, que, s'étant levés de leurs
places, tous s'écrièrent d'une seule voix qu'il n'y avait
que le fils du feu sieur d'Aubigné qui pût parler ainsi :
ils condamnèrent aussitôt son adversaire à lui demander pardon et à lui rendre son bien.

Ajoutons que la facilité de sa plume égalait celle de
sa parole : témoin ce fait qui se rapporte à une autre
époque de sa vie, et qu'il a pareillement raconté dans
ses *Mémoires*. Une affaire épineuse ayant été péniblement discutée, on l'avait, dans une assemblée de religion, chargé d'en rédiger un rapport où toutes les difficultés seraient résolues, et il avait demandé à cet
effet trois jours. Arrivé chez lui, il traça en peu
d'heures un projet destiné à concilier les intérêts très-
divers qui étaient en jeu, et le soumit sans délai à l'assemblée, tout prêt à recommencer son travail; mais il
fut approuvé entièrement, « à l'exception d'une syl-
labe (1). »

Doué d'une conception si soudaine et si vive,

_____

(1) « Il avait toujours estimé, disait-il, cet écrit le plus heureux de tous
les siens. »

Agrippa, dans le feu de la guerre et au milieu de ses courses sans terme, trouva toujours le loisir de composer des discours. Dans les circonstances les plus critiques, lorsqu'il était poursuivi par les soldats de Catherine de Médicis, qui avait juré sa perte, il prépara, nous dit-il, une harangue qu'il prononça depuis avec succès dans une réunion générale des Églises réformées. Ainsi se reposait-il de ses fatigues. Comment donc, après de si nombreuses années passées dans les affaires et dans la guerre, d'Aubigné eût-il supporté un entier repos ? Il ne pouvait pas plus s'y résigner que Thucydide et Salluste. Avec le goût encyclopédique propre aux époques littéraires primitives et qui caractérise surtout notre seizième siècle, il partagea son activité entre plusieurs genres ; mais nous nous attacherons d'abord au prosateur et à l'œuvre la plus considérable qu'il nous ait laissée, à son *Histoire*.

Comme les illustres anciens que nous venons de citer, il voulut, en retraçant l'histoire de son temps, se consoler de n'être plus mêlé au mouvement de la vie active. Ce rôle d'historien devait plaire d'ailleurs à son esprit décisif et passionné ; et ses études, autant que son inclination naturelle, l'avaient préparé à le remplir. C'est ce que, jeune encore, il annonçait dans les vers suivants :

> Que si Dieu prend à gré ces prémices, je veux,
> Quand mes fruits seront mûrs, lui payer d'autres vœux,
> Me livrer aux travaux de la pesante (1) histoire,
> Et en prose coucher les hauts faits de sa gloire.

(1) C'est le sens du latin *gravis*, grave.

D'autres en outre avaient songé pour d'Aubigné à ces travaux, et dès 1576 Henri de Navarre, qui cherchait un historien dont il se sentait digne d'occuper la plume, s'était adressé à lui pour l'inviter à se charger de ce soin. Mais Agrippa, qui trouvait qu'en ce moment son maître sacrifiait sa gloire à ses plaisirs, lui avait répondu avec rudesse ou, pour le laisser parler lui-même, « trop fièrement, comme non content de ses actions passées : Sire, commencez de faire, et je commencerai d'écrire (1). »

Ce ne fut que plus tard en effet qu'il entreprit la vaste composition historique si vivement animée par ses souvenirs. A l'avantage d'aborder cette œuvre dans l'âge mûr, il joignait une rare variété de connaissances, qu'il devait à la forte discipline de sa première jeunesse. Lui-même paraît s'être peint dans ses poésies sous les traits d'un gentilhomme élevé à la façon que recommandait Rabelais, et dont

> L'esprit savait tout art, le corps tout exercice.

Homme d'une imagination ardente, mais tempérée par le savoir, il avait été formé doublement, chose trop rare chez les modernes, par l'expérience des af-

---

(1) **Préface de l'*Histoire*.** — Ailleurs on lit que Henri manifestant le désir de voir représentées ses actions dans la guerre et dans la paix, d'Aubigné témoigna ainsi qu'il prendrait volontiers pour lui le premier soin, mais qu'il avait peu d'empressement à se charger de l'autre : « Sire, vous trouverez en votre cour assez d'historiens de paix ; je vous supplie de vous contenter que je rapporte vos tourmentes et vos victoires, desquelles j'ai été partie et témoin. »

faires et le commerce des livres. Il avait vu, en partie
du moins, ce qu'il voulait raconter ; ajoutons qu'il ne
se dissimulait nullement la gravité de sa tâche. On le
reconnaît par sa préface, où il établit à quel point il
est difficile de bien écrire l'histoire et surtout de contenter son lecteur. Pour lui, qui n'a pas *le style courtisan*, il ne prétend qu'énoncer les faits « avec vérité
et en soldat, » préoccupé du seul désir d'éviter les défauts de ceux qui l'ont précédé dans la même carrière.
Parmi eux, toutefois, il ne laisse pas de signaler avec
éloge deux de ses contemporains : La Popelinière,
dont la plume lui paraît « sentir l'homme de lettres et
l'homme de guerre, » et de Thou, « le plus puissant
esprit que la France ait à opposer aux étrangers, » le
digne rival des Guichardin et des Machiavel.

Le nom d'*Histoire universelle*, donné par d'Aubigné
à son ouvrage, qui débute vers la naissance de Henri IV,
et se termine à la mort de ce prince, atteste qu'il ne
renferme pas seulement, comme on en a fait la remarque, les événements dont la France a été le théâtre :
l'auteur « a osé le généraliser, en s'attachant plus
expressément aux choses proches de temps et de lieu,
plus légèrement aux éloignées. » En d'autres termes,
à la fin de chacun de ses livres se trouvent des chapitres où il promène le lecteur à l'étranger, dans l'o-
rient, l'occident, le midi, le septentrion ; et plusieurs
de ces chapitres où les regards de l'écrivain se portent
sur les quatre parties du monde ont une étendue considérable. Ils sont toujours suivis des conditions de
quelqu'une de ces paix ou de ces trêves éphémères

que cette époque vit se succéder en si grand nombre. Le premier des trois tomes qui forment la division primitive de l'œuvre, contient le récit des guerres où le protestantisme eut pour chefs Louis de Condé et Coligny; le second, qui commence un peu avant la Saint-Barthélemy, va jusqu'au moment où la Ligue, démasquant ses projets, menace l'existence de la royauté; le troisième, qui embrasse la lutte de la maison de Lorraine contre le dernier des Valois et son successeur, aboutit à la pacification du pays par Henri IV.

Malgré son titre un peu ambitieux, cette histoire n'est presque partout, en réalité, que le tableau des guerres intestines de la France pendant le seizième siècle, de ces guerres « dont la cause véritable ou le prétexte a été la différence des religions. » C'est pour prévenir le retour de ces luttes qui ont donné naissance « à plus de vingt batailles, plus de cent rencontres notables et beaucoup plus de siéges, à la mort d'un million d'hommes » que d'Aubigné a cru devoir rechercher les sources du mal et montrer comment de petites étincelles avaient allumé au sein de la chrétienté un si grand incendie. Dans cette intention, qui le porte à reprendre les choses de plus haut, il entre en matière par un résumé remplissant deux livres, dont les chapitres, à cause de leur caractère général, ne reçoivent pas l'indication des années. Les dates sont ensuite placées à la marge des pages de l'histoire, et ne sont plus omises que dans les chapitres consacrés aux affaires étrangères, où la forme de l'abrégé reparaît, l'auteur se bornant à y fixer l'époque des principaux événements.

Le but moral que d'Aubigné se propose, celui d'inspirer l'horreur des discordes civiles, se révèle dès le commencement de ces funèbres annales, l'historien n'omettant aucune occasion d'en faire sortir de sévères enseignements, qu'il adresse « à tous les gentils esprits qui ont le palais bon pour la lecture. » L'un des premiers récits qu'il développe est le siége d'Orléans, aux préparatifs duquel il avait assisté; et, tout enfant qu'il était, puisqu'il n'entrait que dans, sa treizième année, il n'avait pas oublié les circonstances qui accompagnèrent la mort de François de Guise, assassiné devant cette ville : meurtre odieux dont les passions contemporaines s'efforcèrent injustement de faire remonter la responsabilité au delà du misérable qui l'avait commis. C'était au reste le caractère de ces temps que le sang n'y coulât pas seulement sur les champs de bataille. On sait avec quelles couleurs les a représentés l'auteur des *Essais,* et de quel pinceau il a retracé ces partis, « vraie école de trahison, d'inhumanité et de brigandage. » Comme si l'épée n'eût pas fait assez de victimes, les supplices venaient après les combats, et le courage malheureux était puni comme crime capital : les bourreaux, ainsi que s'en félicitait Montluc, marchaient à la suite des armées. Les capitulations destinées à protéger la vie des vaincus n'étaient trop fréquemment que de vaines formules dont on se jouait à plaisir. Parmi les chefs redoutés de cette époque, « ces bêtes furieuses que le siècle, au dire de Montaigne, avait produites à milliers, » on a souvent cité le baron des Adrets, dont la physionomie frappa

vivement le jeune de Thou, lorsqu'il vit à Grenoble
« ce vieillard vert et vigoureux, à l'air martial et farouche, le visage maigre et décharné, marqué de
taches d'un sang noir, tel que l'on dépeint Sylla (1). »
D'Aubigné nous entretient aussi des exploits de cet
homme de guerre et de ce qu'il se contente d'appeler
ses *rudesses* : elles consistaient surtout à précipiter du
haut des remparts les soldats qui tombaient entre ses
mains. Ces cruautés n'avaient rien d'ailleurs que de
vulgaire, et l'on y joignait souvent la raillerie et l'insulte ; témoin un capitaine établi à Mâcon, qui *bouf-
fonnait* en faisant périr de même ses prisonniers : « Au
sortir des festins qu'il offrait aux dames, il leur donnait le plaisir de voir sauter quelque quantité de malheureux du pont en bas. » Telles étaient les scènes
d'horreur qui se répétaient de tous côtés dans le Midi,
vers 1562, et par lesquelles s'ouvre l'*Histoire* de d'Aubigné. Aucun dans les prises de villes n'était innocent
aux yeux des vainqueurs : ni les enfants, ni les femmes,
ni les vieillards, ni les ecclésiastiques même, alors que
l'on prétendait combattre pour la religion. Catholiques
et protestants luttaient de barbaries, malgré les voix
qui s'élevaient pour montrer ce qu'elles avaient d'odieux
et de stérile. De là tant de récits lamentables de pil-
lages, de massacres et d'incendies. A Cahors et dans
plusieurs autres villes, nous voyons le sang couler à
flots, et l'historien énumère une foule de personnes « poi-
gnardées, lapidées, étranglées, assommées, brûlées,

(1) *De Vita sua* (1571), l. I.

éteintes de faim, enterrées vives, noyées et étouffées. »
A ces exécutions en masse se mêlaient des raffinements
inouïs de vengeances particulières. Pour les haines
féroces de ces temps ce n'était pas assez de tuer simplement son ennemi : on voulait « qu'il se sentît mourir ; » et pour cela on employait non les coups, mais
« les piqûres de poignard. » Voici encore une des « dia-
boliques inventions que ces courages de fer avaient
mises en usage : » A la prise d'une place voisine
d'Auxerre, « un soldat fut coupé à petits morceaux, et
son cœur vendu au plus offrant sur la place ; là mis
sur les charbons et mangé (1). »

L'esprit sociable des Français n'avait pas toutefois
entièrement disparu au milieu de ces horreurs. D'Aubigné nous montre les gentilshommes des deux partis,
au moment où les armées s'approchaient près d'en venir
aux mains, accourant pour demander leurs parents,
leurs amis et s'entretenir avec eux quelques instants.
Mais, l'engagement commencé, c'en était fait des
liens de toute espèce : on ne songeait plus qu'à tuer
ou à mourir en s'enveloppant dans son drapeau.

A l'exemple de la guerre, la politique était alors
impitoyable. Ses armes ordinaires étaient la corde, le
fer et le feu. L'un de ceux dont le nom personnifie
cette affreuse politique, le duc d'Albe, étant arrivé à
Utrecht, « fit trancher la tête à une femme fort riche,
âgée de quatre-vingt-trois ans, pour avoir logé chez

_____

(1) De là le nom d'*anthropophages* que d'Aubigné a donné à ses compatriotes.

elle un ministre. » C'était ce même .duc d'Albe qui,
représentant terrible de l'inquisition, qu'il appelait le
conseil sanguinaire, avait tari les anciennes sources de
la prospérité des Flandres, en contraignant à s'expa-
trier presque tous ceux qui s'occupaient de commerce
ou d'industrie. Fier de ces triomphes, il avait voulu,
par un mausolée érigé à sa gloire, en perpétuer le
souvenir : mais, remarque d'Aubigné, « au lieu de
consolider l'autorité du roi d'Espagne, son maître, par
terreur ; par elle, comme par désespoir, il poussa les
peuples à la désaffection. » L'oppression amena la révolte ; et, à travers mille dangers et mille malheurs, les
Pays-Bas, conformément à cette devise : « Vertu force
la force, » préparèrent l'établissement de leur liberté.

Que, dans un siècle qui faisait mépris de la vie humaine, la valeur fût qualité commune, on n'en saurait
être surpris, « chacun étant prêt, pour respirer une
âme précaire, à se faire bourreau de son compagnon. »
Aussi, d'après notre auteur, l'amour des combats
avait-il pénétré partout, à tel point que, « loin de
trembler au son des tambours, les Français y dan-
saient. » Mais la bravoure elle-même avait quelque
chose qui outrageait la nature. A l'assaut d'une place,
d'Aubigné nous fait voir un père debout sur les remparts pour repousser l'ennemi, tandis que ses deux
enfants, l'un dans sa dixième, l'autre dans sa douzième
année, sont à ses côtés et partagent ses périls (1).

---

(1) Il n'était pas rare non plus de voir des frères, appartenant à des
partis contraires, « en venir aux paroles, puis ensuite aux mains,
comme Arminius et Flavius. »

Jamais la lutte n'eut le même caractère d'acharnement
et ne traîna autant de fléaux à sa suite. Dans l'année
1585, l'une des plus néfastes pour la réforme, beaucoup de villes furent ravagées par la peste et par la
famine plus encore que par les armes (1); mais, entre
toutes les autres, Saint-Jean d'Angely offrit un tableau
digne de mémoire, « lorsqu'il n'y eut plus pour habitant que la guette (sentinelle) du clocher, » le reste
du peuple ayant trouvé son tombeau sur la contres-
carpe et dans les fossés.

Détournons nos regards de ces scènes de deuil pour
les porter sur cette élite de talents et de caractères que
le seizième siècle, d'une fécondité si mémorable, a
créée parmi nous. Un mérite propre à d'Aubigné est
de bien peindre, par quelques détails significatifs, les
personnages éminents de cet âge, et notamment les
hommes de guerre qu'il a connus par lui-même. C'est
d'abord le vieux Montmorency, tombant sur le champ
de bataille, « abandonné des siens, non de sa vertu,
grand capitaine, bon serviteur, mauvais ami; » c'est
ensuite, à côté de Montluc, qui devait comme le connétable mourir chargé d'années, mais dans son lit,
le jeune Brissac, digne d'être mis au rang des héros
s'il n'eût été trop cruel, « tué au moment où son cœur
insatiable de gloire le préparait à tout ce que l'on peut
espérer. » En face du cardinal de Lorraine, quelque
temps le maître de la France, « esprit sans bornes,

---

(1) La faim ravageait aussi les armées, et nous voyons, dans le récit
d'une très-chaude affaire, les réformés combattre d'une main, et de l'autre
porter à leur bouche le pain qu'ils venaient d'enlever.

très-chiche et craintif de sa vie, prodigue de celle d'autrui, pour le seul but d'élever sa race à une démesurée grandeur, » l'historien nous présente François de Guise, frère du précédent, « ce généreux capitaine, excellent en toutes ses parties et dont le naturel se fût appliqué, en une autre saison, à l'extension de la France. » Il se plaît également à nous faire admirer La Noue, qui fut dans les camps ce que L'Hôpital était dans le conseil des princes, le représentant de la tolérance et de l'humanité méconnues, La Noue, observateur fidèle de sa parole dans une époque de parjures, « aimant mieux, quand ceux qui l'entouraient criaient bataille, être porté au combat par les siens que les y traîner, » mais alors, par sa calme valeur, égalant et dirigeant à la fois les plus brillants courages, en un mot grand homme de guerre et plus grand homme de bien (1).

Dès les premiers livres nous rencontrons Lesdiguières jetant les fondements de la glorieuse renommée qui lui valut à la fin de sa carrière l'épée de connétable, et le vicomte de Turenne, le père du fameux général de ce nom, à qui il ne manqua peut-être qu'un plus vaste théâtre pour égaler la réputation de son fils; on jugera par ce qui suit de son ardeur belliqueuse : ayant épousé la duchesse de Bouillon, la nuit même de ses noces il se releva pour aller surprendre avant le jour Stenay, dont la garnison avait été faire une entreprise sur Sedan.

---

(1) L'Hôpital lui-même a été dignement loué par d'Aubigné en quelques mots : « Ceux qui l'ont connu, dit-il, l'ont appelé *seul* chancelier.

Ces figures qui, nettes et tranchées, se succèdent devant nous, animent d'un intérêt dramatique le récit de d'Aubigné. L'art de saisir et de rendre les traits distinctifs des physionomies lui appartient en effet dans un haut degré ; et, à cet égard, nous aurons à puiser chez lui d'abondants secours. C'est ainsi qu'il offre encore à nos yeux les derniers Valois, lecteurs assidus du *Prince* de Machiavel, trouvant dans la détestable politique dont ils lui empruntent les leçons la perte du pays et leur propre malheur ; Charles IX, *parricide des lois* et assassin de ses sujets, déployant contre eux, au mépris de sa devise : *Piété et justice*, cette humeur sauvage qui l'avait rendu jusque-là redoutable aux bêtes fauves ; Henri III, que la débauche et la superstition ont également amolli, entouré de ses mignons, mais peu rassuré par eux, tremblant au moindre bruit du tonnerre, et, « non content de chercher les voûtes basses du Louvre, allant se cacher sous les lits ; » son frère, le duc d'Alençon, méprisé de tous et objet de dégoût pour lui-même, conduit au tombeau par l'ennui qui le dévore, « après avoir acquis autant d'ennemis qu'il avait de connaissants ; » leur mère, Catherine de Médicis, habile à manier les armes de son pays, la ruse et l'intrigue, et dont la politique se résumait dans ces paroles qu'elle répétait souvent, « que le meilleur moyen de bien détruire un parti était de le mêler pour y entrer ; » femme qui, « pour vêtir la prudence et le courage des hommes, s'était dépouillée des craintes et des affections ordinaires à son sexe, et n'avait rien de médiocre ni en vices ni

en vertus. » Auprès de l'ambitieuse Catherine, avide
de régner sous le nom de ses fils, devaient tour à tour
passer sur le trône de France trois jeunes princesses
fort inégalement connues : Marie Stuart, victime trop
célèbre de sa funeste beauté, et deux reines presque
oubliées parce qu'elles se renfermèrent dans le silence
qui sied à leur sexe, Élisabeth d'Autriche et Louise
de Lorraine, qui furent vertueuses dans une cour dis-
solue, et, dans ces temps meurtriers, douces et chari-
tables. Touchant spectacle que celui de leur vie secrète
et retirée, au milieu des passions désordonnées qui
troublaient leur palais !

Un autre contraste avec la frivolité cruelle des Valois
se trouve dans la vie grave et dévouée de l'héroïque
famille des Châtillon (1). Coligny, d'une innocence de
mœurs et d'une simplicité de goûts antique (2), ne
prend les armes qu'à regret et pour venir en aide à
ses coreligionnaires, sur les instances répétées de sa
femme, qui s'appelait elle-même la Marcia de ce nouveau Caton. L'historien nous montre ce chef d'une
illustre maison, général consommé mais peu heureux
sur les champs de bataille, « lorsqu'il se voyait sur la
tête le blâme des accidents et le silence de ses mérites, » lorsque l'âge et la maladie l'accablaient, opposant à la fortune de ses ennemis, aux murmures
des siens et à ses propres maux, son courage opiniâtre

---

(1) Le nom de cette maison venait de Châtillon sur Loing, qui en était
la résidence ordinaire.

(2) On le voit, dans d'Aubigné, la serpe à la main, émondant ses ar-
bustes, enlevé par la guerre seule à ses travaux de jardinage.

et la sincérité de sa foi, d'une inépuisable fécondité de ressources, et, par les qualités du cœur autant que par celles de l'esprit, bien digne de vivre et de mourir en servant son pays et son roi. Quant au frère de l'amiral, d'Andelot, lent à se résoudre, mais ferme dans le parti arrêté, et toujours prêt à payer de sa personne, il marchait le premier au combat et se bornait à dire à ceux qui l'accompagnaient : *Suivez-moi;* aussi les armées l'avaient-elles surnommé *le chevalier sans peur.* Ses quatre fils, *son vrai sang,* « semblables de visage, et plus encore en probité, en prudence, en valeur, » devaient s'illustrer et succomber dans les guerres civiles.

Tels étaient les hommes dont la tête, par un déplorable effet de nos discordes, avait été mise à prix, celle de l'amiral étant taxée à cinquante mille écus, « par un arrêt du parlement, imprimé en latin, allemand, italien, espagnol, anglais et français. » Il est vrai qu'à cette époque l'intérêt faisait moins de coupables que le fanatisme, d'où naissaient *ces guerres sans ennemi :* ainsi d'Aubigné a-t-il désigné la Saint-Barthélemy dans son histoire, où il en retrace les scènes épouvantables. Parmi leurs acteurs il mentionne un brigand qui, après avoir fait quatre cents victimes, se retira dans un lieu écarté pour piller et pour égorger les passants, « ne pouvant se soûler de sang depuis la curée de ce jour jusqu'à celui de son gibet » Mais il vaut mieux rappeler la générosité d'un bourreau qui refusa de s'associer à ces exécutions, « en disant que ses mains ne travaillaient que juridiquement. » On signalera encore un gentilhomme du nom de Vezins, qui sauva son ennemi mortel, plutôt que de se venger aux dépens de son honneur. Enfin, non content de conserver la belle lettre du vicomte d'Orthes, d'Aubigné a consacré par ce vers le souvenir de son héroïsme :

Tu as, dis-tu, soldats et non bourreaux, Bayonne !

Quant aux auteurs du massacre, ils n'eurent ni tout le courage de leur crime ni tout le repentir qu'il devait exciter ; et, partagés entre les sentiments les plus contraires, entre des apologies et des désaveux timides, irrésolus et honteux, ils méritèrent qu'au sentiment de la haine se joignît pour eux le sentiment du mépris.

Au milieu de ces violences et des représailles qu'elles suscitaient, l'étranger élevait sa puissance sur nos débris. On invoquait son appui de côté et d'autre ; et, tendant lui-même la main au secours de l'Espagne, le roi de Navarre répondait à la reine mère, qui lui en adressait des reproches : « J'armerais l'enfer contre vous, si vous m'en faisiez sentir la nécessité. » On ne reconnaît guère dans cette parole l'esprit national que déploya plus tard Henri IV. Quoi qu'il en soit, l'Espagne, dont l'habileté funeste nous fit tant de mal, « fournissait à l'envi du bois à l'embrasement : » c'était surtout en payant de bonnes pensions aux Seize, pour alimenter la révolte. D'Aubigné nous parle avec indignation de ces états de Paris où ils voulurent donner à la France un roi étranger, alors que, suivant l'exemple de la capitale livrée aux factions, « tous les membres de la nation recevaient la fièvre du cœur. »

Heureusement que dans ces luttes furieuses l'esprit français n'avait rien perdu de sa vive et puissante originalité : il éclatait en mille jeux de mots, en mille traits satiriques ; il réagissait par la raillerie contre nos malheurs et, plus efficace que les armes, il devait leur marquer un terme.

En attendant, les principales figures de cette époque continuent à passer sous nos regards. Henri de Guise n'avait pas tardé à justifier sur les champs de bataille son titre de chef de la maison de Lorraine, et la journée des Barricades avait fait de lui presque un roi : « Résolu à se sauver dans l'audace et, après avoir franchi le Rubicon, à se faire voir dans Rome, » il déguisait toutefois sous la courtoisie des dehors la hauteur de ses projets, et demandait au prince qu'il chassait de la capitale « sa miséricorde, la main sur la garde de l'épée. » Tel n'était pas le duc de Mayenne, non moins habile que son frère, avec un extérieur moins héroïque, qui, né pour être le plus tranquille et le plus fidèle des sujets, fut jeté par le hasard des temps dans la carrière des révolutions et le rôle de chef de parti. Chez lui toutes les qualités étaient sagement mesurées, et d'Aubigné le représente, politique plutôt que général, « cédant à un autre le nom de roi, tandis qu'il en gardait l'effet, faisant modestie de sa crainte, et fuyant les blasphèmes des peuples, comme l'envie de ses rivaux. » Il est curieux surtout de lire le parallèle établi entre ce personnage circonspect et le brillant prince qui ajouta à la gloire de le vaincre celle de lui pardonner. Nous arrivons à ce qui concerne Henri IV, et

cette partie est la plus intéressante de l'ouvrage de
d'Aubigné, qui nous a tracé de ce souverain une histoire presque complète. Attaché de fort bonne heure
au jeune roi de Navarre, nul n'était en effet plus capable
que lui de le faire connaître à fond, dans les différentes phases de sa vie et de sa fortune, depuis le
moment où élevé « à la béarnaise, » c'est-à-dire pieds
nus et tête nue, il partageait les jeux des fils de paysans, jusqu'à celui où assis, au comble de la puissance
et de la réputation, sur le premier trône de l'Europe,
il tenait le monde dans l'attente des plus grands événe-
nements, brusquement anéantis par sa mort.

A ce *conquérant du sien*, comme dit d'Aubigné, à
ce *parvenu légitime*, comme l'a justement appelé
M. Guizot, il appartenait de relever, avec la fortune
de la France, la cause de la royauté, et ce fut en liant
sa grandeur et son intérêt à ceux du pays, en donnant
l'exemple d'un gouvernement vraiment national. Pour
un tel résultat, il ne fallait rien moins que la puissante variété de ses qualités personnelles ; car jamais la France ne fut, ce semble, plus voisine d'un
changement de dynastie, ni plus près peut-être du
démembrement de ses provinces; jamais ce corps antique de la monarchie, lent ouvrage de la politique
et des siècles, ne fut plus près d'être morcelé, au gré
des ambitions subalternes qui en convoitaient les parties. Tant de périls amassés par les règnes précédents
exigeaient, pour les conjurer, un prince d'un facile et
vaste génie, d'un caractère sympathique, bon compagnon au combat et dans le plaisir, dont les défauts

mêmes ne fussent pas sans excuse ou sans charme, qui
séduisît les imaginations et captivât les cœurs. Ainsi en
fut-il de Henri IV, qui, « oubliant à tout moment l'héritier de Navarre et plus tard celui de la couronne de
France pour faire le soldat, » inspira à l'élite qui l'entourait une si ardente affection que, « lorsque sa
noblesse avait mangé auprès de lui un tiers de ses
biens, il ne lui promettait qu'une bataille pour lui
faire engager le reste. » De là, l'hommage que rend
d'Aubigné (hommage considérable dans cette bouche amère et médisante) « au grand roi que Dieu
lui avait donné pour maître, » dont il célèbre les actions
« pleines de merveilles, » et la souple habileté, égale
à son héroïsme. Certes on comprend bien, par la lecture de notre historien, quelle heureuse réunion, quel
rare tempérament de qualités qui semblent s'exclure,
quelles prodigieuses ressources d'activité et de courage lui furent nécessaires pour faire face à des difficultés et à des périls de tout genre, pour rallier les
forces éparses du pays et resserrer autour de lui le
faisceau, toujours prêt à se dissoudre, de compagnons
divisés de goûts, d'intérêts et d'opinions. Ce fut le
triomphe de ce vif et brillant esprit indigène qui distinguait les vieux Gaulois, aussi ingénieux à parler que résolus à combattre (1), et dont notre Henri IV a été un type.

Mais, sans devancer les temps, arrêtons-nous un
moment avec d'Aubigné à ceux où le Béarnais, entouré de ses huguenots, gagnait pas à pas son

---

(1) On sait que Caton l'Ancien a dit : « Duas res gallica gens indus-
triosissime persequitur, *rem militarem et argute loqui.* »

royaume. En face de cette phalange protestante, digne
de son chef, dont les hommes, disait-on, « apprivoi-
sés à la mort de père en fils, étaient cousus en leurs
cuirasses comme tortues, » il y avait le parti des ligueurs, grossi par la passion religieuse et dont les
moyens, bien différents, n'étaient pas non plus mépri-
sables. Le principal résidait dans les *prêcheurs*, qui
« possédaient les chaires et, par les chaires, les oreilles
et les cœurs de la foule. » Chargés d'entretenir l'agitation publique et de décrier le nom de roi, jadis si
cher aux Français, ils étaient l'objet des plus grands
égards pour les chefs de l'Union, qui s'appliquaient
avant tout à satisfaire leurs besoins. Les couvents,
même durant le siége de Paris, furent abondamment
pourvus de toute espèce de provisions ; et c'était, remarque d'Aubigné, « de peur qu'ils ne prêchassent
pas bien la tolérance de la faim, s'ils la sentaient. »
Quelle que fût toutefois la fougue de leurs prédications,
le peuple, pressé par la disette, qui « lui apprenait à
parler haut, » ne laissait pas d'ouvrir les yeux à la
lumière qu'on voulait lui cacher ; la réputation de
valeur et de bonté du *roi* (comme on s'était habitué
peu à peu à nommer Henri de Navarre) n'avait guère
tardé à devenir générale ; en sorte que jamais ville ne
fut aussi charmée que Paris d'être prise, et ne salua
d'autant de cris d'enthousiasme son vainqueur ou
plutôt son libérateur (1).

_____

(1) Il en avait été de même de Lyon ; et tel fut l'empressement de cette
ville à recevoir Henri IV, selon d'Aubigné, « qu'en peu de temps on n'y
trouva plus de taffetas blanc pour faire des écharpes. »

La rentrée de Henri IV dans sa capitale, ce sujet que la peinture a popularisé parmi nous, est tout à fait digne d'être étudiée dans d'Aubigné, qui nous en offre un piquant tableau. Laissons la parole à l'historien : « Le roi, sans quitter son habillement de tête, alla faire chanter le *Te Deum* à Notre-Dame ; dans trois heures, chacun fut paisible en sa maison et les boutiques ouvertes ; nul bruit par les rues. La même journée que le roi reçut Paris, on vit jouer aux cartes avec lui la duchesse de Montpensier. » Or cette princesse avait été, comme on sait, mêlée à toutes les intrigues et même aux crimes de la Ligue. Aucune révolution ne s'accomplit donc avec plus de promptitude et d'aisance. Les villes du parti ligueur se hâtèrent de suivre l'exemple de la capitale ; et en un instant cet incendie, que mille causes avaient allumé et nourri, s'en alla en fumée. « Personne n'avait espéré que ce grand corps, malade de sa grandeur, pût ainsi venir à son repos. » Mais presque aussitôt, « parmi tant de félicités que le roi n'avait pas le loisir de savourer, » commençait à se montrer cette race horrible d'assassins, qui devait, quelques années après, replonger la France dans la confusion, en la privant d'un prince « accoutumé à vaincre, à régner et à pardonner (1). »

(1) La bonté et la modération, ces qualités caractéristiques de Henri IV ont été justement signalées par d'Aubigné, qui rappelle un mot souvent répété par ce prince : « Qu'il ne fallait pas, sur le trône, faire tout ce qu'on pouvait. » C'est là ce qui explique l'amour voué par les Français à sa personne et à sa mémoire. (Voyez une lettre de Bossuet à Louis XIV, du 10 juillet 1675.) Montaigne semblait penser à Henri IV, quand il a écrit ces lignes : « Ce ne fut jamais temps et lieu où il y eut, pour les

Autour de ce monarque si capable d'effacer la trace
des anciennes divisions, plusieurs autres figures méritent encore d'attirer notre attention, telles que celle
de sa mère, Jeanne d'Albret, « femme qui n'en avait que
le nom, d'un esprit puissant aux grandes affaires, d'un
cœur invincible aux adversités; » et celles des compagnons de ses exploits : Givry, l'un des plus intrépides
défenseurs de la cause royale, joignant à de rares connaissances d'heureuses saillies, et dont on disait « qu'en
esprit, en courage et en bienséance, nature avait mis
ses délices en lui (1); » les deux Biron, colères, opi-
niâtres et personnels, mais fidèles à leur prince devant
l'ennemi, l'un « prompt encore et diligent à l'âge de
soixante-cinq ans, » l'autre que Henri sauva à Fontaine-
Française et qu'il appelait « le plus tranchant instrument de ses victoires; » d'Humières, le père des soldats,
« qui savait, valait et pouvait beaucoup; » le maréchal
d'Aumont, d'une probité antique et d'un excellent conseil : on le nommait le *vieux Gaulois,* « parce qu'en
lui fleurissaient toutes les parties du chevalier (2); »
Duplessis-Mornay, « plus ductile que d'Aubigné aux
volontés du prince, » et que son maître s'applaudissait

princes, loyer plus certain et plus grand proposé à la bonté et à la justice. Le premier qui s'avisera de se pousser en faveur et en crédit par
cette voie-là, je suis bien déçu si à bon compte il ne devance pas ses
compagnons. »

(1) C'était à lui que Henri IV écrivait : « Tes victoires m'empêchent de
dormir. »

(2) D'Aubigné nous le montre quelque part « mouillant sa barbe blanche
de larmes, sur ce qu'il voyait ses compagnons engagés dans un mauvais
pas dont il ne savait comment les tirer. »

« d'avoir fait d'homme de lettres homme de guerre,
personnage qu'il remplissait fort bien au besoin ; »
Sully, qui servit de ses veilles et de son génie la fortune de son souverain non moins que de son épée,
« d'un esprit très-général et laborieux, comme d'une
austérité naturelle, qui, méprisant les bonnes grâces
des autres, portait l'envie des refus et par là faisait la
bourse du roi ; » enfin tous ces gentilshommes, mois-
sonnés dans les combats et oubliés aujourd'hui, dont
l'un, Saint-Gelais, est honoré par d'Aubigné de cette
courte et expressive oraison funèbre : « Il fut regretté
de ceux qui le connaissaient, comme vrai noble, vrai
vaillant, bon partisan et bon ami ; » « Il était difficile,
dit-il d'un autre, du capitaine La Caze, de juger qui
valait plus en lui, la probité, le grand savoir, la sagesse
naturelle, l'expérience ou la valeur. »

C'est ainsi que d'Aubigné, dans des peintures particulières ou générales, reproduit l'image du temps où
il a vécu ; car les traits originaux de notre caractère ne
lui ont pas plus échappé que ceux des individus : on
le reconnaît lorsqu'il parle « de nations volages et légères, comme sont les Français de leur nature. » Surtout il nous fait connaître à merveille cette brillante et
aventureuse noblesse, principal honneur de nos armées, qui dans cette époque et quelques autres sembla
prendre plaisir à épuiser par ses mains ses propres
forces (1). L'un des côtés saillants qui la distinguaient

(1) « Combien vaudraient les Français, s'écrie d'Aubigné avec regret,
si, au lieu d'être employés contre eux-mêmes, ils l'étaient sous de bons
capitaines contre l'étranger ! »

était le culte des dames, et d'Aubigné cite un de ses
compagnons qui, « ayant la tête percée, vint à la prochaine tente demander par signe une plume et du papier, et mourut en achevant de son sang une lettre à
sa maîtresse. » En éclatant par ces prodiges frivoles,
l'héroïsme français excitait l'admiration plus qu'il
n'était efficace : « Que purent, dit l'historien en racontant un beau fait d'armes, deux cent cinquante gentilshommes, arrêtés de deux mille ennemis en tête, enve-
loppés de deux mille cinq cents reîtres à la droite et de
huit cents lances à la gauche ? Ce fut de mourir les
deux tiers sur la place. » Il faut avouer que notre noblesse s'est bornée trop souvent à ces sacrifices inutiles.

La France, quoi qu'il en soit, ne fut jamais plus
féconde en chefs aguerris à toutes les fatigues et à tous
les hasards. Nous voyons l'un d'eux recevoir dans un
siége « sa trente-cinquième arquebusade, » et l'on eût
dit que quelques-uns avaient le secret de ne pas mourir (1). Jamais aussi les exploits n'éclatèrent en si grand
nombre : « Il s'en fait tant, que nous ne pouvons,
remarque l'historien, achever d'en conter un, qu'un
autre ne soit exécuté. » Là d'Aubigné parle presque
toujours d'après le témoignage de ses yeux ou tout
au moins d'après le rapport des spectateurs ; c'est ce
qui donne une autorité particulière aux détails très-
circonstanciés et très-complets où il entre sur ce qui
concerne les opérations de la guerre (2). Si la vérité se

(1) Voyez, par exemple, l'aventure du capitaine Séville, 1, III, 10.
(2) En traitant de nos anciens historiens, d'Argenson remarque, à
l'avantage de d'Aubigné, « qu'il a vu, qu'il a interrogé les acteurs des

dérobe à lui en quelque point, ce n'est pas qu'il néglige les moyens qui l'y peuvent conduire. Ses informations sont-elles d'ailleurs insuffisantes, il pousse la sincérité jusqu'à le reconnaître : mais non content de recevoir avec reconnaissance toutes celles qui lui sont adressées, il va au-devant d'elles et les réclame, aimant mieux se taire sur ce qu'il ne sait que d'une manière incomplète. Parmi ceux dont il a mis les souvenirs à contribution, il signale « le plus vieux capitaine de France, » qui exerçait un commandement à la Roche-l'Abeille en 1569, et qui, plus de trente ans après, vivait encore lorsque l'auteur écrivait le récit de ce combat. Et il ne se borne pas aux renseignements qu'il doit à ses anciens compagnons d'armes ; au besoin il va s'enquérir près des ennemis, il compare entre eux les mémoires des partis opposés.

Il est certain que dans son histoire, bien plus que dans ses autres ouvrages, d'Aubigné a cherché l'exactitude et le mérite de l'impartialité (1). A cet égard, il a conscience de la gravité de son rôle ; et, non moins que Thucydide, il veut se montrer digne de s'entretenir *pour toujours* avec les âges futurs. De là, sous l'influence d'une idée qui se traduit chez lui en nobles inspirations, son ton majestueux du début, ou plutôt son ton magistral. Comme son contemporain de Thou adressait à la

---

événements qu'il raconte. » (T. XXVIII du *Recueil des Mémoires de l'Académie des inscriptions*, p. 634.)

(1) En parlant d'un échec de son parti : « Ceux qui ont écrit, dit il, ont ignoré ou voulu taire de tels coups, et moi je les recherche pour rendre l'équité promise. »

postérité une belle ode latine, pour en appeler près d'elle des injustices et des dégoûts qu'il éprouvait dans son époque, d'Aubigné a dédié son histoire *à la postérité,* pénétré de ce sentiment nécessaire à l'écrivain, qui lui fait voir au delà du temps présent et chercher ses juges dans l'avenir. C'est ce qu'il a exprimé en ces vers :

> Les corps qui sont nés de terre
> Se renomment par la pierre ;
> Mais les célestes esprits
> S'éternisent par écrits.

Il ne raconte pas seulement pour raconter, mais pour enseigner. En d'autres termes, il veut, par le récit de ses campagnes, « donner aux jeunes capitaines de bonnes leçons ; » et il se flatte ainsi, par un mélange d'exemples et de préceptes, sans oublier même les expéditions où il a échoué, d'être utile et agréable « à ceux qui aiment le métier. » Considérée sous ce point de vue, l'histoire de d'Aubigné offre un intérêt anaogue à celui que Henri IV reconnaissait aux *Commentaires* de Montluc, qu'il appelait « la Bible des soldats. » Ce qui le rendait surtout propre à leur recommander avec autorité leurs devoirs, c'est que, malgré l'impétuosité de son naturel, il comprenait ce qu'il y a de grand dans l'obéissance, et il a vanté souvent la discipline militaire comme la plus sûre garantie des succès.

Dans son amour d'instruire, d'Aubigné a même pour but, nous dit-il, « de donner des leçons de guerres civiles ; » ce qui consiste, empressons-nous de l'ajouter, à montrer comment on peut s'y assurer l'avantage par la supériorité de la conduite et de la bravoure. Il entre, par ce motif, dans les plus petites particularités de nos guerres de religion, et la sagesse des conseils que lui suggère son expérience ne sera contestée par personne. S'il n'a garde d'omettre les affaires « où les hommes ne sont pas comptés par milliers, » c'est « qu'à la confusion des grandes batailles il y a le moins à profiter. » Salades (1), chevau-légers, arquebusiers, gendarmes, argoulets ou carabins, corselets, archers, cornettes blanches et noires, se pressent dans ses pages, et les termes de stratégie y abondent. Sur les moyens d'attaque et de défense, alors usités pour les villes, il peut également satisfaire le lecteur le plus curieux : telles sont ses nombreuses descriptions de siéges, entre lesquels se remarquent ceux de la Rochelle (2), du Brouage, de Montaigu, de Sancerre et de Lusignan.

Malgré sa prédilection pour ces détails spéciaux (il se fâche quelque part à la pensée qu'on pourrait trouver qu'il les prodigue un peu trop), d'Aubigné ne laisse pas de donner la preuve, en traitant des choses de la paix, d'un esprit « aiguisé et affiné par la pratique des affaires. » Aussi compte-t-il, non sans raison, que « les négociateurs trouveront dans son ouvrage

---

(1) C'étaient des soldats portant des casques appelés *salades.*

(2) Il y a une relation spéciale et contemporaine de ce siége attribuée, mais sans preuve, à d'Aubigné par le P. Lelong, *Biblioth. histor. de la France,* t. II, p. 266 ; et le même événement a trouvé encore un historien de nos jours : *Histoire du siége de la Rochelle par le duc d'Anjou, en 1573,* par A. Genet, capitaine du génie.

quelque pièce de leur métier. » Il s'attache en effet à
les mettre principalement au fait de nos relations avec
l'étranger, en portant, comme nous l'avons dit, ses
regards dans toutes les contrées de l'Europe et même
du monde alors connu. Bien que cette carrière soit
trop vaste pour être entièrement parcourue, il sera curieux néanmoins de suivre l'historien dans ses excursions souvent lointaines.

De la France, les yeux de d'Aubigné se tournent naturellement vers l'Angleterre, ce foyer du protestantisme, et, pour le laisser parler, « cette terre des
anges; » il y admire, sur le trône, « l'excellence des
têtes couronnées, » la princesse qu'il appelle ailleurs
« la grande reine de la mer. » Une sympathie aussi
vive, où se montre assez l'esprit de parti, lui inspire
un magnifique éloge de Maurice de Nassau, « digne
fils d'un incomparable père. » Quant aux sentiments
qu'il professe pour Élisabeth, ils expliquent la sévérité
ou, à mieux dire, la dureté avec laquelle il s'exprime
sur Marie Stuart, dont il ne craint pas de ratifier l'o-
dieuse condamnation. Au contraire il s'attendrit au
souvenir de la mort tragique de Jeanne Gray, unissant
à un savoir qui eût honoré un homme toutes les vertus
de son sexe; il s'émeut en mentionnant « ses derniers
propos, plus graves qu'on ne pouvait l'espérer de sa
jeunesse. » Sur les Irlandais, nous trouvons, dans
d'Aubigné, quelques détails plus piquants que favorables : déjà très-disposés à quitter leur île, ils venaient
trop fréquemment se poster à Paris, dans les constructions inachevées du pont Neuf, pour détrousser et

jeter à l'eau les passants (1). Il nous fait en outre connaître les forces et les ressources de l'Espagne, ses découvertes et ses conquêtes au delà des mers ; mais,
avec un sentiment chrétien élevé, il s'indigne des trai-
tements cruels que les peuples du nouveau monde
avaient à souffrir de leurs maîtres. A côté de cette nation parvenue à l'apogée de sa grandeur, il en montre
une autre au berceau, obscure et presque ignorée,
celle des Moscovites, chez qui il note, comme trait
saillant de caractère, l'habitude de l'obéissance passive
au souverain. En même temps il est question « d'une
sorte de gens de guerre qui se nomment Cosaques, la
plupart Polonais de nation, et qui sont les gens de cheval les plus redoutés de tout le Septentrion, accoutumés
à châtier les Tartares et à brider les courses qu'ils fe-
raient sans eux en Europe. » Non moins que les Tartares, les Turcs, également puissants sur la mer et sur
la terre, n'avaient pas cessé d'être l'effroi de l'Occident
par leur cruauté plus encore que par leur bravoure.
Les janissaires, leur milice la plus formidable, se distinguaient entre tous par une férocité qui se jouait
des lois divines et humaines : après avoir massacré des
ennemis dont ils avaient juré d'épargner la vie, on les
voit « frotter leurs cimeterres du sang des victimes et
en faire boire à leurs chevaux. »

Sans insister sur l'incontestable valeur de ces rensei-

---

(1) La renommée de ce peuple était alors fort triste, si l'on en juge
encore par ce mot d'un contemporain cité par de Thou : « Se quocumque
mitti et vel ad remum addici malle, quam cum Hibernis deinceps un-
quam rem habere. » Lib. CXXV.

gnements, qui comprennent tant de faits et tant de
lieux, il faut en revenir au principal avantage de cette
histoire : c'est de nous rendre le seizième siècle avec
ses aspects divers et bizarres, ce siècle où, vertus et
vices, tout va volontiers à l'excès; où la religion, si
elle sert de prétexte à de déplorables crimes, occupe
du moins une large place dans la vie publique et
privée; où la société, encore mal assise, souffre ces
types exceptionnels que son niveau inflexible repous-
sera par la suite; où s'élabore en somme, au milieu
des calamités et des ruines, la grandeur future de
notre pays. Expression fidèle d'une époque dont il reflète la mâle et sauvage énergie, d'Aubigné offre en
foule ces détails anecdotiques qui donnent un prix
considérable aux récits contemporains. Pendant que
des guerriers échangeaient la cuirasse contre le froc
du moine, des conseillers de parlement, lassés de
porter la robe longue, levaient des régiments à leurs
frais et les menaient au combat. Mais les soldats étaient
alors plus faciles à enrôler qu'à retenir sous les drapeaux : par lassitude ou par ennui, beaucoup, à tout
moment, prenaient le parti de retourner dans leurs
maisons avant la fin des hostilités. Protestants et catholiques recouraient à ces troupes auxiliaires dont
le courage appartenait au plus offrant, reîtres, lans-
quenets, Suisses, lances italiennes, etc., qui rappelaient les aventuriers du moyen âge. Enfin, par intervalles, les épées venaient-elles à se reposer, d'autres
guerres éclataient, nous dit Agrippa, des guerres de
plume. Il n'a garde de les oublier dans son ouvrage,

où l'on retrouve comme un écho de tous les bruits, de toutes les nouvelles et de toutes les pensées qui circulaient autour de lui.

On saura gré à d'Aubigné de cette variété de ton avec laquelle, quittant son objet favori, *ses gentils combats*, l'homme d'action nous parle de toute autre chose. Ici il nous éclaire sur un progrès essentiel des arts en citant le nom de Bernard Palissy, « premier inventeur des poteries excellentes, » qui fut enfermé à la Bastille à quatre-vingt-dix ans pour avoir refusé d'abjurer sa religion (1). Là il trace un tableau de la société et des mœurs de son temps, lorsqu'il fait voir « la cour de Navarre florissante en brave noblesse et en dames accomplies, » ou lorsqu'il énumère les nombreuses maîtresses de Henri IV, entre lesquelles il place à part la duchesse de Beaufort, « dont l'extrême beauté ne sentait rien de lascif et qui a pu vivre plutôt en reine qu'en concubine tant d'années et avec si peu d'ennemis. » Ailleurs il traite d'administration et de finances, en signalant les vices qui le frappent dans la marche du gouvernement. Un des principaux, à ses yeux, est l'intrusion, dans nos charges et dans nos affaires, de ces favoris italiens, fameux par leur avidité et qui remplissaient la France d'exactions. Au

---

(1) C'est ce *potier de terre* qui, doué du génie de la science autant que de celui des arts, osa dire le premier que les coquilles fossiles avaient été déposées par la mer dans les lieux où elles se trouvent. L'attention a été depuis peu rappelée plusieurs fois sur ce personnage, qui vient de trouver en Amérique un consciencieux biographe : *The Life of Bernard Palissy*, by Henry Morley, Boston, 2 vol. in-12.

sujet de l'accroissement continu des taxes publiques, d'Aubigné répète un vœu touchant qui sortait de la bouche des sujets obérés, demandant, par un témoignage rendu à la bonté de Louis XII, « que les tailles fussent réduites au taux où elles étaient sous ce prince; » mais c'était oublier que le progrès des impôts doit suivre naturellement celui de la richesse des peuples (1). D'autres renseignements, relatifs à l'organisation du pays, nous permettent d'étudier le jeu des pouvoirs publics. On sait que, par la convocation des états généraux, nos rois pouvaient réunir, comme dans un faisceau, toutes les forces de la nation; par malheur, dès cette époque, ils n'usaient que dans les cas extrèmes d'une ressource que la constitution leur ménageait. Pour les besoins ordinaires, l'assemblée des petits états leur semblait suffire, et ils la préféraient, « craignant la trop grande liberté que les peuples prétendent par les autres états. » De là le conseil qu'un partisan de l'autorité absolue donnait à Charles IX, « d'éloigner soigneusement ceux qui parlaient d'états généraux et de se servir des petits états, composés de ses confidents; » conseil qui devait trouver faveur près de ce jeune prince à qui l'on osait dire qu'il n'y avait qu'un roi véritable, c'était le Grand Seigneur, « parce que seul il avait en sa main l'honneur, la vie et le bien de tous ses sujets. »

Dans cette cour moitié italienne, qui, par faiblesse,

(1) Or, comme le remarque le plus illustre publiciste du seizième siècle, Bodin, le prix de toute espèce de choses s'était élevé, sous les derniers Valois, de douze fois au-dessus de ce qu'il était sous Louis XII.

inclinait vers le despotisme, un plus noble goût à mentionner, c'est celui des plaisirs de l'esprit, qu'attestent différents passages de l'histoire d'Agrippa. Lorsqu'en 1665 Charles IX, accompagné de sa mère, fit un voyage à Bayonne, il eut avec la reine d'Espagne, Élisabeth sa sœur, une entrevue célèbre où se discutèrent d'importants projets politiques, déguisés sous l'apparence des fêtes. « Tout ce que la France, pleine de bons esprits, put marier d'inventions à la dépense, y fut employé : si bien que les plus subtils et défiants ne pouvaient estimer que les grands eussent alors autre attention qu'à telles voluptés. On n'avait pas oublié Ronsard pour faire les vers qui furent prononcés en diverses occasions. » Ces détails littéraires sont assez fréquents chez d'Aubigné, qui nous montre, comme nous l'avons indiqué plus haut, « les plumes déployées en tout genre d'écrire, soit pour la religion, soit pour l'État. » Dans cette période militante, où les libelles ne cessaient d'agiter les esprits et d'aiguiser les armes, la meilleure satire qui ait paru, au jugement de l'auteur, fut le *Catholicon d'Espagne*, « que composa un aumônier du cardinal de Bourbon, homme de peu de nom, tandis que Nicolas Rapin, à qui on avait attribué ce livre, n'y inséra que quelques vers seulement. » Un peu plus loin il est question d'un factum, également très-remarquable, du parti opposé, le *Catholique anglais*. D'Aubigné cite encore, parmi les pamphlets, le *Libre discours* de Michel Hurault du Fay, petit-fils de l'Hôpital, œuvre qui fut lue avec délices même par les ennemis de ses opinions. Tel a été de tout temps, on l'a déjà constaté, le pouvoir de l'esprit en France. Qui ne sait en effet que la *Satire Ménippée*, si largement assaisonnée de sel gaulois, contribua beaucoup au triomphe de Henri IV ? C'est que, par de semblables écrits, « les Parisiens, apprenant à rire dans leurs calamités, apprirent à mépriser ce qu'ils voyaient de ridicule et puis à contester ce qui était dangereux. » Mais le refus d'une juste liberté, par une de ses conséquences ordinaires, ayant engendré la licence, à côté de ces morceaux où la malice servait la cause de la raison et de la modération, un déluge de libelles téméraires répandait partout le désir de changements irréfléchis : « On faisait imprimer ce qu'en autre saison on n'eût pas voulu dire à l'oreille. »

Outre ces symptômes de l'opinion profondément remuée, d'Aubigné nous a conservé maintes fois des propos saisis au passage, qui n'expriment pas moins la physionomie d'une époque ; car son ton n'est pas tellement soutenu qu'il ne rapporte les mots plaisants de plusieurs *bons compagnons*. Il lui arrive même, lorsqu'il a ainsi égayé le fond sombre de ses récits, d'être pris de scrupule et « de demander pardon à ses lecteurs d'avoir offensé par quelques petits contes la gravité de l'histoire. » Mais nous excuserons sans peine ce qui donne à son ouvrage un attrait des plus piquants. De là, dans la foule des matériaux qu'il amasse un peu au hasard, tant de faits particuliers, que les histoires sont d'ordinaire obligées de délaisser, et qu'il se montre curieux de recueillir ; quand il s'occupe par exemple d'un marin originaire de Bordeaux qui, pour se venger des rigueurs exercées contre lui par les Espagnols, va les attaquer dans leurs possessions du nouveau monde, à la tête de quelques bâtiments équipés à ses frais, et, après avoir fait onze cents lieues en dix-sept jours, revient chargé de dépouilles, ou qu'il nous entretient d'une héroïne de son temps, la dame de Miraumont, qui avait levé dans le Limousin une compagnie de soixante gentilshommes, protestants comme elle, « suivant le drapeau de l'amour et le sien ensemble, brûlant pour elle sans qu'aucun d'eux ait jamais pu se vanter d'une caresse déshonnête. » En présence de l'ennemi elle se contentait, pour toute harangue, de dire à ses cavaliers : *Faites comme moi;* et « prenant un galop gaillard, » elle attaquait la première. Nos guerres avaient multiplié la race de ces amazones, entre lesquelles figure la châtelaine de Neuvi, qui, assiégée dans sa résidence, pour donner du cœur aux soldats de la garnison, « prit sa place sur la brèche, à l'endroit le plus dangereux, avec une demi-pique à la main, dont elle jouait résolûment. » La fortune trahit, il est vrai, sa valeur; mais, tombée aux mains de ses ennemis, ils la mirent en liberté, « cette vertu rare ayant trouvé une courtoisie qui était rare aussi dans ce siècle. »

A l'étranger comme en France, les détails ou les caractères romanesques arrêtent volontiers d'Aubigné. C'est ainsi que l'un de ses chapitres roule sur Antonio Pérez, qui a trouvé de nos jours un historien si dramatique, « sur cet homme d'État qui mêlait parmi les plus grandes affaires les galanteries espagnoles et

les intermèdes d'amour. » On sait qu'il fut, sous ce
dernier rapport, le rival de son maître, Philippe II, et
que, cherchant son salut dans son audace, il suscita
à ce prince de graves difficultés, dont il faillit mille
fois être victime. Un personnage non moins singulier,
qu'Agrippa fait passer sous nos yeux, est le Corse Sam-
piétro, meurtrier de sa femme Vanina. Celle-ci n'avait
eu d'autre tort que de chercher à réconcilier son époux
avec quelques ennemis et de s'être rapprochée d'eux,
en vue de ménager cet accommodement : ce fut là le
motif de sa condamnation, qu'il prononça et exécuta
lui-même, malgré la vive affection qu'il lui portait;
sa femme, sans refuser la mort, ayant demandé pour
unique grâce « que, puisqu'elle n'avait souffert depuis
vingt ans le toucher d'un homme vivant, les mains de
son mari, honorables pour leur vaillance, la condui-
sissent au repos. »

Cette partie, que l'on peut appeler anecdotique chez
d'Aubigné, ajoute donc beaucoup à l'intérêt de son
histoire, qui, si elle est universelle par quelques côtés,
ressemble aussi par d'autres à des mémoires très-per-
sonnels. Le récit des aventures de l'écrivain se mêle
en effet très-fréquemment à des détails d'un caractère
plus général. Tantôt il se désigne par son propre nom,
tantôt par quelque terme ou périphrase indiquant les
grades dont il a été revêtu ou les postes qu'il a remplis (1); mais, sous diverses dénominations, il occupe

(1) C'est ici *le guidon de Fervacques*, ou *le lieutenant de Vachon-
nières*; là *un capitaine,* ou *un mestre de camp* ; le plus souvent encore
un écuyer du roi de Navarre.

une grande place dans son ouvrage. Lui-même s'aperçoit qu'il se mentionne à tout moment, et il s'en disculpe avec naïveté; c'est en rappelant un fait à sa louange : « Si mon lecteur, dit-il, s'ennuie de voir mon nom si souvent, qu'il sache que je l'eusse déguisé, sans l'honneur que les autres historiens m'ont fait de le produire en cet endroit. » On lui pardonnera ce mouvement de gloire, à raison de la modération avec laquelle il a parlé ailleurs de ses compagnons d'armes trahis par la fortune ou même par leur courage : « Quant aux seigneurs et gentilshommes qui fuirent (il s'agit de l'issue d'un combat entre Henri IV et le duc de Mayenne), j'aime mieux les excuser par la bravoure qu'ils avaient montrée auparavant, que d'arborer leurs noms comme plusieurs l'ont fait, en donnant leurs plumes à la faveur. » Il est beau, quand on a tout droit d'être sévère, d'être indulgent pour les irrésolus et les faibles.

D'Aubigné, en tout cas, ne s'est pas écarté de la vérité, en disant avec une de ces fiertés de style qui lui sont familières, « qu'il écrivait de la main qui avait eu part aux exploits, » persuadé qu'aucun plaisir n'était plus légitime que « le plaisir de conter après la peine et le péril des actions. » Là réside, indépendamment du degré de mérite que l'on voudra lui attribuer, le véritable prix de son œuvre : plus encore que Machiavel, Guichardin, Davila et Fra-Paolo, il y offre l'alliance trop rare parmi nous de la vie active avec la spéculation littéraire; et rien de plus curieux d'ailleurs que son propre portrait, lorsque occupé à graver les *linéaments de son âme* il se représente, dans la préface de son histoire, « comme nourri aux pieds de son roi, desquels il faisait son chevet en toutes les saisons de ses travaux ; quelque temps admis à sa privauté, alors plein des franchises et sévérités de son village ; quelquefois éloigné de sa faveur et de sa cour, et lors si ferme en ses fidélités, que, même au temps de sa disgrâce, ce prince lui fiait ses plus dangereux secrets. Il avait reçu, ajoute-t-il, autant de biens qu'il en fallait pour durer et non pour s'élever ; et quand il s'était vu croisé par ses inférieurs ou par ceux qui sous son nom étaient entrés au service du roi, il s'était payé par ces paroles : « Eux et moi avons bien servi ; eux, à la fantaisie du maître, et moi, à la mienne : qui me sert de contentement. »

Nous ne saurions être surpris que cette simple grandeur ait tout récemment excité l'admiration d'un de nos plus célèbres critiques, spirituel par habitude, et au besoin capable d'élévation, qui, s'arrêtant devant la figure de notre Agrippa, « l'une des images les plus glorieuses que légua le seizième siècle au siècle de Louis le Grand, » s'est plu à reproduire « cet exorde excellent d'un livre excellent, » cette noble page tracée d'une main si ferme par cet homme de guerre (1).

Ne nous offrît-elle que son type personnel, avec celui du roi dont il fut le compagnon, l'histoire de d'Aubigné aurait déjà pour nous, à ce seul titre, une

(1) Voy. le *Journal des Débats* du 14 novembre 1853 : article de M. Jules Janin.

singulière valeur. Mais, on a pu le reconnaître, elle
est pleine de renseignements que l'on chercherait vainement ailleurs. On se l'explique sans difficulté, en
songeant à la position considérable d'Agrippa dans
le parti de la réforme, dont il était la plume autant
que le bras et comme un des centres principaux. C'est
ce qu'on voit spécialement par un article du synode
calviniste, tenu à Gap en 1603, article qui portait « que
les provinces étaient chargées de recueillir les mémoires des actes mémorables, advenus depuis cinquante années, et de les faire tenir au sieur d'Aubigné
en Poitou, lequel écrivait l'histoire de ce temps. »
Aussi sur ses coreligionnaires, sur leurs prétentions,
leurs luttes et leurs espérances, enfin sur l'esprit qui
les animait, lorsque, « formant, comme il l'avoue, un
État dans l'État, » ils justifiaient sinon les rigueurs, au
moins les soupçons des princes, nous donne-t-il plus
de lumières qu'aucun de ses contemporains. Agrippa
est donc bien loin d'être un abréviateur habituel des
autres écrivains, en se bornant à transcrire leurs récits, comme le suppose un historien de l'Allemagne
fort estimé, qui a retracé nos propres annales. M. Léo-
pold Ranke (1) ne rend pas, suivant nous, justice à
notre auteur, quand il affirme « qu'on aperçoit partout dans le livre de d'Aubigné les extraits du président de Thou, de La Planche et d'autres. » A la
vérité, M. Ranke ajoute « qu'il ne laisse cependant

(1) Voy. le 1ᵉʳ vol. de son *Histoire de France durant le seizième et
le dix-septième siècle.*

pas de fournir des indications précieuses que l'on doit
distinguer ; » mais il eût été, ce semble, plus à propos
de dire que ce qu'Agrippa rapporte a presque toujours
un caractère saillant de nouveauté. Notons encore
quelques-uns des secours que l'on pourra lui emprunter, et montrons par là avec quel fruit on recourra
en général à cette source si abondante.

La conspiration du maréchal de Biron est demeurée
l'un des faits les plus dramatiques et les moins exac-
tement connus du règne de Henri IV. Sur ce point
toutefois d'Aubigné se porte fort « de nous déduire
des secrets dont il peut attester la vérité ; » et il tient
en effet parole. De nos jours où l'on a tant de goût
pour les pièces officielles, on lui saura également gré
d'en avoir compris plusieurs dans son ouvrage. Ce sont
d'ordinaire, ainsi qu'on l'a déjà remarqué, des traités
de paix ou des articles de trêves qu'il place de préférence à la fin des livres. On signalera, entre ces
documents, le manifeste de la Ligue, le texte de
l'abjuration fort étendue demandée après la Saint-
Barthélemy aux dissidents « qui voulaient avoir la
paix de l'Église, » l'édit de juillet (1588), etc. Nous
avons eu l'occasion de constater que, pour l'état de la
civilisation et de l'industrie, pour les arts et les usages,
on ne feuillettera pas d'Aubigné sans profit, et qu'il
n'est nullement stérile en détails littéraires : témoin
encore ceux qui concernent l'Académie fondée en 1570
sous les auspices de Charles IX et qui méritent une
mention : « C'était, dit-il, une assemblée que le prince
faisait deux fois la semaine en son cabinet, pour ouïr

les plus doctes hommes qu'il pouvait, et même quelques dames qui avaient étudié, sur un problème toujours proposé par celui qui avait le mieux fait à la dernière dispute. » La musique y était en honneur comme les vers, et le président de l'Académie, à laquelle on a dit que d'Aubigné appartenait (1), était Antoine de Baïf : cette institution nous venait de l'Italie, qui nous communiquait alors, avec beaucoup de vices, son goût des lettres, des plaisirs et de la magnificence. Racontée d'une manière vive et piquante, la courte royauté du duc d'Anjou en Pologne qui, fort bien accueilli, n'en fut pas moins empressé à quitter ses nouveaux sujets, donne aussi occasion à l'historien de faire connaître nos relations avec ce peuple chevaleresque, son gouvernement et ses mœurs. Tel est enfin le caractère général que d'Aubigné affecte dans ses détails, qu'il va jusqu'à nous parler des ordres religieux, en particulier de celui « des frères humiliés qui, pour cette humilité, étaient parvenus à si grandes richesses qu'ils ne tenaient ni ordre ni couvent; » ce qui amena leur abolition. Il s'étend volontiers du reste sur le clergé, le saint-siége et les matières ecclésiastiques, mais avec une passion contre laquelle il est superflu de faire observer que nous devrons être en garde.

(1) Les manuscrits Conrart que possède l'Arsenal, in-folio, offrent, au t. XIII, p. 589, « les statuts de l'Académie de poésie et de musique, fondée par Baïf, » sur laquelle on peut aussi consulter Duboulay dans sa grande *Histoire de l'Université de Paris*, écrite en latin, in-folio, t. VI, p. 714, et Sauval, *Recherches sur les antiquités de Paris*, t. II, p. 493.

Un autre intérêt de l'histoire d'Agrippa, c'est qu'elle renferme des spécimens originaux de l'éloquence de son temps. Bien qu'il nous prévienne en effet que, sans s'astreindre à reproduire les discours, il se bornera à en indiquer *les principaux traits*, il a fait quelques exceptions, notamment en faveur de celui qui fut prononcé par Henri III à l'ouverture des premiers États de Blois, et cela parce que, « malgré son habitude d'apporter des retranchements aux longues harangues, il n'a osé toucher à celle d'un roi si bien disant. » Il l'accompagne de fragments empruntés aux discours de l'orateur de la noblesse « dont l'auditoire eut contentement, » et de l'orateur du tiers état, le célèbre Versoris, qui parla pendant une heure et demie *à genoux*, mais en ne répondant pas entièrement cette fois à la grande attente que son nom faisait concevoir.

Dans ce genre on remarquera, entre autres harangues énergiques, celle d'un vieux seigneur de Béarn privé de la vue, exhortant son fils à défendre son pays contre l'oppression (1); on citera encore de courtes allocutions militaires : ce sont celles qu'il préfère, et il en offre un beau modèle à l'occasion de la bataille de Moncontour, en parlant d'un de ses compagnons d'armes. C'était un vieillard protestant qui avait rallié trois cornettes pour dégager, par une charge hardie, un millier d'hommes, et que l'on avait invité à faire un mot de discours : « A gens de bien, courte harangue, dit le bonhomme; frères et compagnons,

_____

(1) I, ii, 4 Ce passage est digne de l'antiquité.

voici comment il faut faire. — Là-dessus, couvert à la vieille française d'armes argentées jusques aux grèves et sollerets (1), le visage découvert et la barbe blanche comme neige, âgé de quatre-vingt-cinq ans, il s'élance vingt pas devant sa troupe, mène battant les maréchaux de camp, et sauve plusieurs vies par sa mort. »

On attachera surtout beaucoup de prix aux éclaircissements considérables que d'Aubigné nous donne sur les projets si souvent controversés qui occupèrent les derniers moments de Henri IV. Ces projets, dont l'effet devait être, selon l'historien, non-seulement d'abaisser la maison d'Autriche, mais de faire, au profit et pour l'honneur de la France, « un empereur des chrétiens, qui de sa menace arrêterait les Turcs, reformerait l'Italie, dompterait l'Espagne et ferait trembler l'univers (2), » n'attendaient plus que l'instant favorable d'éclater. Or, pour continuer avec d'Aubigné, « le consentement des peuples, qui est bien fréquemment la voix de Dieu, semblait promettre à ces desseins sa bénédiction... Les nations avaient posé leurs haines, et voulaient arracher leurs bornes pour l'amour de Henri. » Le poignard d'un furieux fit évanouir tout à coup cet avenir.

Tel est le contenu de cette volumineuse histoire,

(1) Armures qui couvraient les jambes, et bottines.

(2) De là ce témoignage d'admiration donné à Henri IV, et que mentionne la *Confession de Sancy* : « Le duc de Saxe, y est-il dit, faisait faire en sa présence des homélies sur la similitude de David et de ce prince et il envoya jusqu'à Zurich une chaîne d'or de récompense à l'auteur du livre *Carolus magnus redivivus*. »

dont l'auteur a pu dire toutefois, et non sans raison,
en terminant les deux premiers tomes (ils forment
plus de huit cents pages in-folio, et le troisième, à lui
seul, est d'environ six cents), « qu'elle fleurissait de
tant de variété et de mouvement que les plus impa-
tients esprits accuseraient sa brièveté. » L'œuvre entièrement achevée, il se comparait peu après « à ce
peintre grec qui se cacha derrière son tableau pour
entendre les répréhensions des uns et des autres. »
Curieux, comme lui, d'être éclairé sur ses fautes, il
s'adressait de nouveau, pour être à même de rectifier
ses erreurs, « à ceux qu'il n'avait cessé de solliciter par
voies honorables et publiques depuis quatorze ans. »
Son vœu le plus cher était d'améliorer son travail en
profitant de leur concours. A peine en effet quelques
années s'étaient écoulées, qu'une seconde édition de
l'ouvrage d'Agrippa parut avec des corrections et des
changements (1).

Il ne nous reste plus qu'à résumer nos impressions
sur cette *Histoire*, et à fixer la véritable place de d'Aubigné, en l'appréciant comme écrivain. A cet égard,
on l'avait jusqu'ici traité avec une sévérité injuste, sa
plume hâtée et ses négligences fermant les yeux aux
qualités supérieures qui le distinguent : un examen
plus attentif devait amener une tout autre manière de
le juger. Sans doute on ne trouvera dans notre auteur
ni une pureté classique ni une sage méthode de com-

---

(1) La première édition, qui semblait encore néanmoins la meilleure
au P. Lelong, avait été publiée de 1616 à 1620 (Maillé); c'est celle que
nous avons suivie. La seconde édition est de 1626.

position, ni ce don de finir qui est l'attribut des maîtres.
Entraîné par son imagination ou ses souvenirs, il court
avec une précipitation qui se soucie peu des inégalités
ou des chutes. Au lieu de raconter avec cette gravité
et cet ordre que recommande l'antiquité à l'historien,
il se contente des formes d'un entretien libre et du
premier jet. Un travail patient n'est pas plus à son
usage qu'un jugement parfaitement calme et impartial ; gardons-nous donc de l'accepter comme un modèle et de le croire comme un oracle ; consultons-le
seulement comme un témoin qui réfléchit, dans sa
physionomie expressive et mobile, un côté des idées et
des passions qui ont agité son époque.

Quant au style de d'Aubigné, il a les imperfections
et surtout l'intempérance que nous avons signalées chez
l'homme : de là ses redondances, ses trivialités, ses
brusqueries et ses rudesses. Il traite plus d'une fois la
grammaire comme il traitait ses ennemis, écrivant
ainsi qu'il agissait, avec une ardeur emportée, et pré-
cipitant ses phrases à travers tous les accidents d'une
improvisation hasardeuse (1). Mais s'il lui arrive de
forger des tours et des mots sans aucune nécessité il
y a, dans cette prose inachevée, je ne sais quoi de
mâle et de martial ; une âme émue et une conception
puissante s'y font sentir ; enfin, aux défauts se heurtent
confusément des mérites fort remarquables : ce sont

(1) Il s'excuse sans façon, dans un de ses chapitres, de ce que
« son discours a été interrompu, sur ce qu'une feuille de copie a été
perdue. »

comme de riches filons d'or, qu'il s'agit de dégager dans cette mine très-mélangée.

Chez Agrippa l'on peut citer, non-seulement des expressions et des phrases d'un grand effet, mais de beaux fragments et des scènes admirablement tracées. L'une des plus mémorables est l'entretien nocturne de Charlotte de Laval avec l'amiral de Coligny, son époux, lorsque cette femme au cœur viril, alarmée des périls que courent les protestants, l'exhorte à prendre les armes pour la défense de leur parti. C'est aussi l'une des pages les plus connues de notre historien : elle a été souvent mentionnée ou reproduite ; mais ceux qui se sont bornés à l'imiter ont été loin d'en conserver la majestueuse grandeur. A côté de ce passage de d'Aubigné, on en rapporterait aisément plusieurs autres, que recommandent l'énergie de l'accent, la vivacité du coloris, une allure hardie et dramatique. Mais qu'il nous suffise de marquer ici, par de courtes transcriptions, le caractère de son style.

On ne craindra pas de dire qu'il a des analogies sensibles avec celui de ce duc hautain qui, faisant passer dans ses mémoires les tableaux qui avaient chaque jour frappé ses yeux, puisa dans ses haines passionnées une vigueur digne de Tacite. Quand d'Aubigné nous représente « le duc de Guise et le maréchal de La Chastre gorgés du sang des réformés et se baignant aux avantages de la paix récemment conclue, » on se rappelle la fameuse scène du conseil de régence et du lit de justice où le duc du Maine fut dépouillé de son rang (1). Est-il question d'un capitaine que, dans une ville assiégée, les huées de ceux qu'il est chargé de défendre poussent à combattre, mais qui, après s'être avancé dans ce but, recule : « Il fallut, s'écrie Agrippa, boire les hontes du peuple. » Témoigne-t-il encore que les ennemis de Henri III et de la royauté profitèrent du meurtre des Guises pour exciter les esprits : « Se servant, dit-il, de l'horreur de l'acte, ils élevèrent pour un temps la plupart des courages de la France à un haut degré de vengeances qui sentaient le juste et le glorieux. » Ce sont là des expressions marquées du cachet de Saint-Simon, et qui semblent parfois rapprocher de lui d'Aubigné.

Dans l'un et l'autre on signalera même âpreté et même fougue, mais aussi même coloris et même vivacité pittoresque de langage. Ces qualités caractérisent Agrippa, lorsqu'il montre, par exemple, le chancelier de L'Hôpital devenu odieux à la cour par sa constance à lutter contre les excès, en sorte « qu'il ne fallut qu'un soupir de probité pour lui faire ôter les sceaux; » un chef aux abois, trouvant encore des compagnons prêts à le suivre, bien qu'il ne puisse « leur promettre que les plaies, l'honneur et le soulas de la mort; » un navire qui, dans un combat opiniâtre, « brisé à coups de hache, crache du sang par chaque pertuis; » lorsque voulant faire entendre qu'une place a été mal défendue : « On apprit, dit-il, qu'il était mauvais de se fier aux pierres sans hommes; » ou quand il parle

(1) Voyez les *Mémoires* de Saint-Simon, au 26 août 1718.

ainsi d'un peuple qui, de l'abîme de la servitude, se relève vers la liberté : « On commença à désirer la liberté, des désirs on vint à l'espérance, et de l'espérance au dessein. » Pour sa narration, elle est, aux moments heureux et surtout en fait d'actions de guerre, ferme, rapide, dégagée. Voyez comme il raconte la prise d'une ville enlevée par les chrétiens aux musulmans (1597) : « Le baron d'Ordep, étant averti d'une grande assemblée que les Turcs faisaient à Sambuck, voulut y avoir voix délibérative. Il équipe six canons, les mène aussi vite que ses hommes, arrive au point du jour devant Sambuck, sans tranchées ni gabions, bat le portail, et, sans laisser prendre assurance, dès qu'il voit un trou, fait donner l'assaut, emporte la ville, la pille, la brûle et gagne des richesses infinies à son parti. » Quittant le ton sérieux, il se déride ailleurs volontiers pour nous faire assister à une plaisante déroute, celle des personnes de la cour fuyant à l'envi de Saint-Germain par suite d'une alarme, « qui par la chaussée, qui par les bateaux, qui par Saint-Cloud : c'était à qui gagnerait Paris. Nous rencontrâmes à moitié chemin les cardinaux de Bourbon, de Lorraine et de Guise, le chancelier de Birague, Morvilliers et Bellièvre, tous montés sur coursiers d'Italie ou grands chevaux d'Espagne, empoignant des deux mains l'arçon, et en aussi grande peur de leurs chevaux que de leurs ennemis. » Agrippa excelle, on s'en convaincra plus loin, dans ce ton léger et ironique.

Si l'on demande maintenant quels sont les modèles et les guides qu'il s'est appliqué à suivre, il ne sera pas difficile de répondre à cette question. Ce sont, parmi les classiques de l'antiquité (plusieurs citations ou allusions attesteraient au besoin qu'il n'était nullement étranger à leur connaissance) (1), ceux qu'on a nommés *pragmatiques*; ce sont les politiques, tels que Tacite. D'Aubigné a même appelé Tacite *son maître*. Il a bien en effet quelque chose de sa véhémence, et surtout de la disposition d'esprit qui portait l'historien de Tibère à *creuser dans le mal*, comme disait Fénelon; mais il lui manque, au moins dans le même degré, la brièveté nerveuse et la sobre couleur de l'illustre Romain, son jugement profond et l'éloquence émouvante qui jaillit de son indignation longtemps concentrée. Nous nous expliquons du reste le goût de d'Aubigné pour un écrivain cher aux âmes généreuses et amies de la liberté (2). Mais un fait piquant à signaler, c'est que Henri IV, si l'on en croit son écuyer, n'avait pas la même sympathie pour l'auteur des *An-*

---

(1) Se rappelant Fabius Maximus, il mentionne un capitaine, qui, tout au contraire de ce que Tite-Live a dit de ce Romain, « faisait plus de cas des rumeurs que du salut; » ou, par un souvenir de l'*Art poétique* d'Horace, il parle d'un soldat « qu'on géhenne à coups de verges; » c'est le *torquere mero*, etc. — De plus d'Aubigné, comme les anciens, anime volontiers ses récits par des discours indirects qui résument vivement les opinions opposées.

(2) D'Aubigné est facile à reconnaître dans ce jeune homme « envieux des grandeurs romaines, » qu'il représente en ces termes, appliqué à l'étude de Tacite :

> Je t'épiais, ces jours, lisant, si curieux,
> La mort du grand Sénèque et celle de Thrasée;
> Je lisais par tes yeux, en ton âme embrasée,
> Que tu enviais plus Sénèque que Néron...

nales, ou plutôt qu'il gourmandait ceux de ses serviteurs qu'il voyait occupés à cette étude. On s'en étonnerait à juste titre, puisque ce prince n'avait aucun motif de redouter pour lui ce peintre des tyrans, ni de craindre pour les siens cette lecture des époques et des âmes viriles.

Parmi les modernes, d'Aubigné s'est attaché de préférence aux historiens de la même école, à Commines en particulier, dont il se proclame l'admirateur. S'il n'a pas sa gravité soutenue, du moins, à son exemple, il déduit de ses récits des réflexions pleines de vérité, dans le genre des suivantes : « Dangereuse est l'extrémité des peuples qui tirent leur secours des étrangers ; » et « Bien dure est la condition des chefs qui servent les peuples en prétendant se servir d'eux. » J'ajouterai encore, selon qu'elles s'offrent à ma plume, un certain nombre de ses maximes : « Se résoudre à demi est se perdre tout entier. — La science des périls d'autrui nous apprend à nous démêler des nôtres. — Il faut que ceux qui se vouent aux grandes choses soient préparés aux grands accidents. — La pitié est mauvaise solde pour le secours, et, quand on le mendie, il est demi-refusé. — Tout établissement fait par crainte ne dure pas plus que la cause. — La tête d'un chef en pèse plusieurs milliers. — Dans le chef, la tête vaut bien plus que le bras : c'est la confiance, la bonne opinion des soldats qui donnent le branle aux victoires. »

Agrippa, tout homme d'action qu'il est, croit que les discours ne sont guère moins efficaces que les

armes, pour amener les plus importants résultats : « Si
le fer, bien mis en besogne, a, selon lui, la première
gloire, le second honneur est aux plumes bien taillées
qui mènent les esprits. » D'autres sentences continue-
ront à peindre ses goûts et son caractère : « Les ruses,
dit-il, qui se trament aux dépens de la foi ébranlent
l'État et perdent les frauduleux. » S'il témoigne par là
de son aversion pour les violations de la parole don-
-née, très-communes à cette époque, il atteste par ce
qui suit qu'en plus d'une occasion critique, de puissants seigneurs, connaissant sa décision habile, avaient
réclamé ses conseils : « Aux périls extrêmes, les plus
grands recourent aux plus avisés. » L'expérience de
l'homme de cour se révèle aussi dans cette observation : « Qui aura été nourri près des princes saura
combien légères causes et petits instruments les poussent à pesantes résolutions et grands effets. »

A côté de maximes semblables, d'une haute portée
politique, nous n'aurons pas de peine à produire chez
d'Aubigné des sentiments patriotiques, des pensées
morales et religieuses. Son éducation lui avait rendu
naturels les uns comme les autres. « La virginité de la
foi, nous dit-il avec sagesse et bonheur, ne se perd
qu'une fois; » et il voit « dans le bon soin que nous
avons de notre renommée un gage certain de la résurrection. » En traçant les vicissitudes et les catastrophes de *son temps calamiteux*, il a pour but, « ce qui
est le vrai fruit de l'histoire, de faire connaître, avec
la folie et les faiblesses des hommes, le jugement et la
force de Dieu. » A entendre encore d'Aubigné, « ce

même Dieu, qui est auteur des monarchies, qui les
conserve et les maintient pour sa gloire, comme il lui
plaît, contre tous les efforts humains, a prouvé qu'il
avait un soin particulier de la conservation de cette
couronne, par lui de si longtemps fondée et entrete-
nue. » On reconnaît là sa confiance inaltérable dans
l'action de la bonté divine, « attentive à soutenir cet
état malgré ses discordes et à rendre vains les iniques
desseins de ses ennemis. » Il est à regretter que parfois, s'éloignant de ces saines et nobles idées, Agrippa
se laisse aller aux chimères de son siècle, qui mon-
traient les astres régnant sur la destinée des hommes
et décidant en souverains du succès de leurs entreprises. Mais s'il n'est pas sans payer tribut aux erreurs
qui l'entourent (1), il réagit souvent aussi contre elles
par la supériorité de sa raison.

On ne saurait contester à d'Aubigné, d'après les
citations que nous lui avons empruntées, le mérite de
penser et de faire penser : c'est là ce qui doit couvrir
ses défauts, qui, nous l'avons déjà marqué, sont aussi
graves que nombreux. Car il abuse de la couleur au
point de blesser le goût de la manière la plus cho-
quante. Prodigue de grands mots et d'images que lui
suggère son audace méridionale, il pousse le style
figuré jusqu'aux derniers excès. De là des teintes mal

_____

(1) Voy. ce que d'Aubigné rapporte sur la mort du cardinal de Lorraine
en 1574. — Les valeureux capitaines du seizième siècle étaient accessibles
aux craintes les plus frivoles. Téligny, le gendre de Coligny, avait formé
une entreprise sur Nantes; mais il l'abandonna, sur ce qu'il avait perdu
l'émeraude de sa bague, ce qui lui parut un présage très-menaçant.

assorties et des expressions qui se repoussent. L'abus des métaphores gâte souvent ce que l'idée a chez lui de juste et de ferme, soit qu'il s'indigne contre ceux « qui pourrissent sur le puant fumier d'une sale oisiveté, » ou qu'en nous exposant *l'ordure de la maison*, c'est-à-dire les désordres dont il a été témoin dans la cour des Valois, il déclare « que les plus grands mouvements des royaumes et les tempêtes qui les renversent, prennent souvent leurs premières ondes aux cerveaux de personnes viles ou de peu ; » soit qu'il peigne en ces termes la mollesse de Henri III, devenu incapable de toute résolution virile : « Le feu était mort au foyer de son cœur, et tous ses soufflets n'en faisaient voler que de la cendre. » Veut-il célébrer le souvenir de Henri IV, « il espère planter sur le tombeau de ce prince deux colonnes, non de tuf venteux que la lune et l'hiver puissent geler, mais d'un marbre de vérité, de qui le temps ne voie la fin ; » et en terminant son histoire, il déplore « la douloureuse tragédie qui a pâli son encre de ses larmes, donné son accent à ses lignes et coté ses virgules de soupirs. » C'est ainsi qu'en cherchant l'effet, il tombe trop fréquemment dans l'exagération et dans l'emphase. Lui-même il ne se dissimule pas que ses descriptions soient trop pompeuses ; et après celle de la bataille de Lépante, il exprime l'appréhension « d'avoir fait un tableau poétique. » Par un défaut contraire, il ne craint pas l'emploi des locutions soldatesques, plus excusables du reste dans une époque où notre langue n'avait pas encore la réserve qu'elle doit à nos modèles classiques.

Quoi qu'il en soit, on n'en conclura pas moins avec un critique éminent (1), « que d'Aubigné aurait eu peu à faire pour être un grand écrivain en prose, et qu'il l'eût même été naturellement dans des temps plus rangés. » Tels sont les traits hardis et les beautés frappantes dont étincelle à tout moment, dans l'œuvre dont nous avons rendu compte, son style abrupte, énergique et original.

Ce travail n'est pas toutefois le seul où nous puissions juger d'Aubigné comme historien et comme prosateur. Passons à ses mémoires, qui ne sont d'ailleurs qu'un appendice ou, si l'on veut, un résumé de son histoire universelle. Mais nous les avons assez fait connaître, en racontant la vie de d'Aubigné, pour n'avoir pas ici besoin d'en exposer longuement le contenu ou l'intérêt. Sous leur forme actuelle principalement, depuis qu'un nouvel éditeur (2), plus fidèle que les précédents, en a rétabli le texte et leur a rendu cette piquante vivacité de style, que des corrections arbitraires avaient beaucoup trop émoussée, c'est une des lectures les plus attachantes que nous aient léguées nos pères : elle est surtout très-propre à nous initier aux mœurs et à la société du seizième siècle.

Il est vrai que dans ses Mémoires d'Aubigné, homme

---

(1) M. Sainte-Beuve. — M. Villemain s'est aussi étonné avec raison (voy. la préface du *Dictionnaire de l'Académie française*, 1835) que, lorsqu'à sa naissance l'Académie dressa une liste des écrivains qui avaient le mieux parlé notre langue, une place n'y ait pas été donnée « au véhément d'Aubigné. »

(2) M. Ludovic Lalanne ; in-12, Charpentier, 1854.

de secte et de parti, est dominé plus encore que dans son Histoire par ces préjugés qui, s'ils ne font pas dévier les consciences les plus droites, obscurcissent du moins les lumières des plus fortes intelligences; mais ce témoin, malgré sa passion, est précieux à consulter, quand on prend soin de le contrôler avec prudence. Agrippa n'avait eu d'autre but en tout cas que de fournir à ses propres enfants, comme il le déclare lui-même, des instructions dont ils pussent tirer profit. Son œuvre, destinée à demeurer renfermée dans l'intérieur de sa famille (il n'avait été fait que deux copies de l'original), n'en est sortie que cent ans environ après la mort de l'auteur pour être livrée au public (1). La nature confidentielle de ces Mémoires explique donc, avec le ton de liberté qui y règne, ce défaut d'apprêt, cette franchise pleine de sécurité et libre d'entraves, qui aux yeux de la postérité donnent son plus grand prix à ce genre d'ouvrage.

A ce titre et à plusieurs autres le livre de d'Aubigné tient une des premières places dans cette partie si riche de notre littérature, qui déploya dès ce moment une fécondité prodigieuse, ce qu'attestent assez les noms des du Bellay, Tavannes, Montluc, Marguerite de Valois, de Thou, Duplessis-Mornay et Sully. Comme César dans ses *Commentaires*, d'Aubigné se désigne par son nom en se servant de la troisième personne; et son début plein de gravité suffirait pour annoncer la haute

(1) En 1729, pour la première fois, et non, comme quelques-uns l'ont prétendu, en 1721.

opinion qu'il a de lui : car il n'hésite pas à se proposer
en modèle à ses descendants, bien qu'il avoue ses imperfections et ses fautes, que parfois même il se targue
des unes et des autres avec quelque impudence. Mais
ce dont il faut convenir à son éloge, c'est qu'il fait
preuve en général, ainsi que son temps, d'un spiritua-
lisme élevé et d'un esprit sincèrement religieux (1).
Seulement n'attendez de lui, ni dans la conduite ni
dans le ton, la juste mesure qui caractérise les époques
d'une culture achevée. D'Aubigné, c'est là son trait
distinctif, offre un de ces composés d'une puissance
étrange et bizarre, contradictoire en plus d'un point,
qu'il n'est donné de produire qu'à un certain état de
la civilisation, à un certain milieu ou social ou politique.

Lorsqu'il rédigea ses Mémoires, Agrippa était parvenu à un âge très-avancé. Aussi dans son accent et
dans plus d'un de ses préceptes, où respire ce qu'il appelle « sa privauté paternelle, » trouve-t-on, mêlée à
son humeur personnelle et vaniteuse, la bonhomie du
vieillard, quand il avertit par exemple ses enfants, ce
que l'on attendrait peu d'un caractère si entier, qu'il
veut leur enseigner à vivre, en usant d'adresse, dans
de bons rapports avec les personnes de leur condition.

(1) On pourrait le prouver en citant plusieurs de ses pensées, comme
nous avons fait dans l'*Histoire*. « Les heurs et malheurs, lit-on dans
le début de ses *Mémoires*, ne viennent pas de nous, mais de plus
haut ; » et enseignant encore ailleurs à ses enfants qu'ils sont toujours et
partout entre les mains de Dieu, et que nous lui devons nos qualités et
nos vertus : « Dieu ne donne pas, dit-il, le courage et l'entendement
mais il les prête. »

Il lui semble, leur dit-il plus loin, « qu'il les entretient encore sur ses genoux, » désirant que ses belles et honorables actions leur suggèrent l'envie d'en faire de pareilles, et qu'ils conçoivent en même temps de l'horreur pour ses fautes. Les révélations très-diverses et toujours piquantes que promettent ces paroles ne manquent pas en effet, jusqu'à ces détails que tolère aujourd'hui difficilement notre sévérité ou plus réelle ou plus apparente. Quant au style des Mémoires, on y reconnaît, ce que l'on apercevait déjà à travers les tours plus ou moins rajeunis qui masquaient la phrase première, l'empreinte d'une rare originalité d'esprit et d'une imagination vigoureuse.

On se gardera donc bien de contester leur authenticité, comme l'ont essayé quelques-uns, en alléguant qu'ils ne s'accordent pas toujours avec l'Histoire dans le récit des faits, ce dont on ne s'étonnera pas trop, d'après le temps qui a séparé les deux compositions l'une de l'autre. L'existence de l'œuvre inédite de d'Aubigné n'était pas, au reste, demeurée entièrement inconnue ; et un curieux passage des *Lettres* de madame de Maintenon nous apprend qu'elle en avait fait usage. « J'ai apporté, écrit-elle à son frère (1), l'histoire de mon grand-père, c'est-à-dire sa vie. » Elle n'y cherchait pour elle-même que ses titres de noblesse qu'il avait, comme il nous l'indique, retrouvés par hasard, et dont il parle assez légèrement, en homme qui se

(1) Tome I, p. 117 de l'édition de 1758, in-12, des *Lettres* de madame de Maintenon.

sent capable d'être le premier de sa race. Là-dessus, il a exprimé sa pensée d'un ton plein de fierté :

La gloire qu'autrui donne est par autrui ravie ;
Celle qu'on prend de soi vit plus loin que la vie.

Ces vers nous rappellent au poëte, et il est bien temps de considérer Agrippa sous ce nouvel aspect, où il est si digne d'être étudié.

C'est en effet, à cet égard encore, l'un des plus heureux représentants du mouvement d'esprit qui signala le règne des Valois. On sait quelle fut, sous ces princes ingénieux, la vogue de la poésie francaise. A l'exemple du souverain et de sa famille, avec toute la puissance de l'attrait qui s'attachait aux tentatives de jeunes et hardis talents, tous s'étaient jetés, magistrats, ecclésiastiques, financiers, hommes de guerre, dans la passion des vers, qu'alimentait ce goût de galanterie mystique et enthousiaste, que l'Italie avait récemment communiqué à la France. Jamais il ne fut consumé tant de loisirs en rimes, l'indulgence publique encourageant tous les efforts. Que notre Agrippa, confiant dans sa facilité brillante, se soit laissé aller à l'entraînement général, on le concevra sans peine ; et ce dont on ne sera pas surpris davantage, c'est que ses débuts aient été aussitôt accueillis avec faveur. De là l'espèce de familiarité dont il jouit auprès de Charles IX, et dont il profita pour composer, à l'imitation du psaume *Dicitur Ægyptus,* un sonnet où il ne craignait pas d'attaquer « ceux qui conseillaient le sang. » De plus douces émotions concoururent à le rendre poëte.

L'amour, cette inspiration un peu uniforme de presque tous les vers de cette époque, lui en suggéra qui
avaient paru, comme il nous le fait connaître, sous le
titre de *Printemps d'Aubigné*, mais qui n'ont. pas
été conservés. Si l'on en croit le jugement que porte
sur eux l'auteur, on y trouvait à la vérité plusieurs
endroits peu limés, mais en récompense « une certaine fureur qui serait au gré de plusieurs. » Il est à
présumer toutefois que cette fureur poétique ne réagissait qu'assez incomplétement contre ce que son sujet avait d'usé et de vulgaire. Aux défauts du goût
plus maniéré que délicat qui caractérise ce temps, s'y
joignaient sans doute aussi toutes les imperfections de
notre langue, trop peu cultivée jusque-là pour avoir
cessé d'être rude et confuse. D'Aubigné lui-même, on
l'a vu, n'était pas doué d'assez de patience pour hâter
beaucoup, par la lenteur du travail, les progrès de
maturité d'un idiome auquel manquaient encore la
pureté et la correction.

Heureusement qu'Agrippa ne s'en tint pas à « ces
enfants de ses premiers jours, » comme il appelle les
poésies, œuvre de sa plus tendre jeunesse. La haine
et la colère devaient mieux l'inspirer dans une époque
plus avancée de sa vie : il était de ceux dont l'indignation est la muse, *facit indignatio versum*. En d'autres termes, sa plume ne devait avoir toute sa valeur et
toute sa puissance que lorsqu'elle fut, dans les *Tragiques,* comme une arme entre ses mains.

Le nom de *Tragiques*, au premier abord, ne donne
pas du poëme qui va nous occuper une idée tout à

fait conforme à sa nature (1). En réalité, c'est une épopée lyrique, et plus souvent satirique, de plus de huit mille vers, où l'auteur a fait une singulière dépense de talent, sans produire autre chose cependant qu'une multitude de lambeaux de pourpre, imparfaitement cousus ensemble, comme dit Horace, non pas un de ces riches tissus qui éblouissent à la fois et charment les regards. On nous saura gré du moins de ramener l'attention sur ce poëme, qui, par les beautés de premier ordre qu'il renferme, peut paraître jusqu'à un certain point avoir préparé chez nous l'époque des chefs-d'œuvre.

D'Aubigné, qui le retoucha depuis et l'amplifia à différentes époques, en conçut la pensée l'an 1577 à Castel-Jaloux (2), où le retenaient des blessures graves qu'il venait de recevoir dans une entreprise sur une ville voisine. Ce fut même dans le délire de la fièvre et de son lit de douleur qu'il dicta les premiers vers au juge du lieu, son secrétaire improvisé. Ce *testament*, où devaient revivre ses dernières colères contre ses ennemis, ainsi ébauché, il l'oublia assez longtemps, et ce ne fut que par hasard qu'il le retrouva ensuite au fond d'un coffre rempli de papiers sans valeur. Mais alors, plus qu'autrefois, l'ardeur du sectaire remplissait son âme : il brûlait de venger les coups qui avaient

(1) Trompés par ce titre, des critiques peu érudits ont placé d'Aubigné parmi nos auteurs dramatiques, en faisant mention de ses *tragédies*.

(2) Petite place où d'Aubigné exerça assez longtemps un commandement et où l'on voit encore les restes d'un ancien château des seigneurs d'Albret (Lot-et-Garonne).

été portés au parti calviniste, et son imagination exal-
tée ne fit qu'ajouter aux traits sombres du tableau
qu'il avait esquissé. De là le ton violent qui succéda,
comme il l'explique, à la douceur des accents que de
tendres passions lui avaient suggérés :

> Je n'avais jamais fait babiller à mes vers
> Que les folles ardeurs d'une prompte jeunesse ;
> Hardi, d'un nouveau cœur, maintenant je m'adresse
> A ce géant morgueur par qui chacun trompé
> Souffre à ses pieds languir tout le monde usurpé.

C'est ce *géant morgueur* ou la tyrannie (autrement dit,
le pouvoir persécutant la réforme), que « le doigt du
grand Dieu le pousse à combattre. » Adieu donc,
quand la trompette a sonné, le luth qui accompagnait
les chants d'amour et de fête ! Adieu les propos et les
passe-temps joyeux où il s'était jadis complu !

> Ce siècle, autre en ses mœurs, demande un autre style :
> Cueillons les fruits amers desquels il est fertile.

En vain voudrait-on s'y refuser; en vain, pour échapper au sentiment du malheur commun, voudrait-on
étouffer sa conscience et sa voix :

> La main peut s'endormir, non l'âme reposer.

Et l'âme de d'Aubigné, aigrie par les plus douloureux spectacles, lui a dicté ce poëme, dans lequel on
a vu quelquefois une espèce de contre-partie du discours de Ronsard « sur les misères du temps, » mais
où il vaut mieux voir, sans cette arrière-pensée d'une

réplique au prince respecté de la Pléiade, une protestation libre et indignée contre les excès d'un siècle meurtrier; production bizarre, remplie d'allusions historiques, de fictions empruntées à la mythologie grecque, d'allégories morales, de discussions théologiques et de souvenirs de la Bible, où se confondent, dans un mélange sans modèle, les plus choquants défauts et les plus rares mérites, les plus folles divagations de l'esprit de secte et les plus nobles élans du patriotisme. C'est dans les replis ténébreux de cette œuvre formée d'éléments si hétérogènes que nous allons nous engager avec courage, pour avoir sur ceux qui nous ont précédé l'avantage d'en donner une idée plus complète.

Au début même des *Tragiques*, les opinions politiques et religieuses de d'Aubigné éclatent dans toute leur fougue ou plutôt dans toute leur fureur; mais cette fureur, on doit s'y attendre, ne pourra manquer de troubler ce juste équilibre, qui doit exister, chez le poëte digne de ce nom, entre l'inspiration et le bon sens. Trop souvent sa verve sans frein, rappellera ce Romain, Labiénus, dont on avait, par allusion à l'emportement de ses écrits, changé le nom en celui de Rabiénus (1). Agrippa s'empresse de reconnaître

> Que ses vers échauffés
> Ne sont rien que de meurtre et de sang étoffés.

En effet, il laisse bien loin derrière lui l'hyperbole

(1) Voy. Sénèque le rhéteur, préface du Vᵉ livre des *Controversiæ.*

mordante d'Archiloque et de Juvénal, dès qu'il a vu, spectacle qui enflamme sa colère,

> Le visage mourant de l'Église captive.

Ainsi Agrippa désigne-t-il la réforme aux abois, dont il va entonner l'hymne de gloire et de vengeance. Et en face de lui, quels sont les ennemis qu'il trouve d'abord et qu'il assaille à outrance ? Ce sont avec « les légions de Rome, les monstres d'Italie, » comme il s'exprime, nos rois qui se sont faits leurs ministres, nos rois, les pasteurs du peuple, devenus les loups qui déchirent le troupeau ; ce sont en outre les financiers, les justiciers, les hommes de guerre surtout, qui ont sucé la moelle de la nation, qu'ils devaient défendre et dont il déplore les dissensions en ces termes :

> O France désolée ! ô terre sanguinaire !
> (Non pas terre, mais cendre !) ô mère, si c'est mère,
> Que trahir ses enfants aux douceurs de son sein,
> Et, quand on les meurtrit, les serrer de sa main :
> Tu leur donnes la vie, et, dessous ta mamelle,
> S'émeut des obstinés la sanglante querelle.

Dans leur lutte homicide, ils épuisent, ils tarissent, ces mauvais fils, le doux lait destiné à les nourrir, et, blessée des coups qu'ils se portent, leur mère n'a plus qu'à s'écrier dans son désespoir :

> Or, vivez de venin, sanglante géniture,
> Je n'ai plus que du sang pour votre nourriture.

Sous l'obsession de ces terribles images qui ne cesseront de le poursuivre, le poëte adjure les acteurs de

cette *tragédie* d'ouvrir les yeux, au nom de leur propre salut, sur le péril commun dont ils seront les victimes :

> Lorsque dedans la mer, la mer pareillement
> Vous menace de mort, courez à la tempête ;
> Car avec le vaisseau votre ruine est prête.

La peinture des malheurs du pays, en proie aux discordes, continue à être le sujet du premier livre, et pour
les représenter, Agrippa, laissant de côté les traits allé-
goriques, en emprunte de non moins frappants à la
réalité, lorsqu'il montre :

> Les pitoyables mères
> Pressant à l'estomac leurs enfants éperdus (1),
> Quand les tambours français sont de loin entendus.

C'en est fait : toute la France n'est plus qu'un champ
de bataille ; partout le même aspect de désolation :

> Les places de repos sont places étrangères ;
> Les villes du milieu sont les villes frontières :
> Le village se garde, et nos propres maisons
> Nous sont le plus souvent garnisons et prisons.
> L'honorable bourgeois, l'exemple de sa ville,
> Souffre devant ses yeux outrager femme et fille,
> Et tombe, sans merci, sous l'insolente main
> Qui s'étendait naguère à mendier du pain...
> Le paysan (2) de cent ans, dont la tête chenue
> S'est couverte de neige en suivant sa charrue,

_____

(1) On se rappelle Virgile, *Én.*, VII, 518 :

> Et trepidæ matres pressere ad pectora natos.

(2) Dissyllabe : on prononçait alors, comme on le fait encore dans plusieurs provinces, le *pésan.*

> Voit galoper de loin l'argoulet (1) orageux,
> Qui d'une rude main arrache les cheveux,
> L'honneur du vieillard blanc, mû de faim et de rage
> Pour n'avoir pu trouver que piller au village. .

Voilà pour les laboureurs aimés de la terre, la récompense qu'ils retirent :

> D'ouvrager son beau sein de si belles couleurs

Elle n'a plus de retraite pour les protéger, et vainement elle semble leur dire :

> Cachez-vous sous ma robe, en mes noires forêts ;

Les plus épaisses forêts n'ont pas assez d'ombre pour les dérober aux yeux de l'impitoyable pillard qui veut leur arracher la vie, à défaut de leurs dépouilles. Aussi chaque jour voit-il cesser les travaux de la culture et s'étendre la dévastation de la solitude :

> Les loups et les renards et les bêtes sauvages
> Tiennent place d'humains, possèdent les villages.

Nul ne confie plus la semence à la terre, tant on redoute *la ravissante main de l'étranger,* tant *les reîtres noirs*, s'abattant sur nos provinces, les transforment fréquemment en déserts. Et la disette, en multipliant le nombre des victimes, rend plus furieuses encore ces bandes qui parcouraient nos campagnes pour dévorer la substance du pauvre peuple. De là des cruautés dont

_____

(1) On a vu que c'était un synonyme de *carabin*, ou cavalier portant une carabine.

les tableaux font frémir ; car d'Aubigné se plaît dans
les détails horribles ; il les prodigue à l'excès, sans connaître ou sans mettre en usage l'art qui consiste à tempérer ce que la réalité a de repoussant. En laissant de
côté ce qu'offrent de plus affreux ces monotones descriptions, nous nous bornerons à citer un épisode, celui d'une femme égorgeant son propre fils dans une
famine :

> La mère, ayant longtemps combattu dans son cœur
> Le feu de la pitié, de la faim la fureur,
> Convoite dans son sein la créature aimée,
> Et dit à son enfant (moins mère qu'affamée) :
> « Rends, misérable, rends le corps que je t'ai fait ;
> Ton sang retournera où tu as pris le lait.
> Au sein qui t'allaitait rentre contre nature :
> Ce sein qui t'a nourri sera ta sépulture... »
> De sa lèvre ternie il sort des feux ardents ;
> Elle n'apprête plus la bouche, mais les dents :
> Des pouces elle étreint la gorge qui gazouille
> Quelques mots sans accent, croyant qu'on la chatouille (1).

(1) Cet épisode, on le sait, a été reproduit par l'auteur de la *Henriade*,
et ce n'est pas là seulement oue Voltaire a tiré parti de d'Aubigné : il
lui a emprunte encore d'autres traits du tableau de nos guerres civiles, et
notamment du massacre de la Saint-Barthélemy. On pourrait même établir sans trop de peine, par la comparaison de divers passages, que la
lecture des *Tragiques* n'a pas été pour la versification tout à fait inutile
à Voltaire. Par exemple, lorsqu'il a dit en s'adressant à Dieu :

> Viens, des cieux irrités abaisse la hauteur,
> Frappe, écrase à nos yeux... ;

N'a-t-il pas eu présents à l'esprit ces mots de d'Aubigné :

> Baisse donc, Éternel, tes hauts cieux pour descendre,
> Frappe les monts... !

Il serait aisé de prouver aussi par l'examen de plusieurs tragédies de
Corneille, et celui de *Rodogune* en particulier, qu'il connaissait les *Tra-*

Ces scènes de deuil et d'autres semblables, répétées sur tout le sol de France, étaient le déplorable fruit des divisions religieuses et de l'aveuglement des princes, qui avaient dépouillé leur ancien caractère de paternité. Le poëte ne cesse d'insister sur ce point et s'adressant, dans une digression chaleureuse, à Henri de Navarre, alors occupé à conquérir son royaume : « O toi, lui dit-il, qui te fais un jeu de prodiguer ta vie, »

> Souviens-toi quelque jour combien sont ignorants
> Ceux qui, pour être rois, veulent être tyrans.

Après s'être déchaîné à cette occasion contre les tyrans, auxquels il n'épargne jamais les invectives, d'Aubigné revient sur les causes de maux qui ont affligé le pays. Il signale parmi elles l'orgueil, la superstition asservie aux idoles et bien d'autres vices, comme ayant excité le courroux du Ciel, qui s'est servi de deux fléaux pour punir un peuple égaré, d'une Jézabel, — c'est Catherine de Médicis, — et d'un Architophel, conseiller de cette princesse, — c'est le cardinal de Lorraine (1). Il fait de l'un et de l'autre des suppôts de l'enfer, qui, pour les produire, a épuisé ses plus noirs enchantements ; et la colère qui l'anime éclate par de telles violences, que l'éditeur, effrayé de la hardiesse du texte, a cru devoir laisser vide la place de

---

giques et qu'il en a profité. — Depuis que ce travail a paru, M. Poirson, dans son *Histoire de Henri IV*, a mis en lumière par de nouveaux détails la vérité de ces assertions.

(1) D'Aubigné dans son Histoire, comme on a pu déjà le remarquer, a jugé ces deux personnages avec moins de passion et partant avec plus d'équité.

plusieurs mots, en la marquant par des étoiles. Mais toute idée de prudence et de ménagement est étrangère à d'Aubigné. Représentant d'une époque d'action, bien plus que d'une époque littéraire, il s'est, de guerrier, fait auteur, pour épancher ses ressentiments en rimes impétueuses ; et ses vers sont comme une vengeance personnelle, dont il se donne le plaisir aux dépens de ses ennemis, disons mieux, de ceux qu'il juge les ennemis de la France, alors qu'elle semblait condamnée *à se détruire par elle-même.* Suivant Agrippa, non contente d'en épuiser le sang sur les champs de bataille, Catherine a répandu dans notre patrie, pour la décimer, *les fins empoisonneurs d'Italie* et elle y a *semé la peste du duel ;* en sorte que toute l'ambition des gentilshommes et des grands a été d'imiter, en se faisant bourreaux les uns des autres, ces *marauds de Rome,* rebut des esclaves, qui, pour le plaisir de peuple rassemblé dans l'amphithéâtre,

> Avec grâce et sens froid (1), mettant pourpoint à part,
> Sans s'ébranler logeaient en leur sein le poignard.

Encouragée par les éloges imprudents des princes, la renommée du duelliste avait dès lors éclipsé toutes les autres :

> On appelle aujourd'hui n'avoir rien fait qui vaille,
> D'avoir percé premier l'épais d'une bataille,
> D'avoir premier porté une enseigne au plus haut
> Et franchi devant tous la brèche par assaut.

---

(1) Ancienne et judicieuse orthographe, ce semble, de la locution de *sang-froid.*

Se jeter contre espoir dans la ville assiégée,
La sauver demi-prise et rendre encouragée,
Bien faire une retraite ou d'un scadron battu
Rallier les débris, cela n'est plus vertu.

La vertu de ce temps, c'était, continue d'Aubigné, de prendre une querelle pour un oiseau, pour un chien, pour un valet, pour un bouffon ou pour *rien du tout :*

Car les perfections du duel sont de faire
Un appel sans raison, un meurtre sans colère.

Ajoutons qu'en peu de temps la manie de se battre était devenue universelle :

De cette loi sacrée ores ne sont exclus
Le malade, l'enfant, le vieillard, le perclus.
On les monte, on les arme ; on invente, on devine
Quelques nouveaux outils à remplir Libitine :
On y fend sa chemise, on y montre sa peau ;
Dépouillé en coquin, on y meurt en bourreau.

Les conseillers eux-mêmes, les trésoriers, les avocats avaient imaginé de vider leurs procès ou de terminer leurs comptes sur le pré ; enfin on avait vu les femmes, « hommasses ou plutôt démons déguisés, » marcher l'une contre l'autre, l'épée au poing et les traits bouleversés par la fureur. Tel n'était pas, lorsqu'ils bravaient le fer, l'aspect des premiers chrétiens, dont Agrippa oppose la sainte mort à ces assassinats inspirés par les plus mauvaises passions. Jadis *le triomphant martyr*

Priait pour ses meurtriers et voyait en priant
Sa place au ciel ouvert, son Christ l'y conviant.

Celui qui meurt pour soi, et en mourant machine
De tuer son tueur, voit sa double ruine :
Il voit sa place prête aux abîmes ouverts ;
Satan, grinçant les dents, le convie aux enfers.

Ces sanglants désordres, que d'Aubigné peint de si vives couleurs, sont à ses yeux, il le répète encore, le résultat manifeste de la vengeance divine : nous le croirons sans peine, et nous nous étonnerons seulement qu'après les avoir rapportés à une cause qui suffit si bien à les expliquer, l'auteur les attribue à l'orgueil de Rome et du saint-siége, en plaçant dans la bouche du souverain pontife des paroles altières par lesquelles il s'applaudit de représenter ici-bas la Divinité, d'être l'unique maître des nations et l'arbitre suprême dont le caprice

Donne aux gueux la couronne et le bissac aux rois.

Agrippa, dans sa haine aveugle contre la papauté et le catholicisme, ne pouvait demeurer indifférent à l'égard d'une société qui, pendant plusieurs siècles, devait être si étroitement et si fortement unie à leur existence. Aussi adresse-t-il une apostrophe fougueuse aux disciples de Loyola, à qui seuls il appartient, dit-il, de reconnaître et de prêcher l'omnipotence du pape. Plus calme ensuite, le poëte accuse les hommes d'avoir oublié la maison du Seigneur pour prodiguer, dans l'embellissement de leurs propres demeures, l'albâtre, le marbre et les métaux précieux :

Et Dieu seul, au désert pauvrement hébergé,
A bâti tout le monde et n'y est pas logé !...

Tu as tout l'univers où ta gloire on contemple,
Pour marchepied la terre et le ciel pour un temple :
Où te chassera l'homme, ô Dieu victorieux ?
Tu possèdes le ciel et les cieux des hauts cieux !

Un hymne dont on peut juger l'élévation par ce passage, un appel à la justice tutélaire de Dieu, que
d'Aubigné invoque en faveur de son Église (par là il
faut entendre la réforme), terminent le premier livre
des *Tragiques*.

Le second, qui est le plus célèbre de tous, est celui
qui renferme les portraits des princes et princesses de
la famille des Valois. La rougeur au front, pour la
honte dont ils se sont souillés et qui a rejailli sur la
couronne de France, Agrippa veut, dans son ressentiment implacable,

                Que l'acier de ses vers
    Burine leur histoire aux yeux de l'univers.

Et l'on ne peut nier que cette indignation n'ait bien
servi le poëte, dont l'élan est ici des plus vigoureux (1).
Avec une hardiesse antique, qui se mêle à son goût
ordinaire pour les fictions morales et les sentences des
psalmistes, il nous annonce qu'il va étaler à nos yeux
les *sépulcres blanchis* des réprouvés qui ont perdu le
pays. Comme ces autres réprouvés qui figurent dans

(1) Ce livre et plusieurs détails répandus dans les autres ont fait, non
sans raison, inscrire d'Aubigné parmi les fondateurs de la satire en
France. Il figure à ce titre et occupe même une assez grande place dans
le *Discours sur la satire*, que M. Viollet-Leduc a mis en tête de son édition de Régnier, réimprimée tout récemment.

la *Divine comédie* de Dante, ils reculeront d'effroi devant la vérité de ses peintures :

> Vous qui avez donné ce sujet à ma plume,
> Vous-mêmes qui avez porté sur mon enclume
> Ce foudre rougissant (1), acéré de fureur,
> Lisez-le : vous aurez horreur de votre horreur.

Il reproduit en effet, de manière à leur faire peur d'eux-mêmes, l'image des rejetons de cette race royale dégénérée : tour à tour il montre Charles IX ne connaissant pas de plus beaux triomphes que ceux de la chasse, et s'habituant par cette passion à *giboyer de sa fenêtre du Louvre,* en répandant le sang humain; Henri III, au geste et à l'œil de Sardanapale, à la tête sans cervelle, affectant de paraître dans ses bals sous un déguisement qui laissait ignorer si l'on voyait *un roi-femme* ou bien *un homme-reine.* Pour peindre *leur pâle impudence* et celle des complaisants qui les entourent, il prodigue les teintes les plus colorées et toutes les témérités de l'expression; mais qu'on ne lui dise pas que la crudité de ce langage est de nature à offenser les oreilles et à blesser l'honnêteté : persuadé qu'il faut exposer le mal au grand jour pour en dévoiler toute la laideur, il répondra aussitôt

> Que le vice n'a point pour mère la science,
> Et la vertu n'est point fille de l'ignorance.

En laissant de côté ces tableaux trop fameux pour qu'il y ait lieu de les transcrire de nouveau, nous cite-

---

(1) C'est, il semble, un souvenir d'Horace, Od., I, 2 :
Rubente dextra jaculatus arces...

rons de préférence un passage bien différent et beaucoup moins connu, mais très-digne de l'être, celui où
d'Aubigné nous apprend quels étaient, dans ce palais
peuplé de mignons, les moyens de parvenir à la faveur
et quels courtisans assiégeaient le prince. Ce morceau,
d'une touche ingénieuse et facile, forme un curieux
contraste avec les invectives éloquentes dont l'écrivain
a peu auparavant poursuivi les flatteurs :

> Ils ont vu des dangers assez pour en conter ;
> Ils en content autant qu'il faut pour se vanter.
> Lisant, ils ont pillé les pointes pour écrire ;
> Ils savent en jugeant admirer ou sourire,
> Louer tout froidement, si ce n'est pour du pain,
> Renier son salut quand il y va du gain :
> Barbets des favoris, premiers à les connaître,
> Singes des estimés, bons échos de leur maître.
> Voilà à quel savoir il te faut limiter (1).
> Que ton esprit ne puisse un Jupin irriter :
> Il n'aime pas son juge, il le frappe en son ire,
> Mais il est amoureux de celui qui l'admire.
> Il reste que le corps, comme l'accoutrement,
> Sache aux lois de la cour marcher mignonnement,
> Traîner les pieds, mener les bras, hocher la tête ;
> Pour branler à propos d'un panache la tête ;
> Garnir et bas et haut de roses et de nœuds,
> Les dents de muscadins (2), de poudre les cheveux.
> Fais-toi dedans la foule une importune voie,
> Te montre ardent à voir afin que l'on te voie,

---

(1) Ce sont des leçons ironiques, adressées à un jeune homme qui
arrive à la cour. — Tout ce passage peut être rapproché de celui où Fœneste indique à Énay, dans un pamphlet dont il sera question plus loin,
comment il faut se produire à la cour.

(2) Petites pastilles où il entrait du musc.

Lance regards tranchants pour être regardé,
Le teint de blanc d'Espagne et de rouge fardé :
Que la main, que le sein y prennent leur partage.
Couvre d'un parasol, en été, ton visage ;
Jette comme effrayé, en femme, quelques cris,
Méprise ton effroi par un traître souris,
Fais le bègue, le las, d'une voix molle et claire ;
Ouvre ta languissante et pesante paupière ;
Sois pensif, retenu, froid, secret et finet :
Voilà pour devenir grâce du cabinet (1),
A la porte duquel laisse Dieu, cœur et honte,
Ou je travaille en vain en te faisant ce conte.

Le poëte, en face de ces personnages et de ces
mœurs, place les soutiens du protestantisme, leur
austérité et leur courage. Dans l'impétuosité de son
zèle, il ne tiendra pas à lui qu'il n'immortalise, sans
distinction d'âge, de sexe et de rang, la mémoire de
tous ses coreligionnaires opprimés :

Alors ces heureux noms, sans élite et sans choix,
Luiront en mes écrits plus que les noms des rois.

Vengeur de son parti, d'Aubigné, avant de nous faire
assister aux supplices des victimes de la réforme, veut
nous rendre témoins des condamnations illégales qui
les ont frappées. Par ce motif il expose à nos yeux,
dans son troisième livre, la *Chambre dorée* (2), insti-
tuée pour les juger ou plutôt pour les immoler sous les

---

(1) L'objet des faveurs *du cabinet* du prince, autrement dit, de la
cour.
(2) Souvenir de la chambre de justice, qui dut sa naissance à Henri II,
ort ennemi des protestants.

faux dehors de la justice, et ce nom général comprend, avec le parlement de Paris, tous les parlements du royaume, dont la rigueur s'était en effet déployée contre les sectateurs des nouvelles doctrines. Au milieu de beaucoup d'allégories, voile transparent qui suffit à son audace, Agrippa dénonce l'inhumanité des juges prévaricateurs, qui ne laissaient aucune liberté à la défense et n'ouvraient la bouche que pour prononcer des arrêts impitoyables. Il peint la Piété et la Paix, effrayées de ces spectacles et prosternées devant le trône de l'Éternel, pour le conjurer de mettre un terme aux outrages dont on les abreuve sur la terre :

> Tu vois que les géants, faibles dieux de la terre,
> En tes membres te font une insolente guerre;
> Que l'innocent périt par l'inique tranchant,
> Par le couteau qui doit effacer le méchant...

Les célestes esprits se joignent à ces prières, qui réveillent le courroux endormi du Tout-Puissant, et leurs efforts réunis le provoquent à lancer sa foudre contre les persécuteurs des fidèles :

> De même en quelque lieu vous pouvez avoir lu,
> Et les yeux des vivants pourraient bien avoir vu
> Quelque empereur ou roi tenant sa cour plénière
> Au milieu des festins, des combats de barrière,
> En l'éclat des plaisirs, des pompes : et alors
> Qu'à ces princes chéris il montre ses trésors,
> Voici entrer à coup une veuve éplorée
> Qui foule tout respect, en deuil démesurée...
> La troupe qui la voit change en plaintes ses ris,
> Elle change les chants en l'horreur de ses cris :

Le bon roi quitte alors le sceptre et la séance,
Met l'épée au côté et marche à la vengeance.

Ainsi Dieu se lève avec menace; et la nature entière
s'émeut à cet aspect, et les fondements du monde
s'ébranlent : les coupables surtout frémissent; et plus
effrayés que tous les autres,

Les rois qui l'ont haï laissent choir, pâlissants,
De leurs sanglantes mains les sceptres rougissants.

Ses pas se dirigent vers cette chambre dorée, théâtre
de prévarications, que d'Aubigné représente comme
un édifice dont les fondements sont formés d'os et de
têtes, où les cendres des brûlés ont servi de sable, où
le sang versé a détrempé la chaux fournie par la moëlle
des victimes : étrange et horrible fiction, bien digne
des détails qui l'accompagnent, lorsque le poëte montre
humant dans leurs coupes le sang des innocents et les
sueurs des veuves, les *justiciers* ,

Mercenaires, vendant la langue, la faveur,
Raison, autorité, âme, science et cœur;

et qu'il les entoure de la foule de tous les vices, dont
il fait leurs assesseurs naturels, en les définissant avec
supériorité par quelques traits caractéristiques. C'est
l'avarice, maigre et accroupie, qui compte et recompte
ses gains qu'elle cache dans les plis de sa robe déchirée; l'ambition, à la folle cervelle, aux sourcils
rehaussés, qui se plie, pour contenter ses désirs, à
toute espèce de déguisement et de joug; l'envie, dont
la bouche distille le poison; la colère, au visage em-

pourpré et le poignard en main; l'Ivrognerie, dont
les pas trébuchent le matin et le soir; l'Hypocrise, au
tendre maintien,

> Qui parle doucement, puis, sur son dos bigot,
> Va par zèle porter au bûcher un fagot.

Ajoutez la Vengeance au teint jaune et aux regards
sombres, enfoncés sous d'épaisses paupières; la Luxure,
à l'œil ardent et à la tête chauve; la Paresse, le menton
sur la main et feignant de voir, mais jugeant, sans
voir, sur l'étiquette; la Cruauté aux cheveux frisés, au
poil noir, à la voix rude et enrouée; et ses complices,
la Faiblesse, qui s'abat sous son propre poids; la Trahison, dont le cœur est emprisonné dans une poitrine
d'acier; la Crainte qui, à la place du cœur, n'a qu'une
large plaie sous le sein; enfin l'Ignorance au front
étroit, chère aux courtisans, mais l'une des plus redoutables pestes de la vie humaine :

> Ses petits yeux charnus sourcillent sans repos,
> Sa grand'bouche demeure ouverte à tout propos;
> Elle n'a sentiment de pitié ni misère :
> Toute cause lui est indifférente et claire;
> Son livre est le commun, sa loi ce qui lui plaît,
> Elle dit *ad idem*, puis demande que c'est.

Au milieu de ces fléaux rassemblés, les lâches exécu-
teurs du bon plaisir royal, suivant l'énergique expression d'Agrippa, trafiquent des biens et de la vie des
hommes, et c'est sur l'édifice fantastique où s'abritent
tant d'iniquités que planent les regards du Seigneur.
Mais bientôt, après nous avoir fait voir la puissance
égarée des princes s'épuisant à lutter contre la volonté

et la vérité divines, d'Aubigné met à nu la vanité de
ces efforts, qui tournent à la confusion de leurs auteurs
et à la propagation de la foi évangélique :

> Les cendres des brûlés sont précieuses graines,
> Qui après les hivers, noirs d'orage et de pleurs,
> Ouvrent au doux printemps d'un million de fleurs
> Le baume salutaire, et sont nouvelles plantes
> Au milieu des parvis de Sion florissantes.
> Tant de sang que les rois épanchent à ruisseaux
> S'exhale en douce pluie et en fontaines d'eaux,
> Qui, coulantes au pied de ces plantes divines,
> Donnent de prendre vie et de croître aux racines.

Ces vers, pleins d'un charme ému, et dont l'heureuse facilité forme opposition avec l'âpre vigueur de
beaucoup d'autres passages, sont suivis d'une énumération où le mouvement du poëme se ralentit un peu,
celle des personnages importants qui, chez les Hébreux,
les Grecs, les Romains et parmi nos ancêtres, ont fait
respecter ou ont violé les saintes lois de la justice. Au
nom des uns, par un équitable partage, Agrippa veut
attacher l'immortalité de la gloire ; au nom des autres
celle de l'opprobre. Il prend soin d'ailleurs de nous
avertir qu'il n'y a rien de commun entre la vraie justice et la justice masquée de termes sauvages, qui a
son séjour officiel au palais, cette justice que cultivent
de préférence les Normands et les Poitevins plaideurs,
tandis qu'elle est inconnue aux Suisses, sujets de Dieu
seul, et aux Anglais, dont il loue volontiers les institutions, dont il exalte les vertus :

> Car les nobles et grands la justice y ordonnent,
> Les états non vendus comme charges se donnent :

Heureuse Élisabeth, la justice rendant,
Et qui n'as point vendu tes droits en la vendant!

Un magnifique éloge de cette princesse, que rend chère
à d'Aubigné, on l'a déjà vu, la communauté des sympathies politiques non moins que des croyances religieuses, contraste, à la fin du chant, avec les sanglants
reproches dont il accable encore les suppôts de l'ini-
quité et ceux qui se servent de ces indignes instruments.

Le quatrième livre, *les Feux*, espèce de martyro-
loge du protestantisme, comme on l'a dit, nous place
en présence des bûchers allumés; le titre seul suffit
pour le marquer : c'est encore un chant de douleur
sur les victimes et de vengeance contre leurs juges, ou
plutôt c'est une suite naturelle du livre qui précède.
Rangées sous la blanche oriflamme qui marche devant
elles, les longues légions des confesseurs de la foi se
déroulent aux yeux du poëte, qui prétend perpétuer
le souvenir de chacun d'eux par un tableau suspendu
dans le saint temple : de là les vers par lesquels il veut
ravir à l'oubli les Allemands Jean Huss et Jérôme de
Prague, les nourrissons de l'*île sainte* (ainsi nomme-t-il
l'Angleterre) Cranmer, Béverland, Haux, Norris, et
jusqu'à de faibles femmes, s'écriant pour enhardir
leurs compagnons de supplice :

Où est ton aiguillon, où est ce grand effort,
O mort! Où est ton bras?

Entre ces femmes Agrippa rappelle Jeanne Gray, dont
il a parlé aussi dans son *Histoire*, et dont il célèbre

de nouveau, avec une sensibilité touchante, les derniers moments :

> Les mains qui la paraient la parèrent encore ;
> Sa grâce et son honneur, quand la mort la dévore,
> N'abandonnent son front ; elle prend le bandeau ;
> Par la main on la mène embrasser le poteau ;
> Elle demeure seule, en agneau dépouillée.
> La lame du bourreau de son sang fut mouillée ;
> L'âme s'envole en haut : les anges gracieux
> Dans le sein d'Abraham la ravirent aux cieux.

Après ce coup d'œil jeté à l'étranger, ce sont les martyrs de la réforme en France que la plus grande partie de ce livre a pour but d'honorer, et l'un des premiers qu'il mentionne est Paumier, d'Avignon, qui, par un raffinement de cruauté, avait été renfermé dans une cage, suspendue au sommet de la plus haute tour, pour y être exposé à tous les caprices, à toutes les fureurs des éléments :

> Mais quand c'est pour son Dieu que le fidèle endure,
> Lors le fer s'amollit ou sa peau vient plus dure.
> Sur ce corps nu la bise attiédit ses glaçons,
> Sur sa peau le soleil rafraîchit ses rayons :
> Témoin deux ans six mois qu'en chaire si hautaine
> Ce prêcheur effraya les juges de sa peine...

Ami du merveilleux, comme il l'a montré dans plusieurs de ses ouvrages, d'Aubigné rapporte, en prodiguant les circonstances extraordinaires, d'autres supplices dont nos principales villes ont été le théâtre. Il s'arrête surtout, parmi les victimes, au conseiller du Bourg, que Henri II était venu arracher du parlement, en jurant qu'il verrait sous peu de jours son bûcher de ses yeux, tandis que Dieu, faisant mentir sa *superbe parole*, voulut que ce prince, frappé d'un coup soudain, le précédât au tombeau. Agrippa triomphe de cette fin tragique, aussi bien que de l'impuissance des bourreaux qui, s'acharnant contre les corps, ne peuvent « toucher aux âmes par les gênes (1). » Mais, quelles que soient la vigueur de ses descriptions et son habileté à déguiser par la variété de l'expression la monotonie des détails, le lecteur, on le comprend sans peine, est rebuté par l'uniformité de ces sombres peintures et par la violence trop continue de l'auteur. Il suffira donc, pour terminer l'analyse de ce chant, d'en résumer la pensée, en citant les vers où d'Aubigné atteste que tous les âges de la vie et toutes les conditions payaient leur tribut aux échafauds :

> ... Les uns, tout chenus d'ans et de sainteté,
> Mouraient blancs de la tête et de la piété ;
> Les autres, méprisant au plus fort de leur âge
> L'essor de leurs plaisirs, eurent pareil courage
> A leurs virilités ; et les petits enfants,
> De qui l'âme n'était tendre comme les ans,
> Donnaient gloire au grand Dieu, et de chansons nouvelles
> S'en couraient à la mort au sortir des mamelles.

Quant aux artisans eux-mêmes, à en croire d'Aubigné, qui leur prête de très-longs discours, ils puisaient

---

(1) *Tortures* : l'ancienne acception de ce mot se retrouve encore dans Corneille et même dans Racine.

tout à coup l'éloquence et le savoir dans l'ardeur de leurs croyances :

> L'esprit donna des voix
> Aux muets pour parler; aux ignorants, des langues;
> Aux simples, des raisons, des preuves, des harangues;
> Ne les fit que l'organe à prononcer les mots
> Qui des docteurs du monde effaçaient les propos.

Dans le cinquième livre, *les Fers* (1), les bouillants transports du sectaire continuent à éclater ; car là encore il n'est à peu près question que de persécutions et de morts. En même temps l'imagination du poëte s'ingénie, sans succès, pour renouveler un fond unique. On admirera d'abord le spectacle majestueux par lequel s'ouvre ce chant : c'est le conseil des célestes esprits qui entourent le trône de la Divinité. Le démon s'est glissé dans cette assemblée et, malgré le masque qui le dissimule, l'œil du Tout-Puissant a aussitôt surpris sa présence. Il n'a fallu pour le confondre qu'un de ces regards auxquels rien n'échappe :

> S'il fuit, le doigt de Dieu par tout le monde vole;
> S'il ment, Dieu prouve tout et connaît sa parole.

Satan est forcé d'avouer qu'il vient de quitter la terre, où il a tendu mille piéges aux faibles et suscité mille traverses aux fermes adorateurs du Christ; et Dieu, curieux de retremper son Église dans les périls, comme aussi d'en relever la gloire, lui permet de redoubler

---

(1) Ce terme est pris ici dans le sens de *glaives*, *épées* : allusion aux combats dont on voit peu après qu'il est question dans ce chant.

contre elle ses embûches et ses attaques. Avec quelle souplesse d'invention et même de langage d'Aubigné ne représente-t-il pas l'habile imposteur allant éprouver les âmes des fidèles ! Il a promptement abaissé son vol vers Paris et pénétré au Louvre, où il revêt, pour multiplier ses séductions, une foule de formes diverses :

Tantôt en conseiller finement déguisé,
En prêcheur, pénitent et en homme d'Eglise,
Il mutine aisément, il conjure, il attise
Le sang, l'esprit, le cœur et l'oreille des grands.
Rien ne lui est fermé, même il entre dedans
Le conseil plus étroit ; pour mieux filer sa trame,
Quelquefois il se vêt d'un visage de femme,
Et pour piper un cœur s'arme d'une beauté ;
S'il faut s'autoriser, il prend l'autorité
D'un visage chenu qu'en rides il assemble,
Penchant son corps voûté sur un bâton qui tremble...
Pour l'œil d'un fat bigot, l'affronteur hypocrite
De chapelets s'enchaîne en guise d'un ermite,
Chaussé de capuchons et de frocs inconnus,
Se fait pâlir de froid, par les pieds demi-nus,
Se fait frère ignorant pour plaire à l'ignorance,
Puis souverain des rois, par points de conscience,
Fait le savant, départ aux siècles la vertu,
Ment le nom de Jésus, de deux robes vêtu ;
Il fait le justicier pour tromper la justice,
Il se transforme en or pour vaincre l'avarice...

Mais le ciel veille pour combattre ces ruses du roi des enfers, qui, sauf quelques défections dont il se vante, ne retire de ses manœuvres et de ses transformations que le douloureux sentiment de sa défaite.

La véritable Église prévaut contre les dangers et les tourments qui l'assaillent. Attachons maintenant nos yeux sur une longue suite de tableaux mystiques, où sont décrites ses épreuves et qui offrent aux regards des bienheureux, dans les demeures célestes, l'histoire de nos calamités civiles. Ce sont les journées de Dreux, de Saint-Denis, de Jarnac, de Moncontour, où l'on voit la victoire hésitant entre les deux camps, mais toujours *ivre du sang français ;* ce sont des villes assiégées, saccagées, livrées aux flammes ; et en face des hauts faits des soldats de la réforme, les violences du parti opposé, telles que le massacre de Vassy et les trahisons d'une paix ensanglantée. Surtout entre les meurtres religieux qui ont souillé plusieurs de nos cités, Sens, Agen, Cahors, Tours, Orléans, ressort, appelant et effrayant la vue, le carnage de Paris, cette nuit sinistre du 24 août 1572 qui succéda à la joie et au bruit des fêtes, destinée à susciter tant de regrets et d'amères récriminations :

> La cloche qui marquait les heures de justice,
> Trompette des voleurs, ouvre aux forfaits la lice.
> . . . .
> La cité où jadis la loi fut révérée,
> Qui à cause des lois fut jadis honorée,
> Qui dispensait en France et la vie et les droits,
> Où fleurissaient les arts, la mère de nos rois,
> Vit et souffrit en soi la populace armée
> Trépigner la justice à ses pieds diffamée.
>
> . . . .
> Or, cependant qu'ainsi par la ville on travaille,
> Le Louvre retentit, devient champ de bataille,

Puis après échafaud, quand fenêtres, créneaux
Et terrasses servaient à contempler les eaux,
Si encore sont eaux : les dames mi-coiffées,
A plaire à leurs mignons s'essayent échauffées,
Remarquent les meurtris, les membres, les beautés,
Bouffonnent salement sur leurs infirmités ;
A l'heure que le ciel fume de sang et d'âmes,
Elles ne plaignent rien que les cheveux des dames...

On peut en juger par ces vers : peinte par beaucoup
de contemporains, et spécialement par Tavannes, cette
tragédie n'a jamais été reproduite avec de plus vives
images que par Agrippa ; mais là comme ailleurs il
se perd par l'abus de la verve et de la force. Dans cette
description en particulier, avec ses qualités se trouvent ses défauts, dont les principaux sont le faux goût,
l'enflure et la diffusion. D'Aubigné n'a pas le secret
des maîtres ; il ne sait pas s'arrêter à temps, il accu-
mule, il charge les détails ; il manque l'effet en excédant la juste mesure. Dans sa composition verbeuse
mais traversée d'éclairs, c'est un Lucain plus passionné
certes et plus intempérant encore que l'auteur de la
Pharsale.

Quelles que soient, au reste, ses chutes fréquentes,
il se rachète par l'élévation du sentiment moral, lorsque par exemple, après avoir montré le furieux Charles IX réveillé en sursaut la nuit par un bruit confus
de voix et de plaintes que lui fait entendre sa conscience, il adresse ces nobles paroles à Henri de Navarre :

Toi, prince prisonnier, témoin de ces merveilles,
Tu as de tels discours enseigné nos oreilles ;

On a vu à la table, en public, tes cheveux
Hérisser, en contant tels accidents affreux;
Si un jour, oublieux, tu en perds la mémoire,
Dieu s'en souviendra bien, à ta honte, à sa gloire!

Les expiations qui suivirent ces massacres, quand
les agneaux furent devenus lions, comme s'exprime
Agrippa; en d'autres termes, les succès du protestantisme se relevant en armes et victorieux à Coutras,
Arques et Ivry, tels sont les détails qui remplissent les
dernières pages de ce livre, composé jusqu'au bout
de souvenirs de notre histoire mêlés à des fictions al-
légoriques. En y regrettant quelque obscurité, on ne
refusera pas d'accepter l'avis de l'éditeur primitif, qui
l'a jugé, « à raison du style, plus tragique et plus
hardi que les autres. » Il est curieux aussi de rappeler, d'après le même témoignage, que ce chant fut l'occasion d'une savante dispute entre les amis de d'Aubigné. L'un des collaborateurs de la *satire Ménippée*,
Rapin, y blâmait l'invention des tableaux que nous
avons fait connaître, et sa raison était « que nul n'avait
encore entrepris de peindre les affaires de la terre au
ciel, mais bien les célestes en terre. » L'auteur alléguait au contraire, pour se défendre, les fictions d'Homère, de Virgile et tout récemment du Tasse, qui ont
représenté le Ciel prenant part aux querelles des
hommes. On choisit donc à ce sujet des arbitres, entre
lesquels était Scévole de Sainte-Marthe, et qui se pro-
noncèrent en faveur de notre poëte.

Si l'allégorie, plus ou moins à propos employée,
domine dans le livre des *Fers*, la théologie a le dessus

dans le livre qui lui succède, intitulé *Vengeances*, où
éclate dans cette apostrophe toute la violence de
l'homme et du temps :

> Venez, justes vengeurs, vienne toute la terre
> A ces Caïns français, d'une immortelle guerre,
> Redemander le sang de leurs frères occis ;
> Qu'ils soient connus partout aux visages transis !...

Bien plus, les vengeurs que réclame Agrippa, ce ne
sont pas seulement des hommes ; c'est Dieu même et
sa foudre, comme il en avertit ses lecteurs : car, quoiqu'il se donne pour un chrétien fervent, il ne faut as-
surément pas compter parmi ses vertus l'oubli des injures. Ce chant suffirait pour nous l'apprendre, grâce
à la joie farouche avec laquelle il expose, en les inter-
prétant au gré de sa passion, les terribles jugements
de la colère divine. Il est même tellement dominé par
l'esprit de parti, que son éditeur n'a point dissimulé
qu'on en pouvait blâmer, dans ce passage, l'empreinte
manifeste. Toutefois, avant que sa rude énergie se déploie dans toute sa liberté, il ne laisse pas de montrer
une gravité qui lui est trop peu ordinaire, en débu-
tant par une invocation à la source de toutes les lumières, dont on ne peut s'approcher, selon lui, qu'avec
un cœur qui a conservé ou reconquis la pureté de l'enfance. Les vers suivants, pleins de douceur et de naturel, témoigneraient au besoin de quelle heureuse
variété de tons d'Aubigné, plus circonspect et plus lent
dans ses travaux, eût été capable. O Seigneur ! dit-il,

> Si je n'ai or ni myrrhe à faire mon offrande,
> Je t'apporte du lait : ta douceur est si grande,

> Que de même œil et cœur tu vois et tu reçois
> Des bergers le doux lait et la myrrhe des rois.

Ce qu'Agrippa demande à Dieu, c'est de lui prêter le
clartés et l'inspiration de son esprit :

> D'un saint enthousiasme appelle aux cieux mon âme,
> Mets au lieu de ma langue une langue de flamme.

Cet enthousiasme, cette langue de flamme qui ne le
feront pas défaut, le poëte les consacrera à combattre
les adversaires de l'Église du Christ, et à proclamer le
châtiments qui les ont atteints, avec les assauts do
elle a jadis triomphé. Dans ce but, il rétrograde ju
qu'à l'origine du monde, et il prouve que les ennemi
des premiers serviteurs de Dieu n'ont jamais joui
l'impunité. Il passe ensuite aux persécutions du chri
tianisme naissant, dont il retrace l'histoire tout entière
et c'est pour constater qu'elles ont toujours été funes
à ceux qui les ont ordonnées, et que nul ne s'est attaq
au nom ou aux œuvres du Seigneur, sans être victi
de sa folle audace. L'exemple des Jézabel, des Nal
chodonosor, des Hérode, des Néron et des Domiti
atteste donc assez à quelle récompense doivent s'
tendre ceux qui, dans l'époque contemporaine, se s
faits les imitateurs de ces tyrans qu'il interpelle
bravade :

> Sortez, persécuteurs de l'Église première,
> Et marchez enchaînés au pied de la bannière
> De l'Agneau triomphant ; vos sourcils indomptés,
> Vos fronts, vos cœurs si durs, ces fières majestés,

Du lion de Juda honorent la mémoire,
Traînés au chariot de l'immortelle gloire.

Ici d'Aubigné remplit le rôle de *grand justicier*,
dont il se croyait revêtu par sa conscience : il énumère
ceux qui, avec la dureté intolérante de ce siècle,
ont prétendu comprimer l'accroissement du protestantisme, et, à côté des crimes qu'il leur reproche, il place
les peines qu'ils ont encourues, il raconte les morts lamentables de Pontcher, le chef de la chambre ardente,
de l'inquisiteur Lambert, de Crescence, de Bézigny,
de Cosseius, de Revet et de bien d'autres non moins
obscurs, qu'il voue à l'infamie dans ses vers. Entre
les personnages connus, on remarque deux cardinaux,
Polus et surtout Charles de Lorraine, dont la fin est
peinte des couleurs les plus dramatiques. Telle est du
reste la multiplicité des scènes effrayantes qui assiégent son souvenir et qu'il prodigue, que la satiété et
la fatigue lui arrachent ce cri :

Maint exemple me cherche, et je ne cherche pas
Mille nouvelles morts, mille étranges trépas
De nos persécuteurs : ces exemples m'ennuient;
Ils poursuivent mes vers et mes yeux qui les fuient.

En terminant il croit, et non sans quelque raison, nécessaire de s'excuser d'avoir rempli tout un livre de
ces sombres détails :

J'ai crainte, mon lecteur, que tes esprits lassés
De mes tragiques sens aient dit : C'est assez;
Certes, ce serait trop, si nos amères plaintes
Vous contaient des romans les charmeresses feintes :
Je n'écris point pour vous, enfants de vanité...

Les *Enfants de vérité*, pour qui seuls il écrit, jouiront, comme se le persuade l'irascible d'Aubigné, des vengeances du Très-Haut, dont il a voulu ne leur laisser rien ignorer : encore ne serait-il pas satisfait, s'il ne montrait étendues au delà de ce monde, les expiations qu'il a déjà si longuement retracées.

Tel est l'objet du septième livre, du livre final, qui renchérit sur les précédents par la fougued'une imagination emportée. Agrippa, avec la teinte biblique qui lui est familière, s'adresse encore à l'Éternel et il le supplie d'animer de son esprit, pour l'enseignement des autres hommes, la voix de son serviteur : que par elle Dieu réveille de leur langueur ceux qui sommeillent, qu'il éclaire ceux dont les yeux sont fermés, mais surtout qu'il confonde ceux qui osent, en combattant son Église, entrer en lutte avec lui. Parmi ces derniers, l'indignation de l'auteur poursuit de préférence les faibles et les lâches, dont la connivence enhardit le crime en le tolérant ; c'est à leur mollesse, complice de la tyrannie, qu'il impute le triomphe des ennemis de son parti :

> Je vous en veux, à vous, bâtards ou dégénères,
> Lâches cœurs qui léchez le sang frais de vos pères
> Sur les pieds des tueurs. . . . .

Contre ces fils qui se sont faits *les valets des bourreaux* pour éviter leurs coups, d'Aubigné évoque le spectre des victimes, prêt à se dresser pour demander compte de leur abandon. Vainement, par un tardif repentir, se réfugieront-ils dans la prière ; vainement se couvriront-ils des liens de parenté qu'ils avaient brisés : en présence du trône de Dieu, leur dit le poëte,

> Vos pères de ce temps seront alors vos juges.

C'est là le fruit détestable de la corruption et de l'ignorance, dans lesquelles ont été nourries leurs jeunes années :

> On vous a dérobé de vos aïeux la gloire,
> Imbu votre berceau de fables pour histoire.

Mais que n'ont-ils eu quelque chose de la vertu de ce Scanderbeg qui, élevé parmi les infidèles, après avoir *humé* le spectacle de leurs erreurs et de leur puissance, se retourna contre eux et leur fit expier les leçons qu'ils lui avaient données !

D'Aubigné, dans sa haine implacable contre les apostats, ne se contente pas de redoubler les menaçantes apostrophes qu'il leur adresse ; il enveloppe dans ses imprécations les villes et les États qui, servant leurs projets, ont fait la guerre à la réforme :

> Cités ivres de sang et encore altérées,
> Qui avez soif de sang et de sang enivrées,
> Vous sentirez de Dieu l'épouvantable main ;
> Vos terres seront fer et votre ciel d'airain...

Les Parisiens, qu'il déclare *traîtres et massacreurs des prophètes*, sont en particulier l'objet de ses invectives : il leur prédit mille maux, juste suite de leur cruelle impiété ; et ces maux d'ici-bas, que sont-ils eux-mêmes, demande bientôt Agrippa, auprès de ceux que l'enfer tient en réserve pour les réprouvés ?

> Ce ne sont que miroirs des peines éternelles :
> O quels seront les corps dont les ombres sont telles !

Selon d'Aubigné, l'âme de l'homme, *cet hôte de l'éternité*, ainsi qu'il l'appelle, le représente à jamais ; à jamais elle est destinée à porter la responsabilité de ses actions.

Après l'expression enthousiaste de ces hautes vérités morales, l'auteur n'aspire à rien moins qu'à offrir aux regards « le grand tableau peint par Ézéchiel, » la résurrection. Il va, embouchant la trompette de l'archange, nous faire assister à la fin des siècles et nous montrer, dans un langage bizarre, mêlé de trivialités et de sublimes hardiesses, le genre humain se rassemblant sous les yeux de Dieu, sur les débris des mondes détruits :

> La terre ouvre son sein ; du ventre des tombeaux
> Naissent des enterrés les visages nouveaux :
> Tous sortent de la mort comme l'on sort d'un songe.
> Dieu paraît. . . . .
> . . . .
> Le ciel neuf retentit du son de ses louanges ;
> L'air n'est plus que rayons, tant il est semé d'anges :
> Tout l'air n'est qu'un soleil ; le soleil radieux
> N'est qu'une noire nuit au regard de ses yeux.

Interprète des décrets divins, d'Aubigné ne craint pas de faire le discernement des boucs et des brebis, entre lesquels il prétend partager les récompenses et les peines : c'est cette grande scène du jugement dernier qui couronne les *Tragiques*, et nulle part, on peut l'affirmer en toute assurance, l'originalité du poëte n'est plus fortement empreinte. A l'aspect du Fils de l'homme, que les méchants avaient jadis lié et qui maintenant se présente à eux « les maints hautes, » à l'aspect de ce juge, dont « les sévères sourcils viennent compter les fautes des coupables, » il s'écrie :

> Voici le grand héraut d'une étrange nouvelle,
> Le messager de mort, mais de mort éternelle.
> Qui se cache, qui fuit devant les yeux de Dieu ?
> Vous, Caïns fugitifs, où trouverez-vous lieu ?
> Quand vous auriez les vents collés sous vos aisselles,
> Ou quand l'aube du jour vous prêterait ses ailes,
> Les monts vous ouvriraient le plus profond rocher,
> Quand la nuit tâcherait en son sein vous cacher,
> Vous enceindre la mer, vous enlever la nue,
> Vous ne fuiriez de Dieu ni le doigt ni la vue.

Contre les coupables tout s'élève, et leurs crimes inscrits en traits de feu sur leur visage, et les cris des innocents qu'ils ont accablés, et tous les éléments qu'ils ont fait servir à leurs vengeances, et la nature entière indignée de leurs attentats, et tous les êtres de la création que leur tyrannie a profanés, et, plus que tout le reste, le livre de vérité, où le passé est gravé en caractères ineffaçables. Alors les puissances terrestres s'humilient, forcées de reconnaître leur néant ; et d'Aubigné, fidèle à sa haine du saint-siége, fait voir parmi ces grands dépossédés un pape, qui s'accuse d'avoir autrefois tenu ce fier langage :

> Rois et reines viendront au siége où je me sieds,
> Le front en bas, lécher la poudre sous mes pieds.
> Mon règne est à jamais, ma grandeur éternelle ;
> Pour monarque me sert l'Église universelle.

Je maintiens le papat tout-puissant en ce lieu,
Où, si Dieu je ne suis, pour le moins vice-Dieu.

En outre, dans un monceau qu'il entasse aux pieds du chef des catholiques, Agrippa confond insolemment des tiares, des mitres, des chapes, et jusqu'à cette pantoufle « qu'ont baisée tant de rois. » La sentence divine est enfin prononcée, et tandis que les fidèles entendent avec ravissement ces paroles :

Venez, race du ciel, venez élus du Père,
Vos péchés sont éteints : le juge est votre frère ;

les réprouvés frémissent, consternés par ce foudroyant arrêt :

Vous qui avez laissé mes membres aux froidures,
Qui leur avez versé injures sur injures,
Qui à ma sèche soif et à mon âpre faim
Donnâtes fiel pour eau et pierre au lieu de pain,
Allez, maudits, allez grincer vos dents rebelles
Au gouffre ténébreux des peines éternelles.
Lors ce front, qui ailleurs portait contentement,
Porte à ceux-ci la mort et l'épouvantement...

Quelle énergie le poëte ne déploie-t-il pas aussi en exprimant leur supplice par cette suite pressée d'apostrophes !

Votre âme, à sa mesure, enflera de souci.
Qui vous consolera ? L'ami qui se désole
Vous grincera les dents au lieu de la parole.
Les saints vous aimaient-ils ? Un abîme est entr'eux ;
Leur chair ne s'émeut plus : vous êtes odieux.
Mais n'espérez-vous point fin à votre souffrance ?
Point n'éclaire aux enfers l'aube de l'espérance.

Transis, désespérés, il n'y a plus de mort
Qui soit pour votre mer des orages le port.
Que si vos yeux de feu jettent l'ardente vue
A l'espoir du poignard, le poignard plus ne tue.
Que la mort, direz-vous, était un doux plaisir !
La mort morte ne peut vous tuer, vous saisir.
Voulez-vous du poison ? En vain cet artifice ;
Vous vous précipitez ? En vain le précipice.
Courez au feu brûler : le feu vous gèlera.
Noyez-vous : l'eau est feu, l'eau vous embrasera.
La peste n'aura plus de vous miséricorde.
Etranglez-vous : en vain vous tordez une corde.
Criez après l'enfer : de l'enfer il ne sort
Que l'éternelle soif de l'impossible mort...

On connaît de semblables accents d'un autre cœur
indomptable, d'un autre proscrit, l'auteur de la *Divine
comédie*. Certains traits paraissent annoncer ici que d'Aubigné n'avait pas été étranger au commerce de Dante
et ne sont pas indignes de ce modèle. Quoi qu'il en
soit, jamais peut-être l'éternité des peines qui at-
tendent les méchants n'a été rendue d'une manière
plus effrayante ; et ce passage, avec quelques-uns de
ceux que nous venons de citer, mériterait d'être invoqué comme argument à l'appui de cette thèse, qu'il
ne serait ni déplacé ni difficile d'établir : c'est qu'il
est arrivé plus d'une fois à un génie vigoureux, même
avant les époques de maturité et de perfection des littératures, d'atteindre, par le bonheur soudain d'un
élan inspiré, le plus haut degré du beau dans la pensée et dans l'expression.

Avec une souplesse de talent qui est chez lui trop

rare, Agrippa oppose, par un contraste d'un effet puissant, à cette peinture des châtiments de l'enfer, la description du bonheur des élus ; c'est là le couronnement de son ouvrage :

> Saint, saint, saint, le Seigneur, ô grand Dieu des armées
> De ces beaux cieux nouveaux les voûtes enflammées,
> Et la nouvelle terre, et la neuve cité,
> Jérusalem la sainte, annoncent ta bonté !
> Tout est plein de ton nom : Sion la bienheureuse
> N'a pierre dans ses murs qui ne soit précieuse,
> Ni citoyen que saint, et n'aura pour jamais
> Que victoire, qu'honneur, que plaisir et que paix.
> Là nous n'avons besoin de parure nouvelle,
> Car nous sommes vêtus de splendeur éternelle ;
> Nul de nous ne craint plus ni la soif ni la faim,
> Nous avons l'eau de grâce et des anges le pain.
> . . . .
> Là sans tache on verra les amitiés fleurir :
> Les amours d'ici-bas n'étaient rien que haïr,
> Au prix des hauts amours dont la sainte harmonie
> Rend une âme de tous en un vouloir unie...

Bien que nous n'ayons pas eu la prétention de conduire le lecteur dans tous les détours du labyrinthe souvent très-compliqué que présentent les *Tragiques*, nous croyons avoir assez fait connaître par notre analyse le contenu de ce singulier poëme, dont l'étendue semble d'autant plus grande qu'il ne renferme aucun intérêt d'action, aucun épisode qui ranime l'attention fatiguée. On y regrette de plus, dans les développements, l'absence de l'ordre, cette beauté, cette grâce suprême des productions de l'esprit, a dit Horace :

> Ordinis hæc virtus erit et venus, aut ego fallor...

Doué d'une force supérieure dans l'invention, Agrippa n'a pas possédé suffisamment l'art de la bien dispenser. Mais, comme il est incontestable qu'on lui peut emprunter de nombreuses beautés de détail, nous achèverons de donner une juste idée de l'œuvre et du poëte, en citant quelques-unes de celles qu'il est aisé de détacher et que nous n'avons pas eu l'occasion de rencontrer jusqu'ici. Dans ce nombre, mentionnons d'abord beaucoup de vers frappants, de généreuses pensées ou de sages maximes, telles que la suivante, placée dans la bouche de la vertu personnifiée :

> A moi-même je suis de moi-même le prix;

et celles-ci, d'une admirable vérité, que proclament l'expérience et l'histoire :

> Quand l'orgueil va devant, suivez-le bien à l'œil,
> Vous verrez la vengeance aux talons de l'orgueil...
> Lorsque Dieu veut livrer les princes en servage,
> Pour la première pièce il ôte le courage.

Une mâle élévation respire dans ces conseils adressés à l'homme sur la direction de sa vie :

> Chacun de tes jours tende au dernier de tes jours;
> De qui veut vivre au ciel l'aise soit la souffrance,
> Et le jour de la mort celui de la naissance!

Ou bien encore dans cette exhortation d'un enfant condamné pour sa foi, et animant ses compagnons d'infortune à suivre les exemples des martyrs :

> Marchons sur leurs desseins ainsi que sur leurs pas.
> Nos péchés ont chassé tant de braves courages :
> On ne veut plus mourir pour les saints témoignages.

De nous s'enfuit la honte et s'approche la peur;
Nous nous vantons de cœur et perdons le vrai cœur...

Comme toutes les grandes idées qui parlent à l'imagination, l'idée de Dieu,

Qui prédit les effets dès le naître des choses,

inspire surtout d'Aubigné avec bonheur, on a pu déjà le remarquer. Quand il le peint courroucé contre les crimes des mortels, il rappelle le Jupiter irrité d'Homère ou de Virgile, dont le sourcil froncé fait trembler tout l'univers, ou plutôt il reproduit quelque chose de la sublime gravité des saintes Écritures. Voyez ce Dieu menaçant se lever soudain pour arracher son sanctuaire aux profanations de l'impiété

A l'éclair de ses yeux,
Les cieux se sont fondus; tremblant, suant de crainte
Les hauts monts ont croulé (1). Cette majesté sainte,
Paraissant, fit trembler les simples éléments
Et du monde ébranlé les stables fondements.

La vigueur du caractère de l'écrivain se reflète également dans son langage, soit qu'il interpelle ainsi des juges prévaricateurs :

Rendez-vous la justice ou si vous la vendez?

et qu'il les cite ensuite devant le tribunal suprême : Vos trésors et vos chicanes, leur demande-t-il avec ironie,

Serviront-ils vers Dieu, qui tiendra ses grands jours (2)?

---

(1) C'est-à-dire ont frémi, ont été agités ; de l'italien *crollare*.
(2) Allusion à ces assises extraordinaires de la justice royale, qui jus-

soit qu'il reproche à ces financiers arrogants, dont le règne commençait en France,

> De souffrir mendier la main qui tient les armes.

Cette énergie de d'Aubigné n'est jamais plus manifeste que là où il faut flétrir des crimes. Raconte-t-il le massacre des chefs du protestantisme, il les montre assaillis

> Par les lièvres fuyards, armés à millions,
> Qui tremblaient en tirant la barbe à ces lions ;

s'agit-il d'un assassin, victime à son tour d'une affreuse mort, il l'apostrophe en ces termes :

> Tu criais, on riait ; la pitié t'abandonne :
> Nul ne t'en avait fait, tu n'en fis à personne.

Avec une concision pleine de sens, qui se joint parfois chez d'Aubigné à la force du style, il raille ce qu'a de puéril, chez beaucoup d'hommes, la peur de mourir :

> Pour une heure de mort avoir vingt ans de crainte !

Veut-il peindre l'amour du Fils de Dieu pour les hommes : Jésus, dit Agrippa,

> En donnant sa vie
> Fut le prêtre, l'autel, et le temple et l'hostie.

Il exprime avec non moins de justesse la situation où les élus puiseront leur bonheur :

> L'âme ne souffrira les doutes pour choisir,
> Ni l'imperfection que marque le désir ;

qu'au dix-septième siècle avaient pour but de rétablir à certains intervalles, comme on l'a vu, le respect de la loi et même la sécurité dans les provinces.

et définit à merveille la faiblesse déplorable du respect humain, lorsqu'il plaint

> Ces infirmes de cœur,
> Qui, par peur des humains, de Dieu perdent la peur.

Quant aux expressions d'un effet pittoresque, elles abondent dans les *Tragiques*. Un trait suffit à d'Aubigné pour découvrir toute la perversité de son siècle :

> On berce en leurs berceaux les enfants et le vice.

Ces deux vers expriment vivement le mauvais emploi qu'il s'accuse d'avoir fait des années de sa jeunesse :

> J'ai adoré les rois, servi la vanité, —
> Etouffé dans mon sein le feu de vérité...

Au milieu des scènes de carnage que propageaient les fureurs religieuses, il nous apitoie sur de petits enfants qui, pour échapper à la mort,

> Embrassaient les genoux des tueurs de leurs pères ;

puis sur des vieillards, à la tête blanchie, dont le meurtre inutile lui arrache ce cri :

> C'était faire périr une nef dans le port.

Agrippa possède à un haut degré ce don de peindre propre aux écrivains d'élite : on a pu le reconnaître à plusieurs personnifications, entre lesquelles se distingue celle des principaux vices des mortels. Il faut encore remarquer comme il stigmatise les parjures et les apostats,

> De qui les genoux las, les inconstances molles,
> Ploient au gré des vents, aux pieds de leurs idoles ;

comme il assimile la reine mère à un monstre dont le souffle empoisonné répand partout la corruption et la mort :

> Elle halène les fleurs;
> Les fleurs perdent d'un coup la vie et les couleurs.

C'est avec finesse et vérité que l'auteur caractérise la persécution dirigée contre l'Église par l'*ingénieux* Julien :

> Il ne tacha de sang sa robe ni sa main;
> Il avait la main pure et n'allumait les flammes :
> Ses couteaux et ses feux n'attaquaient que les âmes.
> Il n'entamait les corps, mais privait les esprits
> De pâture de vie; il semait le mépris
> Aux plus volages cœurs, étouffant par la crainte
> La sainte déité dedans les cœurs éteinte.

Il y a aussi un relief de diction, peu commun pour le temps, dans cette description qui rappelle quelques-uns des plus beaux vers de l'*Athalie* de Racine :

> Jésabel, altérée et puis ivre de sang,
> Flambeau de ton pays, piége de la noblesse,
> Peste des braves cœurs, que servit ta finesse?
> De ton sein sans pitié ce cœur chaud fut ravi,
> Lui qui n'avait été de meurtres assouvi ..
> Vivante, tu n'avais aimé que le combat;
> Morte, tu attisais encore le débat
> Des chiens grondant entr'eux...
> Le dernier appareil de ta feinte beauté
> Ne te servit de rien (1).....

(1) Un autre passage des *Tragiques* réveille le souvenir d'Esther, prévalant par sa vertu contre les artifices d'Aman. On trouve enfin sur Néron

On multiplierait facilement ces sortes de citations
où éclatent des traits vifs de sentiment, des coups de
pinceau à la Régnier, un esprit d'observation remarquable et d'autres qualités non moins précieuses; mais
sans pousser plus loin ces extraits, ne semblera-t-il pas
que beaucoup des vers que nous avons rapportés,
dont le tour franc et nerveux annonce Corneille, expliquent ou plutôt excusent la confiance d'Agrippa, qui
disait à son ouvrage :

> Tu as pour support l'équité,
> La vérité pour entreprise,
> Pour loyer l'immortalité !

Toutefois, nous devons l'ajouter en vue de maintenir les principes éternels du goût, pour rendre immortel une œuvre ou un auteur, ce n'est pas assez de
beautés çà et là répandues ou même de traits sublimes.
Il faut, avant tout, l'alliance étroite et constante de
l'imagination avec la raison, qui en règle la marche
et combat les écarts ; il faut, pour emprunter le langage de Bossuet (1), « que la hardiesse qui convient
à la liberté soit mêlée à la retenue qui est l'effet du jugement et du choix. » C'est ce qui n'a pas lieu dans les
Tragiques, puisque, comme on l'a vu, d'Aubigné obéit
sans discernement, loin de lui commander, à la fougue

---

deux vers d'Agrippa, dont la pensée sera reproduite par l'auteur de *Bri-
tannicus* :

> Miroir de cruauté duquel l'infâme nom
> Retentira cruel quand on dira Néron...

(1) *Remercîment à l'Académie.*

de son imagination surexcitée. De là les taches multipliées qui déparent son livre : ce n'est qu'un corps
disproportionné dans lequel s'aperçoivent partout, suivant l'expression d'Horace, *disjecti membra poetæ*. Or
l'immortalité, et à juste titre, n'est que le loyer des
poëmes où l'esprit et le cœur, également satisfaits,
ne puisent que de sages et nobles inspirations; elle
n'est que le partage des écrivains qui, se respectant
toujours ainsi que le lecteur et se corrigeant toujours,
résistent à leurs premiers mouvements et mûrissent
par la réflexion les produits de leur pensée.

Les *Tragiques*, dans presque toute leur étendue, ne
sont qu'une improvisation hardie : ce qui l'atteste, ce
n'est pas seulement l'incohérence de la conception générale ; le style abrupt de l'auteur, dans ses inégalités et ses soubresauts, n'accuse pas moins de précipitation. Bien qu'Agrippa ait survécu à Malherbe et qu'il
ne soit mort que six ans avant qu'on applaudît le *Cid* sur
notre théâtre, trop souvent il semble reculer par le langage vers les membres de la Pléiade. On dirait, en plus
d'une rencontre, que les heureux changements qu'a-
vait accomplis notre idiome dans la première partie
du dix-septième siècle n'ont pas existé pour lui. C'est
que le souffle de progrès, qui venait de l'Ile-de-France
et de Paris, n'était encore qu'imparfaitement arrivé
jusqu'au fond de la province où résida longtemps d'Aubigné, et surtout jusqu'à Genève. Dès ce moment aussi
avait été faite en grande partie chez nous, pour les besoins de la langue poétique, cette séparation des termes
bas et des termes choisis qu'on a plus d'une fois atta-

quée sans pouvoir la détruire, parce qu'elle est, sauf les exagérations, éminemment appropriée à la distinction de l'esprit français : mais cette séparation elle-même demeura toujours inconnue à d'Aubigné.

Loin de repousser aucune des libertés que notre ancienne poésie revendiquait comme autant de priviléges, il avait pour les vieux mots une tendresse qui tenait à son patriotisme, et qu'il s'honorait, comme on l'a vu, de partager avec Ronsard (1). Avec ce dernier il inclinait pareillement du côté de termes plus récents qu'on se plaisait à tirer du grec, dans la vogue de cet idiome classique. Ainsi désigne-t-il l'injustice par le nom d'*Ubris*, les prières, par celui de *Lites;* et les deux vers suivants montrent en lui un digne élève de l'auteur de la *Franciade* ou de l'helléniste Henri Estienne :

> *Pachuderme* (2) de corps, d'un esprit indompté,
> *Astorge* (3), sans pitié, c'est la stupidité.

Auprès de ces innovations que le bon sens public

(1) « Mes enfants, disait celui-ci à ses disciples (voy. la préface des *Tragiques*), je vous recommande par testament que vous ne laissiez point perdre ces vieux termes... que vous les employiez et défendiez hardiment contre des marauds qui ne tiennent pas pour élégant ce qui n'est point écorché du latin et de l'italien, et qui aiment mieux dire *collauder, contemner, blasonner*, que *louer, mépriser, blâmer*. »

(2) Epais (mot à mot au cuir épais).

(3) Indifférent. — Ailleurs d'Aubigné parle d'un corps plein de *dyscratie*, ce qui signifie d'un mauvais tempérament, et d'un cœur *autochire*, en d'autres termes qui s'immole lui-même. Il a des périphrases aussi bizarres que celles de Ronsard, par exemple lorsqu'il montre les Alpes, au passage d'Annibal, arrosés *des feux d'aigre humeur*, c'est-à-dire de vinaigre.

n'a pas consacrées on en trouve d'autres, chez Agrippa, qui sont relatives à la facture du vers, et qui devaient prévaloir ou plutôt reparaître de nos jours. Telles sont ces coupes brusques, favorables à la souplesse et à la variété du style poétique :

> Le sage justicier est traîné au supplice ;
> Le malfaiteur lui fait son procès : *l'injustice*
> Est principe de droit.....

Si nous avions le loisir d'insister sur ces points, un fait piquant que nous nous flatterions d'établir, c'est que pour certains procédés de versification, tels que la suppression de l'hémistiche, l'enjambement, etc., ce que l'on a pris dans notre époque pour des nouveautés hardies, n'était autre chose que des archaïsmes imités de nos devanciers.

En résumé, s'il est vrai que Balzac ait bien défini Ronsard en disant qu'il ne renfermait que les éléments d'un poëte, au lieu d'être un poëte complet, cette définition ne s'appliquera pas avec moins de raison à l'auteur des *Tragiques,* dont les défauts égalent les qualités, ce qui n'est pas donner une petite idée des uns et des autres. Nous avons montré sa puissance et sa fécondité d'invention, sa dignité et sa vigueur de pensée, sa verve tour à tour solennelle et familière, nous lui avons emprunté des exemples nombreux de ces alliances originales de mots qui frappent l'esprit par la vivacité des antithèses. On peut, tout aussi justement, lui reprocher de l'emphase, de la tension, de la subtilité et de la recherche, défauts qui abattent la force des passages les plus nerveux et corrompent le sentiment des plus pathétiques. Ce qui le rend surtout obscur et difficile à lire, c'est sa prédilection pour les allégories, si fort en honneur chez nos vieux poëtes. Mais comme l'énergie et l'éclat se nuisent par leur excès même, les fictions chez Agrippa sont trop multipliées pour ne pas se gêner entre elles. De là quelque chose de confus, entre tant de points lumineux qui appellent l'œil à la fois. Dans un poëme, ainsi que dans un tableau, il faut quelques figures saillantes, quelques groupes distincts, sur lesquels se concentre l'attention, sans être disputée par une foule d'objets divers, sans que les couleurs trop vives et heurtées éblouissent et troublent les regards. Enfin, il lui a manqué plus que toute autre chose, la sûreté du jugement, et cette lenteur prudente du travail, *limæ labor et mora*, que recommande l'antiquité (1). Quant au goût, dont la principale règle est la sage dispensation des qualités dans l'art d'écrire, ce n'est pas chez lui seulement, c'est dans toute son époque qu'il en faut noter l'absence ; et cette remarque est de l'un de nos plus judicieux critiques (2) : « Le seizième siècle eut tout, tout hormis ce seul petit fruit assez capricieux, qui ne vient, on ne sait pourquoi, qu'à de certaines saisons et à de certaines expositions du soleil, je veux dire le bon goût, ce présent des grâces. »

(1) « Les plus gentilles des pièces de d'Aubigné, dit l'éditeur des *Tragiques*, sortaient de sa main ou à cheval ou dans les tranchées ; mais ce qui nous fâchait le plus, c'était la difficulté de les lui faire relire. »

(2) M. Sainte-Beuve, article sur Gabriel Naudé.

Comme du Bartas, que les calvinistes plaçaient à
côté ou même au-dessus de Ronsard, et qui peut, on
l'a déjà dit, être comparé sous plusieurs rapports à
l'auteur des *Tragiques*, d'Aubigné atteint parfois au
sublime : mais, dénué en général de flexibilité et de
mesure, il n'a pas le *molle atque facetum* qui complète
le véritable poëte. En d'autres termes, tous deux ont
possédé à un haut degré l'invention et la force ; l'harmonie poétique et la grandeur majestueuse des images
ne leur ont pas été étrangères : mais ce qui fait surtout vivre les ouvrages parmi nous, l'élégance et la
grâce leur ont été habituellement refusées.

Pour les imitations des anciens, elles ne laissent pas
d'être assez fréquentes dans ce poëme, ainsi que dans
les autres œuvres d'Agrippa. Il a notamment emprunté,
par affinité de génie, plus d'un trait énergique à l'auteur de la *Pharsale*, en s'inspirant du tableau des
proscriptions romaines dans la peinture de nos malheurs, soit qu'il montre le crime devenu si vulgaire,
qu'on avait peur ou honte de ne pas y prendre part :

> Il n'est garçon, enfant, qui quelque sang n'épanche,
> Pour n'être vu honteux s'en aller la main blanche;

soit qu'il nous intéresse au sort de jeunes et tendres
victimes tombant sous le poignard des assassins :

> Mais quel crime, avant vivre, ont-ils pu encourir?
> C'est assez pour mourir que de pouvoir mourir (1).

(1)   ..... Vacua pudet ire manu.....
         Crimine quo parvi cædem potuere mereri?
         Sed satis est jam posse mori..... etc.

D'Aubigné se rapproche également de Juvénal, dont il reproduit quelques idées ; et il n'est pas rare qu'il offre des traces de son commerce avec Tacite : les pensées qu'il lui prend sont, par excellence, de celles qui plaisent aux âmes généreuses, comme lorsqu'il voue au mépris la race toujours renaissante de ces hommes,

Serviles pour gagner la domination (1).

Mais ces flatteurs qui assiégent les cours, quels autres que les princes et leur orgueil les produisent en foule ; il l'a dit énergiquement :

C'est crime, envers les grands, que flatter à demi.

Des maximes de ce genre, çà et là répandues dans les *Tragiques,* ne pouvaient manquer de blesser les ennemis de la franchise hardie dont se targuait Agrippa. Aussi, non contents de signaler dans son œuvre l'empreinte de cet esprit d'opposition qui lui fut ordinairement reproché, plusieurs allèrent-ils jusqu'à prétendre que ce manifeste du parti calviniste respirait la haine de la monarchie. Il est vrai qu'il y professe pour les tyrans une aversion profonde ; mais, en attaquant l'abus du pouvoir royal, il n'avait garde d'en condamner l'exercice; il ne le jugeait nullement inconciliable avec le bonheur des peuples (2). Néanmoins, les imputa-

(1) Tacite a dit, *Hist.*, 1, 36 : « Omnia serviliter pro dominatione. »

(2) « Dans cet ouvrage, disait avec raison l'éditeur, vous verrez plusieurs choses contre la tyrannie, nulle contre la royauté. » Au reste Agrippa avait prévu ces attaques, ce qui l'avait porté à exprimer le vœu que l'on attendît sa mort pour la publication de son œuvre, vu qu'elle le ferait placer « parmi les républicains et turbulents ou même sur le rôle des fous. »

tions dirigées contre l'auteur des *Tragiques* parvinrent jusqu'aux oreilles de Henri IV, qui fit subir là-dessus à son écuyer un interrogatoire sévère, dont il sortit à son avantage. On dit même que ce prince, qui avait été l'un des premiers lecteurs de l'œuvre inédite, l'ayant relue avec le désir de s'éclairer sur les soupçons qui lui avaient été suggérés, reçut de cet examen une impression contraire à celle qu'on avait souhaitée. Henri IV, on doit le croire, malgré quelques insinuations de d'Aubigné, dont il a été question plus haut, n'était pas homme à se formaliser des injures adressées aux tyrans, et à prendre fait et cause pour eux. Il lui suffisait de savoir que la royauté, telle qu'il en comprenait et remplissait les devoirs, n'avait pas un adversaire dans Agrippa, dont les vers qui suivent expriment avec noblesse les sentiments à cet égard :

> Servir Dieu, c'est régner; ce règne est pur et doux.
> Rois de Septentrion, heureux princes et sages,
> Vous êtes souverains qui ne devez hommages,
> Et qui ne voyez rien entre le ciel et vous !

D'Aubigné ne voulait donc pas, et nous l'excuserons sans peine, qu'il y eût entre les rois et les sujets ces intermédiaires décriés sous le nom de mignons ou de favoris, qui ont si souvent empêché les uns et les autres de se connaître et de s'aimer. Pour cimenter leur union, pour la resserrer par les liens, alors trop relâchés, d'une affection et d'une confiance mutuelles, il demandait que la loi régnât à côté du souverain, il repoussait ces influences occultes qui, sous prétexte de servir l'autorité suprême, aspirent à la dominer : un roi qui obéit à Dieu et à Dieu seul, tel fut toujours en politique le vœu ou le rêve d'Agrippa. Son idéal est un Louis XII, plus habile ou plus heureux guerrier, mais non moins désireux de réduire les tailles et d'alléger les autres charges qui pesaient sur le pauvre peuple.

En justifiant les intentions politiques de d'Aubigné, nous ne prétendons aucunement d'ailleurs excuser la violence de son ouvrage, ni en expliquer les obscurités très-nombreuses. Le premier éditeur du poëme n'avait garde de se les dissimuler, et en même temps qu'il promettait de combler les lacunes laissées dans les vers, il se portait fort d'éclairer par un commentaire tous les passages peu aisés à entendre. Par malheur, ce zèle louable se rebuta, effrayé sans doute des difficultés de l'entreprise, et le commentaire ne parut point. On conçoit d'après cela que l'incertitude qui régnait sur la pensée de l'écrivain ait encouragé les suppositions des interprètes. Parmi les plus mal intentionnés il faut placer le second prince de Condé, qui, pour susciter un ennemi dangereux à l'auteur, qu'il n'aimait pas, voulut persuader à l'un des principaux personnages de la cour qu'un livre des *Tragiques* était dirigé contre lui. Ce personnage jeta feu et flamme et mit tout en œuvre pour intimider d'Aubigné ; mais il comprit bientôt qu'il n'y réussirait point, et crut prudent de renoncer à ses vaines démonstrations.

Quoique l'épopée d'Agrippa ait été connue en partie ou en totalité avant cette époque, la première édition que nous en possédons n'est que de 1616 (1). Alors elle fut imprimée au *Désert* (2), et il sembla même que d'Aubigné, qui s'était très-longtemps refusé à cette publication, n'y avait pas donné un entier consentement; car, si l'on en croit le titre, ce fut par l'artifice d'un de ses serviteurs ou de ses amis, qui s'intitule *le larron de Prométhée*, que l'ouvrage vit le jour. Grâce à cette flamme ainsi *dérobée*, on s'était flatté de rallumer les ardeurs du zèle calviniste qui sommeillait; mais, après l'édit de Nantes et la pacification du règne de Henri IV, ces provocations avaient heureusement perdu beaucoup de leur à-propos et de leur effet. Pour les idées comme pour le langage, ce poëme parut donc suranné en naissant, malgré l'enthousiasme de quelques adeptes. De ce nombre fut la princesse Anne de Rohan, qui n'hésita pas à remercier *le subtil larron* et,

(1) In-quarto. « Il semble résulter d'un passage de d'Aubigné, a dit M. Sainte-Beuve, que les *Tragiques*, au moins en partie, coururent anonymes vers 1593. C'est un problème que je propose aux bibliographes. » Ajoutons que nous n'avons rien trouvé qui nous permît de le résoudre. — Après l'édition de 1616 il y en a une autre, petit in-8°, qui paraît être de 1630. Je ne connais que ces deux éditions anciennes, bien que quelques-uns aient affirmé qu'il en existait trois ou quatre, l'une d'elles étant de 1623. Gui Patin en mentionne même une plus récente, « comme venant d'être publiée à Genève, et dont il demande un ou deux exemplaires (1654); » mais il est à croire qu'il a été trompé. (Voyez ses *Lettres*, édition Réveillé-Parise, t. II, p. 120 et 123.)

(2) C'est-à-dire à Maillé. Le *Désert*, c'était le terme sacramentel par lequel les protestants se plaisaient à désigner, en le déguisant, le lieu de leurs assemblées et surtout de leurs publications. On retrouve ce nom sur le frontispice de plusieurs des livres de cette époque, et d'Agrippa en particulier.

pour mieux dire, *le hardi preneur*, dans un sonnet où elle montrait d'Aubigné

>   Se rendant des neuf sœurs maître et non pas mignon,

et où elle le félicitait d'avoir transporté *le Parnasse dans Doignon* (1) et ravi d'une main puissante la lyre de Phébus.

L'auteur des *Tragiques* a témoigné du reste, en les accompagnant d'une pièce assez bien sentie et assez bien frappée, qu'il n'avait pas été volé trop malgré lui, ou plutôt qu'il n'avait voulu, en paraissant se faire arracher ses vers, que leur ajouter cet attrait propre aux choses à moitié interdites. Dans cette espèce de préface où il parlait à son œuvre, Agrippa faisait ainsi allusion à la rudesse de son accent :

>   Porte, comme au sénat romain,
>   L'avis et l'habit du vilain
>   Qui vint du Danube sauvage,
>   Et montra hideux, effronté
>   De la façon, non du langage,
>   La malplaisante vérité.

Il ne pouvait en outre se défendre, à la pensée des attaques qui attendaient son livre, d'un sentiment de pitié pour lui :

>   Pauvre enfant, comment parais-tu,
>   Paré de ta seule vertu ?
>   Car, pour une âme favorable,

---

(1) On a vu que c'était un des châteaux forts de d'Aubigné.

> Cent te condamneront au feu ;
> Mais c'est ton but invariable
> De plaire aux bons et plaire à peu.

Les poésies qu'il avait composées à un autre âge d'Aubigné les rappelait en ces termes :

> Bien que de moi déjà soit né
> Un frère et plus heureux aîné,
> Plus beau et moins plein de sagesse
> (C'est l'enfant de mes premiers jours),
> Tu peux instruire son aînesse ;
> Car son partage est en amours (1).

Puis, s'excusant de laisser voir le jour à ces fruits d'une veine plus sérieuse et de son arrière-saison, il attribuait ingénument cette faiblesse à celle que l'amour naturel au cœur des parents suppose et fait pardonner :

> Ni la mère ni la nourrice
> Ne trouvent point leurs enfants laids.

Enfin il adressait à son ouvrage cet adieu tendre et mélancolique :

> Commence, mon enfant, à vivre
> Quand ton père s'en va mourir.

Cette pièce suffirait pour prouver quelle juste importance d'Aubigné attachait aux *Tragiques :* aussi ne saurions-nous être surpris que cette production d'un de nos auteurs les plus originaux ait rencontré tout récemment encore un éditeur (2). Il faut le redire en

---

(1) Allusion au *Printemps d'Aubigné*, cité plus haut.

(2) Les *Tragiques* de d'Aubigné ont paru, dans la bibliothèque elzévirienne de P. Jannet, par les soins de M. Ludovic Lalanne, 1857.

22

effet : à ce talent, plein de fécondité autant que bizarre,
qu'a-t-il manqué, sinon cet élément indispensable du
génie, le sens droit, qui est dans l'ordre intellectuel la
lumière des écrits, comme il est dans la pratique le
maître de la vie humaine ? Dans cette épopée satirique où, suivant un de ses appréciateurs, « l'esprit
hébraïque respire, pareil à cet esprit de Dieu qui
flottait sur le chaos, » se mêlent, sur un fond incohé-
rent, des inventions tour à tour extravagantes et admirables. Car, si la marche d'Agrippa est incertaine et
sujette aux chutes, par quels bonds hardis ne s'élève-t-il
pas tout à coup à la plus haute poésie ! Quand la
passion l'anime, quelle âpreté dans ses invectives !
quelle verve d'impatience et de courroux ! N'ayant
rien de médiocre, mais extrême dans le bien comme
dans le mal, il représente la grandeur inégale et
les brusques contrastes d'une civilisation généreuse
mais inachevée. Les œuvres du poëte ainsi que celles
du prosateur attestent donc chez d'Aubigné une nature d'élite qui, se produisant à un autre temps ou
placée dans des circonstances plus favorables à sa culture, eût porté sans aucun doute des fruits excellents.
Telles qu'elles sont il convient d'autant plus de les
étudier, au milieu des excès du raffinement de nos
jours, qui menace d'aboutir à la faiblesse.

Un recueil de vers détachés, les *Petites œuvres
mêlées* de d'Aubigné, nous le fait voir sous un autre
aspect que les *Tragiques*, en révélant chez lui de nouveaux genres de mérite, la facilité et parfois même
une humeur gaie et plaisante : là son imagination se

joue dans des pièces peu étendues et peu finies, mais
non dénuées de trait et d'agrément. Ne dirait-on pas,
à la touche vive et légère du sixain que voici, « sur
l'inconstance de la femme, » qu'il a été écrit par Marot?

Qui va plus tôt que la fumée,
Si ce n'est la flamme allumée?
Plus tôt que la flamme? le vent.
Plus tôt que le vent? c'est la femme.
Quoi plus? rien; elle va devant
Le vent, la fumée et la flamme.

On peut citer, dans le même ton, une satire assez fine
de ces zélateurs du bien public, qui ne manquaient
pas au siècle de d'Aubigné et qui ne devaient manquer
à aucun autre :

Enfin chacun déteste
Les guerres, et proteste
Ne vouloir que le bien ;
Chacun au bien aspire,
Chacun ce bien désire
Et le désire sien.

L'une des pièces les plus longues du volume des
OEuvres mêlées, et à mon gré la meilleure, est celle
qui a pour titre *l'Hiver de d'Aubigné*. L'auteur rappelle les illusions du jeune âge, qui ont fui loin de lui,
et les compare à des hirondelles qui partent, au moment de l'hiver, à la recherche de plus doux climats :

Mes volages humeurs, plus stériles que belles,
S'en vont et je leur dis : Vous sentez, hirondelles,
S'éloigner la chaleur et le froid arriver;
Allez nicher ailleurs. . . . .

Quant à lui, au terme d'une carrière si agitée, il n'a plus soif que du repos ; il l'invoque de tous ses vœux :

> Laissez dormir en paix la nuit de mon hiver.

Sa tête blanchie l'avertit assez de renoncer aux amours ; il salue donc avec empressement la saison que la sagesse accompagne, et en célèbre les avantages :

> Voici moins de plaisirs, mais voici moins de peines ;
> Le rossignol se tait. . . . .
> Nous ne voyons cueillir ni les fruits ni les fleurs :
> L'espérance n'est plus, bien souvent tromperesse ;
> L'hiver jouit de tout. Bienheureuse vieillesse,
> La saison de l'usage et non plus des labeurs !

Dans ces accents se retrouve quelque chose du sentiment et de la grâce de Villon, lorsqu'il demande au souvenir de la beauté qui passe vite et de la gloire qui n'est plus : *mais où sont les neiges d'antan ?*

Nous nous arrêterons sur ces douces impressions, après en avoir rencontré tant d'autres qui ne susciteraient que des controverses irritantes. Parmi les poésies de d'Aubigné, on pourrait toutefois mentionner aussi des vers, imprimés à part, « sur la mort d'Etienne Jodelle, le prince des poëtes tragiques (1). » Mais, malgré d'actives recherches, il ne nous a pas été donné d'en prendre connaissance, et le jugement qu'en porte Niceron est de nature à nous consoler : « Cette pièce

---

(1) In-quarto de 10 pages, 1574. — Bien que portée sur le catalogue de la bibliothèque impériale, cette pièce paraît ne s'y plus trouver.

funèbre, dit-il (1), consistant en une ode extrêmement longue et en un sonnet, est des plus mauvaises.. » Il est permis de croire que le bel esprit dominait dans ce morceau, et dans de tels sujets Agrippa n'eût été bien inspiré que par la passion. Il nous aurait été facile encore d'emprunter au recueil des *Petites œuvres mêlées* quelques-uns de ces vers mesurés ou métriques que le seizième siècle, par une de ces nouveautés rétrospectives qui charmaient sa passion érudite, aimait à composer d'après l'exemple des Grecs et des Romains, et que jusqu'au milieu du dix-huitième siècle Turgot, comme on sait, par l'étrange aberration d'une rare intelligence, voulut remettre en honneur, sans plus de raison ni de succès. Mais ces vers, quel qu'en soit l'auteur, sont fort indignes d'être cités ; et il vaut mieux se borner à rappeler quelle était à leur égard l'opinion d'Agrippa. Un jour qu'il discutait sur ce genre avec Rapin, La Noue et d'autres hommes distingués de l'époque, il lui arriva de le traiter de ridicule et de déclarer même qu'il était impossible ; mais on lui répondit que cette impossibilité n'existait que pour ceux qui ne savaient pas la vaincre. Piqué alors de cette sorte de défi, d'Aubigné s'essaya à traduire de cette manière quelques psaumes ; et, « après en avoir tâté, ajoute un de ses contemporains, il en put dire son goût, c'est que de tels vers, ayant peu de grâce à les lire et prononcer, en avaient beaucoup à être chantés,

---

(1) *Mémoires pour servir à l'histoire des hommes illustres de la république des lettres*, t. XXVIII, p. 222.

comme on l'avait remarqué en de grands concerts faits pour la musique du roi. »

Notre étude déjà longue sur d'Aubigné ne serait pas cependant complète, si nous ne nous occupions de deux de ses productions frivoles en apparence, mais doublement propres à caractériser l'auteur et son temps ; je veux parler des *Aventures du baron de Fæneste* et de la *Confession catholique de Sancy*, qui lui assignent, dans la liste des pamphlétaires du seizième siècle, un des rangs les plus remarquables.

« La satire connue sous le nom des *Aventures du baron de Fæneste* a toujours été si estimée, qu'il serait inutile d'en vouloir relever le prix : » ainsi s'exprimait dans la première moitié du dix-huitième siècle, un éditeur de cet ouvrage (1), et cette opinion n'a pas été démentie jusqu'à nous. Dans l'époque qui vit naître ce pamphlet et celle qui la suivit de plus près, il compta surtout de nombreux admirateurs parmi ceux dont le mérite supérieur rend les suffrages plus considérables. On assure en particulier que le grand Condé, excellent juge des œuvres de l'esprit, faisait ses délices de cette lecture, dont il comprenait à merveille toutes les allusions et toutes les finesses.

Le héros du livre, Fæneste, est un baron de Gascogne, un devancier du marquis de Mascarille, qui n'aspire qu'à paraître, comme son nom l'indique, et

_____

(1) Le Duchat : Amsterdam, 2 vol. in-12, 1731. — La même œuvre a été réimprimée en 1855, avec une annotation curieuse de M. Prosper Mérimée.

qui est opposé à un homme d'un esprit solide et pratique, Énay (1). Dans le singulier dialogue qui a lieu entre eux, le gentillâtre, mis à son aise par son interlocuteur, qui veut se dérider, raconte ses prétendues aventures des camps et de la cour, où se déploient sa fatuité et sa sottise (2). Mais, comme il parle et surtout prononce à la façon de sa province (3), il n'est pas très-aisé de l'entendre, d'autant que plus d'un détail, familier aux contemporains, doit nous échapper aujourd'hui. En tout cas, on est payé de sa peine à poursuivre çà et là le sens, par l'extrême enjouement du pamphlet et l'intérêt sérieux qui s'y mêle ; car il offre, au milieu de très-piquantes malices, une peinture vraie des mœurs et de l'état de la France à la fin du règne des Valois.

Le cadre imaginé pour faire ressortir l'un par l'autre deux caractères si tranchés est d'ailleurs aussi ingénieux que simple : on en jugera par un exposé rapide

(1) C'est le contraste entre la réalité et l'apparence, la forme et le fond, entre *être* et *paraître*; sens exprimé par les étymologies grecques εἶναι et φαίνεσθαι.

(2) L'auteur a soin du reste de témoigner dans sa préface que, bien qu'il ait représenté un Gascon ridicule, il n'en est pas moins plein d'estime et d'affection pour les Gascons en général. C'est même, ajoute-t-il, « par le conseil d'un des plus excellents gentilshommes de ce pays-là que ce personnage a été choisi comme l'écume de ces cerveaux bouillants, d'entre lesquels se tirent plus de capitaines et de maréchaux de France que d'aucun autre lieu. » — L'observation n'a depuis rien perdu de sa vérité.

(3) Il remplace par exemple les *b* par les *v*, et les *v* par les *b*, etc. *Beau* est pour lui *veau*, la *vertu* est la *berdu*. Or les mots étant écrits comme on suppose qu'ils sont prononcés, on comprend que le lecteur soit parfois arrêté. Le Pierrot de Molière dans le *Festin de Pierre* parle comme Fœneste.

des circonstances qui les rapprochent. Au retour d'une expédition qui vient d'avoir lieu dans l'Aunis contre les protestants, le baron de Fæneste, « moitié courtisan, moitié soldat, » avait pris des relais à Niort ; mais, s'étant égaré à quelques lieues de cette ville avec un de ses laquais, il se trouve enfermé entre un parc et une rivière. C'est alors qu'il rencontre le *bonhomme* Énay, « vêtu d'une jupe de bure et qui n'avait pas de souliers à cric (1) ; » il l'accoste sans façon, le prenant pour un paysan. Celui-ci le détrompe ; et, après que Fæneste lui a témoigné son étonnement de ce qu'il allait ainsi « seulet et sans épée » (le Gascon ne peut concevoir qu'on se résigne à être simple et naturel), l'entretien s'établit, Énay provoquant, comme nous l'avons annoncé, par ses insidieuses questions le bavardage de celui qu'il feint d'admirer ; il n'en faut pas plus pour que Fæneste se livre à l'inépuisable fécondité de son imagination peu scrupuleuse. Quelle que soit néanmoins l'invraisemblance des histoires qu'il rassemble, l'auteur a soin de nous avertir « qu'il n'a rien dit en tout son discours qui ne soit arrivé ; il a seulement attribué à un même ce qui est arrivé à plusieurs. » C'est là ce que d'Aubigné appelle des *bourdes vraies* (2).

Constatons d'abord que Fæneste est un type qui s'est conservé parmi nous, ou plutôt les gens de cette race

(1) Ces souliers, propres aux élégants, tiraient leur nom de l'espèce de son, *cric-crac*, qu'ils rendaient quand on marchait.

(2) *Bourde* ou *bourle*, de l'italien *burla*, moquerie.

n'ont pas cessé de croître et de multiplier. *Être* pour
eux n'est rien ; ils n'ont à cœur que de *paraître*. Aux
questions qu'Énay lui adresse sur ce qui fait qu'il se plie
à telle ou telle habitude, à telle ou telle contrainte, Fæneste n'a qu'une réponse invariable : *C'est pour paraître*. Pour paraître, en effet, il a de très-nombreuses
et de très-plaisantes recettes, qu'il détaille avec le plus
grand sang-froid. Ne lui demandez pas s'il possède en
réalité les qualités dont il se pare, il n'aurait garde de
vous comprendre. Ce brave cavalier, qui ne se montre
jamais sans une longue épée de duel et un poignard à
coquille, « qui est déterminé à ne souffrir d'aucun, et
qui a trente querelles pour un an, » ne s'est pas, il est
vrai, battu une seule fois ; mais c'est que toujours
quelque raison excellente l'a empêché de passer des
paroles aux faits ; et il le prouve. Comme on le som-
mait d'aller sur le terrain, il s'est choqué et a répondu
fièrement qu'il n'avait pas d'ordre à recevoir. Dans
une autre occasion, il n'eût pas manqué d'être exact
au rendez-vous, s'il n'avait songé, chemin faisant, à la
rigueur des ordonnances. Ce qui l'a détourné ailleurs
d'en venir aux mains avec son ennemi, c'est la crainte
de le transpercer sans péril. Pareils motifs l'ont fait
échapper aux dangers de la guerre, bien qu'il ait, à
l'en croire, et dans quatre campagnes, « vu pleuvoir
les mousquetades plus épaisses que la grêle, tic, tac,
toc, par ici, par là, entre les jambes, sous les aisselles,
rasibus les oreilles. » Au sortir de ces hasards, il a ré-
sidé à Paris ; mais ne lui en vantez pas le séjour. La
justice, brutalement égale, y veut, par une prétention

outrecuidante, que l'on paye ses dettes; elle ne respecte
pas les gentilshommes, pas même les raffinés d'honneur, « ces braves qui se battent pour un clin d'œil ou
pour une froideur, si on les salue par acquit, si le manteau d'un autre touche le leur, et si on crache à quatre
pieds d'eux. » L'avis du baron est toutefois qu'on ne
devrait choisir que dans cette élite, où il se place, les
maréchaux de France.

Fæneste, en poursuivant sa conversation avec Énay,
nous apprend encore de quelle manière on pouvait se
donner les airs d'un homme à la mode et d'un courtisan en faveur : laissons-le parler, non sans faire disparaître, comme précédemment, les traces embarrassantes de la prononciation gasconne. C'est son indulgent
et malin auditeur que le baron se fait fort de renseigner
et d'instruire. « Vous voilà dans la cour du Louvre...
On descend entre les gardes; vous commencez à rire
au premier que vous rencontrez; vous saluez l'un,
vous dites le mot à l'autre : « Frère, que tu es brave;
« épanoui comme une rose; tu es bien traité de ta
« maîtresse; cette cruelle, cette rebelle rend-elle point
« les armes à ce beau front, à cette moustache bien
« troussée? » Il faut dire cela en démenant les bras,
branlant la tête, changeant de pied, peignant d'une
main sa moustache. Avez-vous gagné l'antichambre,
vous accostez quelque galant homme et discourez de
la vertu. » — Sur ce qu'Énay lui demande de quelle
vertu, Fæneste continue : « Nos discours sont des duels,
où il se faut bien garder d'admirer la valeur d'aucun,
et puis des bonnes fortunes avec les dames, de l'avan-

cement en cour, de ceux qui ont obtenu pensions ;
quand il y aura moyen de voir le roi ; combien de pis-
toles ont perdu Créqui et Saint-Luc ; ou, si vous ne
voulez point discourir de choses si hautes, vous
philosophez sur les bas-de-chausses de la cour, sur
un bleu turquoise (1)... — Mais interrompt derechef
Énay, par ces discours, à quoi parvenez-vous ? —
Quelquefois, reprend Fæneste, nous entrons dans le
grand cabinet, dans la foule de quelques grands, nous
sortons par celui de Beringhen (2), descendons par le
petit degré et puis faisons semblant d'avoir vu le roi,
contons quelques nouvelles ; et de là il faut chercher
quelqu'un qui aille dîner. — Et ce dîner, dit le cam-
pagnard, le trouvez-vous toujours à propos ? — Non
pas, répond le courtisan, les maîtres d'hôtel quelquefois grondent, les seigneurs font fermer leurs portes,
disant qu'ils ont affaire ou qu'ils se trouvent mal. —
Et lors vous ne vous trouvez pas bien ? — Nenni, certes ;
mais il faut prendre courage, faire bonne mine, un
cure-dent à la bouche, pour paraître avoir dîné. »
C'est ce bonheur de dîner qui n'arrivait pas tous les
jours à Fæneste, quoiqu'il eût, à l'entendre, l'amitié
des plus nobles personnages, « surtout celle de ce vaillant maréchal de Biron, » et qu'il ne fût pas en reste
de civilité avec ceux qui le recevaient. Car ce baron
est de la famille des courtisans bafoués par Henri Estienne, qui, prétendant à cette époque *italianiser* notre

(1) Suit une énumération des couleurs alors à la mode.
(2) Premier écuyer du roi.

langue ainsi que nos mœurs, prodiguaient ces formules de politesse obséquieuse, dont l'usage, récemment apporté d'au delà des monts, faisait froncer le sourcil aux vieux et libres Français. Il se déclare l'*esclave* du premier venu dont il a besoin, et *prêt à servir éternellement* quiconque le veut obliger.

En revanche, tranchant et matamore avec ceux dont il ne craint ou n'attend rien, il ne s'abstient même pas de porter des jugements sur les plus hauts seigneurs et de reviser leurs titres. Énay l'étonne fort en l'avertissant « qu'il faut se garder de contrôler ceux à qui l'on doit obéissance. — Nous ne sommes pas si sages à la cour, réplique-t-il ; nous parlons de tout le monde. » Il pourrait ajouter : *de toute chose :* car il parle bientôt de religion ; et c'est la grande question du temps, la querelle des catholiques et des huguenots, qui devient le sujet de l'entretien. Or il est trop aisé de prévoir que dans cette partie la passion d'Agrippa se donnera carrière aux dépens de la justice et de la bienséance. Comme chez lui les catholiques sont d'ordinaire ou ridicules ou odieux, Fæneste est catholique : en cette qualité il veut tenir tête à Énay le huguenot ; mais, dans son empressement à réfuter les objections de ce dernier et à le convertir, il joue le rôle de ces amis compromettants dont la défense maladroite est pire que toutes les attaques. On peut en effet, par le bon sens habituel du Gascon, juger de la solidité des arguments qu'il emploie en faveur de ses coreligionnaires. Avec un semblable champion pour le combattre, le triomphe du protestantisme ne sera pas difficile.

Le pamphlet se divise en plusieurs livres ou dialogues ; et tel est le contenu des deux premiers. Dans le troisième, le valet de Fæneste, entrant en scène, fait connaître avec une nouvelle abondance d'amusants détails l'existence de son maître à Paris, aussi bien que celle de ses gens, tous chevaliers d'industrie comme lui. Égayé par les anecdotes qui retracent leur vie de bohème, Énay se plaît à y répondre par un certain nombre de ces contes burlesques ou même impies, qui remplissent nos anciens fabliaux. C'est, de part et d'autre, un assaut de traits hardis et d'historiettes joviales, qu'interrompt l'arrivée de Fæneste. Accoutumé qu'il est à vivre sous la tente, celui-ci n'a pu dormir, dit-il, que la cuirasse sur le dos ; car « il n'a point passé moins de vingt mille nuits à cheval » : le complaisant baron ne fait du reste aucune difficulté de se joindre à ce concert de propos facétieux, en renchérissant sur leur licence.

On voit figurer au quatrième livre un interlocuteur nouveau, le sieur de Beaujeu, l'un des amis d'Énay et qui avait jadis servi avec lui la cause royale l'épée à main. Tous deux étaient prêts à se mettre à table lorsque Fæneste se présente, « seul et plus mal en point que d'habitude ; » il revenait encore de la guerre. Après quelques mots de surprise au sujet de sa brusque apparition, Énay l'invite à dîner, ce dont l'autre ne se fait pas prier ; puis il lui demande le récit de la campagne, où Fæneste avait brillé comme d'ordinaire. Il n'a pas fui, mais fait retraite ; et cela par mépris « pour tous ces coquins qui lui criaient :

Demeure, demeure, canaille, et à qui il n'a pas daigné faire la courtoisie de tourner le visage pour les regarder. » Ce qui dans sa retraite, où il fallait escalader haies et murs, l'avait gêné le plus, c'étaient ses éperons; mais le baron n'avait pas voulu les quitter, « parce que cela fait paraître le cavalier. » Énay remarque toutefois que si Fæneste s'est tiré d'affaire, c'est que, par dérogation à ses principes, il a mieux aimé *être que paraître*. Incapable de profiter d'aucun avis, le Gascon n'en vante pas moins ensuite ses prouesses, et surtout sa noblesse aussi vieille que le monde, « puisqu'on pouvait montrer dans la Bible le nom de Fæneste. » De ces rodomontades, l'entretien retombe sur la religion et offre une digression mordante sur les prêcheurs du temps, avec des échantillons de leur éloquence. C'est enfin par la peinture des désordres imputés aux gens d'Eglise, par des satires dirigées contre le gouvernement, quelques allégories et, il faut l'ajouter, force plaisanteries grossières, que se termine le quatrième et dernier livre.

Les différentes parties de ce dialogue ne furent pas publiées à la fois. L'édition de 1617, curieuse et rare, renferme deux livres et passe pour la première, mais sans doute à tort, ainsi que l'atteste le titre : l'imprimeur l'annonce en effet comme « revue, corrigée et augmentée, sur la bonne chère (1) qu'avait reçue le début, » qui, dès lors, semble avoir été donné séparé-

_____

(1) Accueil; de la notre locution : *faire bonne chère à quelqu'un.*

ment (1). La troisième partie vit le jour dans l'année 1619 ; en finissant, l'écrivain, qui ne se nommait pas, sans toutefois se cacher (car sa préface le désigne suffisamment), disait adieu à son lecteur « jusqu'au quatrième livre, » qui ne laissa pas 'e se faire attendre. Celui-ci était encore terminé par un adieu, suivi de ces mots : « jusqu'à une matière qui pourra servir de cinquième livre à Fæneste » ; mais cette promesse ne devait pas recevoir d'accomplissement. Ces quatre parties, qui ne sont pas rattachées entre elles par un lien nécessaire, circulèrent donc assez longtemps isolées et successives, avant d'être réunies (2).

Un esprit commun qui y domine, et que nous louerons sans réserve, c'est la haine des mœurs nouvelles qu'une jeunesse frivole et sottement entêtée de l'étranger voulait substituer à l'ancien caractère national : la libre franchise et la loyauté de nos pères faisaient place à une souplesse servile et à une fausseté impudente. En constatant que d'Aubigné n'a pas, dans la plupart de ses attaques, gardé assez de mesure, on le remerciera du moins d'avoir combattu par l'arme du ridicule, si puissante chez nous, ces tristes nou-

---

(1) Le nouvel éditeur de Fæneste incline à croire cependant que personne n'a vu cette édition séparée, ou plutôt qu'elle n'a jamais existé.

(2) La quatrième partie, la dernière, paraît être seulement de 1630. — La meilleure édition de l'œuvre entière est celle de Le Duchat, 1729, reproduite dès 1731. Accompagnée de notes curieuses, elle est divisée en chapitres, division qui rend la lecture du livre plus facile. Quant aux éditions partielles que nous avons signalées, ce sont aujourd'hui des raretés bibliographiques.

veautés, entre lesquelles on a dit que la déplorable manie du duel tenait le premier rang.

Quant aux deux types principaux qui animent cette satire, on souhaiterait savoir si ce sont des originaux copiés d'après nature ; et ce désir que l'on éprouve témoigne à lui seul du singulier mérite des portraits que d'Aubigné a tracés : car rien ne fait plus l'éloge du peintre, dans un sujet idéal, que cette ressemblance qu'on croit surprendre entre les figures qu'il a créées et les modèles qu'ont pu rencontrer ses yeux : c'est que les unes sont marquées, ainsi que les autres, de ce cachet de réalité qu'il appartient à bien peu d'atteindre dans les arts d'imitation et dans les lettres. La question, que nous indiquons ici, a surtout beaucoup occupé les contemporains d'Agrippa ; et l'on conçoit qu'ils n'aient pas épargné les conjectures pour découvrir dans Fæneste et dans Énay des personnages de l'époque. Sous le masque évaporé du Gascon, futile dans tous ses propos, faux dans toutes ses qualités, et qui n'échappe à la haine qu'en excitant le mépris, on voulut retrouver l'un de ces grands seigneurs de mauvais aloi qu'avait faits la faveur de Henri III, le duc d'Épernon, d'autant plus fier de sa haute fortune que l'origine en était moins irréprochable. Des entremetteurs officieux ne manquèrent même pas d'avertir du bruit public l'arrogant parvenu, qui jura de tirer vengeance de la hardiesse d'Agrippa. Après l'avoir plus d'une fois attaqué par trahison, le voyant toujours sur ses gardes, il publia qu'il allait l'appeler en duel, « pour lui faire éprouver une des bonnes épées de

France ; » mais tout cela se borna à des menaces. La bonne épée de d'Épernon (dût ce fastueux colonel général de l'infanterie apporter celle dont la poignée et la garde étaient enrichies, comme il s'en vantait, de vingt mille écus de diamants) n'était pas de trempe à faire reculer d'Aubigné, qui le déclara net et qui fut cru sur parole.

Au contraire, dans le sage et loyal Énay, dont les propos sensés avec malice percent à jour la nullité vaniteuse de *Fæneste*, dans ce gentilhomme de la vieille roche, aussi simple dans son courage que l'autre est fanfaron dans sa poltronnerie, doué, à titre de protestant, d'un savoir et d'un patriotisme accomplis, et qui est en tout l'opposé de son interlocuteur, plusieurs se plurent à reconnaître Duplessis-Mornay ; mais il n'est pas probable que d'Aubigné eût peint avec tant de faveur celui en qui il voyait un rival. D'autres pensèrent que, non sans dessein, certains traits de ce caractère rappelaient l'auteur lui-même : c'était la droiture d'Agrippa, son humeur moqueuse et ses boutades ; c'étaient, en outre, ses services militaires ou autres, qui ne lui avaient guère attiré que des disgrâces. Mais pourquoi nous préoccuper de ces prétendus rapports ? D'Aubigné n'a songé sans doute ni à se représenter dans Énay ni à reproduire dans *Fæneste* l'une des médiocrités enflées que ces temps de troubles avaient mises en lumière : son but a été plutôt, dans cette vive et piquante esquisse, de saisir et de perpétuer une partie des ridicules qui pullulaient autour de lui. Il faut en convenir, quel que soit le goût du public à désigner par un nom propre telle ou telle personnification, les écrivains procèdent d'ordinaire avec plus de liberté, prenant çà et là les traits qui peuvent donner du relief aux figures qu'ils dessinent. C'est, on doit le présumer, d'après toutes les physionomies qui frappaient ses regards, et non d'après un original déterminé, que d'Aubigné a tracé les principales lignes du plaisant tableau où, comme il le disait, « lassé des discours graves et tragiques, il avait voulu se récréer par la description de son siècle. » Son mérite avéré est d'avoir su joindre à l'heureux à-propos qui fait la vogue présente des ouvrages ce côté de vérité générale qui assure leur durée dans l'avenir (1). Pour pénétrer dans l'intelligence de cette qualité, qui est celle des maîtres, il n'est pas besoin des clefs plus ou moins infidèles que nous lèguent les contemporains. On rit de bon cœur au récit naïvement effronté des aventures du Gascon ; on y trouve nombre d'anecdotes, peu édifiantes mais instructives, sur la cour ; et, à la condition de se tenir en garde contre la partialité du sectaire, on y apprendra beaucoup sur l'histoire de nos querelles religieuses, qui est en grande partie l'histoire du seizième siècle.

Avec la liberté de composition et de langage ordinaire à cette époque, d'Aubigné, qui a du sang de Rabelais et de Henri Estienne dans les veines, rappelle, dans son *Baron de Fæneste*, l'*Apologie pour Hérodote* et les

---

(1) « Il me semble, a dit M. Mérimée, qu'il y a dans ce livre des traits de naturel que Molière n'aurait pas désavoués. »

pamphlets de ce genre, témoignages de la passion contemporaine, qu'il faut se garder tout à la fois de rejeter avec dédain et de consulter sans réserve. On voudrait seulement que la raillerie, qu'Agrippa excelle à manier, portât toujours chez lui aussi juste que lorsqu'il cherche à saper des ridicules ou des préjugés funestes à nos mœurs, et l'on regrettera qu'il l'ait trop souvent mise au service des antipathies qui l'aveuglent. C'est ce qu'on peut voir encore par la *Confession catholique de Sancy*, où la malice est non moins incisive et le trait non moins acéré, mais qui atteste également, avec une veine de gaieté inépuisable, d'étroites et iniques préventions.

Ce pamphlet est même signalé par les connaisseurs comme la meilleure des œuvres satiriques de d'Aubigné (1). Mais le personnage qui y joue le principal rôle a été défiguré par lui d'une manière étrange. En effet, comment reconnaître dans l'homme sans foi et sans scrupule que cette pièce nous présente, l'un des plus loyaux et des plus utiles compagnons de Henri III et de Henri IV, l'un des serviteurs les plus dévoués de leur fortune bonne ou mauvaise? Négociateur efficace, financier capable et brave guerrier au besoin, Nicolas

(1) Pour retrouver la verve de raillerie qui en anime les bons passages il faut aller jusqu'à Pascal, qui paraît avoir connu et imité dans quelques parties la *Confession de Sancy*. Elle renferme plusieurs chapitres que l'on peut rapprocher des *Provinciales*. Un trait de ressemblance qu'on signalera au premier abord entre ces deux ouvrages, c'est qu'à côté de morceaux très-plaisants il y a dans l'un et dans l'autre des pages d'une haute éloquence.

Harlay de Sancy, celui qu'Agrippa poursuit de ses sar-
casmes, n'a laissé que d'honorables souvenirs dans les
monuments historiques de son temps : un mot qu'on
lui a prêté expliquera toutefois assez le ressentiment du
pamphlétaire. Sancy prétendait, dit-on, « qu'un sujet
devait être de la religion de son roi. » Ajoutons qu'il
conformait sa conduite à ce principe, et qu'au moment
où Henri IV abjura le protestantisme, il crut devoir
se faire catholique comme lui. Peu arrêté dans ses
convictions religieuses, il paraît même qu'auparavant
il avait flotté d'un culte à l'autre ; mais ne fallait-il pas
en accuser son époque, critique pour les consciences ?
Ses variations, en tout cas, n'eurent pas l'amour de
l'argent pour motif ; car son désintéressement était si
parfait que, par une exception alors presque unique,
riche lorsqu'il fut appelé à l'administration des finances,
il sortit pauvre de cette charge.

Voilà qui semblait donner droit à l'indulgence : tel
n'est pas néanmoins le compte de d'Aubigné. A ses
yeux, une conversion au catholicisme est une défection : elle ne saurait être que l'effet de mauvais sentiments ou d'indignes manœuvres ; et ce qui l'irrite le
plus dans celle de Sancy, c'est que l'exemple, parti de
haut, était plus contagieux, grâce à l'intégrité connue
du personnage. De là tant d'amertume et de violence
dans l'attaque. On voit qu'Agrippa en outre ne peut
pardonner à Sancy les honneurs et l'influence dont ce
dernier a continué de jouir, tandis qu'ils lui ont échappé
à lui-même. L'oubli et la disgrâce qui ont payé ses services s'aigrissent dans sa pensée de la faveur d'autrui,

qu'il est trop disposé à trouver injurieuse ou achetée du moins par de viles complaisances. Le politique actif et résolu, auquel il a rendu justice dans son histoire, n'est donc plus ici qu'un instrument docile à tous les caprices d'une volonté étrangère. Sancy est pour d'Aubigné le type des consciences souples jusqu'à la bassesse, tout entières aux calculs matériels et promptes à l'apostasie dès qu'elle leur est conseillée par l'intérêt. Evidemment l'auteur a voulu flétrir les ambitieux sans opinion et sans croyance, les esclaves du crédit et de la fortune : rien de plus légitime et de plus honnête qu'un tel but ; mais aussi, nous le répéterons, rien de plus injuste que de personnifier sous les traits de Sancy ces serviteurs nés de tous les pouvoirs et de toutes les causes. S'il était, pour le caractériser sévèrement, de la race des courtisans flexibles, on ne contestera pas qu'il appartînt aussi à celle de ces hommes précieux dont le dévouement se manifeste par de bons services, et qui, tout en ménageant leur maître, méritent bien du pays.

Ces réserves faites (car il ne convient pas à la postérité d'épouser des inimitiés rétrospectives), nous n'hésiterons pas à dire que la composition de d'Aubigné est fort divertissante. La forme qui déguise le pamphlet contribue à le rendre plus piquant ; car la satire y est cachée sous le voile de l'apologie, procédé dont cette époque offre déjà à celle qui va suivre plus d'un exemple remarquable. C'est Harlay de Sancy qui, plaidant lui-même sa cause, prétend donner de ses changements des raisons victorieuses, tandis que les explications où il s'embarrasse l'accablent, comme on pense, bien loin de le justifier. Alors on était passionnément épris de la controverse ; ce qu'annonce la longueur des discussions auxquelles se livre Sancy, et qui ne trouveraient plus de nos jours la même faveur que par le passé : chacun, dans le siècle de la Ligue, se croyait volontiers compétent en matière de foi, au lieu que nous préférons, à bon droit, nous en remettre aux théologiens sur ce qui concerne l'autorité de l'Eglise et du pape, les traditions, l'intercession des saints, les reliques, les mystères et l'ensemble des dogmes du christianisme. A côté de ces graves questions, que nous nous garderons d'aborder et qui n'auraient pas fait vivre l'ouvrage d'Agrippa, un attrait durable, par lequel il invite encore le lecteur, c'est l'esprit de bon aloi qui l'anime. Quelques lignes que nous lui empruntons donneront une idée de la manière dont il plaisante ; lorsque, par exemple, il place dans la bouche de Sancy cette profession de foi politique : « Comme Daniel, pour faire sa prière, tournait sa face vers le soleil levant, il faut toujours qu'un galant homme adresse ses dévotions vers le soleil levant, aux grandeurs naissantes, et tourne le dos à celles qui vont en décadence. Je ne fis pas grand cas du feu roi depuis la fête des barricades ; mais ayant promptement jugé les prospérités de celui-ci, j'ai tourné mes dévotions aux rayons de ce beau soleil levant. » — Accuserait-on là-dessus Sancy d'être versatile ? Ce serait bien à tort, car personne n'a moins varié que lui, et il le démontre : « En bonne foi, ce n'est pas changer que de suivre toujours le même but. J'ai eu pour but, sans changer, le profit, les honneurs, l'aise et la sûreté... J'ai donc suivi mon but ; je n'ai changé que de moyens. » Il est vrai qu'il a quitté le parti des huguenots, mais ce n'est pas sans motif ; il prend soin de nous l'apprendre : « Avec eux l'honneur ne se gagne qu'à coups d'épée, chose que je dédaigne fort, encore que l'on m'ait fait colonel des Suisses ; et, quant à leur sûreté, ils n'ont que Dieu pour tout potage, où un homme de mon humeur ne se fie que médiocrement. »

Tel est l'art de railler sans trop d'amertume ; et l'on voudrait que d'Aubigné, qui parfois le possède à merveille, se fût abstenu de tomber dans la licence. Par malheur, au lieu de se borner à faire sourire, il choque fréquemment et scandalise. C'est surtout en parlant du célèbre cardinal du Perron qu'il franchit toutes les bornes. Car Sancy n'est pas le seul adversaire qu'immole l'humeur caustique d'Agrippa : s'il poursuit d'une égale antipathie les *convertis*, il s'acharne encore plus contre les *convertisseurs*, les uns et les autres ne pouvant être que des corrompus et des corrupteurs à ses yeux. Or du Perron, jadis sorti des rangs du calvinisme n'avait pas seulement, comme on sait, ramené Sancy à la foi catholique, il avait aussi réconcilié avec l'Eglise Henri IV ; et plus d'un trait va, pardessus la tête de ces deux personnages, frapper le souverain lui-même. Cette audace n'a d'ailleurs rien d'étonnant chez d'Aubigné, qui n'épargne pas davantage les choses sacrées. On en jugera par ce passage, où, pour expliquer le saint dogme de la transsubstantiation, il allègue ces arguments, qui sont, dit-il, de *l'invention de Sancy* : « Ne peut-on pas, sous le nom de Dieu, changer les substances de toutes choses, puisque, sous le nom du roi, on a fait et l'on fait tous les jours de si étranges métamorphoses et transsubstantiations? La sueur d'un misérable laboureur en la graisse d'un prospérant partisan et trésorier; la moelle des doigts d'un vigneron de Gascogne remplit le ventre d'un parasite... Les pleurs de la veuve ruinée en Bretagne font avoir du fard à la femme de Santory... Les impôts de la France ont transsubstantié les champs du laboureur en pâturages, les vignes en friches, les laboureurs en mendiants, les soldats en voleurs, avec fort peu de miracle. »

Trop souvent, dans ce pamphlet, d'Aubigné fait de son esprit un aussi déplorable usage : il dépasse presque toujours le but, tombe dans le cynisme, et, quoiqu'il soit fort éloigné d'être un impie, il emploie contre le catholicisme, en protestant haineux, des armes que l'on pourrait tourner contre toute espèce de croyance. A sa polémique téméraire il mêle volontiers ces historiettes grivoises dont sa mémoire était richement fournie et qu'il s'entendait fort bien à conter. Pour provoquer le rire, il n'est pas homme à reculer, même au milieu de graves discussions, devant des bouffonneries indécentes ; et Bayle, qui ne lui est nullement contraire, n'a pas laissé de remarquer qu'il avait plus d'une fois falsifié des légendes dignes de respect, pour donner à ses assertions un tour plus agréable ou plus spécieux.

Une partie moins contestable de la *Confession de Sancy*, un côté qui la recommande spécialement à notre étude, c'est la peinture qu'elle offre de la cour et de la société en France, sous les Valois et Henri IV. Aux yeux des amateurs du vieux temps, ce pamphlet est encore une de ces histoires anecdotiques ou de ces chroniques familières, qui complètent le mieux la connaissance de nos annales. Là d'Aubigné, considéré comme l'un des plus énergiques représentants de l'esprit français, continue à flageller sans pitié la race de ces courtisans qui, se détachant de la souche gauloise, implantaient à l'envi sur notre sol les folies et les vices de l'étranger.

A la différence du *Baron de Fœneste*, la *Confession de Sancy* ne fut publiée qu'après la mort de d'Aubigné (1) : au reste on ne peut nier qu'elle n'ait de son vivant, circulé manuscrite parmi les curieux. Sans doute elle se produisit d'abord sous le voile de l'anonyme, ce qui est ordinaire aux pamphlets ; les premières éditions elles-mêmes ne portaient pas le nom d'Agrippa ; néanmoins jamais le titre d'auteur de cette pièce ne lui a été sérieusement contesté.

(1) La première édition, accompagnée des notes de Le Duchat, parut en Hollande, 1693 ; mais on préfère parmi les réimpressions celles de 1699 et 1720. Quant à la composition du pamphlet, commencée en 1597, interrompue et reprise à diverses époques, elle n'avait été achevée, suivant le témoignage de Le Duchat, qu'après un intervalle de plus de vingt ans. — Aux éditeurs futurs de la *Confession de Sancy*, si elle est encore reproduite, nous indiquerons, comme devant être consultée avec fruit, une copie de cet ouvrage qui se trouve à l'Arsenal, dans le recueil des manuscrits de Conrart, série in-folio, t. III, p. 1 à 112.

Quand on embrasse d'un coup d'œil l'ensemble des œuvres dont nous avons rendu compte, on ne peut manquer d'éprouver quelque surprise de ce qu'une vie où la guerre et la politique occupèrent tant de place ait été si remplie au point de vue littéraire ; et cependant, les travaux que nous avons énumérés ne sont pas encore les seuls qu'avait produits la fécondité extraordinaire de d'Aubigné. Quelques-uns de ceux qui furent édités ne se retrouvent plus ; ce qu'il faut expliquer, ce semble, par les haines que sa plume intempérante avait soulevées autour de lui, et qui s'exercèrent contre ses livres ; plusieurs autres n'ont jamais été publiés. Dans la classe des premiers on signalera des *Épîtres familières*, dont l'écrivain nous dit « qu'elles couraient imprimées par le monde ; » elles se rapportaient, à ce qu'il paraît, aux événements du jour et surtout aux affaires de la religion ; un « libre Discours sur l'état des Églises réformées en France ; » un « Traité *De dissidiis Patrum*, » sur les contradictions des Pères, composé à la suite de la discussion qu'il avait eue avec du Perron, relativement à l'eucharistie, et auquel ce dernier s'abstint de répondre. Ce ne fut pas, en théologie, l'unique ouvrage d'Agrippa qu'on chercherait vainement aujourd'hui ; à la vérité, le plus souvent il improvisait ses productions avec une rapidité extrême, dont il s'applaudit, mais qui devait peu en garantir la durée. Une composition d'un tout autre genre et qui lui a été imputée, est le *Divorce satirique*, violente invective contre Marguerite de Valois, mêlée de colère et de cynisme, où l'auteur laisse loin derrière lui la licence de Juvénal vouant à l'infamie les débordements de Messaline. Quelle qu'ait été l'aversion connue de d'Aubigné pour la première femme de son maître, qui le lui rendait bien, on hésitera pourtant à le croire coupable de ce libelle scandaleux. Sa réputation de causticité et de virulence était d'ailleurs si généralement établie, qu'on lui attribuait, comme l'atteste une lettre de Joseph Scaliger (1), les pamphlets auxquels il était le plus étranger (2).

Les œuvres inédites de d'Aubigné sont peut-être elles-mêmes plus nombreuses que celles qui ont paru ; il faut les chercher à Genève. Une communication bienveillante de M. Privat-Bovy, bibliothécaire de cette ville, nous apprend qu'elles ne remplissent pas moins de dix volumes considérables. Quelques-unes d'entre elles se trouvent annoncées dans l'*épître préliminaire* du premier éditeur des *Tragiques* : celui-ci déclarait qu'il avait en sa possession d'autres ouvrages de d'Aubigné, qu'il promettait de donner prochainement au

---

(1) C'était, dit celui-ci, à cause de son caractère « toujours goguenardant et bouffonnant. » (Voyez la dernière des *Épîtres françaises des personnages illustres et doctes à M. de la Scala.*) — On remarquera que cette épître porte *d'Aubigny*, car au seizième siècle et au commencement du dix-septième on écrivait et on prononçait souvent ainsi le nom de d'Aubigné.

(2) Un autre opuscule attribué à d'Aubigné et reproduit sous son nom en 1856 est le *Traité de la douceur des afflictions*, imprimé en 1600, et qui était depuis longtemps inconnu. Le nouvel éditeur, M. Chavannes, n'a pas même craint de dire « que c'est ce que d'Aubigné a écrit de mieux, et qu'il donne dans ce petit chef-d'œuvre la pleine mesure de sa véhémente et originale éloquence. » — A la vérité, il entre peut-être dans ce jugement quelque chose du plaisir de la découverte.

public ; en particulier « deux livres d'épigrammes
françaises, des discours polémiques en diverses langues,
quelques romans, cinq livres de lettres sur des sujets
très-variés (1) et des mélanges poétiques. » Plusieurs
années après, à la tête d'une nouvelle édition des
Aventures du baron de Fœneste, l'imprimeur témoi-
gnait l'espérance « de mettre la main sur diverses productions de d'Aubigné, » parmi lesquelles il en signalait
« de haut goût, et que l'auteur appelait τὰ γελοῖα, ses
gaillardises. » Agrippa lui-même, non sans sollicitude pour ses livres inédits, qu'il appelait *ses enfants
spirituels*, avait ordonné par son testament, conservé
dans les archives de Genève (2), que tous ses manuscrits fussent réunis entre les mains du pasteur Tronchin, docteur en théologie et l'un des personnages le
plus estimés de la république (3). Le fils naturel de
d'Aubigné, Nathan, était chargé de les examiner avec
Tronchin, et d'imprimer ce qui paraîtrait le meilleur,
en faisant main basse sur le reste. *Ure, seca,* avait dit
le testateur. C'est d'un premier choix fait entre ses pa-

---

(1) En réalité les lettres qui ont été conservées de d'Aubigné sont très-
rares, sa correspondance familière ayant disparu, comme l'affirme
M. Sayous.

(2) M. Ludovic Lalanne a publié ce testament dans son Appendice des
Mémoires de d'Aubigné.

(3) Ces manuscrits sont demeurés en partie dans la famille Tronchin,
qui les a communiqués à M. Sayous, et celui-ci en a fait connaître divers
passages, spécialement quelques fragments curieux des *Instructions de
d'Aubigné à ses filles*, citées plus haut. — Plusieurs autres de ces manuscrits sont entre les mains de M. Merle d'Aubigné, connu par d'importants travaux.

piers qu'est provenu sans doute l'opuscule des *Petites Œuvres mêlées*.

Il eût été possible de tirer des manuscrits d'Agrippa bien davantage. Nous y citerons notamment, comme digne d'être consulté et connu par fragments, sinon mis tout entier en lumière, un poëme de d'Aubigné sur la *Création*, en quinze chants. Plus d'un rapport, nous l'avons constaté, existe entre d'Aubigné et du Bartas, tous deux protestants et souvent entraînés par leur enthousiasme bien au delà des bornes du goût; mais c'est dans ce sujet, que tous deux se sont accordés à traiter, qu'il eût été surtout curieux de les rapprocher l'un de l'autre.

Après une existence si pleine de travaux et de belles actions, qu'a-t-il manqué cependant à ce personnage extraordinaire (on se posera cette question qui terminera notre étude) pour prendre tout à fait rang parmi les grands hommes? Nous nous appliquerons à le faire sentir, en résumant les traits distinctifs de son caractère et de son talent. S'il est peu de carrières qui éblouissent plus les yeux et captivent plus l'attention que celle de d'Aubigné, il faut aussi avouer qu'en pénétrant dans tous les détails qu'elle présente, on éprouve parfois de vifs mécomptes et qu'on ne peut manquer de se laisser aller à des jugements sévères. Cette rare nature, par l'effet des circonstances et plus encore de certaines imperfections dont elle ne s'est jamais débarrassée, n'a pas porté tous les fruits qu'on eût dû en espérer : en un mot, nous ne croyons pas inutile d'examiner pourquoi le héros, chez Agrippa, malgré de si brillantes parties, est demeuré incomplet comme l'écrivain.

Soldat de Henri IV et plus encore de la réforme, d'Aubigné fut l'un de ceux qui contribuèrent le plus, par leur persévérante ardeur et leurs prouesses multipliées, à donner de l'éclat à nos guerres civiles et à préparer la génération immortelle qui les suivit. Mais il aima trop les divisions pour elles-mêmes, et son âpreté d'humeur ne permit jamais qu'il fût accessible aux opinions d'autrui. De là naquirent d'inévitables travers ; la franchise se confondit trop fréquemment pour lui avec la rudesse, comme la bravoure avec la témérité, et presque toutes ses qualités aboutirent aux défauts qui leur confinent.

Ce n'est donc pas un type de perfection que nous avons eu la pensée de reproduire. Est-ce un modèle à imiter que nous prétendions offrir dans Agrippa ? Pas davantage. Mais, dégagées du cadre défavorable qui les obscurcit, ses qualités sont de celles dont l'exemple peut exercer sur la vie humaine la plus salutaire influence. L'abus que l'on faisait des vertus dans ces époques d'énergie n'est pas désormais à craindre. Retenons ce qu'elles ont d'essentiel. S'il convient de regretter que d'Aubigné, même dans les beaux côtés de sa nature héroïque, n'ait pas su assez commander à son esprit et modérer sa fougue, ces caractères excessifs dans le bien sont-ils de ceux que l'on court risque de rencontrer le plus aujourd'hui ?

Quoi qu'il en soit (on nous permettra de le redire, puisque telle est la vérité qui doit ressortir de cette étude), si le premier rang, pour lequel il était né, échappa à cet homme rare, c'est qu'il lui manqua ce qui fait le couronnement du mérite et de la gloire, la justesse et la mesure. Là fut le principe de ses imperfections intellectuelles ou morales. Le talent de d'Aubigné, comme sa vie, faute d'être gouverné par un bon sens supérieur, eut toujours quelque chose de défectueux. Également incapable de discipliner son esprit et sa plume, il ne parut souvent dans l'action qu'un aventurier hardi; et, en tant qu'écrivain, il tomba dans l'excès, sous l'empire de la passion qui le dirigeait moins qu'elle ne l'égarait. On eût souhaité que cette forte et puissante nature eût en elle-même sa règle ou l'empruntât à ses croyances; et l'un et l'autre lui a fait défaut. Un parallèle qui s'offre naturellement à nous, complétera notre pensée en achevant de l'éclaircir.

Plaçons en effet, par contraste, en face de cette figure violente, type de nos dissensions intestines, une physionomie plus calme, qui représente une époque et offre des aspects bien différents, celle de la petite-fille de d'Aubigné. Opposons à ce rude et bouillant guerrier les traits nobles avec grâce de cette femme, qui était d'ailleurs fière et non sans raison d'un tel ancêtre; à la plume irrégulière de l'aïeul opposons aussi le style plein de sobriété et de sagesse qui nous captive dans les lettres de madame de Maintenon. C'est un curieux spectacle et qui porte avec lui son enseignement, que de mettre la conduite heurtée et inégale du compagnon de Henri IV à côté de l'existence tou-

jours bienséante et digne de cette personne distinguée, qui, longtemps mal servie par la fortune, releva
les plus humbles positions par sa valeur individuelle,
et se montra sans effort au niveau des situations les
plus hautes. On sait toutefois que, douée d'un charme
si attirant, madame de Maintenon avait dans les veines
du meilleur sang de d'Aubigné : elle se rappelait dans
les malheurs de la France, et quand il fallait donner
du courage à ceux qui l'entouraient, qu'elle était de
la famille de ce glorieux soldat (1). Mais d'où vint ce
tempérament de douces et de fortes qualités qui nous
séduit en elle et qui exerça tant de prestige sur les
plus illustres de ses contemporains ? N'hésitons pas à
le dire : ce fut du culte que madame de Maintenon avait
embrassé en se séparant de la religion de ses pères.
Le catholicisme seul, on l'avouera, en réglant les
âmes énergiques, leur donne le caractère de la perfection. Il communique aussi aux cœurs je ne sais quoi
de contenu et de tendre qui les adoucit. Loin de nous
la pensée de nier que le protestantisme ait, dans le
seizième siècle, mis en saillie quelques natures d'une
puissante originalité. Qu'il ait encore trempé, dans
cette période critique, des esprits déjà fermes par eux-
mêmes, à la bonne heure : mais au catholicisme nul
ne contestera sans doute le privilége unique de fortifier les faibles, de modérer les fiers et les généreux,

_____

(1) Voyez dans les *Lettres* de madame de Maintenon sa lettre du 15 juin
1706 au duc de Noailles; cf. ses lettres au même, du 22 juin 1709 et du
18 mai 1711.

de tempérer, en un mot, l'une par l'autre les vertus les plus contraires, et d'imprimer à tout le sceau du souverain bien.

Quant à moi, qui, en rappelant quelques-uns de nos vieux auteurs, ai voulu remettre en lumière des faces un peu éclipsées de l'esprit de nos ancêtres : avec Henri Estienne, le mouvement érudit et philologique de la renaissance ; avec Scévole de Sainte-Marthe, le goût passionné pour l'antiquité ; avec La Boëtie, le côté philosophique dont s'honore le siècle de Montaigne ; avec Etienne Pasquier, le côté parlementaire qui fut une de nos gloires ; je me suis attaché à retracer, avec d'Aubigné, l'esprit aventureux et guerrier de cette époque qui préludait à la période la plus glorieuse de nos annales. Après l'âge des chefs-d'œuvre, quand les cœurs et les imaginations s'épuisent, n'est-ce pas à leurs antiques sources nationales que les peuples vieillissants doivent, au point de vue intellectuel et moral, se retremper pour se rajeunir ; et ne peut-on pas appliquer aux littératures et aux langues une maxime d'État de Guichardin, que notre Agrippa lui-même a citée : « Les sociétés bien ordonnées, venant à tomber en décadence, ne se rétablissent jamais bien qu'autant qu'on les ramène à leur première institution. »

JEAN BODIN [1]

———————

Nous ne sommes plus, grâce à Dieu, au temps ou Bayle écrivait : « C'est une chose honteuse à la nation qu'il se trouve tant de gens en France qui ne sauraient souffrir le style du seizième siècle (2). » Ce style, que recommandent de rares qualités dans plusieurs contemporains de Montaigne, compte aujourd'hui, par une réaction heureuse, de très-nombreux partisans. Sans cesser d'être aussi délicat, le goût public est devenu plus large et en quelque sorte plus ouvert à toutes les époques, à celle-là surtout qui, irrégulière et confuse, mais pleine d'une séve exubérante, prépara par ses efforts hardis la gloire des lettres françaises. De là l'étude féconde que l'on en a faite de nos jours ;

(1) *Jean Bodin et son temps*, par Henri Baudrillart, professeur sup-pléant au collége de France, in-8°, 1853.

(2) *Dictionnaire historique et critique*, art. d'Ossat.

et parmi les physionomies nettement tranchées que le seizième siècle, cet initiateur puissant des âges modernes, offrait aux regards des studieux, il y en avait peu de plus caractéristiques et de plus dignes d'un examen particulier que celle de Bodin. Il fut l'un de ceux en effet qui exprimèrent le mieux l'aspiration de leur temps à tout discuter et à tout savoir : ses ouvrages, où semblent se heurter des idées de toutes les dates et de toutes les écoles, sont l'une de ces sources troublées, mais abondantes, où il y a beaucoup à puiser pour les habiles.

Pour bien comprendre les écrits de Bodin, jetons d'abord un coup d'œil sur sa carrière. Il naquit en 1530, à Angers, qui fut la patrie du jurisconsulte Ayrault et de Ménage : aussi devons-nous à ce dernier plus d'un détail curieux sur Bodin (1). On pense qu'il appartenait à l'une de ces bonnes familles de bourgeoisie qui croissaient alors en considération et en fortune par l'amour du travail et surtout par l'étude des lois. Mais les renseignements sont si peu précis à ce sujet, sur lequel il ne nous a rien appris lui-même, qu'on ne sait ni quelle position occupait son père ni quelle fut la religion de sa mère : on a dit qu'elle était native d'Espagne et juive, sans qu'il y en ait guère d'autre preuve plus décisive qu'une assez forte teinte hébraïque marquée dans toutes les productions du fils. Joignez-y l'esprit du protestantisme, qui commençait

---

(1) *Vitæ Ærodii et Menagii :* voy. p. 141 et suiv. — On trouve dans cet ouvrage bien des anecdotes piquantes sur nos hommes célèbres du seizième siècle.

à se répandre en France (1), et vous aurez déjà la connaissance d'un de ses côtés distinctifs. La protection accordée aux lettres par François Ier, qui venait de fonder à Paris le collége de France, les faisait cultiver avec ardeur dans les principales villes du royaume : après cette forte éducation littéraire qui assouplissait les esprits des jeunes gens, Bodin alla faire son cours de droit à Toulouse, et il ne tarda pas à y professer lui-même cette science. Dans cette savante cité, où il passa plusieurs années, il prononça en grande pompe, devant le sénat et le peuple de Toulouse, un discours latin sur l'éducation de la jeunesse (1559), plus recommandable d'ailleurs par la sagesse traditionnelle des préceptes que par l'originalité des vues (2). On prétend même que deux ans auparavant, pour captiver la bienveillance de ses nouveaux compatriotes, il avait, dans cette époque amie du bel esprit autant que des graves travaux, rédigé une épitaphe de Clémence Isaure, la célèbre fondatrice des Jeux floraux, pour la graver sur la base d'une de ses statues. Mais une œuvre plus importante qui le signala à l'attention, ce fut un commentaire sur les *Cynégétiques* d'Oppien, accompagné d'une traduction en vers latins de ce poëme, dont Florent Chrestien, le précepteur de Henri IV, donna un peu plus tard une traduction en vers français. Il est vrai que les ennemis de Bodin

---

(1) Nous verrons toutefois plus loin qu'il ne se fit pas protestant, et il ne paraît pas même avoir songé à embrasser ouvertement la secte nouvelle.

(2) *Oratio de instituenda in republica juventute.*

l'accusèrent d'avoir emprunté une partie de son érudition au fameux Turnèbe, qui a traduit aussi Oppien.
Quoi qu'il en soit, au moment où Toulouse commençait à s'applaudir de l'hôte qu'elle avait accueilli, l'attrait de l'illustration naissante et le désir de trouver
pour ses talents un plus large théâtre l'engagèrent à
venir se fixer à Paris. Il y débuta au barreau en 1561 ;
mais la foule des jeunes avocats pleins d'avenir qui
plaidaient alors devant le parlement, Versoris, les
frères Pithou, Pasquier, Loisel, Montholon, Brulart,
ne lui permettant pas de se faire jour aussi vite qu'il
l'eût voulu, il ne tarda pas à sortir de la lice pour
chercher de préférence la réputation dans les travaux
du philosophe et du publiciste. Il convenait mieux,
tout l'annonce effectivement, aux veilles du cabinet
qu'à l'exercice de la parole ; et sa pensée étendue et
forte n'eut jamais à son service cette expression courte
et alerte qui agit sur les hommes réunis.

En 1566 fut publiée sa *Méthode historique* (1), qui
eût suffi pour lui donner un rang très-distingué parmi
les écrivains de son temps. On a pu dire, sans exa-
gérer le mérite de cet ouvrage, que Bodin y posait
avec une sage hardiesse les fondements de la philosophie de l'histoire et du droit, et qu'il marchait, ap-
puyé sur cette double étude, dans la voie des découvertes qui ont fait le juste orgueil de l'esprit moderne.
Le premier, il a donné la politique comme but à l'expérience historique, et il n'a pas craint, en jetant un

_____

(1) *Methodus ad facilem itoriarum cognitionem.*

coup d'œil ferme sur les sociétés anciennes, de montrer à quels égards nous avions sur elles l'avantage ; il a su, en interrogeant à la fois la jurisprudence et l'histoire, leur emprunter de vives lumières dont elles s'éclairent mutuellement. Aujourd'hui, sans doute, on lit peu la *Méthode historique*, soit dans son texte latin, dénué de couleur et de charme, soit dans la version française fort imparfaite qui en a été donnée ; mais ce qu'on a trop oublié, c'est que des théories très-célèbres datent de ce livre, c'est qu'il a été le germe qui a fécondé tout un nouvel ordre de recherches et de travaux. Montesquieu, qui ne cite pas Bodin, a trouvé en partie, dans le cadre que celui-ci a tracé, le plan de son *Esprit des lois* ; et ce n'est pas là que se sont bornés ses emprunts (1). L'auteur de la *Méthode historique*, en comparant les nations entre elles, étudie, lui aussi, la différence des races aussi bien que l'influence des climats. Les yeux attachés sur l'histoire, il y recherche l'origine des lois, et il veut par elles apprendre à connaître les mœurs des nations et les fondements des États. Il semble de plus combattre par avance les rêves de ces utopistes qui ont promis d'établir une égalité impossible dans la répartition des

---

(1) Les secours qu'il a tirés d'une autre œuvre de Bodin, dont il sera question plus loin, de sa *République,* sont encore plus sensibles. Sans attaquer en rien la gloire de Montesquieu, on pourrait donc contester la parfaite justesse de l'épigraphe qu'il a choisie pour son *Esprit des lois* : « *Prolem sine matre creatam.* » Nous n'accuserons d'ailleurs nullement ce grand homme d'ingratitude : il n'était pas dans l'usage des auteurs du dix-huitième siècle de citer ceux du seizième, à l'exception de Rabelais et de Montaigne

biens entre les hommes. Enfin, par une doctrine con-
solante qui réfute des paradoxes presque contemporains, il montre que, dans l'état de société, l'homme,
loin de dégénérer comme l'a voulu faire croire une
philosophie chagrine, ne cesse de marcher dans la
double voie du progrès intellectuel et moral. Ici Bodin
devance à plus d'un égard l'école de Vico, dont la
Science n'est pas si *nouvelle* que son auteur l'a prétendu. Sans se décourager à l'aspect des divisions et
des malheurs de son temps, il pressent et il annonce,
avec l'accent d'un enthousiasme qui ne lui est pas ordinaire, un meilleur avenir ; il voit avec une noble
confiance l'humanité se portant toujours en avant,
malgré des temps d'arrêt et des chutes.

Bodin, dans son ouvrage, ne montre pas moins de
critique en histoire qu'il n'y a de sagesse dans ces considérations philosophiques : c'est ainsi que, relativement à la question de nos origines, fort obscurcie par
les fables, il aperçoit nettement ce que démontrera
Fréret ; il cherche nos ancêtres non pas chez les
Troyens, conformément au préjugé qui régnait en
Europe, mais dans les forêts de la Germanie. A cet
égard comme sur plusieurs autres points, il annonce
les clartés de la science moderne. Toutefois il ne
laisse pas ici même, et on le remarquera encore ailleurs, de payer un large tribut à la faiblesse humaine
et aux erreurs de son siècle. Par un singulier caractère de ce temps, qui, placé en quelque sorte sur la
limite de deux mondes, s'élançait par soubresauts vers
la lumière pour retomber ensuite dans ses ténèbres,

de folles superstitions l'enchaînent : il croit à l'influence des astres sur la destinée de l'homme ; on verra plus tard qu'il admet dans notre vie journalière l'intervention des démons. Partisan obstiné de la physique ancienne, il repousse les découvertes récentes de Copernic. Mais gardons-nous d'en être surpris, puisque le père de la philosophie expérimentale, Bacon, n'a pu échapper à la même alternative de clairvoyance et d'aveuglement. Professons bien plutôt une indulgence respectueuse pour ceux qui ont déchiré en partie le voile épais qui couvrait nos yeux.

Notre reconnaissance demeurera donc acquise à Bodin, qui représente l'esprit de réflexion à l'époque où Montaigne exprime si vivement l'empire de l'imagination sur l'homme. Tandis que celui-ci, errant à l'aventure dans le monde des idées, nous engage, en s'étudiant devant nous, à nous étudier nous-mêmes, et nous découvre surtout les piéges nombreux où la *folle du logis* nous attire, l'autre, scrutant le monde réel de ses regards, et soumettant les faits à une minutieuse enquête, nous révèle une science nouvelle, celle de l'économie sociale. Il en jette pour ainsi dire les fondements dans sa *Réponse aux paradoxes de M. de Malestroit.*

Elle parut en 1568 ; mais cet ouvrage en renferme réellement deux, puisqu'il lui fut donné une suite dix ans après. Il porte sur la valeur comparée des monnaies et sur la cherté croissante de toutes choses, qu'avait contestée celui auquel il répond. Qu'il nous suffise d'affirmer, sans entrer dans l'énumération des questions toutes spéciales débattues par Bodin, que les plus curieux problèmes d'économie qui préoccupent notre temps y sont déjà posés, et que, si l'on n'y trouve pas leur solution, ils sont du moins abordés et éclairés avec une sagacité très-remarquable. Cet écrit ne nous offre pas seulement de curieux renseignements sur la manière de vivre de nos pères; on y peut puiser d'excellents conseils qui n'ont pas perdu leur à-propos, parce qu'ils émanent, non de vaines hypothèses, mais de l'étude approfondie des choses, et qu'ils ont pour base la raison, cette véritable maîtresse de la vie humaine.

Des œuvres si sérieuses et si pratiques semblaient naturellement appeler Bodin à prendre part aux affaires nous voyons, durant cette année 1568, que son expérience fut invoquée dans l'assemblée des États de Narbonne. Bientôt le duc d'Alençon, le dernier des fils de Henri II et de Catherine de Médicis, le nomma successivement maître des requêtes de son hôtel, secrétaire de ses commandements et son grand maître des eaux et forêts. Sous ces différents titres il devint, à ce moment surtout, le conseiller intime de ce prince, doué de plus d'ambition que de talent, qui paraissait destiné par sa naissance à jouer un rôle considérable. Mais la fortune et la vie de Bodin pensèrent trouver leur terme dans la nuit de la Saint-Barthélemy, en août 1572. Ce n'est pas qu'il fît profession du protestantisme; on pouvait le soupçonner seulement d'incliner vers la réforme. En réalité, la vue des excès qui se couvraient alors du masque de la religion l'avait poussé dans l'indifférence religieuse, ou plutôt il voulait, avec une tolérance pour laquelle notre société n'était pas mûre, placer l'État en dehors des questions de foi. On s'explique donc le danger qu'il courut, à cette époque de croyances et de haines fougueuses, d'être compris comme hérétique dans les victimes du massacre.

Au bonheur d'échapper à la mort, qu'il dut, suivant des récits contemporains, aux hasards les plus merveilleux, Bodin joignit bientôt celui d'attirer les regards du successeur de Charles IX. On sait que Henri III aimait les lettres et se piquait de s'y connaître : il recherchait avec empressement les hommes qui les cultivaient et se plaisait à converser avec eux. La réputation de Bodin appela sur lui l'attention du prince, qui l'invita plusieurs fois à sa table et, entre autres marques de son estime, fit mettre en prison un ennemi de Bodin, un certain gentilhomme provençal du nom de La Serre, qui n'était coupable que de l'avoir attaqué dans un écrit satirique. Les affections de Henri avaient par malheur plus de vivacité que de persévérance, et Bodin ne devait pas tarder à l'éprouver.

L'an 1576, l'une des époques les plus occupées et les plus importantes de sa vie, il fut député aux états généraux par le Vermandois, comme représentant du tiers, et il nous a laissé le récit des séances de cette assemblée, tenue à Blois, où il joua, au milieu de factions qui se préparaient à leurs dernières luttes, le personnage ingrat de conciliateur. Aussi les tribulations et les périls ne lui manquèrent-ils point. Tandis qu'il se montrait le ferme défenseur des droits de son ordre, il ne soutenait pas avec moins d'énergie, d'après l'ancienne alliance du peuple et du trône, les prérogatives du pouvoir suprême : il voulut de plus protéger le roi contre lui-même, en combattant le désir impolitique qu'il avait conçu d'aliéner les domaines de la couronne. Ce dévouement fut le signal de sa disgrâce. Après avoir pardonné quelque temps à un sujet de n'être pas de son sentiment, *parce qu'il était homme de bien*, Henri III se lassa de sa résistance, sans pouvoir cependant le rebuter par ses froideurs ni l'effrayer par ses menaces. L'histoire a conservé le souvenir du noble rôle que Bodin remplit dans cette année, qui fut aussi celle de son mariage. Il venait alors de recevoir la charge d'avocat du roi à Laon, qui fut désormais sa résidence la plus ordinaire, et il échangea depuis cette charge contre celle de procureur du roi. Au même moment, se reposant des fatigues de ses offices publics par des travaux personnels, il mettait la dernière main à son œuvre la plus considérable, à son traité de la *République*, qui parut au commencement de 1577 (1).

Cet ouvrage, divisé en six livres, n'est autre chose qu'un traité sur le gouvernement, où l'auteur a suivi les traces de Platon et de Cicéron ; car pour lui les mots *Etat* et *République* sont synonymes, comme ils l'étaient pour les anciens. C'était le temps où l'acte constitutif de l'Union avait été signé par quelques gentilshommes à Péronne. Il était aisé d'apercevoir

---

(1) J'ai eu sous les yeux l'édition in-8° de 1583, qui ne renferme pas moins de 1060 pages d'une impression fine et serrée, sans compter la table.

sous ce nom spécieux une sorte d'association, ou tout
au moins une mesure de suspicion contre les anciens
pouvoirs protecteurs de la société. L'avenir était menaçant, et le but de Bodin a été, ainsi qu'il l'annonce
dans sa préface adressée à Pibrac, le célèbre auteur
des *Quatrains*, de venir en aide au principe d'autorité, inquiété et près d'être méconnu. Il se prononce
nettement pour la monarchie, dont il veut que la
puissance soit à l'abri de tout contrôle comme de tout
péril, en tant qu'elle se soumet aux lois de Dieu et
de la nature. Mais plus que par le passé, selon lui,
« puisque la conservation des royaumes, des empires
et de tous les peuples dépend, après Dieu, des bons
princes et sages gouverneurs, il y a raison que chacun
leur assiste; » et, pour s'acquitter de ce devoir de bon
citoyen, il va rechercher les diverses fonctions de
l'État et en déterminer l'idéal, afin d'emprunter ensuite des conseils pratiques à la théorie. C'est en vue
« d'être mieux entendu de tous Français naturels,
qu'il a même préféré écrire en langage vulgaire, »
malgré la coutume qui interdisait dans les sujets
graves l'emploi de notre idiome, parce qu'il *succom-
bait sous une puissante conception* (1), et qui avait
prescrit jusque-là à Bodin lui-même d'user de la
langue latine.

Il est certain que l'idée du bien public a, sauf quelques opinions contestables, noblement inspiré l'écrivain. S'il réfute avec chaleur les pamphlétaires du

----

(1) Montaigne, *Essais*, III, 5.

parti protestant, qui attaquaient l'unité monarchique tout autant que l'unité religieuse, il n'est pas moins ardent à combattre Machiavel, dont la fausse sagesse était hautement prônée par une cour à demi florentine. En lui se joignent l'historien, le jurisconsulte et le philosophe éminent pour faire prévaloir, contre la politique astucieuse et violente de l'auteur du *Prince*, les doctrines justes et modérées sur lesquelles lui semblent reposer et la dignité des hommes et la prospérité des États.

Bodin, nourri comme ses contemporains de l'étude des monuments classiques, est, pour la morale, de l'école élevée de Platon; mais son bon sens naturel le fait échapper aux rêves du *Timée* et du *Critias*, qu'ont rappelés Thomas Morus dans son *Utopie* et le chancelier Bacon dans son *Atlantide*. En politique il s'inspire plus volontiers de l'esprit d'Aristote. Son but, en somme, est, dans ce livre, qui offre l'alliance de la méthode rationnelle avec la méthode expérimentale, de concilier le chef de l'Académie et le philosophe de Stagyre. Ils ne sont pas d'ailleurs les seuls anciens que Bodin ait mis à profit : car son œuvre est un singulier mélange d'imitations érudites et de conceptions originales, d'abstractions et d'idées pratiques, ajoutons de vérités et d'erreurs. Pour le style, il faut avouer qu'il ne ressemble pas à ses modèles, quoique la langue ne soit dépourvue chez lui ni de dignité ni d'une certaine force ; mais ses constructions sont lentes et pénibles, ses phrases chargées et pédantesques. Les mêmes défauts se remarquent dans la traduction latine que

Bodin donna lui-même de son ouvrage (1), pour le mettre davantage à la portée de l'Europe savante. Dans l'un et l'autre idiome, c'est un écrivain sévère, terne et souvent verbeux. Bodin ne pouvait pas dire, comme Montesquieu : « Et moi aussi je suis peintre. » Pendant qu'il s'adresse à la raison, il laisse l'imagination du lecteur froide et inoccupée. On s'explique donc que son livre, si nourri de faits, si remarquable par la sagacité et la vigueur de la pensée, n'ait pu parvenir à une réputation populaire. Il lui manque de plus ce charme suprême qui réside dans l'ordre lumineux des matières, si recommandé par Horace, *lucidus ordo*. L'érudition, comme embarrassée d'elle-même, ne savait pas encore assez dispenser ses richesses, et l'art de la composition était peu connu au seizième siècle. Chez Bodin notamment, de longues digressions font plus d'une fois perdre de vue le sujet principal, et les chapitres sont loin de s'enchaîner étroitement entre eux.

Sous cette forme surannée, on s'efforcera de découvrir les mérites solides de Bodin. Le principal est de discerner dans le passé ce qu'il faut en conserver ou y reprendre, de rechercher les emprunts utiles que l'on peut faire aux institutions des voisins, et de pressentir bon nombre de progrès réels, que l'avenir se chargera de réaliser. Par exemple il demande, et en s'appuyant d'excellentes raisons, le rétablissement de la

---

(1) Cette traduction de la *République* est de 1584. L'auteur y a fait souvent des additions importantes à l'original.

magistrature censoriale, celle qui a été connue des
Romains. En étudiant les sources du revenu public, il
propose d'utiles améliorations, dont il puise la pensée
dans le testament de Louis IX, que l'on gardait « au
trésor de France et enregistré en la chambre des
comptes. » Il signale dans l'Italie de son temps deux
établissements en pleine vogue, dont il développe fort
bien les avantages; ce sont les monts-de-piété et les
tontines. Il a de très-justes idées sur les monnaies,
dont il combat surtout avec énergie la falsifica-
tion, triste ressource qu'employaient fréquemment les
mauvais princes. En rappelant les anathèmes d'Innocent III contre les rois d'Aragon qui s'étaient rendus
coupables de ce méfait, et le surnom odieux de *falsifi-
catore di moneta*, donné par Dante à Philippe le Bel, il
prouve que l'inévitable effet de ces mesures violentes est
la ruine du peuple; par le peuple Bodin entend ici la
partie pauvre et souffrante de la société, pour laquelle
il témoigne en toute occasion une sympathie éclairée
et sincère. Dans tous les moyens qu'il imagine de soulager son sort, aussi bien que sur toutes les questions
d'un intérêt positif, il fait preuve de perspicacité et de
sûreté, en même temps que d'équité et de droiture.
Déjà il aperçoit, dans l'excès de la fortune chez les uns
et celui de la misère chez les autres, une source de
troubles et de catastrophes sans fin, si la prudence du
législateur, aidée de la charité chrétienne, ne corrige
pas ce double excès l'un par l'autre. Mais à ses yeux
le principal remède à la misère est dans l'économie domestique et l'activité du travail, surtout dans un large

développement de l'industrie et du commerce. A une époque où des restrictions et des prohibitions de toute sorte comprimaient l'essor du travail privé et enchaînaient les rapports commerciaux des nations, il souhaite que l'on rompe ou que l'on relâche du moins toutes ces entraves. Il montre dans tous les peuples des tributaires réciproques, que la Providence a voulu rattacher entre eux par leurs besoins mutuels, et il appelle de tous ses vœux la suppression des liens inutiles qui gênent la circulation des richesses autant que la marche de la civilisation. A ce dernier titre, il annonce l'école des Smith et des Turgot.

On ne saurait, au reste, en lisant Bodin, s'empêcher d'être frappé de tout ce qu'il y a de juste dans ses prévisions sur les conditions futures de notre société, et de tout ce que son livre recèle d'idées généreuses et neuves, en un mot d'esprit moderne, sous une enveloppe presque antique. Les plus simples vérités, on ne l'oubliera pas, quand elles ne sont pas encore dans le domaine commun, sont difficiles à conquérir : ce n'est que par un vigoureux élan qu'on peut s'élever jusqu'à elles et se les approprier. D'autre part, il ne faut pas moins de force pour se soustraire aux préjugés de son temps, si ridicules qu'ils paraissent ; mais, sous ce rapport, nous ne féliciterons pas Bodin d'y avoir entièrement échappé. Tout au contraire, par un de ces tristes contrastes qui manquent rarement chez les hommes supérieurs, on le voit dans sa *République*, au moment même qu'il devance l'avenir à quelques égards, rétrograder, par sa croyance à la magie, jusqu'à la plus épaisse nuit du moyen âge. Là, comme dans sa *Méthode historique*, il attribue aux mouvements des corps célestes une action souveraine sur la durée et les changements des États. Pour expliquer leurs révolutions il a recours aux calculs cabalistiques; d'après lui, certains nombres donnent naissance à des combinaisons significatives et fatales pour les hommes comme pour les empires. Faute de trouver son point d'appui sur le fondement solide de la doctrine chrétienne, il s'attache, en suivant les pas de Pythagore et de Platon, à la recherche de propriétés surnaturelles qui l'abusent. Un besoin impérieux de croire le précipite dans toutes les illusions et les folies du mysticisme.

L'examen du livre le plus important de Bodin nous a forcé d'interrompre le récit de sa vie; il est temps d'y revenir. La fin des états de Blois lui avait permis de reprendre l'exercice des charges qui l'attachaient au duc d'Alençon. Il demeura à son service jusqu'à la mort prématurée de ce prince, arrivée en 1584, et passa pour avoir toujours exercé sur sa politique une influence considérable; mais on aime à penser que ses conseils furent, en plus d'une rencontre, impuissants auprès de ce frère de Henri III, qui échoua dans toutes ses entreprises et ne retira des intrigues où il fut mêlé que la haine de tous les partis. Il l'accompagna au moins dans ses voyages, et notamment dans les Pays-Bas en 1583. Auparavant il l'avait suivi en Angleterre, quand le duc recherchait la main de la vierge couronnée, comme on désignait Élisabeth. On dit que cette princesse, jouant sur le nom de Bodin, se plai-

sait à l'appeler *Badin*, pour le railler de s'être exprimé avec légèreté sur les femmes. Ce qui dut le flatter davantage, ce fut qu'il vit ses livres enseignés dans les universités anglaises; il n'est pas rare que nous ayons besoin d'apprendre des étrangers ce que valent nos compatriotes. Pour la réputation de Bodin, en particulier, elle est demeurée très-grande au delà du détroit, et il est arrivé plus d'une fois que ses ouvrages et ses opinions ont été allégués comme une autorité respectable, dans les séances du parlement.

Délivré de ses engagements, Bodin retourna dans la ville de Laon, où il retrouva son siége de magistrat et sa famille Il avait trois enfants, dont deux fils (l'un mourut avant lui, l'autre, qui lui survécut, s'éteignit sans postérité), et une fille qui parvint à un âge avancé, mais qui était tombée en démence dès sa jeunesse. Tout annonce qu'il méritait plus de bonheur comme père, puisqu'il paraît avoir rempli avec scrupule tous les devoirs que ce titre lui imposait. On en peut juger par une épître que nous avons de lui « sur l'institution de ses propres enfants. » Elle est de 1586 et il y retrace les soins domestiques qui occupaient à cette époque la plus grande partie de son temps, surtout les leçons qu'il donnait lui-même à ses fils, d'après un plan simple et judicieux, dont il s'applaudissait de ne s'être point départi. Ce morceau, qu'il adresse à son neveu et qui est écrit sans prétention, a l'avantage de nous montrer Bodin sous un aspect nouveau et touchant : on aime à voir au coin de son foyer et sous un jour plus doux, cet homme d'une physionomie

grave et rude (1), qui, dans l'un de ses précédents ouvrages, ne demandait rien moins, pour fortifier l'autorité paternelle affaiblie, que le rétablissement du droit
de vie et de mort des pères sur leurs enfants. Ici, indulgent et affectueux, il aspire à se faire aimer pour
se faire mieux obéir. On se prend à regretter, d'après
l'intérêt de ce passage trop court, que Bodin, lorsqu'il
traite du gouvernement, ait omis presque entièrement
de parler de l'éducation, à la différence de Platon, qui
s'était beaucoup étendu sur ce point. Il s'est contenté
de dire qu'elle devait être l'objet d'une surveillance
continue, et que, bien loin de l'abandonner aux caprices des particuliers, l'État devait la considérer
comme l'une de ses charges principales ; mais on eût
voulu qu'à l'exemple de Montaigne, et comme Montesquieu ne négligea pas de le faire ultérieurement, dans
un sujet analogue à celui de la *République*, il eût in-
sisté davantage sur une question si importante.

A défaut de ces développements, Bodin nous a laissé
du moins un exemple digne d'être suivi, en montrant
le bel emploi qu'il savait faire des loisirs de sa vie privée. Mais ces loisirs ne tardèrent pas à être troublés
par les dissensions civiles. La mort du duc d'Alençon,
en donnant à Henri de Navarre le titre d'héritier du
trône, avait ranimé les haines et les guerres religieuses:
bientôt le faible Henri III, victime de ses fautes autant
que de l'ambition des Guises, avait dû quitter sa capi-

---

(1) C'est avec cet air sérieux, méditatif et un peu dur qu'il est représenté dans ses portraits, comme on peut le voir notamment au musée de
Versailles.

tale en fugitif. La Ligue, après avoir triomphé à Paris, avait vu successivement presque toutes les villes du royaume se ranger de son côté ; Laon finit par subir l'ascendant contagieux de la défection. A ce sujet on a beaucoup accusé Bodin de s'être prononcé contre le roi qui l'avait jadis honoré de sa faveur ; et il est très-vrai, lui-même l'a déclaré dans une lettre au président Brisson, qu'il entraîna ses concitoyens dans la révolte en 1589. On remarquera, sans entreprendre de le justifier, que dans le discrédit général où était tombée la cause royale, il put la croire entièrement perdue. Sans doute il se trouva dans une situation analogue à celle d'Amyot, que sa fidélité au souverain qui était son bienfaiteur avait désigné aux poignards des factieux d'Auxerre : sans doute il se jeta dans le parti victorieux, comme le bon évêque avait fléchi devant ce même parti, par découragement et par peur, « ne sachant plus, disait-il naïvement (1), de quel bois faire flèche. » Nous passerons vite en tout cas sur cette époque de la carrière de Bodin, pour le montrer, peu après ce moment et comme s'il eût voulu se régénérer à ses yeux, résistant avec vigueur aux violences de l'anarchie qui avait, comme d'habitude, remplacé la royauté. Plus courageux contre les désordres que pour le service de son roi, il maintint l'autorité de son siége et en même temps la sécurité de Laon. On le vit notamment, pour sauver un jeune homme qui allait être victime d'une accusation précipitée, déployer cette fermeté héroïque qui a jus-

(1) Lettre d'Amyot au duc de Nivernais.

tement attaché un si glorieux renom à notre ancienne
magistrature.

Dans ces sombres jours qui, deux siècles d'avance,
annonçaient les fureurs de notre révolution, arracher
des innocents à la mort, c'était s'y exposer : Bodin,
de 1590 à 1593, affronta plus d'une fois, en tenant
tête aux factieux, le sort de son correspondant Brisson (1). Animés par son exemple, les gens de bien, en
se groupant autour de lui, assurèrent son triomphe :
il le paya du moins par la perte de sa tranquillité. On
l'accusa d'être sorcier, parce qu'il avait écrit, comme
on va le dire, sur la sorcellerie, et il faillit être brûlé
comme tel ; ses livres, par bonheur, furent seuls brûlés. L'un des premiers il se déclara pour le vainqueur
d'Arques et d'Ivry ; mais la lutte avait épuisé ses dernières forces : il survécut peu à l'avénement de Henri IV,
dont il avait, comme quelques autres bons Français,
salué le règne plein d'espérance et annoncé le rôle ré-
parateur. Ce fut en 1596 qu'il mourut, deux ans avant
l'édit de Nantes, qui eût réalisé ses vœux les plus chers.
Il avait ordonné qu'on l'enterrât dans l'église des Cor-
deliers de Laon.

Pour achever de faire connaître Bodin, nous devons
parler de plusieurs de ses travaux dont nous avions
omis de faire mention : il est vrai qu'ils n'ont pas le
mérite de ceux qui ont été cités plus haut, et il serait
même plus à propos de les passer sous silence, si la
célébrité de leur auteur ne les dérobait à l'oubli. N'est-il

_____

(1) On sait que celui-ci fut pendu par les ligueurs.

pas triste en effet de voir ce grand esprit, après avoir creusé si avant dans quelques-unes des questions qui intéressent directement le bien-être des peuples, reprendre la plume pour établir que l'existence des sorciers n'a rien de chimérique ? Tel est le sujet de la *Démonomanie*, qui parut en 1578 et qui, chose caractéristique, eut à la fin du seizième siècle de nombreuses réimpressions. Bodin y fait servir, par un déplorable aveuglement, sa puissante dialectique et son rare savoir à réfuter un médecin éclairé qui avait démontré, dans un traité plein de bon sens, que les *possessions par le diable*, alors réputées communes, étaient des maladies mentales bien plus dignes de pitié que de châtiment. On dirait un cri d'alarme poussé par les vieilles superstitions, indignées de ce que le monde leur échappe ; car Bodin ne se contente pas de croire aux sorciers; il veut qu'on ne doute point de leur existence, et il appelle de ce nom ceux qui sont tentés de la révoquer en doute (1). A ces fabuleuses niaiseries, énoncées d'un ton dogmatique, on est presque fâché de voir se mêler çà et là des aperçus vrais et des observations judicieuses, traits de lumière qui sillonnent en quelque sorte à l'improviste une nuit épaisse. C'est ce qui arrive aussi dans l'ouvrage que Bodin publia, la dernière année de sa vie, le *Théâtre de la nature*, écrit

---

(1) Gui Patin a raison de dire dans ses *Lettres* : « La *Démonomanie* de Jean Bodin ne vaut rien du tout; » mais il a tort d'ajouter « que l'auteur n'y croyait point lui-même : » voy. t. I, p. 303 de l'édit. Réveillé-Parise; cf. *ibid.*, t. III, p. 679. — Jean Uvier, médecin du duc de Clèves, a entrepris la tâche facile de réfuter la *Démonomanie*.

en latin, et qui, malgré ses absurdités, trouva cependant un traducteur (1). Là Bodin brise encore une lance en faveur de la mauvaise physique et de la vieille astronomie détrônées ; il proteste contre les idées saines, qui, des chaires de Pise et de Padoue, où Galilée était monté vers ce moment, commençaient à se répandre ; il semble, se réfugiant dans les ténèbres du passé, se révolter à l'idée que des clartés qu'il n'a pas connues vont luire aux yeux de la génération nouvelle.

Une œuvre qui a plus de valeur scientifique que les précédentes et que Bodin laissa inédite est l'*Heptaplomères*, dialogue libre jusqu'à la témérité, où *sept* interlocuteurs, attachés à des cultes différents, soumettent à une discussion philosophique les religions qu'ils professent. S'il faut se joindre à Leibnitz pour rendre hommage à la vigueur de pensée empreinte dans ce travail et à la profonde érudition dont il porte la trace, on ne peut, en revanche, que déplorer les tristes opinions qui s'y font jour et qui donnent à l'auteur une place parmi les représentants du naturalisme. Aussi les réfutations n'ont pas manqué à cet ouvrage, qui a été surtout combattu avec succès par Huet, dans sa *Démonstration évangélique*. Le dialogue de l'*Heptaplomères*, sans avoir été imprimé jusqu'à notre époque, n'avait pas laissé en effet, grâce aux manuscrits nombreux qui en existaient, d'être assez généralement répandu : il n'y

---

(1) *Amphitheatrum naturæ*, 1596 : la traduction française est de Fougerolles, 1598.

a que peu d'années qu'il a trouvé un éditeur dans la curieuse Allemagne (1). Bodin y cite très-peu l'Évangile et les Pères ; mais il allègue très-fréquemment le Talmud et la Cabale et il montre sans déguisement sa prédilection pour le judaïsme, qu'il semble vouloir combiner, pour son usage particulier, avec je ne sais quel paganisme philosophique. Le principal intérêt de ce livre, peu fini et peu proportionné, c'est de nous offrir un curieux témoignage du combat des deux esprits qui se sont disputé le seizième siècle, l'esprit de foi et l'esprit de doute ; mais c'est le plus souvent un arsenal anticipé des arguments dont la philosophie égarée du dix-huitième siècle s'est servie pour combattre le christianisme.

En profitant d'une publication récente et distinguée sur Bodin, pour rappeler son souvenir, nous avons voulu par dessus tout être juste à son égard. Il fut, en somme, dans l'époque d'élaboration et de réforme où il vécut, l'un de ceux que la foule écouta et suivit : toutefois, si son influence sur la direction des esprits et des études fut réelle, nous avons montré qu'elle n'a pas été inattaquable. En signalant, en blâmant ses erreurs, nous avons acquis le droit de le louer. Génie incomplet et sans harmonie, mais non sans éclairs et sans grandeur, donnant, comme on l'a dit, une main

(1) *Colloquium Heptaplomeron de abditis rerum sublimium arcanis.* — Les premiers livres de cet ouvrage ont paru en allemand et les autres en latin, par les soins de M. Guraûher, 1841. Ces livres sont en tout au nombre de sept, et quelques-uns ont cru, mais mal à propos, que le nom d'*Heptaplomères* était dû à cette circonstance.

à Paracelse et l'autre à Montesquieu, il a semé dans ses livres le germe de nombreuses vérités, plus nombreuses que ne l'ont été ses méprises. Déjà il eût suffi pour son éloge d'établir qu'il fut le philosophe et le jurisconsulte du parti national dont L'Hôpital a été le ministre, de Thou, l'historien, et Henri IV, le monarque : c'est ce qu'atteste l'analyse sincère de ses œuvres de publiciste. A l'un de ces moments critiques où se trouble la conscience des peuples, où se relâchent les liens qui les unissent à leurs princes, il représenta le vieux droit dans son intégrité redoutable, et il se donna pour mission de rendre à la loi son antique et inflexible autorité.

Telle a été la vie que M. Baudrillart a racontée ; tels sont les ouvrages dont il a présenté l'analyse. Ce n'était pas qu'on ne se fût déjà occupé de Bodin à plusieurs reprises, et son rare mérite n'avait point échappé aux juges les plus compétents. Le meilleur critique du seizième siècle, Montaigne, l'avait mentionné avec honneur dans ses *Essais :* « Jean Bodin, dit-il (1), est un bon auteur de notre temps et digne qu'on le considère. » Le célèbre bibliothécaire de Mazarin, Gabriel Naudé, tout en regrettant qu'il se fût égaré dans ses recherches sur les sorciers et les mystères des choses divines, se plaisait à l'appeler « le premier homme de France, » tant était grande l'admiration qu'il éprouvait pour plusieurs de ses écrits (2). Bayle reconnais-

(1) II, 32.
(2) Voy. Gui Patin, Lett. CCCLI, t. II, p. 480 de l'édit. citée.

sait en lui « un rare génie, un vaste savoir, une mémoire et une lecture prodigieuses (1). » On a déjà indiqué qu'il occupait un rang très-élevé dans l'estime de Leibnitz. D'Aguesseau, en recommandant quelques-uns des ouvrages de Bodin à son fils, le citait comme « un digne magistrat, un savant auteur, un très-bon citoyen (2). » La Harpe, dans son *Cours de littérature,* n'a pas craint d'affirmer « que la *République* avait été le germe de l'*Esprit des Lois.* » Enfin, de nos jours, M. Lherminier lui avait consacré quelques-unes des pages les plus intéressantes de son *Introduction à l'histoire générale du droit,* et Hallam surtout, s'arrêtant longuement sur lui dans son *Histoire de la littérature de l'Europe,* l'avait apprécié avec une singulière faveur. Mais, quelle que fût l'importance de ces suffrages, il restait à les résumer et à les contrôler, en même temps qu'à compléter les témoignages antérieurs ; l'opinion avait encore besoin d'être fixée sur la valeur de l'écrivain et de l'homme : en un mot, Bodin méritait d'être l'objet d'un travail spécial et approfondi. Nous félicitons M. Baudrillart de cette pensée qu'il a conçue, et plus encore de la manière dont il l'a réalisée. Bodin attendait son biographe, son juge définitif : il nous paraît l'avoir trouvé. M. Baudrillart, dans une étude morale sévèrement tracée, où la sympathie qu'il ressent pour son héros ne coûte rien à la justice, nous a

(1) Voy. le *Dictionnaire historique et critique,* au nom de Bodin : article remarquable par cette sûreté de jugement et cette curiosité de détails qui distinguent Bayle.

(2) *Instructions sur les études propres à former un magistrat.*

montré en Bodin, malgré ses fautes, qu'il condamne, un de ces gens de bien qui hâtent ou prolongent l'époque de maturité et de force des États. A côté de cette noble figure, il a fait revivre plusieurs physionomies du seizième siècle, « fécond en belles âmes frappées à l'antique marque. » De plus, dans la partie critique de son œuvre, il nous a donné un excellent morceau d'histoire littéraire et d'exposition philosophique.

Les travaux antérieurs de M. Baudrillart le préparaient parfaitement à celui qu'il vient d'accomplir. Après avoir débuté dans les lettres par l'éloge de Turgot, que l'Académie a couronné, il a pensé, non sans raison, que l'étude des théories de l'économie sociale qui avaient cours au seizième siècle était propre encore à éclairer, dans le dix-neuvième, la marche de cette science qu'il enseigne au collége de France. Mais, pour remplir avec succès cette tâche épineuse, il fallait joindre à beaucoup de savoir ce tact délicat qui choisit entre de nombreux matériaux, avec discernement et mesure ; il fallait en outre posséder à un haut degré ce talent d'analyse qui pénètre jusqu'au fond de pensées souvent difficiles à saisir et en dégage l'essence. Ces qualités précieuses de perspicacité et de patience n'ont pas fait défaut à M. Baudrillart, qui nous a rendu ce vieil auteur, en quelque sorte rajeuni. En le comparant à ses successeurs, qui l'ont mis plus ou moins à contribution, il n'a pas ajouté peu d'attrait à l'intérêt sérieux de sa matière ; car ce n'est pas seulement Montesquieu, dont chacun sait que Bodin fut le précurseur, qui féconda, par la lecture de cet ancien publiciste, son puissant génie et lui emprunta les fondements et les lignes principales du monument immortel dont il a doté le dix-huitième siècle ; Grotius, entre autres, lui a fait de fréquents emprunts dans son célèbre *Traité du droit de la guerre et de la paix.* M. Baudrillart a principalement cherché dans les livres de Bodin les connaissances et les idées de l'ordre économique dont il a été, de son temps, la plus frappante personnification ; et, de son sujet considéré à ce point de vue, il a fait jaillir de vives lumières qui se projettent jusque sur notre époque. C'est l'examen complet de la *République,* dont il a donné des citations textuelles considérables, qui lui a fourni notamment la partie la plus importante de son ouvrage. Il nous suffira de signaler, dans la discussion substantielle qu'il lui consacre, ce qu'il dit des assemblées provinciales et des états généraux, des confréries et des métiers, des corporations et de leurs priviléges, des finances et des impôts, de la vénalité et de l'hérédité des charges (1), enfin de la théorie des climats, déjà abordée dans l'antiquité par Aristote et par Galien, surtout et auparavant par Hippocrate (2), développée encore depuis par Herder et par Montesquieu, qui a semblé même avoir abusé de cette doctrine (3). On rencontrerait difficile-

(1) Il est à remarquer que, sous l'empire des habitudes de caste et de famille, Montesquieu s'est attaché à justifier la vénalité des charges, qui avait été attaquée par Bodin, ainsi que par les meilleurs esprits de son temps, comme on l'a pu voir, avec autant de sens que de force.

(2) Voy. le *Traité de l'air, des eaux et des lieux,* dans les *Œuvres complètes* d'Hippocrate, édit. de M. Littré, Paris, 1840, t. II, p. 12.

(3) Il est certain que Bodin a beaucoup moins négligé que Montesquieu,

ment ailleurs plus de détails piquants, plus de renseignements précis sur la vie sociale et domestique de nos pères. Quelle était par exemple, chez eux, à diverses époques, l'abondance de l'or et de l'argent; quel était le prix des denrées nécessaires et des objets de luxe, ou le développement de l'industrie et du trafic intérieurs; quelles étaient nos relations plus ou moins actives avec les différentes parties du monde : le livre de M. Baudrillart nous l'apprendra; on y trouve jusqu'à la statistique du prix des journées d'ouvriers depuis le quatorzième siècle.

Si l'on se rappelle que le mérite distinctif de l'original que M. Baudrillart a étudié n'est pas l'enchaînement rigoureux des matières, la sobriété des développements, la concision et la netteté du style, on appréciera mieux encore ce qu'il y a de clair dans ses analyses, de bref dans ses résumés et de dégagé dans son allure. Cet avantage de puiser à une mine très-riche, il le relève par des traits ingénieux, par un langage coloré et rapide, par une heureuse variété de ton. Il instruit et il amuse. Ici, dans la manière dont Bodin traite la question de l'esclavage, qu'il condamne, M. Baudrillart nous signale l'application de cette méthode large et positive, de cette investigation calme et vraiment scientifique qui distingue les époques modernes; plus loin il rétablit la vérité altérée, en prononçant sur les opinions avec un discernement impartial; il prouve

dans cette question délicate, de faire la part de la liberté humaine, de la puissance de la loi et de celle de l'éducation.

que l'Aristote souvent attaqué par Bodin est l'Aristote de convention qu'a connu le moyen âge, et non pas celui qu'une attention plus sérieuse et plus intelligente nous a révélé ; là il égaye son sujet par une digression sur les rapports familiers, les rivalités et même les querelles des savants du seizième siècle, lorsqu'il nous montre Bodin et Cujas se faisant une guerre innocente d'épigrammes et d'anagrammes. Aux récits de M. Baudrillart se mêlent aussi des considérations morales fort élevées ; et son élocution, généralement calme et simple, s'anime parfois de généreux mouvements. J'aime surtout à l'entendre gourmander l'incrédulité religieuse de Bodin en ces termes éloquents, qui termineront bien notre article : « Que ne trouverait pas à dire un prédicateur chrétien, un Bossuet par exemple, sur ce faible et orgueilleux entendement de l'homme, faisant le délicat et le difficile à l'endroit des mystères chrétiens, pour aller se jeter tout en même temps dans l'abîme incompréhensible des plus misérables superstitions ? »

GUI DU FAUR DE PIBRAC

De nos jours on s'est plu, sur le conseil des maîtres et avec l'assentiment du public, à remonter au berceau de notre littérature : surtout plusieurs figures de nos anciens poëtes ont été heureusement rajeunies. Sans parler de Ronsard, qui a eu beaucoup à se louer de notre époque, du Bellay, Desportes, Bertaut, ont vu reverdir leurs lauriers un peu desséchés par le temps. Mais dans ce juste retour vers les illustrations des vieux âges on peut s'étonner que Pibrac ait été omis; c'est donc à réparer un oubli regrettable que cet article sera consacré.

Il n'est personne qui, dans le seizième siècle, ait compté autant d'amis, si l'on en juge par les éloges dont il a été comblé. En lui le magistrat, l'orateur, le poëte, l'homme enfin, ont été célébrés à l'envi : aucun nom ne reparaît plus souvent, entouré de témoignages plus vifs d'affection et d'estime. Un intérêt tout romanesque anime d'ailleurs plusieurs circonstances de la vie de « ce grand personnage qui, suivant un de ses biographes (1), eut tout le cœur et toute la vertu des anciens. »

Il naquit à Toulouse l'an 1529, la même année que naissait à Paris Étienne Pasquier, dont il demeura toujours l'ami; il sortait d'une famille des plus nobles et des plus anciennes du pays, également célèbre dans la robe et dans les armes. Son bisaïeul, Gratien du Faur, après la mort du comte d'Armagnac, dont il était chancelier, s'était attaché à Louis XI, qui l'envoya comme ambassadeur en Allemagne. Tels furent les excellents services qu'il rendit dans ce poste, où il demeura onze ans, que le roi le gratifia à son retour d'une charge de président à mortier, créée spécialement pour lui au parlement de Toulouse, le plus considérable de la France après celui de la capitale. Ses enfants devaient perpétuer glorieusement son nom dans cette cour de justice : l'aîné de ses deux fils y fut président aux enquêtes, en même temps qu'il était évêque de Lectoure; l'autre, procureur général du roi. Celui-ci laissa trois enfants mâles qui occupèrent des postes considérables, et dont l'aîné, président à mortier comme son aïeul, fut le père de notre Gui du Faur.

Frappée des brillantes qualités que Pibrac déploya dans la suite, l'imagination publique donna cours à des légendes sur sa première enfance : des prodiges

---

(1) *Histoire des poëtes français.* Nous avons déjà cité ce manuscrit, conservé à la bibliothèque du Louvre.

annoncèrent, dit-on, son illustration future. Ce sont là
de ces traditions qu'au seizième siècle, antique à tant
d'égards, on accueillait, on répétait avec avidité : on
avait vu la foudre tomber sur sa nourrice lorsqu'elle
le tenait dans ses bras, l'effleurer, la blesser même,
sans que son nourrisson en fût atteint ou seulement
effrayé. Ainsi la Providence l'avait marqué de son
sceau pour de grandes choses.

Son éducation, par l'effet d'une sollicitude éclairée,
fut sérieuse et solide. Elle eut pour base l'étude des
langues anciennes, alors cultivées avec une si vive ardeur, et s'accomplit en grande partie sous les auspices
de Pierre Bunel, célébré par Sainte-Marthe, et qui fut,
au rapport de Colletet, son *précepteur domestique.*
Dans les leçons de ce maître illustre, philosophe et
orateur lui-même, il puisa les principes de cette éloquence tant admirée de nos pères, et dans la suite il
a payé un tribut touchant de souvenir

> A ce docte Bunel, cet honneur de notre âge,
> Qui jadis, écrivant, Cicéron effaçait,
> Quant à l'envi de lui quelque épître il traçait
> Et, comme un Socratès, par sa docte ignorance,
> Des sophistes bavards confondait l'impudence.

Pibrac s'applaudissait d'avoir joui pendant plusieurs
années des *fruits d'un si rare savoir :* c'était, à ses
yeux, la faveur la plus signalée qu'il eût reçue de la
fortune, car Bunel l'avait formé à goûter les modèles
anciens, à les imiter; et si une mort prématurée ne
lui avait pas enlevé cet excellent guide, il s'écriait avec
l'accent du regret :

..... Qu'il eût peut-être
Mérité d'être dit disciple d'un tel maître.

Celui-ci mourut en effet au moment où son élève,
d'après une sage coutume de nos ancêtres, se proposait d'aller compléter, sous sa conduite, ses études à
l'étranger. Pibrac, parti seul, assista en Italie aux
leçons de jurisprudence du célèbre Alciat : auparavant
il avait étudié le droit sous ce Cujas que l'admiration
contemporaine honorait du surnom de grand. Après
avoir acquis par quelques années de ces studieux
voyages une maturité précoce, il revint à Toulouse,
où il étonna et charma son père, qui prévit dès lors
tout ce qu'il devait être un jour.

Déjà Alciat, surpris de la force et de la subtilité de
son esprit, qui se jouait des difficultés les plus épineuses
du droit, avait proclamé sa supériorité future. Dans
une occasion récente où le disciple était parvenu à
résoudre une question qui embarrassait le maître,
celui-ci n'avait point eu honte de confesser devant tous
ses auditeurs qu'il rendait les armes à ce jeune et
heureux champion (1). Le savant Paul Manuce lui
adressait aussi, vers la même époque, une lettre latine
pour applaudir à sa gloire naissante. En constatant
les riches espérances qu'il avait fait concevoir et l'encourageant à les réaliser de plus en plus, il le félicitait de joindre à l'étude sévère de l'histoire et des

_____

(1) *Vie et mœurs de Pibrac,* p. 34. Cet ouvrage, d'abord écrit en latin
par Paschal, qui fut, comme le remarque Gui Patin, ambassadeur chez
les Grisons, a été traduit par Gui du Faur, seigneur d'Hermay, un des
petits-neveux de Pibrac, Paris, 1617, in-16.

lois le culte des muses. Les délassements poétiques de Pibrac, accueillis en effet avec cette faveur dont le seizième siècle était assez prodigue, n'avaient pas peu contribué à fonder la célébrité de son nom.

Toutefois Pibrac avait à peine atteint vingt ans : ce fut alors qu'il débuta au barreau, et peu de causes suffirent pour montrer qu'il tiendrait au palais *le premier rang d'honneur*, comme l'a dit du Vair (1). En outre des *lectures* publiques qu'il fit sur la jurisprudence attirèrent un concours immense d'auditeurs. Aussi, quelques années après, la réputation qu'il avait justement acquise permit-elle de le nommer, malgré sa jeunesse, conseiller au parlement de Toulouse (2), ensuite prévôt ou, d'après le nom en usage dans le pays, *juge mage* de cette ville : magistratures dans lesquelles il signala, selon les témoignages contemporains, son mérite et son intégrité.

Une occasion importante devait bientôt lui ouvrir un théâtre plus grand et plus digne encore de ses talents : il fut appelé à représenter la France au concile de Trente avec Saint-Gelais, seigneur de Lansac, et Arnauld du Ferrier. De Thou mentionne avec beaucoup d'éloges le rôle que joua Pibrac dans cette assemblée. Le discours qu'il y prononça parut très-hardi : il lui attira, de la part d'un cardinal, des paroles

---

(1) *Traité de l'éloquence française.*

(2) Souvent, au seizième siècle, on passait de la chaire du professeur de droit aux premiers siéges des cours souveraines. Le Maître, Brisson, Pithou, avaient été interprètes habiles des lois avant d'en être les organes dans le parlement de Paris.

458 CARACTÈRES ET PORTRAITS.

pleines de colère et le nom de *hâbleur de palais* (1).
Ce qui est certain, c'est qu'il lutta avec une habile fermeté contre des intentions hostiles à la France.

Au retour de cette mission, et sur la recommandation pressante de L'Hôpital, il fut récompensé de l'énergie de sa conduite par une place d'avocat général au parlement de Paris. Sur cette scène éclatante il montra, « par sa sagesse et par son bien dire, comme l'atteste Colletet, que jamais homme avant lui n'avait rempli plus dignement une si grande et si honorable charge. Combien de fois, ajoute avec chaleur cet écrivain, nos pères l'ont-ils ouï, dans ce sacré temple de la justice, défendre le parti de l'équité, soutenir l'autorité du prince et des lois, parler courageusement du devoir des juges et des magistrats, proposer l'idée et le modèle d'un excellent avocat, corriger les abus des greffes et des procédures, et finalement distinguer les obligations de chaque officier de la justice : ce qu'il faisait d'un langage puissant et fleuri, soutenu des plus beaux passages de l'antiquité? » Un peu plus tard, admis dans le conseil privé du roi, dans ce noble conseil où l'on n'avait pour confrères, d'après le même Colletet, que les princes et les premiers magistrats du royaume, il y donna de nouvelles preuves d'un rare dévouement et d'une expérience prématurée.

Vers cette époque ses quatrains, les *fruits de sa*

_____

(1) *Discours historique et critique* sur Pibrac, par Mayer, Londres, in-8°, 1778. — Colletet célèbre en lui, dans cette occasion, « la conduite généreuse d'un franc Gaulois au sacré concile. »

philosophie, ainsi qu'il les appelait, parurent au nombre de cinquante : ils devaient dans la suite s'augmenter de beaucoup d'autres. Déjà, lorsque Charles IX, après avoir atteint l'âge fixé pour la majorité de nos rois, avait fait dans la capitale son entrée solennelle, Pibrac s'était empressé d'exprimer, en célébrant le jeune souverain dans plusieurs sonnets, l'affection du pays et l'espoir que l'on fondait sur lui. Ces compositions placèrent Pibrac au premier rang des poëtes, et lorsque, sous la protection de Charles, se fut établie, par les soins de Baïf, une académie (1), ébauche de l'œuvre glorieuse de Richelieu, il figura parmi ses principaux membres.

Les charges, pour lesquelles le désignait sa capacité reconnue, n'avaient pas tardé d'ailleurs, comme on l'a vu, à le disputer aux muses. Outre celles dont il a été déjà question, la reine mère, Catherine de Médicis, lui donna quelques-uns de ses biens à administrer ; et, sur l'habileté qu'il déploya dans cette gestion, appelé à la direction des finances du duc d'Anjou, il sut en peu de temps remettre de l'ordre dans les affaires de ce prince, qui jusque-là avaient été *fort embrouillées*.

Au moment où tout semblait lui réussir, un coup funeste le frappa : ce fut la perte de l'aîné de ses fils, qui donnait les plus belles espérances. Pibrac a dé-

(1) Colletet nous cite même un *Discours de l'âme et des sciences* qui a été prononcé par Pibrac « dans cette célèbre académie, en présence de Henri III. » — Ce morceau a été publié en 1635.

ploré ce malheur dans son poëme *des Plaisirs de la vie rustique*, que son chagrin lui fit dès lors interrompre :

> J'eusse encor poursuivi les biens du labourage ;
> Mais la mort de mon fils m'en ôte le courage ;
> Et trouble tellement de douleur mon esprit
> Que j'en laisse imparfait pour jamais cet écrit (1).

Une circonstance des plus graves apporta une brusque distraction à sa douleur, en lui imposant de nouveaux devoirs. Avec le roi Sigismond venait de descendre au tombeau le dernier rejeton de la famille des Jagellons. Pour disputer sa succession, les maisons de France, d'Autriche, de Suède et de Moscovie s'étaient mises sur les rangs : la France l'emporta. A peine élu roi de Pologne, le duc d'Anjou, dans le besoin d'avoir près de lui un sûr conseil et un éloquent organe, jeta les yeux sur Pibrac : il l'emmena en qualité de son chancelier. Celui-ci trouva presque aussitôt dans ce poste l'occasion de faire briller ses talents. L'évêque de Breslaw avait harangué le roi au nom du sénat et de la noblesse : Pibrac, par la réponse qu'il lui adressa, remplit d'admiration les Polonais ; on dit qu'en l'entendant répliquer avec tant de netteté et d'exactitude, et revenir avec tant d'ordre sur toutes les parties de ce discours, ils ne pouvaient s'empêcher de croire

_____

(1) Toutefois il songea plus tard à reprendre ce travail, comme l'attestent quelques vers :

> Mon ardeur me reprend et ma première envie
> De chanter les plaisirs de la rustique vie...

Mais ce projet n'eut pas de suite.

qu'il lui en avait été fait une communication antérieure. Mais, grâce à une admirable présence d'esprit et à une facilité singulière de langage, Pibrac savait à l'instant même trouver ce qu'il fallait dire et les
mots qui rendaient le mieux sa pensée : toujours heureux, soit qu'il eût à parler le premier ou à répondre,
soit qu'il s'exprimât dans sa langue ou dans la langue
latine, qui semblait lui être aussi naturelle. Pour le
don de la parole improvisée, Pibrac a donc été justement placé au-dessus de tous ses contemporains (1).

Sa fidélité et son courage ne se signalèrent pas
moins hautement que son éloquence. Au jour du sa-
cre, le palatin de Cracovie ayant osé, devant tous les
États de Pologne assemblés, interrompre la cérémonie,
Pibrac, par la décision de sa conduite et l'autorité de
son commandement, arrêta et confondit son audace.
Ensuite, principal dépositaire de l'autorité de son
maître, il s'appliqua, par une administration pleine
de ménagement et de prudence, à réparer les malheurs qu'un long interrègne avait causés à la Pologne ;
et déjà les plaies de ce pays commençaient à se fermer,
lorsque l'on apprit que Charles IX avait cessé de vivre (2). L'état de la France, livrée aux factions, ré-

---

(1) Voy. l'*Hist. univ.* de d'Aubigné, t. II, l. II, c. III : « Pibrac, dit l'historien, était le plus élégant que notre siècle ait porté et le mieux accommodant le geste et la grâce aux paroles triées. — En cet endroit, ajoute-
t-il au sujet de la circonstance qui vient d'être rapportée, Pibrac se
surmonta lui-même. »

(2) En 1574, un an après que Henri avait été nommé roi de Pologne,
et le même jour, fête de la Pentecôte. — Aussi ce prince, nous dit Nicolas Pasquier dans ses *Lettres*, VIII, 10, « considérant ce jour de Pen-

clamait la présence de son nouveau souverain. Pour
prévenir tout délai, tout obstacle, Henri III devait partir aussitôt et en secret : tel fut l'avis de Pibrac ; mais
il pensa le payer cher : car le roi s'étant hâté de le
suivre, une série d'aventures et de dangers s'ouvrit
pour son conseiller, qui eut grand'peine à en sortir
sain et sauf.

Il faut lire dans les auteurs du temps (1) comment,
égaré à la suite du prince, qui s'était enfui pendant
une nuit sombre, perdu dans les landes, découvert
ensuite et pourchassé, traqué dans les bois comme
une bête fauve, caché sous les joncs et sous les ro-
seaux avec de l'eau jusqu'aux épaules, il faillit tomber
aux mains des gens du pays, qui déjà avaient assommé
son seul compagnon, et qui proféraient contre lui des
menaces de mort. Après quinze heures d'horribles an-
goisses, où les flèches, les traits d'arbalète, les pierres
lancées contre lui, avaient mille fois mis sa vie en péril, délivré de ces ennemis grâce aux ténèbres, s'en-
fonçant encore dans d'affreuses solitudes, le corps à
demi nu, presque noyé au passage d'une rivière dont
il avait perdu le gué, il alla, mourant de faim et de
froid, frapper à une cabane où des paysans le bafouè-
rent et le maltraitèrent. L'ayant bien vite reconnu
pour Français, sur ce qu'il ne pouvait parler leur
langue, ils l'auraient sans doute achevé, s'il ne s'était

tecôte comme son jour bienheureux, institua pour cette cause l'ordre des
chevaliers du Saint-Esprit. »

(1) De Thou, *Hist.*, l. LVIII ; cf. *Vie et mœurs de Pibrac*, p. 126 et
suiv.

échappé de nouveau. Le carrosse d'un Polonais de ses amis, qu'il aperçut pendant qu'il errait à travers champs, lui offrit un asile; et là, apprenant que Henri III était parvenu en sûreté aux frontières de la Moravie, il oublia tous ses maux; pour retenir les paroles de l'un de ses biographes (1), si touchantes dans leur simplicité, *il se mit à pleurer de joie.*

Il n'était pas cependant à l'abri du péril : on le découvrit bientôt dans la voiture de son ami. Dès lors ce ne fut plus à la fureur des pâtres qu'il se trouva en butte, ce fut aux ressentiments des sénateurs, qui voulaient venger sur lui la fuite de leur roi : c'était là une insulte à tous les ordres du royaume, qu'ils brûlaient de laver dans le sang de celui qui l'avait conseillée. On parlait déjà de le ramener à Cracovie et de l'y traiter en criminel d'Etat, lorsque, par un discours plein de hardiesse, il intimida ceux qui prétendaient se faire ses juges, et les contraignit à lui rendre la liberté.

Pibrac rejoignit en Autriche, à Vienne, le prince qu'il avait servi avec tant de dévouement. On juge assez combien sa fidélité courageuse dut accroître la faveur dont il jouissait près du monarque; mais cette faveur même l'exposa bientôt au retour des mêmes fatigues et des mêmes dangers. A peine avait il goûté en France de courts instants de repos, que Henri III le renvoya en Pologne, pour lui conserver un trône dont on menaçait de le déclarer déchu, si dans un

(1) Paschal, traduit par le seigneur d'Hermay.

délai fixé il ne venait l'occuper en personne : le maréchal de Bellegarde fut revêtu avec lui du titre d'ambassadeur. Parti le premier, Pibrac touchait aux confins de l'Allemagne, lorsqu'une de ces troupes de brigands, que les guerres religieuses avaient fort multipliées, s'empara de lui. Il était porteur, disait-on, de grosses sommes destinées aux Polonais. On lui applique la dague sous la gorge, le pistolet au front ; on lui ordonne de livrer l'argent dont il est chargé ; on le dépouille, on tue ses gens autour de lui, on l'entraîne dans une forêt voisine : là, par une attitude imposante et calme, en même temps que par une sorte de séduction qui ne l'abandonnait jamais, il parvint à contenir ces furieux, jusqu'à ce que des troupes envoyées à sa recherche le dégagèrent de leurs mains. Suivant un autre récit, le chef des brigands, après l'avoir protégé contre ses compagnons, le fit évader (1).

Devenu libre, il s'empressa d'écrire aux seigneurs de la diète pour les exhorter à se montrer fidèles au roi qu'ils s'étaient donné ; mais un temps précieux avait été perdu ; les intrigues de l'étranger et le ressentiment des Polonais rendaient d'ailleurs sa mission bien difficile. Peu après, malgré ses dépêches répétées et l'activité de ses efforts, ils annulèrent en effet l'élection et se choisirent un nouveau monarque.

Pibrac, de retour en France, ne trouva pas moins d'occasions d'être utile à son pays. Lorsque la turbulence du duc d'Alençon et l'impéritie de Henri III

_____

(1) De Thou, l. LXI. Cf. Paschal, déjà cité.

eurent mis, en 1576, les armes aux mains du roi de Navarre, il usa du juste crédit qu'il avait sur l'espri de son souverain pour le porter à une paix, dont il fut le médiateur. Par une coïncidence singulière, Henri de Navarre avait pour chancelier le frère de Pibrac, Louis du Faur, seigneur de Grateins, qui avait été précédemment son ambassadeur auprès des princes protestants d'Allemagne. Celui-ci fut chargé par son maître de rédiger le traité de paix : mission que, de son côté, le roi de France avait confiée à Pibrac ; et l'on vit, ce qu'il est à propos de rappeler, ces deux frères, représentants des intérêts opposés de leurs souverains, les soutenir loyalement, divisés de parti sans cesser d'être unis par les liens d'une tendre affection (1).

Une charge de président au parlement de Paris, qui vint à vaquer, fut la récompense de tous les services de Pibrac. A cette époque où la magistrature, seule dépositaire de nos libertés, jouait un rôle si grand et même si périlleux, ces hautes fonctions lui permirent de déployer plus d'une fois, avec la netteté et la puissance de son esprit, l'intégrité et la vigueur de son caractère (2). Selon le témoignage des contemporains, quand il était question, en effet, de rendre la justice, il oubliait toute considération d'amitié, et sans se relâcher jamais, il faisait le sacrifice de ses inclinations particulières ; néan-

(1) Ces traités, signés de la main des deux frères, sont conservés à la bibliothèque impériale. (Voy. Lelong, *Bibliothèque historique de la France*, édit. de Fontette, t. III, p. 66.)

(2) Voy. *les Éloges des présidents au parlement de Paris*, par Souliers et Blanchard, p. 279 et suiv.

moins, quand il y avait diversité d'opinions, il penchait
volontiers du côté de la plus douce. C'était cette disposition, jointe au charme attirant de ses manières et de
son langage, qui le rendait très-propre à toutes les
négociations dont le but était la concorde et la paix.
Aussi la cour n'avait-elle garde de se priver, dans ces
rencontres, de son appui efficace : lorsque peu après
la reine mère voulut étouffer par sa présence les dissensions qui avaient éclaté entre deux provinces florissantes, la Gascogne et le Languedoc, elle ne manqua pas de se faire accompagner de Pibrac, dont
l'intervention fut aussi heureuse que de coutume.

Ce fut vers le même moment que la reine Marguerite rendit hommage à sa brillante réputation, en le
nommant son chancelier. Henri de Navarre lui confia
aussi le maniement et l'intendance des biens qu'il
avait en Flandre. L'activité de Pibrac fit face à ce
surcroît d'obligations et d'honneurs : il accompagna
Marguerite à Pau ; il demeura longtemps auprès d'elle ;
mais ce poste charmant avait ses périls. On sait quel
était l'esprit de cette princesse : ses Lettres et ses Mémoires (1) en portent assez témoignage. Brantôme disait des premières « qu'elles étaient les plus belles et
les mieux couchées de toutes, tant pour être graves
que pour être familières, et qu'elles nous faisaient
moquer du pauvre Cicéron avec les siennes. » Quant
aux autres, il suffit de rappeler que, subjugué par leur

---

(1) Des éditions récentes en ont été publiées par les soins de la Société de l'histoire de France.

charme, Pellisson, en une seule nuit, les relut deux
fois d'un bout à l'autre. La beauté de Marguerite égalait
la vivacité de son esprit ; elle est attestée par les éloges
de tous les contemporains. Pibrac fut-il donc vaincu
par ces doubles attraits ? Éleva-t-il ses vœux jusqu'à
la princesse dont il était le principal ministre ? Ce qui
est certain, c'est qu'une mésintelligence grave éclata
entre la reine de Navarre et son chancelier. On voit
déjà, dans ses Mémoires, qu'elle prétend que Pibrac
voulait, lorsqu'elle était dans les États de son mari et
avec celui-ci à Pau, « la convier à force de déplaisirs
de retourner en France, où il était attaché à son état
de président et de conseiller au conseil du roi. » Mais
ses lettres sont beaucoup plus explicites : par deux
d'entre elles, datées de 1581 (1), elle se plaint, en s'a-
dressant à Pibrac lui-même, « de tous ses mauvais
déportements à son égard. » La première est signée
de ces mots qui semblent promettre encore le pardon :
« Votre meilleure et moins obligée amie, Marguerite. »
Dans la seconde, qui est beaucoup plus sévère, elle lui
demande « de lui renvoyer ses sceaux, priant Dieu
d'ailleurs de lui donner ce qu'il sait lui être nécessaire ; » et son principal grief, c'est qu'il s'est excusé
de plusieurs mauvais offices qu'elle lui reprochait, en
alléguant « l'*extrême passion* que ne m'aviez osé dire,
mais qu'à cette heure vous étiez obligé de confesser par
le désir de me revoir. »

---

(1) Les autographes de ces lettres de Marguerite se trouvent dans la
Collection du Puy, aux tomes 60 et 217.

Pibrac se défendit, il est vrai, de cette accusation par une très-longue apologie (1). Surtout il déclara « que la passion de laquelle il parlait dans ladite lettre n'était autre que bien fort honnête. » Il protesta que jamais « il ne s'était écarté un seul moment du respect que sa fortune devait à celle de la reine. » La parfaite innocence de Pibrac à cet égard n'en est pas moins demeurée fort incertaine. Beaucoup d'écrivains l'ont d'ailleurs curieusement discutée, et Dom Vaissette en particulier, dans l'*Histoire du Languedoc*, a traité gravement cette question : « Si Gui du Faur, seigneur de Pibrac, fut amoureux de Marguerite de Valois. » Je crois, pour moi, qu'il n'est guère possible de le méconnaître (2). Les Mémoires de l'historien de Thou, écrits avec une naïveté si pleine de charme, nous offrent à cet égard une révélation piquante. Celui-ci avait, dans la compagnie de Pithou, fait à Pibrac une visite de quelques jours : « Un petit refroidissement venait, dit-il en la racontant, de lui attirer de la part de la reine de Navarre une lettre où elle lui reprochait d'avoir osé porter ses désirs jusqu'à elle ; et il en ressentait beaucoup de chagrin : il n'était pas moins inquiet de la manière dont il devait lui répondre. Un jour qu'il se promenait avec de Thou, il lui confia ses peines ; il le

(1) On peut la lire dans l'édit. des Mémoires de Marguerite donnée par M. Guessard, p. 224 à 279.

(2) Dans le *Discours satirique* on fait dire à Henri IV, parlant de sa femme : « Il est vrai que de quelques-uns elle se moquait, comme vous diriez de Pibrac, que l'amour avait fait devenir son chancelier, duquel, pour en rire, elle me montrait les lettres. »

crut le plus propre, comme le plus jeune, à excuser sa faiblesse, et par une espèce de honte il ne voulut pas s'en ouvrir à Pithou. Il lui dit la justification qu'il méditait, mais avec un air si prévenu, en termes si étudiés et dans un langage si plein d'ardeur, que cela ne servait qu'à confirmer la vérité des reproches que lui avait adressés cette princesse. Pibrac lui envoya bientôt après cette réponse, qui courut depuis dans le monde, et qui était écrite avec toute la délicatesse et toute la finesse dont il était capable (1). »

Cette passion ne pouvait manquer dès lors d'avoir une grande publicité. Aussi La Faille raconte-t-il, dans ses *Annales de Toulouse* (2), qu'il se chantait encore de son temps en Béarn et aux environs une chanson gasconne qui commence ainsi :

> Marguerite, mes chers amours,
>   Ecoutez la chansonnette
>   Qui a été faite
>   Pour vous...

Il ajoute que la tradition lui assignait Pibrac pour auteur. En outre on fit sur lui les vers suivants, que le même auteur avait entendu répéter :

> J'étois président,
> Reine Margot (3), Marguerite,

(1) C'est l'apologie dont il vient d'être question et qui semblait à du Vair fort *pure et élabourée*, en sorte qu'il l'eût même *volontiers jugée parfaite*.

(2) Cet ouvrage date des dernières années du dix-septième siècle.

(3) On sait que tel était le nom familier donné par les railleurs à la femme de Henri IV.

II.

> J'étois président
> En la cour de parlement ;
> Je m'en suis défait,
> Reine Margot, Marguerite,
> Je m'en suis défait
> Pour être à vous tout à fait.

Quoi qu'il en soit, les affaires sérieuses disputaient heureusement Pibrac à ces préoccupations : sa capacité si connue ne lui permettait guère le repos, et des dignités nouvelles venaient le chercher à tout instant. Le duc d'Alençon, frère du roi, après avoir perdu son chancelier, le président Christophe de Thou, jeta aussitôt·les yeux sur Pibrac pour le remplacer (1) ; et lorsque les Flamands lui déférèrent le titre de leur souverain, il ne crut pas pouvoir, dans ce poste glorieux mais difficile, trouver un conseiller plus dévoué, un ministre plus habile que Pibrac. Celui-ci ne trompa point la confiance dont il était l'objet : plus d'une sage mesure signala son arrivée en Flandre, d'importantes améliorations témoignèrent de la part active qu'il prit au gouvernement, et tout parut annoncer qu'une vie plus longue du prince et de son chancelier eût sauvé à ce pays les calamités dont il devait être bientôt le théâtre (2).

Mais les forces épuisées de Pibrac ne répondaient

---

(1) 1582. Colletet remarque à cette occasion que si Pibrac n'avait pas suivi le duc d'Alençon en Flandre, il fût devenu premier président du parlement de Paris, au lieu d'Achille de Harlay, qui succéda, comme on sait, à Christophe de Thou : c'est ce qu'affirme aussi Pasquier, dans une lettre inédite adressée à Loisel, et datée du 23 novembre 1582.

(2) De Thou, l. LXXIV.

plus à l'ardeur de son esprit. De grandes fatigues avaient ébranlé sa constitution, qui n'avait jamais été fort robuste : une longue maladie, dont Etienne Pasquier nous a conservé le récit touchant (1), avait déjà mis ses jours en danger. En outre des causes morales aggravaient l'altération funeste de sa santé. Il est permis de croire que les reproches de Marguerite lui avaient porté un coup sensible ; mais que les fureurs des partis s'échauffant en France de jour en jour, que les germes des guerres civiles de plus en plus prêts à éclore, aient surtout rempli son âme d'inquiétude et de douleur, c'est ce que l'accord unanime des auteurs contemporains nous autorise à affirmer. Il n'était pas rare à cette époque que l'on souffrît des malheurs publics comme du chagrin domestique le plus cuisant (2). L'image du pays en deuil obsédait Pithou sur son lit de mort; il s'écriait en expirant : « O misérable patrie, que je plains ton sort; que d'infortunes je prévois pour toi (3)! » Sous l'impression de pressentiments aussi pénibles, Pibrac languit quelque temps et mourut âgé de cinquante-trois ans à peine (4); il s'éteignit avec cette résignation chrétienne que l'on admire dans le trépas des grands hommes du seizième siècle.

La même année vit périr aussi le duc d'Alençon, catastrophe qui, comme de Thou l'a dit dans ses Mé-

---

(1) *Lettres*, XIX, 16.

(2) Sainte-Marthe dit positivement du chancelier Olivier (l. II de ses *Éloges*), qu'il mourut du malheur de son pays.

(3) Voy. Loisel, *Vie de Pithou*, dans ses *Opuscules*.

(4) Le 27 mai 1584.

moires, consterna toute la France, réveilla les espérances ambitieuses de l'Espagne et alluma parmi nous les feux de la discorde. Presque aussitôt on courut aux armes : Pibrac était donc mort à propos.

Colletet nous apprend, « d'après son portrait qu'il avait vu en divers endroits, particulièrement dans le cabinet curieux de M. Joly, chanoine et chantre de Notre-Dame de Paris, qu'il avait l'air riant et modeste, que son grand front marquait son grand esprit, et son visage bien proportionné et fort blanc la délicatesse de sa nature. » De Thou atteste pareillement qu'il était de bonne mine et bien fait de sa personne (1). Quant aux qualités de son âme, on a pu déjà les juger : tous les contemporains rendent hommage à sa probité, à sa piété, à son amour du bien public, à l'élévation, à la générosité de ses sentiments. Seulement on a constaté qu'un peu de mollesse et d'indolence, lorsqu'il n'était pas dominé par un intérêt puissant, arrêtait en lui l'élan de la pensée et de l'action.

Quelques détails, que nous fournit son biographe Paschal, achèveront de nous le faire bien connaître : ils peignent non plus le magistrat, mais ce qui n'a pas moins de prix pour nous, l'homme lui-même. Respectueux envers les plus grands que lui, gracieux avec ses égaux, il était bienveillant pour ses inférieurs; envers tous il gardait religieusement sa foi. Par là il était digne d'avoir des amis, comme lui gens de bien;

(1) Le portrait de Pibrac est placé au musée de Versailles, sous le nº 2162: voy. les *Galeries historiques du palais de Versailles*, t. IX, p. 155.

il savait les conserver. Son parler n'avait rien d'affecté
dans la conversation familière : on y remarquait une
vérité naïve qui lui gagnait les cœurs. Épris de la vie
des champs, qu'il a célébrée, il mêlait des distractions
à ses graves études; surtout la chasse, cet exercice si
goûté de nos pères, formait son délassement favori (1).
Juge indulgent des écrivains de son temps, dont il se
plaisait à louer les ouvrages, il revenait toujours volontiers aux anciens. Sa lecture de prédilection était,
parmi les livres sacrés, celle des psaumes de David dont
il avait, suivant Paschal, « tiré tout le suc et la moelle
pour en nourrir son âme, où ils étaient engravés. »
Parmi les auteurs profanes, ses préférences étaient pour
le philosophe Sénèque, *cet ami de son cœur,* dont il
avait épuré et éclairci le texte par un grand nombre
de corrections et d'annotations précieuses, travail ines-
timable que son biographe regrette amèrement et qui
paraît lui avoir été ravi par quelque impudent plagiaire.

Dans la vie de *ce bon Monsieur de Pibrac,* comme
disait Montaigne (2), il est toutefois une circonstance
triste et condamnable; nous ne la tairons pas : il entreprit d'excuser la Saint-Barthélemy (3). Comme il

(1) De Thou nous dit dans ses Mémoires, l. II, que « Pibrac l'exhorta
fort à continuer son poême latin *de la Fauconnerie,* dont il lui avait
communiqué le commencement, parce qu'il connaissait sa grande passion
pour toute sorte de chasse. »

(2) *Essais,* III, 9.

(3) Voy. à ce sujet les *Mémoires sur la vie de Pibrac,* Amsterdam,
1761, p. 58. (Les auteurs de ces Mémoires sont Lépine de Grainville et
l'abbé Sépher.)

importait beaucoup que les étrangers et principalement les Polonais, auprès de qui Montluc négociait alors pour l'élection du duc d'Anjou, ne prissent pas de cette boucherie de Paris, ainsi que l'appelle énergiquement de Thou (1), une idée conforme à la vérité et telle que les protestants devaient l'avoir, la cour confia à la plume exercée de Pibrac le soin de la disculper. Dans une lettre écrite en latin à un ami supposé (2), celui-ci, par une docilité coupable aux ordres reçus, prétendait que le roi et son frère n'avaient pas été les auteurs des massacres; que l'amiral et les siens avaient tramé contre la religion et le trône une conspiration dont il ne craignait pas de faire l'histoire : il fallait attribuer les cruautés commises à l'indignation de la populace, non pas aux princes, qui les avaient expressément défendues. Dès qu'une telle apologie eut vu le jour, on conçoit qu'elle trouva bien des contradicteurs : il était aisé de prouver qu'il n'y avait point eu d'autres conspirateurs que Catherine de Médicis et ses enfants. Des réponses parurent en latin et en français, aussi pleines de violence que la calomnie avait été odieuse.

Il faut ajouter, à l'honneur de Pibrac, qu'il regretta sa faute : aussi bien que le premier président de Thou, qui avait eu la faiblesse de louer publiquement cet acte d'un pouvoir en délire, il expia par un repentir éclatant cette adhésion coupable. Qu'elle soit donc rappelée comme le triste témoignage de l'égarement des temps,

(1) *Parisiensis laniena : Hist.*, V, xiii.
(2) *Ad Helvidium epistola.* Voy. la *Bibliothèque* citée de Lelong, t. II, p. 261 ; cf. d'Aubigné, *Hist.*, t. II, l. I, c. vi.

des nécessités terribles de la politique, comme le funeste effet des dissensions religieuses et civiles, qui troublent ou aveuglent les consciences les plus intègres, qui font dévier ou faillir les âmes les plus fermes; mais que ces nobles regrets effacent à nos yeux, en partie du moins, les torts d'une si déplorable obéissance, qui contraste si douloureusement avec ces deux beaux vers où Pibrac nous a découvert son âme :

> Je hais ces mots de puissance absolue,
> De plein pouvoir, de propre mouvement...

ces vers, qui excitaient justement l'enthousiasme de Pasquier, et qui auraient, suivant un de nos contemporains (1), écarté Pibrac de la place de chancelier, en faisant suspecter son dévouement.

On a déjà vu que, dans le parlement de Paris, Pibrac signala ses talents d'une manière plus légitime à la fois et plus glorieuse : le seizième siècle fut même unanime pour lui accorder le premier rang sur tous les orateurs qui avaient brillé jusqu'à lui (2) : son biographe ne craint pas de le mettre un peu au-dessus de Démosthène. Les fragments que nous avons conservés de ses harangues répondent peu, il faut l'avouer, à cette flatteuse opinion. Avec un goût plus sain, du Vair, dans son *Traité de l'éloquence française*, tout en

---

(1) M. Taschereau, *Histoire de la vie et des ouvrages de Corneille*, p. 160.

(2) Sainte-Marthe, qui le célèbre dans ses *Eloges des hommes illustres*, a dit de lui : « Omnem christianum orbem eloquentiæ suæ fama implevit. »

rappelant « ces grandes et illustres actions qui lui avaient acquis tant de réputation, » ne dissimule pas combien l'abus des citations grecques et latines entravait le mouvement de ses discours; combien, par cette abondance stérile, il alanguissait sa vive et forte imagination. Loisel (1) et Pasquier, doués tous deux d'un rare bon sens, lui ont reproché ce défaut, dont la contagion fut longtemps funeste à notre barreau. L'un et l'autre n'en professaient pas moins une haute admiration pour son génie, et à cet égard, tous les ouvrages du temps sont pleins des hommages rendus à sa gloire. Du Bartas en particulier, s'est fait avec enthousiasme l'organe de l'opinion publique :

Miracle de nos jours, quand ta langue affinée
Par l'usage et le sens, parle au nom de nos rois
Au concile, au Tudesque, au fourré Polonais (2),
Tu fais revoir le jour à l'éloquent Cinée (3);

Tu sembles un Nestor quand ta sage parole,
Dans le conseil privé, de nos malheurs discourt ;
Et quand du grand Paris la souveraine court (4)
T'oit disputer du droit, tu sembles un Scévole.

Puis ta prose romaine égale le beau style
De mon limé Salluste; et quand des doctes sœurs
Sur ton papier lissé tu verses les douceurs,
Tu me fais souvenir du grave-doux Virgile.

(1) Voy. le *Dialogue des avocats.*
(2) Rime bonne pour l'époque, puisque l'on écrivait *Polonois*, et l'on sait que les finales en *ois* se prononçaient *ouas.*
(3) Cinéas, ministre de Pyrrhus.
(4) On écrivait alors *court.*

Le poëte du roi, d'Aurat, déclarait aussi que le bruit de son éloquence était parvenu jusque dans les contrées les plus reculées et les plus sauvages :

Pibracus, extremis cujus facundia nota
Sauromatis, dulcique comes prudentia linguæ...

Quoique la renommée de Pibrac l'eût un peu offusqué, si l'on en croit de Thou (1), Ronsard lui-même, entraîné par la sympathie commune, le redemandait dans son *Hymne des étoiles* au pays qui l'avait alors ravi à la France :

... Faites que Pibrac
Qui a suivi le trac (2)
De la douce Hippocrène,
Des peuples polonais
Bientôt aux champs françois
En santé s'en revienne.

Ailleurs il nous a montré Pibrac

... Étonnant l'assistance
Des foudres qui tombaient de sa vive éloquence...

Ronsard nous ramène au poëte. C'est assez parler en effet de l'écrivain politique et de l'orateur : considérons le poëte dans Pibrac ; à ce dernier titre, il est digne encore aujourd'hui de notre attention. Il cultiva toujours la poésie, même sous le poids des plus grandes affaires, à Paris comme en Pologne et en Flandre.

(1) *De Vita sua ;* lib. III.
(2) (*Tractus*) le sentier...

Partout il trouvait, je ne sais comment, dit son naïf
biographe (1), « quelque lieu retiré, au beau milieu
de la foule, où il caressait les Muses tout aussi bien
que s'il eût été dans les bois, à l'écart. » Dans la retraite
qu'il savait se faire, il composait ces vers où les contemporains louaient « plus de substance que de mots, »
où ils se plaisaient à reconnaître « que son âme conduisait sa main, son esprit commandait à sa langue, et
que les accents de sa lyre étaient en parfait accord avec
les actions de sa vie. » Au nombre de ses productions
qui furent le plus vantées est le poëme de la *Vie rustique,* si malheureusement interrompu, comme on l'a
dit plus haut. Pasquier en appréciait fort l'*urbanité* (2),
et Colletet le déclarait excellent. Sans oser ratifier ce
dernier éloge, nous remarquerons qu'il a du moins
pour nous un intérêt tout spécial, celui de nous rappeler les mœurs de nos pères au seizième siècle. Le
goût de la campagne était encore très-vif parmi eux.
Avec quelle jouissance, on a eu occasion de le voir,
L'Hôpital ne s'occupait-il pas du *ménage des champs?*
Lui-même nous a laissé dans des vers latins bien sentis
la peinture du bonheur qu'il y goûtait. Alors aussi le
poëte Nicolas Rapin, l'un des auteurs de la *Ménippée,*
célébrait en français les *Plaisirs du gentilhomme
champêtre;* Claude Binet les *Charmes de la solitude;*
et Philippe Desportes composait sur le même sujet

(1) Paschal, traduit par le seigneur d'Hermay, déjà cité.

(2) C'est dans ses *Epigrammes* qu'il a dit de Pibrac, en faisant allusion
à ce poëme :

　　　Rustica qui cecinit, nihil est urbanius illo.

une ode pleine d'émotion, qui est l'une de ses meilleures pièces.

Ses quatrains toutefois, où des leçons de piété et de justice étaient données en *si beaux vers*, *que la rouille*, disait-on, *et le temps n'y trouveraient que mordre*, furent son principal titre poétique. Un immense succès les accueillit, et plusieurs éditions se succédèrent avec une incroyable rapidité. Florent Chrestien, le précepteur de Henri IV, les traduisit nonseulement en vers latins, mais en vers grecs. Répandus dans tous les pays, ils trouvèrent droit de cité même chez les Turcs, les Arabes et les Persans. Chez nous en particulier, combien de temps, pour parler avec de Thou, « ne servirent-ils pas à l'instruction des enfants que l'on avait soin de bien élever ? » On apprenait à lire dans les quatrains ; et des vieillards se souviennent encore qu'ils les ont bégayés dans leurs premières années. Si nous ne les savons plus par cœur aujourd'hui, au moins les avons-nous tous entendu rappeler, et que de fois n'avons-nous pas souri à leur nom seul, comme à la vue d'un vieux portrait de famille ? Il est certain que la concision piquante de la forme, la beauté du sens, la vigueur et la vivacité du style, l'excellence de ces préceptes universels, si pleins et si brefs, ce souffle de l'homme de bien qui y circule, expliquent leur popularité et justifient les éloges contemporains ; je transcris au hasard :

> Reconnais donc, homme, ton origine,
> Et brave et haut, dédaigne ces bas lieux,

Puisque fleurir tu dois là-haut ès cieux.
Et que tu es une plante divine.

Heureux qui met en Dieu son espérance
Et qui l'invoque en sa prospérité,
Autant ou plus qu'en son adversité,
Et ne se fie en humaine assurance.

Aime l'honneur plus que ta propre vie :
J'entends l'honneur qui consiste au devoir
Que rendre on doit, selon l'humain pouvoir,
A Dieu, au roi, aux lois, à sa patrie.

Peut-on mieux représenter que Pibrac les effets de la calomnie?

Quand une fois ce monstre nous attache,
Il sait si fort ses cordillons nouer,
Que, bien qu'on puisse enfin les dénouer,
Restent toujours les marques de l'attache.

Le grand Condé, selon Diderot (1), répétait souvent ce quatrain de Pibrac, soit qu'il eût lui-même éprouvé les suites funestes de la calomnie, soit qu'il les eût observées sur d'autres.

On me permettra encore quelques citations :

Vaincre soi-même est la grande victoire :
Chacun chez soi loge ses ennemis,
Qui par l'effort de la raison soumis
Ouvrent le pas à l'éternelle gloire.

Le sage est libre, enferré de cent chaînes :
Il est seul riche et jamais étranger,

(1) *Essai sur les règnes de Claude et de Néron*, liv. I.

Seul assuré au milieu du danger,
Et le vrai roi des fortunes humaines.

Qui lit beaucoup et jamais ne médite
Semble à celui qui mange avidement,
Et de tous mets surcharge tellement
Son estomac, que rien ne lui profite.

L'état moyen est l'état plus durable :
On voit des eaux le plat pays noyé,
Et les hauts monts ont le chef foudroyé ;
Un petit tertre est sûr et agréable.

En outre, que de vers isolés, d'une admirable énergie, comme celui où Pibrac peint la puissance du Dieu qui a créé tous les êtres,

Et les défait du vent de son haleine ;

ou d'une aisance et d'une vérité charmantes, qu'on dirait dérobés par avance à La Fontaine :

Le bonheur vient d'où l'on ne s'aperçoit
Et bien souvent de ce que l'on méprise.
. . . .
Aime les tiens ; tu seras aimé d'eux.
. . . .
De peu de bien nature se contente...

Heureux dans cette course dévorante du temps, dans ces décombres d'ouvrages entassés, heureux l'auteur dont une seule œuvre conserve la mémoire, qui garde une place, si petite qu'elle soit, dans les annales d'un siècle. Tel a été le sort de Pibrac, grâce à ses *Quatrains* qui, dans le siècle suivant, le grand siècle, le

faisaient surnommer par Gabriel Naudé *notre Caton
français* (1). Leur réputation a tenté depuis beaucoup
d'imitateurs; Molière, dans *Sganarelle*, a même donné
place auprès de notre auteur au conseiller Matthieu,
qui a marché sur ses pas. Gorgibus veut que sa fille
jette au feu tous ses romans : lisez-moi, lui dit-il,

> Lisez-moi comme il faut, au lieu de ces sornettes,
> Les quatrains de Pibrac et les doctes tablettes
> Du conseiller Matthieu : l'ouvrage est de valeur
> Et plein de beaux dictons à réciter par cœur.

Loin de nous la pensée de rabaisser les dictons du
conseiller Matthieu; mais il n'est que vrai de le dire :
ainsi que les *Quatrains* du président Favre, qui fut
le père de Vaugelas, ils sont loin d'égaler ceux de
Pibrac.

Heureux encore l'écrivain dont le souvenir est lié à
celui des hommes qui, dans leur époque, ont marqué
la trace la plus profonde et la plus durable. Pibrac ne
fut pas étranger à ce bonheur. Aimé de L'Hôpital,
puissant et arbitre des faveurs (2), il lui demeura fidèle
dans la disgrâce; celui-ci lui adressa souvent de ses
vers. Après la mort du chancelier, ce fut lui qui prit
soin de recueillir ses papiers, et qui, avec quelques
autres magistrats dévoués aux lettres, empêcha qu'ils

---

(1) *Jugement de tout ce qui a été imprimé contre le cardinal Mazarin*, p. 498.

(2) Celui-ci l'avait fort désiré pour gendre : voy. Taisand, *Vies des jurisconsultes anciens et modernes* et *Mémoires* cités de Mézeray. Dans la suite, la fille de Pibrac épousa l'un des petits-fils de L'Hôpital.

ne fussent perdus pour la postérité : ce fut lui, en particulier, qui publia les poésies latines de cet homme illustre (1). On jugera sans doute qu'il ne lui est pas dû peu de gré pour nous avoir transmis un ouvrage qui, en nous faisant mieux apprécier L'Hôpital, nous le fait aimer davantage et qui, sur l'histoire et les mœurs de cette époque, renferme tant de détails attachants.

Nous savons, en outre, par l'historien de Thou (2), quels liens d'affection et de gratitude l'unissaient à Pibrac ainsi qu'à Paul de Foix, morts dans la même année (3). « Le peu d'expérience et d'instruction que j'ai, nous dit-il, je les tiens d'eux, et je souhaite que le témoignage que je leur rends soit dans la postérité un monument éternel de ma reconnaissance. Pibrac, dans ses derniers moments, demanda plusieurs fois à me voir ; mais une fièvre tierce très-violente, dont j'étais alors attaqué, m'empêcha de lui donner cette satisfaction... Par là ses écrits, qu'il voulait me remettre, ont été dispersés de côté et d'autre, au détriment de la littérature... La mort de ces bons et loyaux Français, ajoute-t-il peu après, fut une perte immense pour le pays et une affliction bien sensible pour moi : car c'étaient les hommes que je chérissais le plus. »

Escorté et comme protégé par ces deux grands noms, de Thou et L'Hôpital, le nom de Pibrac ne périra pas.

---

(1) De Thou, *de Vita sua*, l. III ; cf. *Biographie universelle*, t. XXIV, p. 422.

(2) Voy. *Hist.*, l. LXXX.

(3) L'Etoile, *Journal de Henri III* : « Au mois de mai (1584), il y eut deux éclipses qui furent suivies de la mort de deux grands personnages, à savoir M. de Foix et M. de Pibrac. »

UN POËTE INCONNU

On l'a dit avec raison de nos jours : le dix-septième siècle ne s'est pas beaucoup plus occupé du seizième que si la langue française avait été improvisée par les savants solitaires de Port-Royal. Molière et La Fontaine connaissaient presque seuls l'idiome de nos ancêtres ; pour eux c'était une mine abandonnée où leur habile industrie pouvait exploiter de temps à autre des trésors inconnus, et dont leurs contemporains semblaient avoir oublié le gisement.

Sachons-le bien néanmoins. Notre langue n'a pas pris tout à coup naissance dans la *Grammaire générale* de Lancelot ; elle n'est pas davantage sortie soudain et tout armée du cerveau de Corneille et de Pascal. De longs travaux, de belles ébauches, des monuments inachevés ont préparé les œuvres accomplies de l'enthousiasme et de la raison. Avant la maturité du génie français, son adolescence hardie et vigoureuse réclamait nos regards. Ils se sont enfin portés sur elle : de nouvelles richesses intellectuelles leur ont apparu ; et la surprise a doublé pour nous les charmes d'une jouissance inespérée.

Dans ces auteurs, trop longtemps condamnés sans être entendus, l'imagination émue et sympathique de plus d'un lecteur a retrouvé, a reconnu des amis. On a renoué la trame interrompue qui rattache entre eux les principaux âges littéraires. Que le seizième siècle ait été parmi nous une époque remarquable pour la prose et pour la poésie, qu'il soit digne à ce titre de notre étude, c'est là ce que personne sans doute ne voudrait nier maintenant. Pour avoir été tardive, la justice du pays n'en a été que plus complète. Marot, aimé de La Bruyère, avait seul conservé son rang sur notre ancien Parnasse. Du Bellay et Ronsard étaient frappés de proscription : parler de leur talent, c'eût été s'entacher d'hérésie. On encourrait plutôt ce reproche aujourd'hui en contestant au premier l'inspiration et l'enthousiasme, au second un admirable génie poétique, à tous deux le titre d'aventureux, mais brillants précurseurs du siècle de Louis XIV.

C'est là ce que ne soupçonnait guère Boileau, aussi étranger à l'antiquité française qu'il possédait bien l'antiquité grecque et romaine. Mais si la critique renouvelée de nos jours a cassé plus d'un de ses jugements inconsidérés, il faudra marcher longtemps encore dans cette voie de réparation. Plus d'un nom a été sauvé de l'oubli ; toutefois, combien en reste-t-il d'autres à exhumer des ruines du passé? Et qui, par exemple, a jamais entendu citer l'auteur à qui cet article est consacré, le poëte Pierre Poupo ?

Pour lui, il est vrai, ce n'est pas seulement le silence de la postérité qu'il faut accuser, c'est presque autant le silence de ses contemporains, de ceux du moins qui, voués à la critique, ont la mission de conserver les titres des gens de lettres et de leur assigner des rangs qui ne sont pas toujours maintenus. Les *Bibliothèques* de la Croix-du-Maine et de du Verdier se taisent sur Poupo. Sainte-Marthe, le panégyriste du temps, ne l'a point associé aux illustres écrivains qu'il célèbre; il ne l'a pas même mentionné à côté des Choppin, Gilles, Fauveau, Finé, Chalvet, Aleaume, Goupil, Brisse et Bouju. Le président de Thou, qui a loué également tant de grands hommes, ne lui a pas accordé un petit coin dans sa volumineuse histoire. Comment s'étonner dès lors qu'il ait été omis dans toutes les biographies modernes?

Triste destinée du poëte! Mais aussi, pour un favori des Muses, quel nom disgracieux? Dans ce siècle, où florissait l'anagramme, que n'imita-t-il Nicolas Denisot, qui fit de lui, au rapport de Montaigne (1), un comte d'Alsinois, « qu'il étrenna de la gloire de sa poésie et peinture? »

Un critique cependant, poëte lui-même, Guillaume Colletet, l'un des académiciens et des commensaux de Richelieu, entreprit d'arracher Poupo à son obscurité; mais, comme si la fortune eût voulu jusqu'au bout

_____

(1) *Essais*, I, 46.

persécuter sa mémoire, ce fut dans un livre demeuré inédit, l'*Histoire des poëtes français.* Encore à peu de chose n'a-t-il tenu que ce nom ne lui ait échappé, le hasard seul ayant fait tomber les ouvrages de Poupo entre ses mains. « Je ne les connais que depuis vingt-quatre heures, disait Colletet au moment où il venait de les lire ; mais je confesse que j'y ai rencontré tant de belles choses, que l'auteur, tout hérétique qu'il était, ne passera jamais dans mon esprit pour un poëte médiocre de son siècle. Le parti des religionnaires, il faut l'avouer, a toujours eu de temps en temps d'excellents écrivains, non-seulement dans la langue latine, mais encore dans notre langage vulgaire. Celui-ci a célébré hautement plusieurs savants hommes de son époque, et spécialement ceux de son parti, comme Théodore de Bèze, Antoine Chandieu, Simon Goulart ; ce qu'il fait avec une imagination si vive et même avec un style si net et si doux, qu'en les louant de la sorte, il se rend lui-même infiniment louable. »

Dans sa jeunesse, voué à l'étude de la jurisprudence, il eut pour maîtres Jacques Cujas et François Roalde, tous deux célébrés par Sainte-Marthe, tous deux placés, dans cet âge d'enthousiasme, au nombre des plus éclatantes illustrations dont s'honorât notre pays. Le poëte leur paye un noble tribut de reconnaissance :

> Dessous toi, grand Cujas, duquel toute la France
> Avec toute l'Europe admire les écrits ;
> O Roalde, et sous toi qui remportes le prix .
> De traiter noblement notre jurisprudence,

J'ai bu le premier lait d'une telle science;
Et si peu que j'en sais vous me l'avez appris,
Pères industrieux de tant de bons esprits,
Qui vous doivent l'honneur de leur docte naissance;

Et quoique mon honneur soit encore inconnu,
Qu'il n'ait jusqu'à présent aucun nom retenu,
Comme un fruit avorté qui force la lumière, .

Toutefois si le ciel ne trompe mon espoir,
Je ferai quelque jour à tout le monde voir
Qu'un vrai fils tient toujours quelque chose du père.

Mais, continue Colletet, « il est bien malaisé à un galant homme, qui chérit passionnément les Muses, de ne pas frapper souvent à leur porte; » c'est ce qui nous explique sans doute pourquoi Pierre Poupo, malgré cet engagement qu'il prenait de cultiver la science du droit, n'a jamais obtenu aucun nom parmi les jurisconsultes. En outre, on ne sera guère surpris qu'il ne soit pas davantage cité au nombre des poëtes, s'il est vrai que ses œuvres, au temps de Colletet, fussent déjà fort difficiles à découvrir. Ce dernier n'en connaissait même qu'un seul exemplaire, que possédait « la bibliothèque de son seigneur et Mécène, l'éminentissime cardinal Jules de Mazarin; » et depuis, la trace de cet unique exemplaire s'est perdue.

Le recueil des vers français de Poupo a cependant été imprimé à Paris; mais ce fut en 1590, au milieu des troubles du royaume, au plus fort des agitations de la Ligue. Or il paraît qu'il s'y déchaînait souvent contre les violences des ligueurs, dont il pensa être victime. On supposera donc que les haines qu'il n'avait

pas craint d'affronter se déchaînèrent contre son volume qui, en peu de temps, devint si rare ou plutôt
introuvable.

Sous le nom de la *Muse chrétienne*, l'ouvrage de
Poupo était divisé en trois livres, dont le premier présentait une traduction de la *Sagesse* de Salomon,
écrite en vers d'un tour élégant et facile, qui n'étaient
pas trop au-dessous, selon Colletet, de la beauté du
texte original; puis venaient beaucoup de sonnets sur
divers sujets de piété et de morale. Le suivant, cité
par le critique, pouvait, d'après lui, donner une juste
idée du mérite des autres :

> Plus enfant qu'un enfant, qui de course égarée,
> Après un papillon tout le jour va chassant,
> Amoureux d'un faux or qu'il voit resplendissant,
> Aux rayons du soleil, sur son aile azurée;
>
> J'ai suivi nuit et jour, d'ardeur démesurée,
> Un volage plaisir mon âme éblouissant;
> J'ai follement perdu mon âge fleurissant,
> Et si (1), pour toute proie, honte m'est demeurée !
>
> Maintenant, bien que tard, par la bonté des cieux,
> Le charme étant défait qui me bandait les yeux,
> Et tenait mon esprit si durement en serre,
>
> Je commence de voir que les plus doux appas,
> Dont le monde trompeur nous enchante ici-bas,
> Ne sont que vers luisants, que beaux vases de terre.

Les sentiments religieux de l'auteur se montrent
encore plus loin d'une manière pure et sévère :

(1) Et voici que...

Puisqu'il t'a plu, Seigneur, me rendre la clarté,
Dessillant ma pauvre âme, aveugle de naissance,
Et répandre en mon cœur la fidèle semence
De ton saint Évangile, appui de vérité;

Prends le soin d'arroser ce que tu as planté,
Fais-le fructifier et lui donne croissance :
Que ta lumière en moi de jour en jour s'avance,
Et ne laisse imparfait l'œuvre (1) de ta bonté ;

Que m'ayant mis debout ta force me soutienne,
Que ta grâce céleste à dégoût ne me vienne,
Que la chair ne regimbe encontre ton esprit ;

Que sortant du lavoir je ne rentre en la fange :
Mais que, fuyant Babel, à Sion je me range,
Et dépouillant Satan, je vête Jésus-Christ!

On reconnaît là cet accent grave et triste du protestantisme, issu en grande partie du relâchement et des
désordres qui, à la faveur de l'ignorance et surtout de
la sécurité d'une puissance absolue, s'étaient intro-
duits dans l'Église romaine. Aussi l'appelle-t-il inju-
rieusement Babel, comme le fait observer Colletet, et
il répète encore cette désignation dans une autre
pièce, adressée à son frère, où il s'afflige de ne pas le
voir attaché au même culte que lui. Sans doute il
faut en conclure que, né au sein du catholicisme,
Poupo l'avait lui-même pratiqué, avant de se laisser
séduire aux nouveautés religieuses qui captivaient
principalement alors les grands et les gens de lettres.

Il est à regretter que Colletet ne nous ait pas con-

_____

(1) Ce mot était toujours alors du genre masculin.

servé de Poupo d'autres pièces du même genre, remarquables, à ce qu'il assure, par une harmonie soutenue, par la vigueur des pensées et le coloris poétique
de l'expression. Dans ses productions il se plaît à
louer en général le nombre, la correction, la noblesse
et le choix du langage. Ajoutons qu'à juger ce poëte
d'après les citations qui nous restent, plus d'un trait
annonce chez lui de la grandeur et comme une teinte
solennelle dans l'imagination; témoin ces paroles que
fait sortir de sa bouche l'aspect *des vallons, des forêts,
des lieux sauvages,* au milieu desquels il se représente :

> Je ne m'étonne point de voir en ce pays
> Tant d'objets merveilleux que jamais je ne vis;
> Mais mon esprit s'arrête à un plus grand miracle :
>
> Comment Dieu, réprouvant tant d'illustres cités,
> N'a dédaigné choisir ces déserts écartés,
> Pour y pleuvoir (1) sa manne et seoir son tabernacle?

Capable de hautes conceptions, l'esprit de l'auteur
ne paraît pas s'être prêté avec moins de bonheur aux
sujets plaisants et gracieux : nous en fournirons la
preuve. Mais avant d'abandonner les sonnets, qu'il
nous soit permis d'en citer encore un, qui annonce
une touche fine et délicate, un talent poétique souple

---

(1) *Pleuvoir sa manne,* suivant Colletet, est un barbarisme, ce verbe
étant toujours neutre, en sorte qu'on devrait seulement dire *faire pleuvoir sa manne*; mais, ajoute-t-il judicieusement : « Ces exactitudes aca-
démiques n'étant pas du siècle de l'auteur, il ne lui en faut pas imputer
le défaut. »

et exercé. On n'ignore pas de quelle faveur jouissait
au seizième siècle cette espèce de composition : chaque jour voyait germer, d'un bout de l'Europe à
l'autre, ces plantes aux mille fleurs dont si peu aujour-
d'hui ont conservé leur fraîcheur et leur parfum. En
d'autres termes, sur les sujets les plus graves et les
plus frivoles, on *sonnait* des vers, pour parler avec du
Bellay et Ronsard ; on rimait des sonnets qui, nous
l'avons dit, se comptaient par centaines. Cet engouement ne devait pas être d'ailleurs sans une heureuse
influence sur notre poésie, que disciplinait cette forme
étroite et sévère ; sur la culture des esprits, dont elle
aiguisait la finesse, qu'elle dotait à la fois de rigueur
et d'élégance ; de là le long succès de *ce noble et difficile poëme*, comme s'exprime Colletet ; de là l'hommage que lui rendait encore le judicieux Boileau, et
que nous avons ailleurs rappelé. Quoique le sonnet que
nous allons citer ne soit pas *sans défaut*, bien loin de
là, on ne saurait nier qu'il n'offre les règles du genre
résumées avec une précision piquante, que le précepte
et l'exemple n'y semblent habilement réunis :

Qui veut faire un sonnet et qui le veut bien faire,
Il faut que la matière excède l'ornement,
Serrant en peu d'espace un ample bâtiment,
Où, jusqu'au moindre clou, tout y soit nécessaire ;

Qu'un style figuré s'éloigne du vulgaire ;
Pourtant je veux qu'il n'ait besoin de truchement :
Que l'ongle sur le vers coule facilement,
Le français en soit pur, la rime volontaire ;

II.   28

Qu'il contente toujours le docte et l'ignorant,
Étant salé partout de grâces, attirant
Les esprits à merveille et non point à risée :

A son propre sujet lié d'un ferme nœud (1);
Bref, que le chef, la queue et le point du milieu
Soient ourdis et tissus d'une même fusée (2).

Un gentil épithalame, pour parler avec Colletet, succède aux sonnets : je le réserve pour la fin de l'article, et poursuis, sous les auspices de Colletet, l'analyse du volume.

Le second livre, dédié par Poupo à sa femme, en témoignage de son affection, renfermait comme le premier, des poésies sacrées et notamment une paraphrase de l'*Ecclésiaste*. D'après le jugement du critique, le mérite des bons vers ajoutait un nouveau prix à la gravité des enseignements, édifiante lecture, qui, en charmant les ennemis des vanités du monde, pouvait inspirer la ferveur aux tièdes, la foi aux incertains et dessiller les yeux des aveugles. Il contenait aussi de courtes épîtres, par lesquelles l'auteur conversait avec des personnages considérables et des gens de lettres en réputation. Quelques-uns de ceux-ci, à leur tour, lui ont donné place dans leurs écrits : c'est ainsi que, dans une élégie latine qu'il adresse à Poupo, Jacques Lectius (3) nous fait concevoir de lui par ses éloges la plus flatteuse idée.

(1) Le poëte avait écrit *nœu*, d'après l'orthographe du temps.

(2) Trame : achever sa *fusée*, dans Nicot, c'est terminer sa *trame*, c'est-à-dire son travail.

(3) Ou Lect, né à Genève en 1560 : voy. au début de ses *Mélanges*, la pièce intitulée : *Jacobus Lectius Poppœo suo*.

Dans le troisième livre se présentait d'abord une version en vers du *Cantique des cantiques* de Salomon, cette allégorie gracieuse où les amours sacrés de Jésus-Christ et de son Église sont représentés, d'après le sentiment de plusieurs Pères. D'une élégante fidélité, cette version ne paraissait pas à Colletet le céder à celle qu'en avait faite Remi Belleau. Un autre poëme que des qualités différentes, d'après la même autorité, recommandaient à l'attention, c'était l'*Alectryomachie*, ou la Joute des coqs, piquante composition, que l'historien de nos vieux poëtes déclarait pleine de gaieté, de mouvement et de feu. Il ne lui semblait nullement que le célèbre Barclay qui, peu après, s'exerça en vers latins sur ce sujet (1), l'emportât, pour l'originalité et la verve sur notre auteur, dont il signalait en outre le tour nerveux, l'expression franche et lucide, l'agréable cadence et le vif coloris. On retrouve, en effet, quelque chose de ce mérite, quelques-unes de ces qualités dans les vers suivants, qui peignent avec bonheur la fière démarche du coq, emblème d'un généreux caractère :

> A voir ta crête rouge et ta prunelle ardente,
> Tu parais descendu d'une race vaillante,
> Coutumière de vaincre aux guerres, aux tournois,
> Et tes nobles aïeux ont toujours été rois...

Ou lorsque Poupo, développant les mêmes pensées, s'adresse au noble animal dont l'effigie guidait aux

---

(1) On trouve ce poëme à la fin de ses Œuvres.

combats nos ancêtres, et qu'il l'exhorte en ces termes :

> Coq, le mari banal des poules aux grand's crêtes,
> Digne race de Mars, l'effroi du roi des bêtes,
> Quand le ciel aux oiseaux voudrait donner un roi,
> Il n'en saurait choisir un plus digne que toi;
> Et qui chercherait bien l'estoc (1) de ton lignage,
> Te trouverait encor de notre parentage :
> Car nos premiers aïeux et les tiens sont venus,
> Si la fable ne ment, du coquastre (2) Gallus.
> Si tu sens donc encor quelque vive étincelle
> Du germe paternel bouillir en ta cervelle,
> Souffriras-tu longtemps ce poltron demi-coq
> Piaffer (3) devant toi, sans lui donner le choc?
> De quoi te serviraient les victoires gagnées
> Pendant le carnaval, ces dernières années,
> Et l'estime où tu as auparavant vécu?
> Seras-tu sans combat honteusement vaincu?
> Va choquer l'ennemi d'une vaillance agile;
> Et s'il est un Hector, que tu sois un Achille!

Certes cette allure rapide et dégagée, ce ton d'un badinage enjoué sans choquer le goût, cette couleur et cet entraînement de la versification, montrent que

---

(1) L'origine, le principe : primitivement, c'est, dit le lexicographe Nicot, le tronc d'un arbre.

(2) *Coquastre*, au propre, n'était autre chose qu'un coq; dans certaines provinces on dit encore un *coquart* pour un œuf : au figuré, c'était un jeune garçon fier et superbe.

(3) Ce mot nous vient d'Italie. C'est un de ces termes *courtisanesques* qui choquaient fort Henri Estienne; mais il est expressif et méritait parmi nous droit de cité : « Ce que nous appelons parade et bravade, eux les novateurs *italianisants*) diraient *piaffe*. » *Précellence du langage françois*, p. 288.

dans la poésie légère notre écrivain inconnu n'avait pas moins réussi que dans les sujets élevés et la poésie sérieuse.

Après ces trois livres, on lisait encore dans le volume un petit recueil de *Mélanges*, c'est-à-dire des vers de toute mesure et sur toute matière, d'une facture agréable et d'une variété attachante. Nous en avons extrait le sonnet qu'on peut appeler régulateur, puisqu'il est comme la formule ou le type du sonnet parfait. Ainsi auparavant, Marot, dans la vogue des rondeaux, en avait fait un qui résumait tous les principes sur lesquels se fondait cette gracieuse composition.

Poëte par le talent, il paraît que Poupo le fut aussi par le caractère; qu'il eut cet esprit irritable qui, si l'on en croit Horace, est l'apanage assez habituel de ceux qui hantent le Parnasse. On voit qu'il était grand ennemi, pour parler avec Colletet, « de ces juges déraisonnables et malins qui, pour faire une vaine monstre de la subtilité de leur esprit, prennent plaisir, dans les bonnes compagnies, à censurer les savants ouvrages et les savants hommes. » Cette susceptibilité d'humeur se montrait surtout dans une pièce qui commençait par ces mots :

> Quintil, c'est peu de l'art qui n'en a la pratique;
> Car nous ne devenons orfévres qu'en forgeant...

Sous le nom de *Quintil*, Poupo comprenait tous ceux qui s'ingèrent de blâmer les productions des autres, sans pouvoir rien produire eux-mêmes. Colletet ne paraît pas moins indisposé contre les critiques de profession,

à en juger par la longue et malicieuse digression qu'il
leur consacre; il finit par appeler dans la carrière des
Muses ces fiers censeurs « à l'esprit si pénétrant, au
jugement si clair et si net, au style si florissant et si
pompeux, afin qu'on puisse les draper, comme ils
nous drapent (1). »

La pièce que j'ai annoncée plus haut et mise en
réserve nous montre le poëte sous un jour différent :
elle révèle chez lui une âme douce et aimante, une
imagination tendre qui s'émeut du spectacle des beautés
de la nature, qui sait prêter la vie aux objets inanimés
dont la vue le captive, qui parle au cœur humain un
langage entendu de tous. La citation du début de cet
épithalame, placé à la fin du premier livre, fera, je
présume, partager l'opinion de Colletet, qui déclare
« que les sentiments en sont extrêmement délicats et
le style aussi fleuri que ce beau mois de l'année,
nommé dès le commencement du poëme : »

> Un jour du mois de mai, bouquetier de l'année (2),
> Le berger Aiglantin, la fraîche matinée,

(1) Un fait assez curieux, c'est que Colletet, dans sa digression, met
en prose plusieurs vers très-piquants de Régnier, *le Critique outré*,
sans signaler son emprunt.

(2) Début analogue à celui de Bonaventure des Périers, dans sa pièce
des Roses, adressée à Jeanne, princesse de Navarre :

> Un jour de mai, que l'aube retournée
> Rafraîchissait la claire matinée...

A l'époque de Poupo, le poëte bordelais de Brach commençait aussi l'un
de ses morceaux les plus gracieux par ces deux vers :

> C'était au mois le plus doux de l'année,
> Que la nature est de fleurs couronnée...

Ouït un rossignol si doucement chanter
Que les petits zéphyrs, apaisant leur murmure,
Et les autres oiseaux, par la jeune verdure,
Demeurèrent muets afin de l'écouter :

Petits vents qui soufflez parmi cette ramée,
Retenez, disait-il, votre haleine enfermée;
Qu'il n'y ait point ici de feuillage mouvant ,
Cependant que j'annonce aux bois, comme aux fleurettes,
Les noces de Perline et ses beautés parfaites :
Puis quand ce sera fait, soufflez comme devant.

Et vous qui babillez sous ces mignards ombrages,
Oiseaux de divers chants et de divers plumages,
Accordez-vous ensemble et chantez d'une voix :
« Allez-vous-en vêtir votre robe fleurie,
Aubépins (1) et rosiers, Perline se marie ;
Les noces aujourd'hui s'en font dedans ce bois.

Vous, ô gentils pasteurs, qui dans vos chants rustiques
Contrefaites le son de nos voix angéliques,
Et qui nous défiez sous ces taillis couverts,
Assemblez-vous en troupe, enflez vos cornemuses :
On épouse aujourd'hui la mignonne des Muses;
Vous ne lui devez pas refuser de vos vers. »

« Et le reste, ajoute l'écrivain qui nous a conservé ces
vers, dont on ne contestera pas la grâce ni ce que
j'oserai appeler la saveur champêtre, va du même
air, voire même s'élève et se fortifie. » Ils doivent
exciter en nous le regret d'un poëme qui, à considérer
la manière dont il s'annonce, rappelait par un ton

_____

(1) On sait que Ronsard intitule une de ses odes : *A un aubespin*
(alba spina).

doucement ému et par une inspiration vraie le charme de l'idylle antique.

Aussi ne sera-t-on pas surpris, après cette lecture, que le talent du poëte dont nous avons essayé de faire revivre la mémoire se soit complu dans des compositions de ce genre. Il paraît en effet que son troisième livre était encore fini « par une gentille et sérieuse églogue pastorale, intitulée *Myrtine*, où, remarque Colletet, je ne trouve presque rien à dire que les noms des pasteurs qu'il y introduit, comme Chansonnet, Laurinet, qui me semblent aussi ridicules que ceux des bergères Sucrine et Perline. Faisant donc cas de toutes les pièces du sac, je n'en condamne que la seule étiquette, car les vers en sont fort naturels et les images bocagères n'y cèdent guère aux naïves peintures de Théocrite. »

L'auteur, il est permis de le présumer, s'était, par motif de religion, retiré à Genève, puisque dans la dernière églogue citée il se représente comme errant

> . . . . . Dessus l'étrange arène (1)
> Du Rhône génevois, éloigné de la Seine.

Toutefois ses œuvres avaient été dédiées « au prince très-chrétien Henri IV, roi de France et de Navarre, et à la duchesse Catherine de Bourbon, duchesse de Bar, sœur unique de Sa Majesté. »

Il existait encore en 1591. Depuis cette époque il n'est plus question de lui, et tout semble annoncer

---

(1) Sur le bord étranger (on écrivait alors *areine*).

qu'il ne vécut pas au delà de cette année; c'est d'ailleurs assez s'arrêter sur la vie de celui dont nous connaissons si peu les ouvrages. Un dernier mot seulement sur ce que les réputations littéraires, et en particulier les destinées poétiques, ont d'incertain et de variable. N'avons-nous pas eu sous les yeux un exemple frappant des singuliers caprices de la renommée? Lorsqu'elle a doté tant d'écrivains d'une immortalité ridicule, ou du moins superflue, ne devait-elle pas à l'auteur de ces vers animés et gracieux quelque nom dans l'avenir? Mais de ces productions étouffées presque en naissant, de cette gloire qui n'était ni latine ni grecque, le règne brillant de Louis XIV et l'époque qui le suivit n'avaient garde de s'occuper; et maintenant encore ne fallait-il pas à la critique quelque courage, pour réveiller ces souvenirs éteints, pour entretenir un instant le public d'un poëte qui eut nom Pierre Poupo ?

FIN DU TOME SECOND.

TABLE DES MATIÈRES

DU TOME SECOND

———

PARIS. TYP. DE PILLET FILS AINÉ, RUE DES GRANDS-AUGUSTINS, 5.

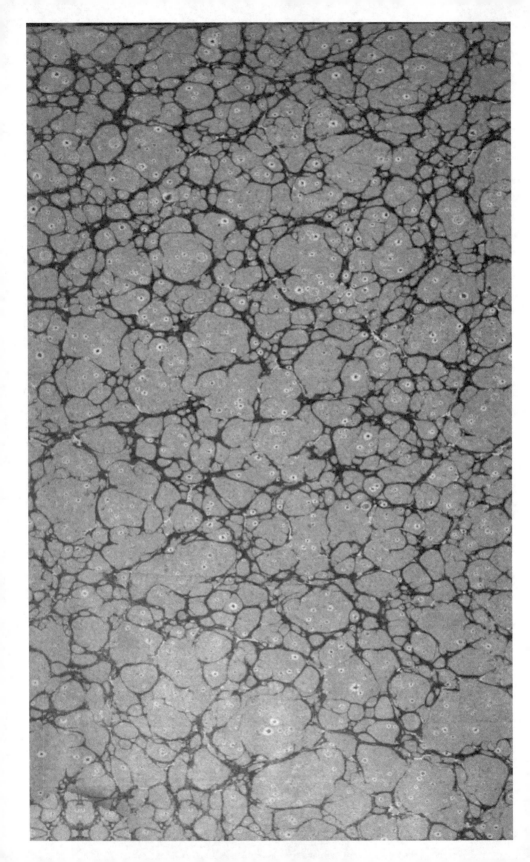

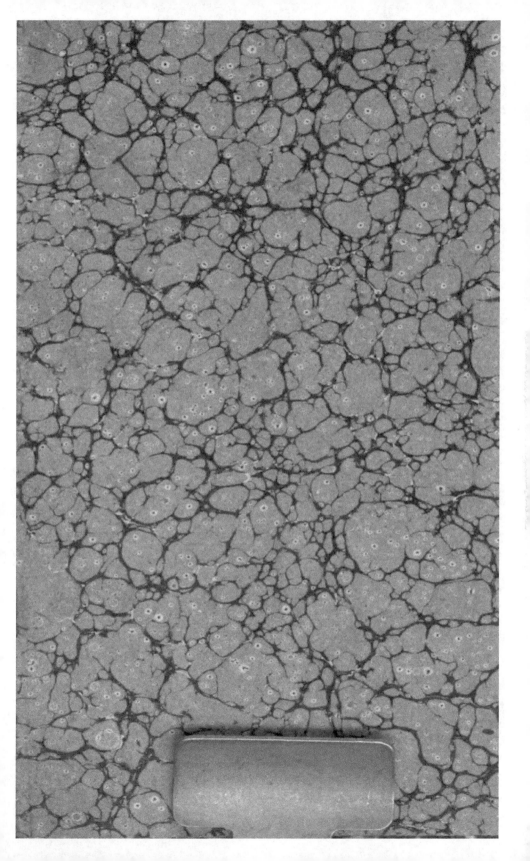

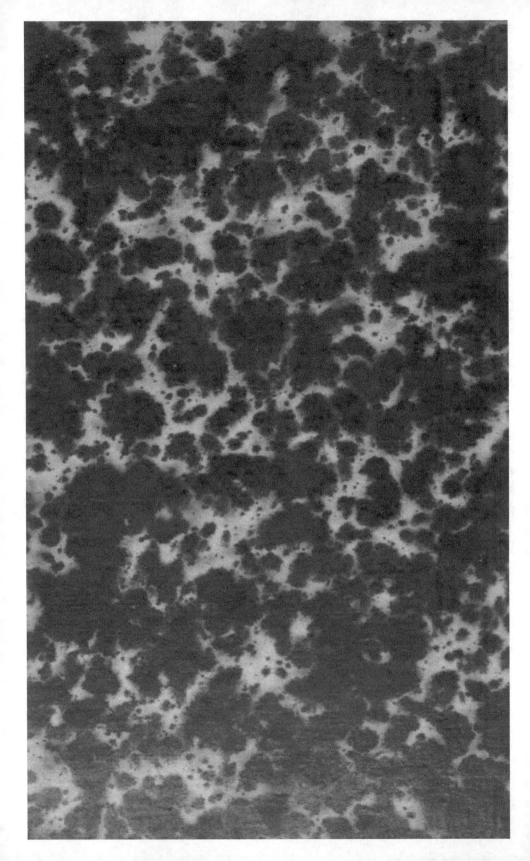